商务网络培训系列教材

中国自由贸易协定概论

主　编　刘德标　祖　月
副主编　姜德水　马志杰　冉　容

中国商务出版社

图书在版编目（CIP）数据

中国自由贸易协定概论／刘德标，祖月主编. —北京：中国商务出版社，2012.6

商务网络培训系列教材

ISBN 978-7-5103-0724-9

Ⅰ.①中…　Ⅱ.①刘…②祖…　Ⅲ.①自由贸易—贸易协定—中国—教材　Ⅳ.①F752.4

中国版本图书馆 CIP 数据核字（2012）第 119647 号

商务网络培训系列教材

中国自由贸易协定概论

ZHONGGUO ZIYOU MAOYI XIEDING GAILUN

主　编　刘德标　祖　月

出　　版：中国商务出版社

发　　行：北京中商图出版物发行有限责任公司

社　　址：北京市东城区安定门外大街东后巷 28 号

邮　　编：100710

电　　话：010—64245686（编辑二室）

　　　　　010—64266119（发行部）

　　　　　010—64263201（零售、邮购）

网　　址：www. cctpress. com

邮　　箱：cctp@ cctpress. com

照　　排：北京开和文化传播中心

印　　刷：北京密兴印刷有限公司

开　　本：787 毫米 ×980 毫米　1/16

印　　张：31.75　字　数：592 千字

版　　次：2012 年 6 月第 1 版　　2012 年 6 月第 1 次印刷

书　　号：ISBN 978-7-5103-0724-9

定　　价：45.00 元

编 委 会

主 编 刘德标　祖 月

副主编 姜德水　马志杰　冉 容

本书参编人员（以姓氏笔画为序）

王荣国	冉 容	刘雪峰	苏 莉
李 锐	杜 梅	吴珊红	武 月
张振国	张津香	张惠敏	赵婷婷
姜 红	姜 绳	董 芳	薛淑兰

前　　言

当今世界，世界贸易组织的多边贸易和区域贸易协定的双重体制，展示了经济全球化与区域经济一体化的两大潮流。在世界贸易的舞台上，中国既是世界贸易组织的成员，又是某些区域贸易协定的参加者。在入世10周年之际，中国已跻身于世界前列的贸易大国。截至2011年12月，中国已经签署了1个优惠贸易协定（亚太贸易协定）和10个自由贸易协定（中国与东盟、巴基斯坦、智利、新西兰、新加坡、秘鲁、哥斯达黎加，内地与香港、澳门，大陆与台湾），涉及22个国家和单独关税区，其贸易额超过中国对外贸易总额的1/4。与此同时，中国与相关国家正在谈判的、正在进行或完成可行性研究的自由贸易协定，也在发展进程中。为此，我们编写了《中国自由贸易协定概论》一书。

鉴于国际社会对中国自由贸易协定关注度的日益增强，作者通过多年研究积累，致力于对中国自由贸易协定进行系统地介绍。在中国签署的11个自由贸易协定之间、在中国自由贸易协定与中国加入世界贸易组织的承诺之间，进行双、多方的分析比较；在了解货物贸易、服务贸易、投资和经济合作的前提下，进行全方位的研究比较；在归纳与演绎之中，增添了中国自由贸易协定研究领域的最新成果，从而使读者掌握中国自由贸易协定的谈判与签订目的，明确自由贸易领域的运行机制，熟悉自由贸易区的操作规程。

本书力图从纵横两个方面将内容展现给读者。横向是用独特的视角对中国自由贸易协定进行宏观的总体阐述和比较，探讨中国自由贸易协定的共同点与不同点；纵向是对中国已签署的每个自由贸易协定，进行微观的局部介绍和研究，并在每章正文之后，附上相关国家或地区的"经济贸易概况"及中国入世、中国自贸协定服务贸易承诺对照表、中国自由贸易区协定及其附件目录 。

　　本书涉及许多内容还有待深入研究与探讨，不足和差错之处，敬请读者批评指正。

作　　者

2012 年 2 月

目　录

第一篇　绪　论

第二篇　中国自由贸易协定的主要内容

第三篇　中国自由贸易协定分述

第一篇 绪 论

第一章 自由贸易协定概述

进入 21 世纪，国际贸易主要是在两种体制下运行：一是 WTO 多边贸易体制，世界贸易额的 96％以上是在 WTO 成员之间进行；二是区域贸易协定体制（主要是自由贸易协定），世界贸易额的 50％以上是在区域贸易协定成员之间进行，WTO153 个成员除蒙古国外都参加了 1 个以上的区域贸易协定，因此，区域贸易协定体制内的贸易额已同 WTO 多边贸易体制平分秋色，并正在从根本上改变世界贸易的版图。中国则是在 2001 年 12 月 11 日加入 WTO 之后开始加入自由贸易协定谈判与自贸区建设的潮流。

第一节 世界自由贸易协定概述

一、自由贸易协定与自贸区的关系

自由贸易协定（Free Trade Agreement, FTA），简称"自贸协定"，是指两个或两个以上的国家或地区，根据 WTO 相关规则，为实现相互之间的贸易自由化所签署的协定。在当今的自由贸易协定中，贸易自由化不仅体现在货物贸易方面，而且涉及服务贸易、投资，以及其他经济合作等多个领域。

自贸区（Free Trade Area, FTA），简称"自贸区"，是指由自由贸易协定的两个或多个缔约方根据自由贸易协定建立的，相互逐步取消绝大多数产品的关税和非关税措施，开放服务业和投资市场，实现贸易、投资自由化的区域。

在自贸区，区域成员之间互相给予的优惠待遇高于区域外成员，促进了区域内成员之间的贸易和投资，推动了国际分工的深化，使各国企业之间的经济竞争更加激烈，竞争规模和层次更快提高。

二、自由贸易协定与区域贸易协定的关系

区域贸易协定（Regional Trade Agreements，RTA）是指政府之间为了达到区域贸易自由化或贸易便利化的目标所签署的各类协定的统称。在WTO的框架下，区域贸易协定的"区域"已不再局限于同一地理或相邻地域，而是指在世界各地一定的国家、单独关税区范围的"区域"，包括相邻地域和跨地区跨大洲的国家、单独关税区以及区域贸易集团。

自由贸易协定是区域贸易协定的主要组成部分。区域贸易协定包括根据关贸总协定"授权条款"签署的优惠贸易安排（PTA，又称"局部自由贸易协定"）、自由贸易协定（FTA）、经济伙伴协定（EPA）、关税同盟（CU）、根据《服务贸易总协定》第5条"经济一体化"规定签署的服务贸易一体化协议（EIA）。它既包括不同内容的自由化，也包括经济一体化的不同阶段。

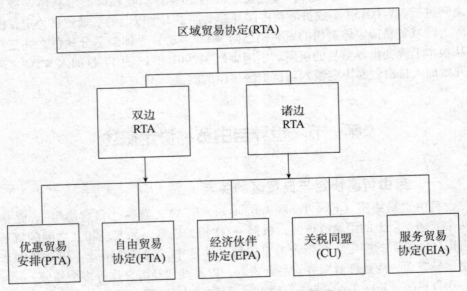

图1-1 区域贸易协定的分类图

在世界贸易组织成立之前，人们一般将两国签署的自由贸易协定称为自由贸易协定（FTA），而将三国以上签署的自由贸易协定称为区域贸易协定（RTA）。世界贸易组织成立后，区域贸易协定的含义与范围已经改变，即对双方签署的自由贸易协定称为"双边自由贸易协定"，例如中国—巴基斯坦自

由贸易协定，而将三方以上签署的自由贸易协定称为"诸边自由贸易协定"，例如东盟自由贸易协定；把双方签署的各种类型的区域贸易协定统称为"双边区域贸易协定"，如韩国—欧盟自由贸易协定；把三方以上签署的各种类型的区域贸易协定统称为"诸边区域贸易协定"，如欧盟—加勒比论坛国经济伙伴关系协定；而多边贸易体制，是专指 WTO 的体制。

三、自由贸易协定与世界贸易组织的关系

世界贸易组织（World Trade Organization，WTO），简称"世贸组织"，是成员（国家及单独关税区）政府间规范、协调、管理成员的与贸易有关的、影响贸易正常发展的法律、政策、措施的契约式国际组织。截至 2011 年年底，世界贸易组织新批准俄罗斯、萨摩亚、黑山加入 WTO，WTO 即将有 156 个成员。

（一）WTO 与 FTA 具有竞争、互补和促进的关系

自由贸易协定与世界贸易组织既存在相互竞争和替代的关系，又具有相互补充和促进的关系。自由贸易协定和多边贸易体制所体现的基本原则是一致的。但在各项原则的适用上，两者存在着一定的差异。自由贸易协定的目标是促进区域内生产要素和货物、服务的自由流动，世界贸易组织则是立足于促进全球生产要素和货物、服务的自由流动。

（二）WTO 成员具有签署 FTA 的权利

最惠国待遇原则是 WTO 各成员必须遵守的基本原则，是多边贸易体制的核心。但根据《1994 年关税与贸易总协定》（GATT）第 24 条、1979 年东京回合的授权条款和适用于服务贸易领域经济一体化的《服务贸易总协定》第 5 条，WTO 允许成员背离最惠国待遇原则，即通过区域贸易安排，给予一部分成员更优惠的贸易待遇。正因为如此，许多 WTO 的成员具有双重身份，既是 WTO 的成员，也是自由贸易协定的成员。自由贸易协定可以在 WTO 成员之间、WTO 成员与非成员之间，以及非 WTO 成员之间签署。当 WTO 在多边贸易体制下没有达成协议或没有完全达成共识时，部分成员可以就两国（地区）或多国率先达成自由贸易协定，在自贸区内优于 WTO 的环境下开展自由贸易。1995 年后，WTO 成员之间建立的自贸区大部分是在 WTO 承诺的基础上进一步的自由化，比当前 WTO 下实行更多和/或更具体的条款，但也有许多自由贸易协定含有被归类为与 WTO 规则不允许的"其他限制性贸易法规"

的条款，如关税税率配额、特别保障措施及严格的原产地规则等。

WTO有关区域贸易协定的现有规定包括：《1994年关税与贸易总协定》第24条，《关于解释1994年GATT第24条的谅解》，1979年东京回合的授权条款，《服务贸易总协定》（GATS）第5条对区域贸易协定的规定，多哈回合谈判达成的《区域贸易协定透明度机制》等。这些是多边贸易体制下区域贸易协定存在的法律基础。根据上述规定，WTO对区域贸易协定进行审议，促使区域贸易协定符合WTO的相关规则。

四、世界自由贸易协定的发展

自贸区的起源，最早可以追溯到18世纪，但真正取得发展是在第二次世界大战后，特别是20世纪90年代后。进入21世纪以来，随着自贸协定的签订与实施，自贸区在数量上、内容上、区域上都发生了巨大的变化，其合作模式日益多样化。自贸区的发展对国际贸易产生了重大的影响，促进了成员贸易和世界贸易的增长，推进了区内成员商品结构的优化升级，改变了对外贸易的地理方向。如今，在全球贸易总额中，有50%以上的贸易额发生在自贸区内，国际贸易量的增长在很大程度上是建立在自贸区内部贸易快速发展的基础之上的。

世界各地签署自贸协定的内容和范围有所不同，主要是依照缔约方合作的愿望而定，从以货物贸易为基础，扩展到服务贸易、投资、经济合作、海关合作、知识产权保护、政府采购、竞争政策、环保和劳工标准等诸多领域。上述涉及的内容，缔约方在签订协定时，既可以合并在一起，签署在一个协定之中；也可以分为几个协定，分别签署，形成单独的协定。但是，无论是合并签署还是单独签署，最终构成的是"贸易自由化完整的一体"。

据WTO官方资料统计，截至2011年年底，向GATT/WTO通报并生(有)效的区域贸易协定316个（通报了的、已实施的、不含失效的）。其中，按签署区域贸易协定的类型分：自由贸易协定与经济伙伴关系协定186个，占58.9%；优惠贸易协定15个，占4.8%；关税同盟21个，占6.6%；服务贸易一体化协议94个，占29.7%；投资协议则不单独计算。服务贸易一体化协议均与自由贸易协定或关税同盟同时或先后（单独或分开）签署，尚无不签货物贸易协定而只签服务贸易一体化协议的，因此，这两类协议合并在一起共同组成自贸区或关税同盟。而经济伙伴关系协定一般包含货物、服务贸易、投资、合作等广泛的内容。

按签署区域贸易协定的主体分：两个国家（单独关税区）之间签订的双

边区域贸易协定 124 个；三个以上国家（单独关税区）签署的诸边区域贸易协定 38 个；区域贸易集团与单个国家（单独关税区）签署的双边区域贸易协定 52 个；区域贸易集团与区域经贸集团签署的区域贸易协定 1 个。这些协定成员形成了 215 个区域经贸集团（扣除加入、扩大的协定；同一经济体所签的货物贸易协定与服务贸易协定计为 1 个）。

现仍有 38 个区域贸易协定（不含服务贸易协议）已向 WTO 预通报，有些已结束谈判，其中有 14 个已签署。实际上，仍有一些协定已经生效但尚未通报、已签署但尚未通报或正在谈判之中尚未通报。

目前，有 210 多个国家和单独关税区签订了 1 个以上区域贸易协定，有 30 多个国家参加了 30 个以上的协定（不含服务贸易协议），例如智利、墨西哥、新加坡、欧盟、欧洲自由贸易联盟、土耳其等。欧盟签订的区域贸易协定涉及的国家或地区已达到 80 多个；有些国家签署的协定虽然不多，但涉及的国家和地区多，如埃及、突尼斯、摩洛哥、以色列、菲律宾、马来西亚、巴基斯坦、约旦等国，埃及、突尼斯有协定关系的国家或地区已超百个。这些国家都有多重成员资格。

区域贸易协定迅速发展的原因主要有：一是各国把区域贸易协定当做对外政策工具；二是建立地缘政治联盟；三是基于某些非传统性收益的需要；四是资源与产业的差异性促使扩大市场准入与吸引投资；五是因其他贸易伙伴区域贸易协定实施产生的贸易转移效应；六是国际经济竞争的需要。

第二节　中国自由贸易协定概述

中国自由贸易协定（以下简称"中国自贸协定"），泛指中国与其他国家或地区根据 WTO 规则，为实现相互之间的贸易自由化所签署的货物贸易协议、服务贸易协议、投资协议，与港澳地区签订的更紧密经贸关系安排、海峡两岸经济合作框架协议，优惠贸易协定（即局部自贸协定）。

中国自贸协定，有的把"货物贸易"、"服务贸易"、"投资"三方面内容放在一起签署，属于综合性协定，如中国与新西兰、秘鲁自贸协定；有的把"货物贸易"与"服务贸易"两方面内容合并在一起签署，如中国与新加坡、哥斯达黎加自贸协定；还有的把"货物贸易"与"投资"两方面内容合并在一起签署，而将"服务贸易"协定单独签署，如中国与巴基斯坦自贸协定；再有的协定将"货物贸易"、"服务贸易"、"投资"三方面内容分别签署，如中国与东盟、智利自贸协定。

中国自贸协定在签署的时间与内容上也有所不同，有的协定是同时谈判、签订，同时生效；有的协定则是分别谈判、签订，分别生效。

一、中国自由贸易协定的发展进程

20 世纪 80 年代后，中国致力于参加世界多边贸易体制，同时积极推动与亚太经合组织成员的经济合作。进入 21 世纪，中国加入 WTO 之后，在积极融入多边贸易体系的同时，积极稳妥地推进与有关国家和地区建立自贸区，先加入优惠贸易安排——《亚太贸易协定》，然后签订在"一国两制"与WTO 框架下带有自贸区性质的内地与香港 CEPA、内地与澳门的 CEPA，海峡两岸 ECFA，签订双边自贸区协定。这些协定涉及 19 个国家（韩国、印度、斯里兰卡、孟加拉、老挝、印度尼西亚、马来西亚、菲律宾、新加坡、泰国、文莱、越南、缅甸、柬埔寨、巴基斯坦、新西兰、智利、秘鲁、哥斯达黎加）以及中国香港、澳门、台湾地区。中国与这些国家和地区的年贸易额已超过中国贸易总额的 1/4。同时，正在商谈的自贸区有 6 个，正在进行或完成可行性研究的自贸协定 3 个。

加入 WTO 后，中国经济发展已经融入经济全球化进程，国际化程度不断提高。为顺应世界区域经济一体化的新形势，营造良好的外部环境，中国加快了研究、谈判和签署自贸协定的进程，逐步形成了以自贸区为核心，以周边国家为重点、面向全球其他区域，具有中国特色的区域经济合作总体布局。

（一）中国已经签署的自贸协定

中国已经签署优惠贸易协定 1 个：《亚太贸易协定》；自贸协定 10 个：中国—东盟、中国—巴基斯坦、中国—智利、中国—新西兰、中国—新加坡、中国—秘鲁、中国—哥斯达黎加自贸协定；以及中国内地与香港、澳门更紧密经贸关系安排（CEPA）、中国大陆与台湾的海峡两岸经济合作框架协议（ECFA）。这些自贸协定已经开始实施，且实施情况良好。

（二）中国正在谈判的自贸协定

中国正在谈判的自贸协定，目前有 6 个，即中国—海湾合作委员会、中国—南部非洲关税同盟、中国—澳大利亚、中国—冰岛、中国—挪威、中国—瑞士自贸协定，涉及 15 个国家。

1. 中国—海湾合作委员会自贸协定

中国—海湾合作委员会（Gulf Cooperation Council，简称GCC，成员包括阿联酋、阿曼、巴林、卡塔尔、科威特、沙特6国）自贸协定的谈判开始于2004年7月，截至2011年年底，已经举行了4轮谈判。中国—海湾合作委员会自贸协定谈判涵盖货物贸易、原产地规则、技术性贸易壁垒、卫生和植物卫生措施、服务贸易和经济技术合作等领域，取得了积极进展。有关各方对协定草案文本里的大多数条款已经达成共识。不过，在某些贸易条款中双方在关税减免问题上尚存有争议。启动了服务贸易谈判。

2. 中国—南部非洲关税同盟自贸协定

中国和南部非洲关税同盟（Southern African Customs Union，SACU，成员包括博茨瓦纳、莱索托、斯威士兰、纳米比亚、南非5国）2004年6月29日启动自贸协定谈判。南非承认中国市场经济地位。目前，双方正努力推动谈判尽快进入实质性阶段。

3. 中国—澳大利亚自贸协定

中国和澳大利亚2005年4月18日签署启动自贸协定谈判的谅解备忘录，截至2010年2月，中澳就自贸协定已举行了14轮谈判，双方在自贸协定的框架内容，货物贸易市场准入、农产品市场准入、非关税措施、原产地规则、海关程序、检验检疫，服务贸易、知识产权、投资、争端解决等议题进行了深入讨论。双方还在"早期成果"和协定案文方面取得了一定进展。

4. 中国—冰岛自贸协定

中国和冰岛于2006年12月4日在北京签订关于启动自贸协定谈判的议定书。截至2011年6月，中国—冰岛自贸协定已举行了4轮谈判，双方就货物贸易、服务贸易、投资、经济合作等问题进行了广泛、深入的磋商，谈判取得了实质性进展。

5. 中国—挪威自贸协定

中国和挪威2008年9月18日启动自贸协定谈判。截至2010年9月16日，中挪自贸协定已举行八轮谈判，双方就货物贸易、服务贸易、原产地规则、卫生和植物卫生标准、技术贸易壁垒、贸易救济、贸易便利化、投资等议题进行了磋商，谈判取得了积极进展。

6. 中国—瑞士自贸协定

中国和瑞士2011年1月28日签署了《关于启动中瑞自贸协定谈判的谅解备忘录》。2011年4月7~8日，中国—瑞士自贸协定举行第一轮谈判，经过深入磋商，中瑞双方确定了谈判大纲，设立了谈判工作机制，并分组就货物贸易、服务贸易、知识产权、贸易救济、原产地规则等问题广泛交换了意见。2011 年 7 月 5 日，中国—瑞士自贸协定举行第二轮谈判。双方力争达成一个包括货物贸易、服务贸易、知识产权保护、投资促进、能源、环保等广泛内容的自贸协定。

（三）中国正在进行或完成可行性研究的自贸协定

中国正在进行或完成可行性研究的自贸协定有 3 个。目前，中国已经完成了与印度的区域贸易安排联合研究，结束了与韩国自贸区联合研究，中日韩自贸区官产学联合研究也已经结束。

1. 中国—印度区域贸易安排

2005 年 4 月，中国和印度两国政府宣布启动中印区域贸易安排（RTA）联合可行性研究，2007 年 10 月 21～22 日，两国在印度首都新德里举行会议。经过共同努力，中印双方就货物贸易、服务贸易、投资、贸易便利化、经济合作以及结论和建议等全部章节达成共识，如期完成了联合研究报告。报告指出，中印应通过建立 RTA，相互减少和消除贸易壁垒、推动贸易自由化、改善投资环境，加强经济合作，实现互利共赢，促进亚洲经济一体化。

2. 中国—韩国自贸协定

2010 年 5 月 28 日，中韩两国共同宣布结束中韩自贸区官产学联合研究，并由双方经贸部长签署了谅解备忘录。中韩自贸区联合研究加深了双方的相互了解，在两国建立自贸区进程中迈出了重要一步，为进一步推进中韩自贸区建设奠定了良好基础。

3. 中国—日本—韩国自贸协定

2002 年，中日韩三国领导人同意开展中日韩自贸区民间学术研究。2003—2009 年，三国研究机构对建立中日韩自贸区的可行性进行了全面和深入的分析研究，并得出积极结论，认为建立三国自贸区可消除贸易壁垒，扩大区域市场，推动三国经济融合，实现三国互利共赢。在 2009 年 10 月举行的第二次中日韩领导人会议上，三国领导人就尽快启动三国自贸区官产学联合研究达成共识。2010 年 5 月，三国正式启动官产学联合研究。2011 年 5 月三国领导人会晤时，再次达成共识，要求加快联合研究进程，于 2011 年年底完成，并确定启动谈判的后续安排。2011 年 12 月 16 日，中国、日本和韩国自贸区官产学联合研究最后一次会议在韩国举行，通过了联合研究报告。会后，三方签署联合声明，宣布完成三国自贸区官产学联合研究，并建议就尽快启动自贸区谈判确定时间表和路线图，力争在 2012 年三国领导人会谈时就尽快启动谈判达成一致。不过，三国在贸易自由化问题上的利益错综复杂，谈判何时启动以及能否达成协议，都将被拭目以待。

到目前为止，中国自贸协定从总体上仍处于以下几种战略推进模式：第一种是"一国两制"下的自贸协定；第二种是中国与发展中国家的自贸协定；第三种是中国与经济规模较小的发达国家（如新西兰）的自贸协定。

二、中国签署自贸协定的主要特点

中国与世界各地签署自贸协定的国家或地区相比，签署自贸协定的起步较晚，但发展较快，形式多样，内容丰富。主要有以下特点：

（一）以南南型自贸协定为主

中国自贸协定选择的伙伴以发展中国家为主，具有明显的南南型自贸协定的特征。从已经签署的 10 个自贸协定所涉及的 18 个国家和地区看，除了新西兰外，其余均为发展中国家和地区。正在谈判的 6 个自贸协定涉及 15 个国家，其中发展中国家有 11 个。中国参加的亚太贸易协定，属于按 WTO 授权条款签署的局部自贸协定；中国—东盟自贸协定也是按 WTO 授权条款签署的。中国根据对象国或地区的不同特点，对自贸区建设灵活地采取了多种不同的战略推进模式，从而形成了中国由南南型向南南、南北型同时并存的发展趋势。

（二）循序渐进扩大投资贸易自由化

在自贸协定的市场开放进程上，采取先签"早期收获计划"减免部分商品关税，使各方尽快享受贸易自由化带来的利益，再签进一步贸易自由化的自贸协定，例如，中国与东盟、中国与巴基斯坦、中国大陆与台湾单独关税区，均采取此做法。即使签署自贸协定，也采取逐步开放的进程，如中国与巴基斯坦自贸协定规定，对货物贸易分阶段实施降税；中国与东盟自贸协定服务贸易协议规定，对服务贸易采取分批承诺的做法。

在自贸协定涉及的内容上，采取先签货物贸易协定，再将开放的范围逐步延伸到服务贸易、投资和其他合作领域。如，中国—东盟、中国—智利是先后在不同时间签署货物贸易、服务贸易、投资协议的。（参见表 1-1）

在货物贸易减免税上，采取灵活的商品分类、关税减让模式、关税减免时间、关税减免幅度，逐步降税，促进贸易自由化。

在各方的待遇上，中国自贸协定给对方的优惠是逐步地、不断地增加。一是货物贸易的降税幅度是逐年加大的、降税商品的范围是不断扩大的；服务贸易、投资领域的开放是逐步扩大和优惠的。二是自贸协定是不断补充修改完善的，根据执行情况，进行评估，签订补充协议或议定书。

表 1-1　　　　　　　　中国商签自贸协定情况一览表

已经签署的自贸协定				正在谈判的自贸协定	正在研究的自贸协定
协定	内容	签署时间	生效时间	国别或区域 开始谈判时间	国别
中国—东盟	货物贸易	2004 年 11 月	2005 年 7 月	中国—南部非洲关税同盟 2004 年 6 月	中国—印度
中国—东盟	投资	2009 年 8 月	2010 年 1 月	中国—南部非洲关税同盟 2004 年 6 月	中国—印度
中国—东盟	服务贸易	2007 年 1 月	2007 年 7 月	中国—南部非洲关税同盟 2004 年 6 月	中国—印度
中国—巴基斯坦	货物贸易、投资	2006 年 11 月	2007 年 7 月	中国—南部非洲关税同盟 2004 年 6 月	中国—印度
中国—巴基斯坦	服务贸易	2009 年 2 月	2009 年 10 月	中国—南部非洲关税同盟 2004 年 6 月	中国—印度
中国—智利	货物贸易	2005 年 11 月	2006 年 10 月	中国—海湾合作委员会 2004 年 7 月	中国—印度
中国—智利	投资	正在谈判		中国—海湾合作委员会 2004 年 7 月	中国—印度
中国—智利	服务贸易	2008 年 4 月	2009 年 1 月	中国—海湾合作委员会 2004 年 7 月	中国—印度
中国—新西兰	货物贸易、投资服务贸易	2008 年 4 月	2008 年 10 月	中国—海湾合作委员会 2004 年 7 月	中国—韩国
中国—新加坡	货物贸易服务贸易	2008 年 10 月	2009 年 1 月	中国—澳大利亚 2005 年 4 月	中国—韩国
中国—新加坡	投资	同东盟	同东盟	中国—澳大利亚 2005 年 4 月	中国—韩国
中国—秘鲁	货物贸易、投资服务贸易	2009 年 4 月	2010 年 3 月	中国—冰岛 2006 年 12 月	中国—韩国
中国—哥斯达黎加	货物贸易服务贸易	2010 年 4 月	2011 年 8 月	中国—冰岛 2006 年 12 月	中国—韩国
中国—哥斯达黎加	投资	双边协定	尚未生效	中国—挪威 2008 年 9 月	中国—日本—韩国
内地—香港	货物贸易、投资服务贸易	2003 年 6 月	2003 年 6 月	中国—挪威 2008 年 9 月	中国—日本—韩国
内地—澳门	货物贸易、投资服务贸易	2003 年 10 月	2003 年 10 月	中国—瑞士 2011 年 1 月	中国—日本—韩国
大陆—台湾	货物贸易、投资服务贸易	2010 年 6 月	2011 年 1 月	中国—瑞士 2011 年 1 月	中国—日本—韩国
亚太贸易协定	货物贸易	2000 年 4 月	2006 年 7 月		

在协定的条款上，中国自贸协定从签署的时间分，可分为早期和后期，早期的自贸协定的条款比较简单、原则，如中国与东盟、巴基斯坦、智利以及内地与港澳的自贸协定，后期的自贸协定的条款则越来越具体、严密，如中国与新加坡、新西兰、秘鲁、哥斯达黎加自贸协定。

三、中国签署自贸协定的重要性

当今世界经济贸易发展呈现两个潮流：一是经济全球化，在 2008 年的金融危机中发展速度减缓；二是区域经济一体化，在金融危机中发展更加强劲。区域贸易协定正在从根本上改变世界贸易的版图。中国如果不参与，就会被排除在自贸区之外，变成一个孤岛。因此，建设自贸区是世界经济形势发展的需要，也是中国发展经济的一种现实的需要，不如此就难以进一步突破某些束缚。

（一）中国自贸协定有利于提升中国的话语权

目前，世界上的主要经济体都在积极谈判签订自贸协定，形成经济贸易集团，以便维护或提高自己在国际经济活动中的影响力，在经济规则制定中掌握更多的"话语权"，获得国际经济规则制定的主导权，达到维护自己贸易利益的目的。另外，自贸协定是在 WTO 规则上的发展，在一些新的领域，其贸易规则有可能转化为未来多边贸易规则。中国需要通过主动、积极参与自贸协定，扩大在区域内的影响力，与其他成员结成利益共同体，在参与制定更加合理的国际经济规则中争取主动权和话语权。

（二）中国自贸协定有利于提高对外开放水平

自 2001 年中国加入世界贸易组织 10 年来，中国履行入世承诺，扩大了对外对内开放，国民经济和对外经济贸易得到了快速发展，中国经济融入全球经济的进程加快，中国对外贸易的活力进一步增强。如今，在国内国际经济贸易环境已发生巨大变化、WTO 多哈回合停滞的形势下，中国需要借助自贸协定，以对外开放促国内改革，与其他成员在更广泛的市场发展空间，加速要素流动和资源优化配置，促进双向投资、贸易自由化与便利化，形成更趋合理的国际分工结构，促进区域内竞争水平的提高，实现区域内各成员的共同发展。

（三）中国自贸协定有利于改善国际贸易环境

随着中国贸易规模的迅速扩大，国际贸易保护主义的重新抬头，中国与一些国家的贸易摩擦日益增加和激烈，中国已成为反倾销、反补贴、保障措施等贸易救济措施的最大受害者。建设自贸区可更广泛地拓展出口市场，减轻对少数市场的依赖，分散贸易摩擦风险，改善贸易环境，在一定程度上化解国际贸易争端。

中国工业化正处于能源资源消费高峰，资源瓶颈制约度高，与此同时，作为发展中国家，中国拥有的资本、技术、人力资本等要素规模也相对有限，而有些国家/地区具有占优势的各种要素资源。中国自有资源难以满足经济的快速发展，除了加快转变经济发展方式，把节约资源作为基本国策外，建设自贸区可更广泛地拓展资源的进口渠道，保证中国经济持续稳定发展。

四、中国自贸区建设取得的成果

中国自贸区建设已走过 10 个年头，从无到有，从小到大，取得了重大进展，初步形成周边自贸平台和全球自贸区网络，不仅在国内外产生了良好的政治经济效应，成为中国实施互利共赢开放战略和构建和谐世界的重要切入点，而且为我国经济贸易平稳较快发展发挥了积极作用。中国自贸区建设深化了中国与有关国家的政治经贸关系，营造了互利共赢的良好外部环境。

（一）在政治方面的成果

1. 自贸区建设增强了中国与相关国家的政治互信关系

例如，智利《国家战略报》报道，自中国—智利自贸协定签署以来，使智利就业人数增加近 4 万人，GDP 增长 1.34%。该协定使智利国内各界更加重视发展对华关系，其领导人多次在公开场合对中国—智利自贸协定的重要意义给予高度评价。而中国—东盟自贸区的建设实践，使东盟各国深深地感受到中国帮助其发展的诚意，双边关系提升到了前所未有的水平。

2. 自贸区建设提升了中国的国际地位和影响力

例如，中国—巴基斯坦自贸协定为两国全天候、全方位的特殊友好关系注入了新鲜血液。中国—智利自贸协定树立了中国与拉美国家关系的新坐标，吸引了同一地区秘鲁、哥斯达黎加等国与中国自贸协定的签署。通过中国—东盟自贸区建设，中国在东亚经济一体化中发挥了重要引领作用，为东亚经济一体化发展奠定了良好基础。

3. 自贸区建设巩固了中国对外开放、负责任的大国形象

例如，2008 年在全球金融危机持续蔓延的情况下，中国坚持实施自贸区战略，积极倡导自由贸易，明确反对贸易保护主义，给国际社会留下了深刻印象。例如，在金融危机已经影响到实体贸易的情况下，中国和东盟仍然坚持在 2010 年全面启动自贸区建设，这对世界经济的影响是极大的。

（二）在经济方面的成果

1. 自贸区推动国内改革与对外开放

中国在自贸协定的谈判与自贸区建设过程中，为达成双方共赢的自贸协定并切实履行达成的协定，中国不但在货物贸易领域大幅度减免关税，而且在服务贸易、投资领域放宽市场准入条件、开放市场，进一步完善了法律、法规、规章，增强了政策措施的透明度。

2. 自贸区促进了中国与合作伙伴之间贸易规模的不断扩大、贸易结构的逐步优化、贸易环境的日益改善

2010 年中国与 10 个自由贸易协定或紧密经贸关系安排伙伴的双边货物贸易总额达到 7 826 亿美元，超过了中国进出口总额的 1/4。例如：中国—巴基斯坦：2006 年中国与巴基斯坦的贸易额 52.47 亿美元，自贸协定实施以来，中巴贸易额一直保持 20% 以上的增长速度，2010 年中巴双边贸易总额达到 86 亿美元。中国成为巴基斯坦第一大贸易伙伴、第一大进口来源地，中国从巴基斯坦第六大出口目的地跃升至第四位。中国—东盟：2009 年中国—东盟贸易总额 2 130.1 亿美元；2010 年上升到 2 927.8 亿美元；2011 年，东盟超过日本，成为中国第三大贸易伙伴，双边贸易额达 3 629 亿美元，比 2010 年增长24%。中国已经是东盟第一大贸易伙伴和第一大出口目的地。中国—新西兰：据新西兰统计，2011 年中国与新西兰贸易总额 105.39 亿美元。新西兰对中国出口额 46.35 亿美元，新西兰从中国进口 59.02 亿美元。中国成为新西兰的第二大贸易伙伴。中国—秘鲁：据秘鲁海关统计，2008 年中秘双边贸易额为77.9 亿美元。2010 年，秘鲁与中国双边货物进出口额为 105.4 亿美元，比2009 年增长 44.0%。中国为秘鲁第二大贸易伙伴，第二大出口目的地和第二大进口来源国。

3. 自贸区促进了中国与合作伙伴之间投资环境的日益改善

例如：2010 年中国对巴基斯坦直接投资金额为 2 609 万美元，截至 2010年年底，中国在巴基斯坦直接投资总额达 13.67 亿美元。2010 年巴基斯坦来华投资项目 33 个，实际投资 570 万美元，截至 2010 年年底，巴基斯坦在中国投资项目总数 262 个，实际投资累计 5 738 万美元。中国和东盟各国之间双向投资不断扩大，截至 2011 年 6 月底，累计相互投资额近 800 亿美元。在中国倡议下，中国—东盟投资合作基金、中国—东盟银行联合体相继成立，成为双方投融资合作的重要平台。中国与东盟互联互通和基础设施建设合作成功显著。中国—秘鲁，截至 2010 年年底，中国对秘鲁非金融类直接投资 4.40 亿美元，主要涉及能矿资源开发；秘鲁在华项目数 165 个，实际投资 4 206 万美元，涉及行业包括电子、房地产等。

4. 自贸区使中国与合作伙伴的企业和消费者从中大量受益

各个自贸协定实施以来，各成员企业利用协定优惠政策的比例持续上升，有效提高了贸易产品的竞争力，降低了进口成本和销售价格，从而使消费者福利得到较大提升。

5. 自贸区促进了中国与合作伙伴的服务贸易发展

自贸协定的服务贸易协议不同程度地取消或减少了市场准入和国民待遇方面的限制，为各方服务业注入了新的活力。

在加入世贸组织和自贸区建设的双重作用下，中国的经济，特别是对外经济贸易获得了历史性、战略性的跨越式发展。中国已经成为世界第二大经济体和第二大贸易国。

在多边贸易谈判进程受阻，区域经济一体化迅速发展及其在成为各国贸易政策重要选择的现实下，中国必须在区域经济一体化格局中占有一定地位，通过区域贸易协定来开拓投资贸易市场，维护自己在区域和全球的利益。今后，中国将继续积极通过自贸区建设，不断提高对外开放水平，推动改革与发展，促进和谐世界的建设。

五、中国自贸协定发展战略

2004 年修改的《对外贸易法》第 5 条规定，"中华人民共和国根据平等互利的原则，促进和发展同其他国家和地区的贸易关系，缔结或者参加关税同盟协定、自贸区协定等区域经济贸易协定，参加区域经济组织"。这为中国商签自贸协定提供了法律依据。2007 年 10 月，中国共产党的十七大报告第一次明确提出要"实施自贸区战略"。2009 年 3 月，十一届全国人大第二次会议的政府工作报告再次强调要"加快实施自贸区战略"，加强双边多边经贸合作。2010 年《中共中央关于制定十二五规划的建议》进一步明确要引导和推动区域合作进程，加快实施自贸区战略。

自贸区建设，是中国顺应全球化、区域化潮流，以扩大对外开放促改革、促发展、促创新、促共赢的战略举措。中国已经确立了实施自贸区战略的形式多样、注重实效、互利共赢、利益平衡的谈判原则；"全面规划，突出重点，先易后难，循序渐进"的战略部署；逐步建立起以周边国家为基础，形成东西呼应、区域协调、布局合理的自贸区的战略目标。

目前，中国自贸协定商签和实施还存在一些不足：一是细化的自贸协定策略和措施尚未清晰。签署的自贸协定主要是出于一种外交战略的需要，其决策过程往往是政治决策在前，可行性论证在后，科学依据不足。二是实际的经济效果还不很明显。中国的自贸协定商签对象基本都是经济发展水平较低的发展中国家和经济规模较小的发达经济体，虽然降低了国内经济调整的成本，但取得的经济效益也相当有限。三是每个协定之间缺乏必然的联系与衔接、配合，各个协定之间的条款的粗细、定义的内涵与外延有明显的差异。四是已签协定的利用水平不高，重谈判，轻利用。因此，中国需要在总结十年来自贸区建设经验的基础上，在战略目标、伙伴选择、合作内容、合作方式、优惠利益的给予与获取以及推进策略方面，进行深入、系统的研究。

（一）中国要加快实施自贸区战略

世界贸易额的50%以上是在区域贸易协定成员之间进行，世界主要经济体和贸易大国签订的区域贸易协定也是名列前茅的，中国是第二大经济体和贸易国，但自贸区的贸易额刚超过25%，签订的自贸协定与之不相称，长久下去将影响经济贸易的持续发展。因此，中国除与正在研究和谈判的自贸协定的国家和区域经贸集团建立自贸区外，还应继续推动亚太经济合作组织、上海合作组织朝着区域经济一体化方向发展；应积极考虑与欧盟谈判签订自贸协定，欧盟是中国的第一大贸易伙伴，是中国技术进口的主要来源市场，互补性强，政治经济比较安全稳定，与中国也比较友好。

要创新合作理念，有效应对各种构想与机制对中国的影响。面对美国意图用参加跨太平洋战略经济伙伴协定（TPP）牵制中国自由贸易发展战略和经济发展，中国应积极主动地参与TPP的谈判。虽然TPP自由化程度比较高、超过WTO范围的自贸协定，如劳工和环境、政府采购、知识产权以及国有企业等相关条款对中国不利，但新参加国家可以与原有4个国家谈判该协定的有关条款，中国同样可以在TPP中进行博弈，取得权利和义务的相对平衡。因此，如果能够就消除出口管制、限制贸易救济措施以及改变针对非市场经济国家的歧视性待遇等问题，中国可以积极参加，并使谈判为我所用。

（二）中国要完善、深化现有自贸协定，推进自贸区建设

完善已经达成的自贸协定内容与合作机制，巩固已有的自贸区合作成果，是中国建设自贸区的一项重要工作。在继续商谈新自贸协定的同时，要有重点、有步骤地完善合作内容、创新合作机制、提升合作水平。中国已签署的自贸协定，有的贸易自由化程度较低，有的条款不够完善，特别是早期签订的自贸协定。应在总结现有自贸协定的经验，并参考 WTO 对自贸协定规范和世界各国签订自贸协定的基础上，按照"最佳实例"原则，通过设计全面的部门/产品市场准入、例外限制、原产地规则、有效的监督机制等内容，根据各个协定中的"审议"和"逐步自由化"、"修正"、"具体承诺减让表的修改"、"合作"等条款的规定，适时修改、补充现有自贸协定，完善有关条款，深化合作领域，并用于规范未来的双边自贸协定。

对于目前两岸四地分别建立的合作机制，中国要根据经济发展需要，不断拓宽合作领域，充实合作内容，完善合作机制。在条件成熟时可以逐步进行整合，例如先将内地与港澳两个 CEPA 整合成三地的 CEPA，然后与 ECFA 衔接，构建起两岸四地合作的新架构，促进两岸四地经济合作的深化，实现中华经济区发展。在一个中国的前提下，逐步协助港澳台单独关税区参与中国—东盟自贸区的合作，使两岸四地与对外区域合作进程中整体联动。

（三）中国要加大自贸协定的研究和已签署自贸协定的实施力度

要设立专门机构加强对自贸协定理论研究，具体研究与组织实施自贸协定战略。要跟踪全球自贸协定的发展趋势；研究分析准备、正在和已经与其商签自贸协定的伙伴与其他国家商签的自贸协定；开展自贸协定的专题调研，包括战略目标、伙伴选择等；制定推进策略与谈判策略，包括合作内容、合作方式、优惠利益的给予与获取等，推动中国区域经济合作。

加强自贸协定战略的宣传，对已签订的自贸协定条款的研究与解析，普及自贸协定知识，提高自贸协定的利用水平。在中国加入 WTO 前后，在全国开展了持续的声势浩大的普及 WTO 知识与应对研究，自贸协定比 WTO 更复杂，而且各个协定的具体规则各不相同，但没有开展类似的知识培训与应对研究工作，中国相关政府机构、企业对自贸协定的知识、规则不熟悉，多数企业对自贸协定优惠关税、原产地规则、服务贸易承诺和投资条款都缺乏了解，尚未充分利用其优惠待遇。

要针对中国自贸协定利用不高的问题，采取有力措施，使现有自贸协定利益最大化。各省级商务部门应设立专门机构或在原负责 WTO 工作的机构中增加自贸区职能，负责具体实施已签订的自贸协定，调查、探索本地产业与各自贸协定伙伴的合作优势，指导企业利用好自贸协定优惠政策措施，提高本地产业、企业的竞争力。同时将企业在实施自贸协定遇到的困难、问题及诉求及时反馈至中央政府，有利于在修改完善现有的自贸协定以及未来自贸协定谈判中更好地反映企业的诉求，提高企业对自贸协定的认知水平和利用率。

在当前区域一体化的大背景下，中国积极稳妥地参与区域经济合作，加快推进自贸区建设是适应经济全球化的一项战略选择，已经成为中国加入 WTO 后，以开放促改革、促发展的新平台和新方式。加快实施自贸区战略，将为中国的发展赢得更加广阔的市场和空间，促进对外经济贸易的稳定发展，消除投资贸易壁垒，减少贸易摩擦，提升中国经济的国际竞争力，确保国家和企业的根本利益，促进中国全球战略利益的实现，促进与中国建立自贸区的各国经济的共同发展，达到互利共赢的目的。

小资料：

一、联合国《产品总分类》

联合国《产品总分类》（United Nations Central Product Classification, CPC），是联合国统计署制定的产品分类国际标准。它是一部涵盖货物和服务的完整产品分类，目的是对作为任何经济体生产成果的货物和服务进行分类。《产品总分类》根据产品的物理性质和固有性质及原产业的原则对它们进行分类。它是一种既无所不包又互相排斥的类别体系，即意味着如果某项产品不适合《产品总分类》的某一类别，它必定自动适合另一类别。此外，《产品总分类》还与《商品名称及编码协调制度》（HS）和《国际贸易标准分类》（SITC）相衔接。联合国统计署在 1972 年开始研究起草，1991 年出版《暂定产品总分类》（United Nations Provisional Central Product Classification, CPC）；《暂定产品总分类》经过订正、增补，最后定稿，于 1998 年出版《产品总分类》（CPC Ver. 1.0）；2002 年出版修订的《产品总分类》（CPC Ver. 1.1）；2008 年 12 月 31 日修订增补为《产品总分类》（CPC Ver. 2.0）。

《产品总分类》的编码办法是分层法和纯粹的十进制。分为 5 级，分类的组成包括部门（Section，等同于第一位数）、类（Division，等同于第一位和第二位数）、组（Groups，等同于前三位数）、级（Classes，等同于前四位数）和次级（Subclasses，等同于所有五位数合在一起）。部门的代码由 0 至 9 组成，每个部门又可划分为 9 类。在代码的第三位数，每类又可划分为 9 组，每组又可划分为 9 级，而每级又可划分为 9 个次级。《产品总分类》

的代码编号由 5 个数字组成，数字之间无任何间隔。《产品总分类》（CPC Ver. 1.1）总共有 10 部门、70 类、305 组、1167 级和 2098 次级。

《产品总分类》代码 0~4 是货物的描述，5~9 是服务的描述。0：农业、林业、水产品；1：矿石和矿物质、电、气、水；2：食品、饮料、烟草、纺织、服装、皮革产品；3：其他可运输货物，金属制品、机械和设备除外；4：金属制品、机械和设备；5：建筑服务；6：经销行业服务、住宿、食品和饮料服务、运输服务，及公用事业分配服务；7：金融及有关服务、不动产服务、及出租和租赁服务；8：商业和生产服务；9：社区、社会及个人服务。

中国国家统计局 2010 年 2 月 9 日参照《产品总分类》（CPC，1.0 版）制定了中国的《统计用产品分类目录》；在中国签订的自贸协定的服务贸易承诺清单中，对服务部门的分类参照联合国统计署 1991 年《暂定产品总分类》。

二、中国经济贸易概况

中华人民共和国，简称中国（China），位于亚洲，国土面积 960.1 万平方公里（仅指陆地面积），截至 2011 年 7 月 1 日，中国人口总数约为 13 亿人，是世界人口第一大国。

中国出口商品结构主要是工业制成品、机电产品、初级产品和轻纺产品等。近年来，电子和信息技术等高新技术产品出口扩大，加工贸易蓬勃发展，旅游、运输等领域的服务贸易增加，建筑、通讯、保险、金融、计算机和信息服务、专有权利使用费和特许费、咨询等领域的跨境服务以及承接服务外包快速增长。进入 21 世纪，中国工业化、城镇化正在快速推进，内需持续增长。

2010 年，中国国内生产总值（GDP）58786.29 亿美元，人均 GDP 4283 美元，货物贸易进出口总额为 29729.23 亿美元，其中出口总额 15778.24 亿美元，进口总额 13950.99 亿美元，占全球货物贸易出口总额比重 10.36 %，进口总额比重 9.06 %，是世界货物贸易第一出口大国和第二进口大国。2010 年，服务贸易出口额 1702.48 亿美元，服务贸易进口额 1921.74 亿美元，占全球服务贸易进口总额比重 5.47 %，出口总额比重 4.61 %，是世界服务贸易出口第 4 位，进口第 3 位。2008—2010 年，人均贸易额 2135 美元，贸易占GDP 的比例 55.4%，关税总水平 9.6%。

2001 年 12 月 11 日，中国加入世界贸易组织。目前，中国已经签订和实施了 11 个区域贸易协定（不含服务贸易协议），涉及 22 个国家和单独关税区，包括：亚太贸易协定，并与东盟、巴基斯坦、智利、新西兰、新加坡、秘鲁、哥斯达黎加，以及香港、澳门、台湾单独关税区签订自贸协定。正在与之谈判的有：南部非洲关税同盟、海湾合作委员会、澳大利亚、冰岛、挪威、瑞士。

第二篇　中国自由贸易协定的主要内容

第二章　中国自由贸易协定货物贸易规定

货物贸易是自贸协定的核心内容，主要涉及货物贸易的关税减让模式、关税减免清单与时间、非关税措施和原产地规则、技术性贸易壁垒、卫生与植物卫生措施、海关合作、知识产权保护、贸易救济与争端解决等。

第一节　关税与非关税措施

一、关税减免规定

（一）减免关税的方式

消除或减免关税是贸易自由化的开始也是突出的体现，是企业走出国门，扩大货物出口、增加利润、降低成本的重要途径。但是在自贸协定中，所谓关税的减免是指列入协定减免税表中符合各个自贸区原产地规则的原产货物，而非所有列入减免税表的产品。中国自贸协定一般规定了关税减免的五个方面的内容：

1. 固定海关税率基数

除非协定另有规定，从协定生效之日起，任一缔约方不得对另一缔约方的货物增加任何现存的进口海关关税（即最惠国税率），或者加征任何新的进口海关关税。这是对所有货物，包括自贸区原产货物和非原产货物，给自贸区提供一个稳定的可预见的贸易环境。

2．关税的削减与免除

在现行关税的基础上按谈判达成的税率或减让幅度进行削减、免除，除非协定另有规定，各缔约方应根据关税减让表对原产货物逐步消除海关关税。

3．关税就低适用

如果一缔约方在协定生效后和关税减让期截止前，降低其适用的最惠国进口海关关税税率（但《中华人民共和国进出口关税条例》第 4 条和第 9 条中规定的暂定税率除外），则该缔约方的关税减让表应适用降低后的关税税率。

4．通过谈判加快降税进程

应任一缔约方的要求，缔约双方可进行协商，考虑加速消除关税减让表（经谈判已达成实施的）中所列原产货物中的进口海关关税。

5．单方面加速取消关税

一方可随时单方面加速取消其关税减让表所列的针对另一方原产货物的关税。有意采取此举的一方应当在新的关税税率生效前，尽早通知另一方。但中国与东盟、巴基斯坦、智利自贸协定无此规定。

对于单方面加速取消、减免其关税，有的协定规定可以重新提高关税减让表中规定的当年水平，如中国与秘鲁、哥斯达黎加自贸协定；有的没有此规定，如中国与新西兰、新加坡自贸协定。

（二）关税减让的内容

关税减让的内容，主要包括商品分类、关税减免幅度、关税减免时间、关税减让模式、关税减免清单等。

1．商品分类

商品分类有不同的标准，通常将全部商品分为三大类：正常（普通、一般）产品、敏感产品、例外产品。再将正常（普通、一般）产品分成几类；将敏感产品分为一般敏感产品、高度敏感产品；例外产品也可分为一般例外产品和禁止进口产品。或者将全部商品分为一类、二类、三类、四类、五类产品……敏感产品，例外产品等。不同类型的产品减免税的时间与幅度不一样。

就中国自贸协定而言，正常产品是指最终将关税降为零的产品；一般敏感产品是指最终将关税降为 5% 以下的产品；高度敏感产品指有降税可能，但降税幅度不大；例外产品指产品不参加降税的产品；禁止进口产品是指因宗教和安全等原因禁止进口的产品。

2. 关税减免幅度

关税减免幅度包括两种表示方式：一是关税率从最惠国税率降低到协定税率；二是用优惠幅度（Margin of Preference，MoP）表示，它是最惠国税率和自贸协定优惠税率间的差额，即最惠国税率和同类产品优惠税率之间的百分比差。

3. 关税减免时间

关税减免时间，是指签订自贸协定的缔约方，在协定中规定的减免关税的具体执行时间。例如，有的自贸协定规定在公历年的具体时间（某年某月某日）减免关税，有的规定协定生效后的第几年，按照商品分类、关税减让模式、关税减免幅度开始分阶段减免税。

4. 关税减让模式

关税减让模式通常有：一次性减免，在规定的时间表内按规定的税率降税（征收），在基数年最惠国税率的基础上在规定的时间表内等比例幅度削减，或在规定的时间表内按规定的幅度减免等。前两种模式比较明了，后两种模式要进行计算。

中国—东盟自贸协定采取在规定的时间表内按规定的税率降税。

中国—巴基斯坦自贸协定采取两种模式：第一、三、四类产品按规定的时间表内按规定的幅度减免；第二类产品采取在基数年最惠国税率的基础上在规定的时间表内按比例幅度削减（线性降税模式）。

中国与智利、哥斯达黎加自贸协定采取两种模式：第一类产品一次性减免到零关税；其他类采用在基数年最惠国税率的基础上在规定的时间表内等比例幅度削减（线性降税模式），分别在 2 年、5 年、10 年或 15 年内降至零关税。

中国—新西兰自贸协定采取两种模式：第一类产品一次性减免到零关税；其他产品在规定的时间表内按规定的税率降税。

中国—新加坡自贸协定采取分两次减免到零关税的模式。

中国—秘鲁自贸协定采取混合模式：双方的 A 类产品一次性减免到零关税；B、C、D、G、H 类产品在基数年最惠国税率的基础上在规定的时间表内等比例幅度削减（线性降税模式），E 类产品在规定的时间表内按规定的幅度减免；中国的 F、I 类产品在基数年最惠国税率的基础上在规定的时间表内等比例幅度削减（线性降税模式）；中国的 K、L 类产品在规定的时间表内按规定的税率降税。秘鲁的 J1、J2、J3 类产品分别在第四、第八、第九年内保持基准税率不变后，在规定的时间表内等比例幅度削减。

5. 关税减免清单

关税减免清单，是指自贸协定的缔约方根据谈判达成的商品分类、关税减让模式、关税减免幅度、减免税时间，按协调编码（HS）列出的清单，也称关税减让表。

表 2-1　　　中国自贸协定降税的分类、范围、进程表

单位：%，年

自贸协定		总分类数	列入减免税商品数	正常产品	一般敏感产品	高度敏感产品	例外产品	降税进程
中国—东盟	中国	4		94.4	3.9	1.7		10
	文莱			97.8	1.3	0.9		10
	柬埔寨		7 762	90.4	6.7	2.9		13
	印度尼西亚			93.3	5.8	0.9		10
	老挝		10 675	97.8	1.7	0.5		13
	马来西亚			92.8	5.4	1.8		10
	缅甸			94.8	5.2			13
	菲律宾			93.3	5.2	1.5		10
	新加坡		全部	100.0				10
	泰国			93.3	4.8	1.9		10
	越南			92.0	5.4	2.6		13
中国—巴基斯坦	中国	5	6 418	35.5	34.5	15.0	15.0	
	巴基斯坦	6	5 686	35.6	19.9	28.1	16.4	
中国—智利	中国	5	4 753	97.0	—	—	3.0	10
	智利	5	5 891	98.0	—	—	2.0	10
中国—新西兰	中国	5		97.2			2.8	8
	新西兰	4		100.0			—	11
中国—新加坡	中国	3		94.4	3.9	1.7	—	
	新加坡	—	全部	100.0				
中国—秘鲁	中国	11	7 758	94.6			5.4	17
	秘鲁	10	7 337	92.0			8.0	

自贸协定		产品分类						降税进程
		总分类数	列入减免税商品数	正常产品	一般敏感产品	高度敏感产品	例外产品	
中国—哥斯达黎加	中国	5	7 869	96.7			3.3	10~15
	哥斯达黎加	7		90.9			9.1	10~15
内地—香港	内地		1 734	100.0				
	香港		全部	100.0				
内地—澳门	内地		1 259	100.0				
	澳门		全部	100.0				
大陆—台湾	大陆		608					
	台湾		268					

注：①中国—巴基斯坦的降税数据仅是第一阶段的，第二阶段正在谈判，按协定，正常类产品要达到90%；

②缅甸高度敏感产品税目暂无数据，因此，其正常类产品可能要低于94.8%。

（三）　市场准入特点

中国自贸协定的市场准入具有以下特征：

1. 自贸协定都遵守《关贸总协定》第24条的指导方针：关税自由化的覆盖面达到90%以上，实现自由化的时间在合理的10年之内，只有极少数商品超过10年；

2. 自贸协定都与WTO标准相结合，并都是WTO+模式；

3. 不同的自贸协定中关税自由化的覆盖面和进度表存在差别，同一协定成员承诺的关税自由化的覆盖面和进度表也存在差别；

4. 不同自贸协定中关税减让的过程也不同；

5. 采取了关税削减的辅助措施；

6. 对最不发达国家采取了更优惠差别措施。

此外，如按协定签署当年双方出口产品分析，中国自贸协定的对象中，中国与东盟、新加坡、哥斯达黎加属于竞争范畴，但哥斯达黎加占中国的贸易比例相当低；中国与智利、秘鲁、新西兰是互补关系；整体而言，中国和巴基斯坦在出口互补性高于竞争。

二、非关税措施

非关税措施是指除关税以外的一切限制进口的措施。但在中国自贸协定中，把卫生与植物卫生措施、技术性贸易壁垒措施、非关税的海关合作内容单列，因此有的协定把非关税措施具体化，仅包括配额、进出口许可证、数量限制、行政费用和手续等。

（一）进出口措施

中国—新西兰自贸协定规定，除非根据其 WTO 权利和义务或根据自贸协定其他条款采取或维持的措施，一方不得对来自另一方任何货物的进口或向另一方任何货物的出口采取或维持任何非关税措施。各方应当确保其在自贸协定允许范围内的非关税措施的制定、批准或实施，不以对双边贸易造成不必要的障碍为目的，或导致这样的结果。中国与东盟、新加坡等自贸协定均有类似内容的规定，这是与 WTO 相符的原则规定。

中国与秘鲁、哥斯达黎加自贸协定的规定比较接近，具体规定了两方面的内容：

1. 进出口限制。除本协定另有规定或根据 GATT1994 第 11 条及其解释性说明外，任一缔约方不得实施或保持任何非关税措施，阻止或限制另一缔约方任何产品进口或向另一缔约方境内出口或出口销售。为此，GATT1994 第 11 条及其解释性说明经必要修改后应纳入本协定，构成本协定的一部分。

2. 进口许可。（1）任一缔约方不得实施或保持与 WTO 进口许可协定相悖的措施。（2）任一缔约方应在本协定生效前向另一缔约方通报任何现有进口许可程序。（3）各方应于规定生效前 21 日，在任何情况下不晚于生效日，公布任何新的进口许可程序和对任何现有进口许可程序或产品清单（视实际情况而定）的变更。（4）缔约双方应在任何其他新进口许可程序和对现有进口许可程序的任何修改发布 60 日内通知另一缔约方。上述发布应与 WTO 进口许可程序协定中规定的程序相一致。（5）第（2）和第（4）中规定的通报应包括 WTO 进口许可协定第 5 条中列明的信息。

中国与巴基斯坦、智利自贸协定没有上述有关"进出口措施"的具体规定。

（二）行政费用和手续

对于行政费用和手续问题，中国与巴基斯坦、智利、新西兰、秘鲁、哥斯达黎加签订的自贸协定有几项规定：

1. 各方应当根据 GATT1994 第 8 条第 1 款，确保对进出口或有关进出口征收的任何性质的所有规费和费用（关税、等同于符合 GATT1994 第 3 条第 2 款征收的国内税的规费或其他国内规费，以及反倾销和反补贴税除外），限制在提供服务所需近似成本以内，且不得构成对本国货物的间接保护或为财政目的而征收的进出口税。

2. 任一缔约方不得要求与另一缔约方任何货物的进口有关的领事交易，包括相关的手续费和费用（中国与巴基斯坦、新西兰自贸协定没有此项规定）。

3. 各缔约方应该通过国际互联网或者相当的基于计算机的通讯网络，相互提供目前其所征收的与进口或者出口有关的手续费和费用的清单。

中国与东盟、新加坡自贸协定没有行政费用和手续的条款。

三、海关程序及贸易便利化

为简化和协调双方的海关程序，确保双方海关法及行政程序实施的可预见性、一致性和透明度，确保货物通关和运输工具往来的高效快捷，便利双边贸易，促进缔约双方海关当局的合作，中国与新西兰、新加坡、秘鲁、哥斯达黎加自贸协定规定了"海关程序与合作"一章的内容，中国—智利自贸协定在"原产地规则"一章中规定了预确定的内容，而中国与东盟、巴基斯坦自贸协定则没有专门条款。这些协定的海关程序与合作的主要内容包括：

（一）便利化

中国与新西兰、秘鲁自贸协定规定：

1. 各方应当确保其海关程序和实践具有可预见性、一致性、透明度，并便利贸易。

2. 各方的海关程序应当在可能且其海关法允许的范围内，与包括《关于简化和协调海关程序的国际公约》（《京都公约》修订版）在内的，其参加的世界海关组织（WCO）有关贸易条约相一致。

3. 双方海关当局应当实施便利货物通关的海关程序。

4. 双方海关当局应当尽力设置电子或者其他方式的集中受理点，使贸易商可借此提交货物通关所需的法规要求的全部信息。

（二）预裁定

为便利对外贸易经营者办理海关手续，方便合法进出口，提高通关效率，中国自贸协定规定了预裁定（预确定）。对进出口产品的预裁定可包括税则归类与原产地资格。中国与智利、新西兰、秘鲁、哥斯达黎加自贸协定包括两类，而中国—新加坡自贸协定则仅包括原产地资格。中国与东盟、巴基斯坦自贸协定没有预裁定的内容。

1. 申请预裁定的程序

出口商、进口商或其他人，在所涉货物进口前，以将做出裁定的海关当局官方语言申请裁定（向中国海关申请归类预裁定的申请人，须在中国海关注册）；要求裁定的申请人提供货物的具体描述以及做出裁定所需的全部相关信息；在裁定过程中，海关当局可随时要求申请人在规定的时间内补充信息；任何裁定应当依据申请人提交的事实和情形以及决定者所掌握的任何其他相关信息做出；以及在获取全部必需的信息后，尽快以签发海关当局的官方语言向申请人提供裁定结果。

2. 预裁定的有效期

预裁定的有效期是指，对自裁定做出之日一定期限内或在各自国内立法规定的其他时限内，经由任何口岸入境的裁定所涉货物的所有进口适用此裁定。各自贸区的预裁定的有效期如表2-2。

表2-2 预裁定程序时间表

自贸协定	申请	税则归类裁定	原产地资格裁定	裁定有效期
中国—智利	进口前	150日	150日	至少1年内
中国—新西兰	进口前3个月	60日	90日	3年内或按法规
中国—新加坡	进口前3个月	未规定	60日	至少2年内
中国—秘鲁	进口前	150日	150日	至少1年内
中国—哥斯达黎加	进口前	90日	90日	未规定

3. 预裁定的修改或废止/撤销、处罚

在下列情况下，一方可修改或废止裁定：裁定是基于错误的事实或法律、虚假或不准确的信息做出的；在与该协定相一致的情况下，国内法发生变化；或者裁定所依据的重要事实或情况发生改变。

此外，中国与智利、新西兰、秘鲁自贸协定还规定，如进口商要求依据相关裁定给予进口货物优惠待遇，海关当局可评估进口的事实和情况是否与做出裁定所依据的事实和情况相一致；除非国内法有保密要求，各方应当公布其裁定。

中国与智利、秘鲁自贸协定规定，申请人在申请预裁定时，如果提供虚假信息，或遗漏相关事实或情况，或未遵守申请预裁定的规定，进口方可以按照其国内法律采取适当的措施，包括民事、刑事及行政措施、处罚或其他制裁。

（三）货物放行

中国与新西兰、秘鲁自贸协定规定，在货物放行方面，除下列情况外，各方应当采用或沿用高效快捷的程序，使得货物在抵达后48小时内放行：

1. 进口商无法在初次进口时提交进口方要求的信息；
2. 进口方主管当局应用风险管理技术，选择该货物做进一步查验；
3. 货物将接受进口方国内立法授权的、除主管当局以外的机构的检查；
4. 未完成所有必要的海关手续或因不可抗力原因延误了货物放行。

此外，中国—秘鲁自贸协定还规定，在各自国内法律法规允许的情况下，如果已向海关当局提交了足够的担保，各方应允许进口商在海关当局做出适用的关税和其他税、费的最终决定之前，从海关提取货物。

中国—哥斯达黎加自贸协定对货物放行的规定很简单，其他协定没有此条款。

（四）快件

中国与秘鲁、哥斯达黎加自贸协定规定，各海关当局应当在沿用适当风险管理制度的同时，采用或沿用对于快件的单独和快速的海关手续。这些手续应保证在通常情况下，在提交了所有必要的海关文件后能够快速或加快办理货物清关手续。中国—秘鲁自贸协定还规定，这种程序不应对重量或海关价格做出限制。而中国—新西兰自贸协定仅规定，双方海关当局应当采取措施加速快件的通关。

（五）风险管理

中国与新西兰、新加坡、秘鲁、哥斯达黎加自贸协定规定了"风险管理"的条款，要求各方海关当局应当将资源集中于高风险货物，并在实施海关程序时便利低风险货物通关放行。中国—新加坡自贸协定增加了"双方应当相互交流各自海关风险管理技术实践上的良好经验";中国—秘鲁自贸协定则规定,"双方海关当局应交换与应用的风险管理技术相关的信息,并确保对此类信息保密"。中国与东盟、巴基斯坦、新加坡自贸协定没有此条款。

(六) 无纸贸易环境下自动化系统的应用

中国与新西兰、秘鲁、哥斯达黎加自贸协定规定了"无纸贸易环境下自动化系统的应用"的条款,但内容不完全一样。中国—新西兰自贸协定规定:双方海关当局应当在海关操作中,应用低成本、高效率的信息技术,特别应当在无纸贸易环境下,重视世界海关组织(WCO)在此领域的发展。而中国—秘鲁自贸协定规定:1. 缔约双方海关当局应当在海关操作中,应用低成本、高效率的信息技术,特别应当在无纸贸易环境下,重视世界海关组织(WCO)在此领域的发展。2. 缔约双方海关当局应尽力使用信息技术加快货物放行程序,包括信息数据在货物到港前的提交和处理,以及用于风险分析和布控电子或自动化系统。

中国—哥斯达黎加自贸协定第50条"自动化系统应用"规定:1. 双方海关当局应当在海关操作中应用信息技术,特别是通过为货物到港之前传递信息提供便利,以使货物到港后在尽可能最短的时间内放行。2. 双方海关当局应尽力使用信息技术加快货物放行、实施风险管理和目标确定。

(七) 复议诉讼

中国与新西兰、新加坡、秘鲁、哥斯达黎加自贸协定规定了对海关裁定的复议与诉讼。中国与秘鲁、哥斯达黎加自贸协定,各方应赋予其境内的进口商,对海关事务的决定享有以下权利:1. 向做出决定的人员或者部门以外的独立部门提出行政复议的申请;2. 就行政决定提起行政诉讼。中国—新西兰自贸协定的规定比较全面:各方的立法应当赋予进口商、出口商或任何受海关行政裁定、裁决或决定影响的人,对海关做出的行政裁定、裁决或决定申请复议而不受处罚的权利。初始复议诉讼权包括向海关内部机构或独立机构申请复议,但各方立法还应当规定其有权向司法机关提起诉讼而不受处罚。关于复议诉讼结果的通知应当送达当事人,并应当以书面形式表明其理由。而中国—新加坡自贸协定的条款则比较简单:对于根据本协定所做出的与优惠待遇资格相关的决定或预裁定,各方应当规定,其境内的进口商可以根据其国内法律及法规,申请行政复议或司法审查。

（八）公布海关法及行政程序和咨询点

中国与新西兰、秘鲁自贸协定规定，双方海关当局应当公布其实施或执行的全部海关法及行政程序。双方海关当局应当指定一个或多个咨询点，处理一方利益相关人就与协定实施有关的海关事务提出的咨询，并向另一方海关当局提供咨询点的详细信息。如果一方海关当局监管货物和运输工具的海关法或程序出现重大修改，且该修改可能对协定的实施产生实质性影响，则应当及时通知另一方海关当局。中国与新加坡、哥斯达黎加自贸协定的相关规定比较简单。

（九）海关程序的审议

中国与新西兰、秘鲁自贸协定规定了"海关程序的审议"的内容：1. 双方海关当局应当本着进一步简化海关程序、制定互惠安排和便利双边贸易流通的目的，定期审议其海关程序。2. 双方海关当局应当定期审议其在海关监管中应用的风险管理方法的效果、有效性及效率。

（十）海关磋商与合作

中国与新西兰、秘鲁自贸协定规定：1. 一方海关当局可随时要求与另一方海关当局，就在本章执行或实施中发生的问题进行磋商。除非双方海关当局另行商定，磋商应当通过相关联系点，在要求提出后 30 日内举行。2. 如果磋商无法解决问题，要求磋商的一方可将该问题提请货物贸易委员会考虑。3. 为本章之目的，双方海关当局应当指定一个或多个联系点，并向另一方提供联系点的详细信息。双方海关当局应当将联系点的信息变更情况及时通知对方。4. 双方海关当局可针对为保障双边贸易或运输工具运行安全采取的海关程序而引发的贸易便利化问题举行磋商。

中国—哥斯达黎加自贸协定第 51 条"合作"规定：1. 为便利本协定的有效执行，双方应尽力提前通知对方，包括任何关于行政政策的重大修改，以及可能对本协定执行产生实质影响的进出口法律法规的类似进展变动情况。2. 双方通过其海关当局，应就保证遵守各自与进出口相关的法律法规进行合作，包括：（1）本协定的实施和执行，包括其第四章（原产地规则和相关操作程序）；（2）海关估价协定的实施和执行；（3）各类进出口限制和禁止的规定；（4）双方同意的其他海关事务。3. 根据国内法，双方应当通过其海关当局尽力为另一方提供有关信息，这些信息将可以协助该方决定进出口是否符合另一方关于进口的法律法规,特别是那些与防止任何形式的财政瞒骗有关的法律法规。4. 为了更加便利双方之间的贸易往来,双方应当尽力为另一方提供技术经验和支持,目的在于改进风险评估技术,简化、加快海关通关手续,提高人员技术水平,以及加强使用技术的能力,以提高遵守与进口有关的法律、法规的水平。5. 双方海关当局应在自贸区协定生效后 3 个月内谈判海关行政互助协定。该海关行政互助协定应符合双方各自国内法的相关规定。

(十一) 处罚

中国—新加坡自贸协定规定:各方应当根据其国内立法,对违反与本章有关的法律、法规的行为实施惩罚措施。中国—哥斯达黎加自贸协定规定:各方应采用或沿用有关措施,以对违反包括有关税则归类、海关估价、原产地,以及本协定项下优惠待遇的核查的海关法律、法规的行为给予行政处罚,必要时给予刑事处罚。

第二节 卫生和植物卫生措施

中国与巴基斯坦、智利、新西兰、秘鲁、哥斯达黎加自贸协定设立单章规定卫生与植物卫生措施 (SPS),中国—新加坡自贸协定把它与技术性贸易壁垒合并在一章,而中国—东盟自贸协定则未规定此内容。

卫生和植物卫生措施在于保护人类、动植物的生命和健康。中国自贸协定有关卫生和植物卫生措施的主要内容包括:定义、适用领域和范围、透明度、风险评估和等效性等。中国—新西兰自贸协定有关卫生与植物卫生措施的条款最详尽具体,共有 14 条 (将在第十章具体阐述);中国—秘鲁自贸协定次之;中国—智利自贸协定的条款比较特别 (将在第九章具体阐述)。

中国自贸协定规定,制定卫生与植物卫生措施的目的是:第一,促进和便利缔约各方动植物及其制品的贸易往来,并同时保护人类、动物和植物的生命或健康;重申 WTO 的《实施卫生与植物卫生措施协定》(《SPS 协定》)下双方相互间的权利和义务,SPS 协议是自贸协定的组成部分;确保缔约双方的 SPS 措施不在情形相同或相似的情况下在缔约各方之间构成任意或不合理的歧视;以及为讨论相互的 SPS 措施,迅速、有效地解决本领域的贸易问题提供场所,以确保缔约双方间的贸易扩展;建立交流与合作机制,迅速高效地解决卫生和植物卫生问题。第二，促进双方履行 SPS 协定。第三，为处理双边的卫生和植物卫生措施提供相应论坛，解决由此产生的贸易问题，并扩大贸易机会。

一、适用领域和范围

中国自贸协定有关卫生和植物卫生措施的规定适用于缔约方实施的、直接或间接影响缔约双方之间贸易的全部卫生和植物卫生措施。中国—智利自贸协定还规定，缔约方应确保主管部门将来修订或签订的备忘录和议定书与协定确定的原则规定相一致。

二、协调一致、采用国际标准

中国自贸协定一般规定，缔约各方将尽可能协调其卫生和植物卫生措施，为实现协调一致，缔约双方采取的 SPS 措施均应以国际标准、指南、建议为基础，或者以风险评估为基础，并应就此进行合作。

中国与巴基斯坦、秘鲁自贸协定规定：1. 根据《SPS 协定》第 3 条和 WTO/SPS 委员会就实施该条所作的决定，双方应在各自卫生与植物卫生措施协调一致方面进行努力，并考虑相关国际组织制定的标准、指南和建议。2. 如果这些国际标准、指南和建议不存在，缔约双方相应的措施应以科学为基础，并确保达到适当的卫生或植物卫生保护水平。

三、等效性

中国与巴基斯坦、秘鲁自贸协定规定，如果出口缔约方向进口缔约方客观地证明其措施达到进口缔约方卫生和植物卫生程序的适当水平，缔约双方都应考虑接受对方 SPS 措施为等效措施，即使该措施不同于其国内措施或者就同样产品进行贸易的其他成员所使用的措施。中国—巴基斯坦自贸协定还规定，应根据要求给予进口缔约方进行检查、检验和其他有关程序的合理机会。中国—秘鲁自贸协定则规定，如有必要，缔约双方应以相关国际组织和 WTO/SPS 委员会制定的相关程序为基础，积极考虑建立程序以加快卫生与植物卫生措施等效性的认可。如果等效性的认可尚在进行中，缔约双方不得停止贸易，也不得实施比适用于双方贸易的有效卫生与植物卫生措施更为严格的措施，但发生卫生或植物卫生紧急情况时除外。

中国—哥斯达黎加自贸协定规定，为等效认可，双方应考虑相关国际组织制定的与特定个案有关的国际标准、指南和建议，以及 WTO/SPS 委员会通过的决议。

四、风险分析

关于风险分析，除中国与新西兰、秘鲁、哥斯达黎加自贸协定规定比较详细外，其他几个协定只笼统地提及。

中国—秘鲁自贸协定规定：1. 卫生与植物卫生措施应以风险评估为基础，与人类、动植物生命和健康的现存风险相一致，并考虑相关国际组织制定的风险评估技术，使采取的措施达到适当的保护水平。2. 当一缔约方决定对顺畅并正常进行贸易的产品进行再评估时，该方不应以此再评估决定为由中断受影响产品的双边贸易，但发生卫生和植物卫生紧急情况时除外。

中国—哥斯达黎加自贸协定规定：1. 双方承认风险分析是确保 SPS 措施具有科学基础的重要手段。双方应确保其 SPS 措施酌情建立在 SPS 协定第 5 条规定的对人类和动植物生命和健康风险评估的基础上，同时考虑相关国际组织制定的风险评估技术。2. 进口方应在进口方国内法律法规许可的范围内优先考虑出口方的市场准入请求，尽快进行风险分析。为此，双方主管部门将在风险分析每个阶段保持密切沟通和良好工作关系，以推动风险分析进程，并避免不必要的延误。出口方应为进口方开展风险评估提供必要的信息。3. 风险分析过程结束后，应向出口方告知风险分析的依据，仍存的不确定性以及风险管理建议。

五、病虫害非疫区和低度流行区的认定

在中国自贸协定中，中国与新西兰、新加坡、秘鲁、哥斯达黎加自贸协定比较具体地规定了疫病区域化问题，其他协定仅笼统提及。

中国—新加坡自贸协定规定：1. 双方同意按照 SPS 协定第 6 条要求，积极、妥善地解决两国关注的进出口农产品检疫问题。2. 出口缔约方可以要求进口缔约方对其国内部分地区或全部地区作为有害生物或疫病非疫区进行认可。进口缔约方应积极考虑出口缔约方的请求，在进行评估后，可同意依据前述 1 规定对出口缔约方的有害生物或疫病非疫区进行承认。确定为有害生物或疫病非疫区后，进口缔约方应允许来自出口缔约方有害生物或疫病非疫区的农产品根据其 SPS 要求进入其市场。3. 如果进口缔约方认为出口缔约方境内生产向其出口农产品的非疫区存在某一疫病或有害生物爆发的风险时，可对该非疫区的地位提出重新确认要求。进口缔约方也可要求出口缔约方采取具体的根除与控制措施来保持非疫区地位，确保出口缔约方动植物及其产

品满足进口缔约方 SPS 要求。4. 双方在本协定下达成的关于区域化的任何协议或安排应按第 58 条（关于附件的最终条款）的要求列入附件。

中国—秘鲁自贸协定规定：1. 进口方在收到出口请求和出口方提供的必要信息，并完成评估后，应快速地承认已得到相关国际组织承认的病虫害非疫区和低度流行区。2. 如相关国际组织未承认病虫害非疫区和低度流行区，应出口方请求，进口方应在合理时间内对出口方关于承认病虫害非疫区和低度流行区的申请做出决定。为此目的，出口方应客观地证明其境内一区域或部分地区为病虫害非疫区或低度流行区，且继续维持该状态，进口方应对此进行评估。3. 如出现影响病虫害非疫区和低度流行区卫生与植物卫生状态改变的情况，双方应快速努力以再次达到该状态。

中国—哥斯达黎加自贸协定规定，双方承认 SPS 协定第 6 条规定的区域化原则是妥善和积极解决各自关注问题的手段，同时考虑相关国际组织制定的适当标准或指南以及 WTO/SPS 委员会通过的决议。

六、技术合作

中国自贸协定规定了在卫生与植物卫生措施方面的技术合作，例如，中国—新加坡自贸协定规定，双方应在有共同利益的 SPS 的相关领域加强信息交流与合作，如：动植物及其产品的检验检疫；分享 SPS 咨询点实施透明度原则的经验。在采取对双方产生影响的 SPS 措施时，双方应加强在经验和专业知识方面的合作和沟通。中国—秘鲁自贸协定规定：缔约双方同意在双方共同关注的人类、动植物卫生和食品安全领域开展合作，以便利双方市场的相互准入。双方的合作应特别考虑包括以下活动：鼓励协定"卫生与植物卫生措施"章的实施；增强各自 SPS 主管机构的能力。中国—哥斯达黎加自贸协定规定，缔约双方同意加强在卫生与植物卫生事务方面的技术合作，以增进对缔约双方管理体制的相互理解，促进相互市场准入，特别包括加强实验室检测技术、疫病/有害生物控制方法以及风险分析方法等方面的合作。缔约双方同意探讨开展技术援助和能力建设合作项目，包括但不仅限于培训项目和互访。鼓励各自的 SPS 咨询点在下述领域开展合作：在英语翻译方面提供帮助，提供特定产品方面的信息，以及提供有关法规和文件信息。

七、其他

中国—巴基斯坦自贸协定规定：在符合 SPS 协定的前提下，缔约双方有权以国内法形式制定或维持其卫生与植物卫生措施，以保护人类、动物和植物的生命和健康。

只有中国与巴基斯坦、新西兰自贸协定规定了双方应就 SPS 证书互认进行合作。

中国自贸协定（除中国—东盟自贸协定外）均规定了成立自贸区的卫生和植物卫生事务委员会，明确了该委员会的组成与职能。

第三节　技术性贸易壁垒

对于技术性贸易壁垒，除了中国—东盟自贸协定外，其他自贸协定都做了明确规定。主要内容包括：适用领域和范围、国际标准、贸易便利化、技术法规的等效性、技术合作等。

一、目标与范围

（一）目标

制定技术性贸易壁垒条款的目标是，通过缔约各方更好地履行 WTO《技术性贸易壁垒协定》（《TBT 协定》），消除不必要的技术性贸易壁垒和增进双边合作来促进和便利双边贸易，尽可能减少与双方贸易相关的不必要的交易成本，实现自贸协定的目标。

中国—新西兰自贸协定对技术性贸易壁垒条款要求比较高，条款也比较多且具体。旨在：1. 通过进一步实施《TBT 协定》，促进和便利贸易；2. 尽可能减少双边贸易不必要的成本；3. 促进规章协调，以控制健康、安全和环境风险。这些目标通过以下方式实现：1. 处理技术性贸易壁垒对货物贸易影响的框架和支持机制；2. 加强双方规章制定部门和负责货物标准、技术法规及合格评定程序的标准、符合性机构之间的合作；3. 消除对双边货物贸易不必要的技术性贸易壁垒。

（二）适用的范围

技术性贸易壁垒规定适用于缔约各方所实施的，直接或间接影响货物贸易的全部技术法规、标准与合格评定程序。但一般不适用于政府机构根据其生产或者消费要求制定的采购规格；不适用于卫生与植物卫生措施涵盖的卫生与植物卫生措施；不阻碍一方根据《TBT 协定》的权利和义务，采取或者维持技术法规、标准和合格评定程序。

中国—新西兰自贸协定还特别规定，仅适用于在一方或双方境内生产或组装的、并在双方之间直接运输的所有货物。与货物相关的直接运输是指：1. 货物运输未经非缔约方境内；或者 2. 货物运输途中经过一个或多个非缔约方境内，不论是否在这些非缔约方转换运输工具或临时储存不超过 6 个月，只要：（1）货物在其境内未进入其贸易或消费领域；并且（2）除装卸、重新包装或使货物保持良好状态所需其他处理外，货物在其境内未经任何处理。

二、技术法规

技术法规是指强制性执行的有关产品特性或相关工艺和生产方法的规定，主要是国家制定的有关技术措施的法律、行政法规、规章，以及包括或专门适用于产品、工艺或生产方法的有关技术规范、指南、准则、专门术语、符号、包装、标志或标签要求。中国自贸协定对于技术法规、标准、等效性的条款虽各有千秋，但主要内容基本相同，归纳起来主要有以下几点：

（一）制定国内技术法规

中国自贸协定规定，除国际标准或其相关部分对于缔约双方实现合法目标来说是无效的或不合适的之外，当存在这样的相关国际标准或者其即将制定完成时，缔约双方应以国际标准或其相关部分作为制定国内技术法规和相关合格评定程序的基础。

如一缔约方有意制定一项类似的技术法规，应请求，双方可以开展相关信息交流，以在可行的范围内提供制定该技术法规所根据的信息、研究或其他文件，但保密信息除外。承认执行 TBT 协定良好法规规范的重要性，同时考虑 WTO 技术性贸易措施委员会的决议和建议。

（二）适用国际标准

中国自贸协定规定，只要有关国际标准已经存在或即将拟就，双方应当使用国际标准，或者使用国际标准的相关部分，作为技术法规和相关合格评定程序的基础，除非这些国际标准或其中的相关部分无法有效、恰当地实现合法的立法目的。

在适当的情况下，双方应当在国际标准化机构互相合作，以确保这些组织制定的、可能成为技术法规基础的国际标准便利贸易，不对国际贸易造成不必要的障碍。

在 WTO 技术性贸易壁垒委员会等其他国际论坛讨论国际标准和相关议题时，在适当的情况下，双方应当加强沟通协调。

（三）技术法规的等效性

等效性是指如果另一成员的技术法规可以满足本国的政策目标，成员采用别国的有关法规为等效技术法规。中国—巴基斯坦自贸协定没有条款规定等效性。中国与智利、新西兰、新加坡、秘鲁、哥斯达黎加自贸协定规定，即使对方的技术法规不同于本国技术法规，只要一缔约方认为这些技术法规足以实现本国法规的目标，则应积极考虑将对方的技术法规作为等效法规加以接受。如果一缔约方不将对方的技术法规作为等效法规加以接受，应对方请求，应解释其做此决定的原因。

三、标准

标准是指经公认机构批准的、规定的供通用或重复使用的、非强制性执行的关于产品特性或相关工艺和生产方法的规则或指南，以及包括或专门适用于产品、工艺或生产方法的专门术语、符号、包装、标志或标签要求。

关于技术标准，中国大部分自贸协定仅笼统地规定，只有中国—哥斯达黎加自贸协定有专门条文规定：缔约双方重申有义务确保各自的中央政府标准化机构接受并遵守 TBT 协定附件 3《关于制定、采用和实施标准的良好行为规范》的要求。缔约双方同意在国际标准化活动中协调立场，并在可能的情况下相互支持。缔约双方承诺加强标准化机构之间的合作，包括但不仅限于信息和经验交流。缔约双方应确保执行 TBT 委员会 1995 年 1 月 1 日以来通过的《委员会关于制定与 TBT 协定第 2 条、第 5 条和附件 3 有关的国际标准、指南和建议的若干原则的决议》中规定的原则。

四、合格评定程序

合格评定程序是指任何直接或间接用以确定产品是否满足技术法规或标准中相关要求的程序。主要包括：抽样、检验和检查；评估、验证和合格保证；注册、认可和批准；以及上述各项程序的综合。

中国自贸协定规定，为便利合格评定程序和结果的接受，存在诸多机制，包括：

1. 缔约双方领土内的合格评定机构间达成的自愿性安排。
2. 针对具体法规，达成协议，相互承认对方领土内的机构实施合格评定程序的结果。

3. 对于在一缔约方领土内实施的合格评定程序的结果，另一缔约方予以承认。

4. 对合格评定机构的认可程序，并促进在国际互认安排下对认证认可机构的承认。

5. 官方指定合格评定机构。

缔约双方应加强上述方面的信息交换，以便利合格评定结果的接受。在接受合格评定程序结果之前，为增进对彼此合格评定结果的可持续性的信赖，在适当情况下，缔约双方可以就诸如合格评定机构的技术能力等问题进行磋商。一缔约方应对方要求，对于在对方领土内实施的合格评定程序的结果，应予以解释其未接受评定结果的原因。在一缔约方请求另一缔约方启动或完成相关谈判，即关于为承认另一缔约方境内机构所实施的合格评定程序结果提供便利的谈判，如果另一缔约方拒绝，则另一缔约方应当应请求方的要求，予以解释相关原因。就合格评定程序包括检测、检验、认证、认可以及计量等，进行信息交流，在符合 TBT 协定规定及双方有关国内法律法规规定的情况下，协商签署合格评定领域的合作协议。

在开展合格评定合作时，应考虑各自机构参加国际实验室认可合作组织（ILAC）、国际计量局（BIPM）和国际法制计量组织（OIML）和其他有关国际组织的情况。当一缔约方要求强制性合格评定程序时，经另一缔约方请求，该方承诺提供该程序管辖的产品清单。鼓励合格评定机构开展更密切的合作，以推动缔约双方间合格评定结果的接受。

五、技术性贸易壁垒方面的合作

中国与智利、秘鲁、哥斯达黎加自贸协定制定了有关技术性贸易壁垒方面的技术合作条款，但各个协定包含的内容有较大差别。主要涉及技术合作、贸易便利化等方面，各个协定的条款名称不同，阐述不完全相同，有的内容与其他协定的条款有交叉。

（一）技术合作

技术合作主要是在标准、技术法规和合格评定程序领域开展的合作，以便利向各自市场的准入。双方应特别考虑下列活动：1. 加强双方对应的标准化、技术法规、合格评定和计量机构的能力；2. 就口岸查验和市场监督等方面开展经验和信息交流；3. 在标准、合格评定和计量领域国际组织活动中增强参与和协作；以及增强人力资源的开发和培训。

中国—智利自贸协定规定：1. 一缔约方应另一缔约方要求，应当：（1）按照缔约双方同意的条款和条件，向另一缔约方提供技术性的建议、信息和援助，以提高另一缔约方标准、技术法规和合格评定程序以及相关活动、程序和体系的水平；（2）向另一缔约方提供标准、技术法规、合格评定程序等缔约双方感兴趣的领域的技术合作计划。2. 缔约双方将就加强自愿性和强制性认证之间的联系进行可行性研究，并加强这方面的交流，以便利市场准入，特别考虑诸如 ISO9000、14000 体系等国际标准及风险分析。3. 缔约双方应致力于加强信息交换，尤其是那些不符合技术法规、合格评定程序的情况。

中国—秘鲁自贸协定规定，缔约双方同意在标准、技术法规和合格评定程序领域开展合作，以便利向各自市场的准入。双方应特别考虑下列活动：1. 鼓励"技术性贸易壁垒"章的实施；2. 加强双方对应的标准化、技术法规、合格评定和计量机构的能力；3. 在标准、合格评定和计量领域国际组织活动中增强参与和协作；4. 根据"技术性贸易壁垒"章要求增强人力资源的开发和培训。

中国—哥斯达黎加自贸协定第 76 条规定：1. 缔约双方同意负责 TBT 事务主管机构之间开展协作对促进双边贸易具有重要性。缔约双方承诺在下述领域开展合作：（1）增进对双方体制的相互了解，加强主管机构之间在技术法规、标准、合格评定程序和良好法规规范方面的沟通与协作；（2）参与相关国际组织和 WTO/TBT 委员会的活动时，加强合作、沟通，并在可能的情况下协调立场；（3）就口岸查验和市场监督开展经验和信息交流；（4）通过附件六（技术性贸易壁垒联系点）建立的联系点，及时向出口方通报自对方进口的产品中出现的产品问题及将对此采取的紧急措施和理由；（5）采取措施避免和纠正双边贸易产品风险，包括鼓励主管机构之间开展合作并在必要时签署协议。2. 双方同意鼓励各自的 WTO/TBT 咨询点在下述领域开展合作：（1）在英语翻译方面提供帮助；（2）提供特定产品方面的信息；（3）提供有关法规和文件信息。

（二）贸易便利化

技术性贸易壁垒与贸易便利化有密切关系，中国与智利、新西兰、哥斯达黎加自贸协定有涉及，中国—智利自贸协定规定得最具体：

1. 缔约双方将在技术法规、合格评定程序领域增进合作，以便利双方的市场准入。缔约双方尤其应当首先针对具体问题，在具体领域开展双边合作。

2. 缔约双方应保证在要求进行符合强制性合格评定时，一缔约方对原产于另一缔约方的产品适用下列条款：（1）缔约双方同意自本协定生效之日起 6 个月内启动互认协定（MRA）可行性研究，并在任何可能情况下参考 APEC 框架；（2）公布或经要求向申请人通报每一强制性合格评定程序的标准或预期完成时限；（3）自本协定生效之日起 6 个月内，向另一缔约方通报强制性合格评定产品清单，通报使用英文并附带 8 位或 8 位以上 HS 编码；（4）对于原产于一缔约方的产品，在进行由政府机构实施的强制性合格评定程序所征收的费用上，不得高于对同类的任何非成员方产品所进行的由政府机构实施的强制性合格评定程序所征收的费用，且上述费用应限制在服务的近似成本内；（5）对进入另一缔约方领土前需授权程序的产品，特别是已被拒绝的，缔约双方应及时交换信息。

中国自贸协定（除中国—东盟自贸协定外）均规定了成立自贸区的技术性贸易壁垒委员会（中国—新加坡自贸区为工作组），明确了该委员会的组成与职能。

此外，中国—新西兰自贸协定还规定了规章合作、技术援助、技术磋商以及实施的条款；中国—新加坡自贸协定还规定了信息交流与合作、保密、管理职权的保留等条款。

第四节　透明度与例外规定

一、透明度规定

透明度原则，在中国自贸协定中显得很重要，中国与巴基斯坦、智利、新西兰、秘鲁、哥斯达黎加自贸协定除了设立专章外，在卫生和植物卫生措施、技术性贸易壁垒等章节中还有专门的条款规定，中国与新加坡自贸协定，则分别在有关章节中用几个条款规定。中国—东盟自贸协定只简单规定：《1994 年关贸总协定》第 10 条应在做必要修订后纳入本协定，并作为该协定的组成部分。

在有关透明度的专章中，中国—智利自贸协定规定得比较具体，有 7 个条款；中国与新西兰、哥斯达黎加的自贸协定次之；而中国—秘鲁自贸协定只有 1 个条款，很简洁。WTO 透明度原则要求公布的各项贸易措施，包括法律、法规、规章、政策和司法判决、行政裁决等两大方面的内容。而中国自贸协定有关透明度的规定方法是：在"透明度"专章中重点规定司法判决和行政裁决方面的内容；法律、法规、规章、政策、措施等信息的内容则在其他各章有关透明度的条款中规定。

中国自贸协定有关透明度的主要内容如下：

（一）信息公布

1. 公布、通知法律、法规、政策

各缔约方应当保证迅速公布本方与自贸协定项下任何事项相关的措施，或者以使另一缔约方的利益关系人和另一缔约方能够知晓的方式可以被获得；在可能的程度内，在上述法律、法规、程序和普遍适用的行政决定实施前，各缔约方应给另一缔约方和另一缔约方的利益关系人提供一段可向适当的主管机关提出意见的合理时间。

但不要求缔约方提供获得机密信息的途径或允许获得机密信息，如果此机密信息的披露将妨碍法律执行或与公众利益、缔约方保护隐私或保护金融机构个人客户的金融事务和账户的法律相违背，或此信息的披露将损害特定的公有的或私人的公司的合法商业利益。

2. 行政措施、裁决的通知和信息提供

协定要求在可能的程度内，各缔约方应通知另一缔约方本方认为可能对自贸协定执行产生实质影响或对另一缔约方在协定项下的合法利益产生重要影响的现行或拟议措施。应另一缔约方要求，一缔约方应在可能的程度内，就另一缔约方认为可能对协定执行产生实质影响或对其在协定项下的合法利益产生重要影响的现行或拟议措施立即提供信息并对相关问题做出回应，而不论另一缔约方以前是否被通知了此措施。任何通知或信息的提供，对此措施与协定是否一致不产生影响。当此项下规定的信息已经通过向 WTO 适当通报的方式为公众所获得或在相关缔约方的官方的、公众的和可以免费登录的网站上可以获得时，该信息可被视为已经提供。

（二）行政程序

为了以一致、公平与合理的方式实施所有影响自贸协定项下事项的普遍适用的措施，各缔约方应当保证，在具体案件中对另一缔约方的特定的人或货物适用措施的行政程序中：1. 只要可能，在程序开始时，依据国内程序，向另一缔约方直接受此程序影响的人提供合理通知，通知内容包括对此程序性质的描述、启动程序的法定机关的声明，和争议事项的概括描述；2. 在采

取任何最终行政行为之前，如时间、程序性质和公共利益允许，应给予当事人合理机会，以提出事实和理由支持其立场；3. 程序应依据国内法。

（三）审查和上诉

各缔约方应当建立或维持审查庭或程序，以便迅速审查与自贸协定项下任何事项相关的法律、法规、程序和普遍适用的行政决定的实施有关的所有最终行政行为，并在有正当理由的情况下修正此最终行政行为。此类审查庭应该公正，并独立于被授权进行行政执行的办公室或机关，且不应对审查事项的结果有任何实质利害关系。各缔约方应当保证在任何此类审查庭或程序中，参与此程序的当事方被授予如下权利：获得支持其立场或为其各自立场辩护的合理机会；以及可以获得依据相关证据和提交的记录或者在国内法要求下由行政机关编纂的记录而做出的裁决。在按国内法规定上诉或进一步审查的情况下，各缔约方应当保证，此裁决由与作为该裁决主体的行政行为有关的办公室或机关实施，且该裁决约束该办公室或机关的行为。

协定要求，各方应当指定联络点以便利缔约各方就自贸协定项下的任何事项进行沟通；应另一缔约方要求，联络点应指明负责相关事项的办公室或官员，并在必要时提供帮助，便利与请求方的沟通。

（四）卫生与植物卫生措施要求的透明度

中国自贸协定有关卫生与植物卫生措施在透明度方面一般规定：

1. 根据 WTO/SPS 协定的有关条款通过各自的 WTO/SPS 咨询点以电子方式相互通报各自拟定的并可能影响缔约各方贸易的 SPS 措施。中国与智利、新西兰、新加坡、秘鲁、哥斯达黎加自贸协定要求提供至少 60 日的评议期，即使发生紧急情况或合理的突然事件时，仍应采取通报行动，但无需遵守其关于时间期限的规定。

2. 缔约各方应致力于信息交换，包括需采取的卫生与植物卫生措施的制定程序，以及不符合进口方卫生与植物卫生要求的情况，并不得有不合理的迟延。

3. 缔约各方应及时交流本国境内的卫生与植物卫生状况信息，并提供进行风险评估和等效性进程的必要信息。

4. 指定联络点和/或咨询点进行有关 SPS 议题的信息交流和通报。

（五）技术性贸易壁垒方面要求的透明度

中国自贸协定关于技术性贸易壁垒在透明度方面的要求，归纳起来主要有：

1. 各方应依照 TBT 协定的规定，向另一方通报其与货物贸易有关的技术法规的任何制定及修订情况；对于任何通报，除非出于健康、安全、环境保护或国家安全问题或面临发生此类问题的威胁等考虑而采取更紧急的行动，各方应给予另一方至少 60 日的评议期，供其提交书面评议（中国—巴基斯坦自贸协定未规定时间）；各缔约方应对另一缔约方的评议意见予以适当考虑，并应另一缔约方请求，在评议期内提供更多信息，对措施草案进行说明（中国与新西兰、秘鲁、哥斯达黎加自贸协定）；一方应对延长评议期的合理要求给予积极考虑（中国—秘鲁自贸协定）；对拟议技术法规通报后评议期结束前收到的另一方关于延长技术法规的采纳和生效时间的合理请求，一缔约方应予以积极考虑（中国—秘鲁自贸协定）；若不能采纳，则应及时解释理由（中国与新西兰、秘鲁自贸协定）。

2. 在其依照 TBT 协定规定通知其他 WTO 成员方时，应当通过 TBT 协定第 10 条设立的咨询点向另一缔约方传送相应的电子文档。（中国与巴基斯坦、智利、新西兰、哥斯达黎加自贸协定）

3. 在通知中应当说明立法目标和拟采取措施的合理性。（中国与巴基斯坦、智利、新西兰自贸协定）

4. 应请求，各缔约方应提供有关其已采纳或拟采纳的技术法规或合格评定程序的目标和宗旨方面的信息。（中国—秘鲁自贸协定）

5. 缔约双方应确保所有采纳的技术法规和合格评定程序都能在可公开登录的官方网站上获得。（中国与智利、秘鲁自贸协定）

6. 当一缔约方查出从另一方境内进口的货物不符合技术法规而在进口港扣留，该方应立即通知进口商，告知扣留货物的原因。（中国—秘鲁自贸协定）

7. 进一步加强各自 TBT 咨询点之间的合作，包括共享可获得的 TBT 通报的翻译文本，开展 TBT 通报方面的经验和信息交流等。（中国—秘鲁自贸协定）

8. 对于向 ISO 信息中心通报的"国家标准计划制修订工作计划"，缔约双方应推动各自的标准化机构向对方提供。（中国—智利自贸协定）

9. 缔约双方应根据 WTO/TBT 协定规定的透明度要求展开合作，并在缔约双方咨询点之间建立合作机制。（中国—巴基斯坦自贸协定）

10. 缔约双方应相互提供各自主管部门的最新信息，并相互通报各自主管部门结构、组织、内设部门的重大变化。（中国与巴基斯坦、智利自贸协定）

11. 各方应当及时通知另一方最新被认可的和/或被指定的认证机构和检测实验室名单，及其经认可和/或指定可以从事的合格评定。（中国—新西兰自贸协定）

12. 缔约双方应对方要求，应向另一缔约方通报根据相应技术法规实施的合格评定程序及其产品清单。（中国—巴基斯坦自贸协定）

13. 双方应通过电子或其他形式，向另一方提供最新的技术法规以及在技术法规中被引用或被用来判定符合这些技术法规的相关合格评定程序。各方应使另一方知晓在技术法规中被引用或被用来判定符合这些技术法规的相关标准。（中国与新西兰、新加坡自贸协定）

此外，中国与智利、秘鲁自贸协定还规定了"信息交换"，依照技术性贸易壁垒章节的规定，应一缔约方要求所提供的全部信息或解释说明应在缔约双方协商确定的合理时限内以纸质或电子文本的形式提供。

二、例外规定

中国与东盟、巴基斯坦货物贸易协议没有一般例外和安全例外的条款（但应视为 GATT1994 第 20 条适用于该协定的货物贸易协议）；中国—智利的货物贸易协议订有一般例外和安全例外的条款，但较简单；中国与新西兰、新加坡、秘鲁、哥斯达黎加自贸协定把"例外"作为一章来规定，包括一般例外和安全例外。

（一）一般例外

一般例外是指成员在特定情形下不适用协定的权利。中国自贸协定对"一般例外"规定的主要内容包括：

1. 一般规定

中国自贸协定一般规定，把 GATT1994 第 20 条（一般例外）及其解释性说明经必要修改后并入本协定，构成自贸协定的一部分。

2. 个别协定增加的内容

中国与新西兰、哥斯达黎加自贸协定，增加了 2 项环境保护的内容：（1）纳入自贸协定的 GATT1994 第 20 条第（二）项所指的措施可包括为保护人类、动物或植物的生命或健康所必需的环境措施；（2）纳入自贸协定的GATT1994 第 20 条第（七）项适用于保护生物及非生物的不可再生自然资源的措施，但这些措施的实施不应构成恣意或不合理的歧视手段，或对货物贸易构成变相的限制。

中国—秘鲁自贸协定也包含了环境保护的内容，例如，纳入自贸协定的 GATT1994 第 20 条第（七）项适用于保护任何可用尽的自然资源的措施。

此外，中国—新西兰自贸协定还增加了 2 个条款：（1）在相同条件下，不构成恣意或不合理的歧视手段，且不对货物或服务贸易或投资构成变相的限制的前提下，自贸协定的任何规定不得解释为阻碍一方采取或执行必要措施保护具有历史或考古价值的国家作品或遗址，或支持具有国家价值的创造性艺术。（2）自贸协定的任何规定不得阻碍双方在 1970 年 11 月 14 日签订于巴黎的联合国教育、科学、文化组织（UNESCO）《关于采取措施禁止并防止文化财产非法进出口和所有权非法转让公约》框架下，采取必要措施限制来自另一方的文化财产非法进口。

（二）安全例外

安全例外是指当成员国家重要安全利益受到威胁时暂停履行协定规定的义务，或实施可能与之义务不符的措施的权利。

中国货物贸易协议一般把 GATT1994 第 21 条"安全例外"的内容纳入货物贸易协议，构成货物贸易协议的一部分。

第五节　中国自由贸易协定优惠原产地规则

一、原产地规则的含义

原产地规则（Rules of Origin），是各国或地区为了确定产品原产地而实施的、普遍适用的法律、规章和行政命令，即确定进入国际市场产品的一系列法律规则。

原产地规则分为两大类：优惠性原产地规则和非优惠性原产地规则。WTO 协调非优惠原产地规则，一个 WTO 成员符合一般原产地规则的产品出口到其他 WTO 成员均可享受 WTO 最惠国税率。优惠原产地规则是为了实施国别优惠（关税）政策而制定的原产地规则。

优惠性原产地规则又主要分为三类：一是普惠制原产地规则，二是自贸协定的原产地规则，三是特别优惠原产地规则。

自贸协定规定严格的优惠性原产地规则，以区分货物是否原产于协定成员，符合规则的，在成员之间享受减免关税待遇，并减少非关税壁垒。实施自贸区原产地规则的目的在于限制由于关税的差异而从最低关税国进口后再在区域内的贸易转移。没有严密的原产地规则，就不能防止区外第三国的"免费搭车"行为，自贸区也就失去了预期的作用和意义。自贸协定原产地规则主要包括原产地标准、签证与操作程序和原产地证书。

中国自贸协定的原产地规则，在中国与巴基斯坦、智利、新加坡、新西兰、秘鲁、哥斯达黎加自贸协定，是在自贸协定中作为一章来规定，而中国—东盟自贸协定、亚太贸易协定、内地与港澳的 CEPA、海峡两岸 ECFA，是用附件单独制定。中国自贸协定的原产地规则在规定形式上趋于统一，而具体规定则呈现出更加细化和严格的趋势。

二、原产地标准的基本内容

自贸区原产地规则设立标准来判断产品必须包括的区域含量水平以取得协定赋予的贸易利益。原产地规则标准将产品分为三大类：一是完全原产产品，二是含有非原产成分的产品，三是非原产地产品。

货物的原产地（the origin of goods）是指货物或产品的来源地，即产品的生产地或制造地，按通俗理解就是货物的经济国籍，具有某一国家或地区经济国籍的产品即被视为该国的原产品，或称为原产货物。

原产货物按照原产地标准的规定可分为两类：第一类是完全原产货物，包括三种情况：完全获得产品；完全使用原产国的原料和零部件，并在其国内完成生产、制造的产品；完全用本国和协定成员的原料和零部件，并在其国内完成生产、制造的产品。第二类是非完全原产品，即不完全使用原产国和协定成员的原料，或未在其国内完成全部生产和制造过程的产品，但经过实质性的加工，达到了具体协定要求的原产地标准。

因此，自贸区的原产货物不能从字面上理解为是完全由本国（地区）生产的产品，而是包含五种情况：

1. 完全在本国（地区）获得的产品；

2. 完全用本国产的原材料和零部件，并在其国内完成生产、制造的产品；

3. 完全用协定成员产的原材料和零部件，并在其国内完成生产、制造的产品；

4. 含有非成员产的原材料生产的产品，但该产品的本国产的原材料和加工成本超过自贸协定规定的区域价值成分，或完成了规定的加工工序，或经过充分加工改变了税目；

5. 含有非成员产的原材料生产的产品，但该产品的全部协定成员产的原材料和加工成本超过自贸协定规定的区域价值成分，或完成了规定的加工工序，或经过充分加工改变了税目。

三、完全原产货物的标准
完全原产产品采用的原产地标准为完全原产标准。

(一) 完全获得产品
完全获得，如某一货物完全从一个国家或地区获得，如在某一国家或地区出生或饲养的活畜、生产和加工的动物产品、种植的农作物、矿产品等，则其原产地为该国家或地区。

完全获得标准的一般性要求是指产品在出口国完全获得或者生产。这一标准的表述方式均为分类列举，大的类别一般都包括植物（或者农产品）及其制品、动物及其制品、矿物、水产品或者海产品、其他天然生成的物品、废旧物品或者回收物品等。

中国自贸协定规定的在成员完全获得或生产产品，包括：

1. 在其境内收获、采摘或收集的植物（指所有的植物，包括果实、花、蔬菜、树木、海藻、真菌及活植物）及植物产品。

2. 在其境内出生并饲养的活动物（包含所有的动物，包括哺乳动物、鸟、鱼、甲壳动物、软体动物、爬行动物、细菌及病毒）。

3. 在其境内从上述第 2 项活动物中获得的产品（指从活动物获得的未经进一步加工的产品，包括乳、蛋、天然蜂蜜、毛发、羊毛、精液及粪便）。

4. 在其境内狩猎、诱捕、捕捞、水产养殖、收集或捕获所得的产品。

5. 从其领陆、领水、海床或海床底土开采或提取的除上述第 1～4 项以外的矿物或其他天然生成物质。

6. 在该方领水以外的水域、海床或海床底土获得的产品，只要按照国际法的规定，该方有权开发上述水域、海床及海床底土。

7. 在该方注册或有权悬挂该方国旗的船只在公海捕捞获得的鱼类及其他海产品。

8. 在一方注册或有权悬挂该方国旗的加工船上完全采用上述第 7 项的产品进行加工及/或生产所得的产品。

9. 在该方收集的既不能用于原用途，也不能恢复或修复，仅适于弃置或回收部分原材料，或者仅适于再生用途的物品（统称废碎料，包括在该国制造、加工或消耗过程中产生的废碎料，废机器、废弃的包装，以及所有不能再作原用途而仅适于弃置或作原材料回收用的产品。所述的制造或加工作业应包括各种类型的加工，不仅包括工业或化学业，也包括采矿业、农业、建筑业、精炼、焚化和污水处理）。

10. 完全采用上述第 1～9 项所列产品在一方生产或获得的产品。

个别协定用词不同，个别条款或详细或概括些，或用注释说明。但每一类均存在细微差别，这些细微差别背后的经济利益可能是巨大的。如主体方面，一般会限制为在成员国注册或者登记，并悬挂或者有权悬挂其国旗的船只、成员国的自然人或者法人等；在地理范围方面，一般会要求为成员国领水以外的水域、海床或者海床底土，以及成员国根据符合其缔结的相关国际协定可适用的国内法确定的领水、领海外的专属经济区或者公海等，如果成员国是沿海国家，渔业发达，这一方面的要求会更为细致。

（二）完全用国产原料生产的产品

生产产品的原材料、组合零件、部件、配件全部用本国产的，并在其国内完成生产、制造的产品。

（三）完全用国产和协定成员产的原材料生产的产品

生产产品的原材料、组合零件、部件、配件虽然不是全部用本国产的，但其余原材料和零部件是用自贸区其他成员产的（即把协定成员生产的视为本国产的），并在其国内完成生产、制造的产品。中国—秘鲁自贸协定规定："该货物是在一缔约方或缔约双方境内，完全由其原产地符合本节规定的材料生产的"。

四、发生实质性改变的判断标准

含有非协定成员产的原材料和零部件，在出口国完成部分或者主要加工、生产过程，或者完成主要增值部分的货物，"发生实质性改变"，并生成了新的货物，达到协定规定的标准，才能享受原产货物的待遇。在某一产品的生产过程中，最后一个对该产品实施了实质性改变的国家或地区即被视为该产品的原产国家或地区。

对于含有非原产成分的产品如何确定其原产地，这是一个较复杂的技术性问题。当产品生产涉及一个以上国家时，其产地应视为最终发生"实质性改变"的那个国家。判断是否发生实质性改变的标准主要有增值标准和加工标准（加工工序标准和税目改变标准）。经过实质性的加工，必须满足区域价值、加工工序、税则改变三项中的至少一项，也就是说，这些环节可以单独采用，也可以结合在一起采用。各个自贸协定根据不同产品和产业在本国的发展而确立不同的判断标准。

（一）区域价值成分标准

区域价值成分一般采用从价百分比标准。中国与东盟、巴基斯坦、智利、新加坡自贸协定，以及内地与港澳 CEPA、亚太贸易协定采用区域价值成分作为实质性改变的基本判断标准。

中国自贸协定的区域价值成分计算方法主要有 2 种：

1. $RVC = \dfrac{FOB - VNM}{FOB} \times 100\%$

其中：RVC（regional value content）：是指以百分比表示的区域价值成分。

VNM（value of the non – originating materials）为非原产材料的价值，材料进口时的到岸价格（CIF）；或者在进行制造或加工的一方境内最早确定的非原产材料的实付或应付价格。如果非原产材料是由货物的生产商在该方境内获得的，则该材料的价格不应包括将其从供应商仓库运抵生产商所在地的运费、保险费、包装费及任何其他费用。

非原产材料包括：进口的非原产材料、零部件或制品，原产地不明的非原产材料、零部件或制品。在材料原产地不明的情况下，应采用进行制造或加工的缔约方为该材料最早支付的价格。

FOB（Free On Board）为装运港船上交货价（离岸价格）。

2. $RVC = \dfrac{V - VNM}{V} \times 100\%$

V（value）是指按照 WTO《海关估价协定》规定，在离岸价格（FOB）基础上调整的货物价格。

中国与东盟、巴基斯坦、新西兰、秘鲁的自贸协定、亚太贸易协定，内地与港澳的 CEPA、海峡两岸 ECFA 采用公式 1；中国与智利、新加坡、哥斯达黎加的自贸协定采用公式 2，但对公式的具体计算和表述上有些细微差别。

各个自贸协定关于区域价值成分的比例要求不完全相同，比如中国与东盟、新加坡、巴基斯坦、智利的自贸协定原产地规则要求，区域价值成分不少于 40%，亚太贸易协定要求区域价值成分不少于 60%（最不发达国家为 50%），中国与新西兰、秘鲁、哥斯达黎加的自贸协定要求分为几种，有些货物需符合 30%，有的则为 45%，有些要达到 50%。这些不同的要求通常均在规则之后以附件（产品特定原产地规则）形式进行列明（参见表 2 - 3、

表 2 - 4)。

表 2 - 3　中国自贸区以区域价值成分标准为主的原产地标准

自贸协定	区域价值成分（%）	产品特定原产地标准			累积（%）	微小含量（%）	免证书额（美元）
		税则改变	区域价值成分（%）	加工工序			
中国—东盟	区域内 40	是		是	区内 11 国	10	200
中国—巴基斯坦	区域内 40				双边	未规定	200
中国—智利	区域内 40	是	50		双边	8	600
中国—新加坡	区域内 40	是	40	是	双边	10	600
内地—香港、澳门	本地 30	是		是	双边	未规定	未规定
亚太贸易协定	国产 45（最不发达国家 35）				区内 6 国 60（最不发达国家 50）	未规定	未规定

表 2 - 4　中国自贸区以税则改变为主的产品特定原产地标准

自贸协定	税则改变	区域价值成分（%）	加工工序	累积	微小含量（%）	免证书额（美元）
中国—新西兰	是	区域内 30、35、40、45、50		双边	10	1 000
中国—秘鲁	是	区域内 40、45、50		双边	10	600
中国—哥斯达黎加	是	区域内 35、40、50、60	是	双边	10	600
海峡两岸	是	区域内 40、45、50		双边	10	

　　这 30% ~ 60% 的价值被称为"中国自贸区成分"，这一判定方法也被称为"直接判定"。在直接判定有困难的情况下，也可采用"间接判定"的方法，即非中国自贸区成分占制成品总价值（离岸价格）的比例不应超过40% ~ 70%。如，在中国—东盟自贸协定就做了明确规定：非中国—东盟自贸区成分占制成品总价值不超过 60%。

（二）加工工序标准

　　加工工序标准又称制造工序标准，协定一般制订产品的加工工序清单，详列产品合格加工的过程，若符合此清单要求，即被认为是进行了实质性的加工。即在协定成员进行赋予加工后所得货物基本特征的主要制造或加工工序的标准。在中国与东盟、新加坡、哥斯达黎加自贸协定及内地与港澳 CEPA 中作为产品特定原产地标准的辅助判断标准之一。

（三）税则改变标准

税目（号）改变标准（CTC），即非自贸协定成员原产的原材料经过在协定成员加工生产后，所得产品在《商品名称及编码协调制度》（简称《HS 编码》）中的税目归类发生了变化，且不再在协定成员以外的国家或地区进行任何改变税目归类的生产、加工或制造。税则归类改变，要求经过在一方或双方境内的加工，货物生产过程中使用的非原产材料发生税则归类改变。在中国与新西兰、秘鲁、哥斯达黎加自贸协定，以及海峡两岸 ECFA 中，以税则归类改变标准作为产品特定原产地标准的基本判断标准。

税则归类改变标准目前主要有章改变标准、4 位品目改变标准和 6 位子目改变标准或 8 位税号改变标准等几种形式，有的自贸协定规定，税目改变标准把税则品目的改变作为标准，并辅之以章的改变。中国—智利自贸协定项下原产地规则既规定了章改变标准，也规定了 4 位品目改变标准。中国—新西兰自贸协定项下原产地规则规定的是八位数的 4 位税目改变标准（即品目改变）、八位数的 6 位税目改变标准（即子目改变）。

（四）产品特定原产地规则

产品特定原产地标准（Product – Specific Rules，PSR）目前尚没有统一的法律概念。一般分为两大类：一是指除适用完全获得和"增值标准"外，对某些含有非成员产的原材料生产的产品中还有一些特定产品，它们不能按照或不能完全按照一般的"增值标准"来判定其原产地，而根据一两项宽泛标准界定原产地，采用特别的原产地标准，主要有税目改变标准和加工工序标准，有的协定还对某些特定产品规定较高的百分比标准。例如，中国—新加坡自贸协定的产品特定原产地规则清单只涵盖了 526 个 6 位数子目产品。二是指除适用"完全获得"外的含有非成员产的原材料生产的产品都使用特定原产地标准。三是把所有产品都列入使用产品特定原产地标准，例如：中国—哥斯达黎加自贸区协定以《协调制度》（HS）的商品分类为基础，对所有号列的商品逐一制定特定原产地标准，涵括了所有的 5052 个六位数子目。

中国自贸协定的产品特定原产地标准中含有几种具体标准（仍可再分小类）：

1. 单一的税则归类改变标准，又可分为章改变、品目改变、子目改变等标准。

2. 税则归类改变标准（包括章、品目、子目），辅之区域价值成分标准，区域价值成分标准根据具体产品有 30%、35%、40%、45%、50% 不等。

3. 税则归类改变标准（包括章、品目、子目），辅之加工工序标准（生产阶段）。

4. 混合标准，既要求税则归类改变（包括章、品目、子目），又要求达到一定的区域价值成分。

5. 选择性（替代）标准，允许出口商（厂生产者）在税则归类改变标准与区域价值成分标准之间进行选择；在税则归类改变标准与加工工序标准之间进行选择。

6. 单一的区域价值成分标准。

（五）中国自贸区的货物原产地标准的规定方式

1. 以区域价值成分标准为主，辅之产品特定原产地标准

中国早期签订的自贸协定采用以区域价值成分标准为主，辅之产品特定原产地标准的实质性改变判断标准。产品特定原产地标准包括税则归类改变标准、区域价值成分标准、加工工序标准等。如中国与东盟、新加坡、巴基斯坦、智利自贸协定、内地与港澳 CEPA、亚太贸易协定的原产地规则。中国—东盟自贸协定对这些特定产品的原产地规则有着明确而详细的规定。目前双方已确定了第一批实行产品特定原产地标准的产品，这部分产品共 460 多个。其中 6 个产品（羊毛）不适用增值标准，采用税目改变标准，其余的产品（如纺织品等）采用选择性标准，即可选择适用增值标准和税目改变标准，或选择适用增值标准和加工工序标准。

2. 以税则归类改变标准为主的产品特定原产地标准，在产品特定原产地标准中辅之区域价值成分标准

在中国新签订的中国与新西兰、秘鲁、哥斯达黎加自贸协定以及海峡两岸经济合作框架协议中，采用以税则归类改变标准为主，在产品特定规则中详细列明每种商品发生税则改变的具体要求，主要集中于 4 位和 6 位税目，区域价值成分作为辅助标准，不同产品的区域含量要求为 30% ~ 60%，有的还有加工工序标准（生产阶段），有的采取选择性标准，产品特定原产地标准

非常复杂。

税则归类改变标准、区域价值成分标准、加工工序标准一般不再作为并列标准，而是归并在特定原产地规则之下。因此这类原产地标准，以税则归类改变标准为主，辅之区域价值成分标准和加工工序标准（生产阶段）。

3. 加工工序标准、税则归类改变标准、区域价值成分标准作为并列标准

中国内地与港澳 CEPA 规定，"实质性加工"的认定标准应采用双方同意的"制造或加工工序"、"税号改变"、"从价百分比"、"其他标准"或"混合标准"。"其他标准"，是除"制造加工工序"、"税号改变"和"从价百分比"之外的、双方一致同意所采用的原产地确定方法。"混合标准"是指同时使用上述两个或两个以上的标准确定原产地。

从目前的情况来看，以税则归类改变标准为主的产品特定原产地标准体系有可能成为今后中国自贸协定优惠原产地规则项下原产地标准的主要模式。

表 2 - 5　　　　　　　　中国自贸协定原产地规则比较表

自贸协定	实质性改变标准	产品特定原产地规则
中国—东盟	基本标准：区域价值成分（40%）	部分产品；税则改变、加工工序
中国—巴基斯坦	基本标准：区域价值成分（40%）	部分产品（暂未制定）
中国—智利	基本标准：区域价值成分（40%）	部分产品：税则改变、区域价值
中国—新西兰	基本标准：税则归类改变（4 位和 6 位税号改变）；区域价值成分（30%～50%）	全部产品；综合税则改变和区域价值标准
中国—新加坡	基本标准：区域价值成分（40%）	部分产品；加工工序、税则改变、区域价值
中国—秘鲁	基本标准：税则归类改变（章改变、4 位和 6 位税号改变）；区域价值成分（40%～50%）	全部产品；税则归类改变、区域价值
中国—哥斯达黎加	基本标准：税则归类改变（章改变、4 位和 6 位税号改变）；区域价值成分（35%～60%）	全部产品；加工工序、税则改变、区域价值
内地—香港、澳门	基本标准：区域价值成分（30%）	大部分产品
海峡两岸	基本标准：税则归类改变	全部产品
亚太贸易协定	基本标准：区域价值成分（45%）	部分产品（暂未制定）

五、原产地规则中的其他规则

（一）宽松原则

1. 轻微或容忍原则

轻微或容忍原则是指可以包括一定比率上限的非原产成分而不影响原产地的确认，从而放宽了确定原产地的关税分类改变或技术要求标准。例如微小含量。

微小含量是指生产必需的微小含量材料（例如，不超过成品出厂价10%）不赋予成品新的原产地身份，即可享受原产货物待遇。

例如，中国—秘鲁自贸协定规定：（1）按附件四（产品特定原产地规则）的规定未满足税则归类改变要求的货物，如果在该货物生产过程中使用的未满足税则归类改变要求的非原产材料，其按照第26条（区域价值成分）确定的价值不超过该货物价格的10%，则该货物仍应视为原产货物。此外，该货物应当满足其所适用的本章所有其他规定。（2）上述货物同时符合区域价值成分要求时，其非原产材料的价值应当计入货物的区域价值成分当中。此外，该货物应当满足其所适用的本章所有其他规定。

中国与新西兰、新加坡、哥斯达黎加自贸协定以及海峡两岸 ECFA 对微小含量规定为10%，中国—智利自贸协定规定为8%，而中国与东盟、巴基斯坦自贸协定，内地与港澳 CEPA、亚太贸易协定则未规定微小含量（参见表2-3、表2-4）。

2. 中性成分

中性成分又称为"间接材料"，是指用于某一货物的生产、测试和检查，但没有实际性地组成到这一货物中的物品，又或者是一种用于与某一货物的生产有关的厂房维护或设备操作的物品。在确定货物的原产地时，应不考虑在产品生产制造过程中使用的动力及燃料、厂房及设备、机器及工具的原产地，以及未留在货物或未构成货物一部分的材料的原产地。

中国—新西兰自贸协定第29条第2款规定，中性成分是指在另一货物的生产、测试或检验过程中使用，但物理上不构成该货物组成成分的货品，或在该货物生产过程中用于维护厂房建筑或运行设备的货品。其中包括：

（1）燃料、能源、催化剂及溶剂；

（2）用于测试或检验货物的设备、装置及用品；

（3）手套、眼镜、鞋靴、衣服、安全设备及用品；

（4）工具、模具及型模；

（5）用于维护设备和建筑的备件及材料；

（6）在生产中使用或用于运行设备和维护厂房建筑的润滑剂、油（滑）脂、合成材料及其他材料；

（7）在货物生产过程中使用，未构成该货物组成成分，但能够合理表明为该货物生产过程一部分的任何其他货物。

上述 7 种材料，即使是从别国进口的也可视为成员的原产货物，享受原产货物的优惠待遇。

中国与巴基斯坦、新西兰、智利、秘鲁、哥斯达黎加自贸协定以及海峡两岸 ECFA 对中性成分的规定基本相同，中国与东盟、新加坡自贸协定，以及中国内地与港澳 CEPA 则简要规定为，除另有规定的以外，在确定货物的原产地时，应不考虑在产品生产制造过程中使用的动力及燃料、厂房及设备、机器及工具的原产地，以及未留在货物或未构成货物一部分的材料的原产地。亚太贸易协定没有此规定。

3. 累积规则

累积（计）规则，若自贸协定各成员共同生产某一产品，来自各成员内部的原材料（产品）视为国产。也就是说，在计算区域价值成分的标准时，只要某产品中原产于自贸区的所有成员而不局限于自贸区中的某一个国家的原材料价值超过了协定规定的总价值的百分比（例如 40%），即可被视为该自贸区的原产货物。累积规则包括：双边累积、对角累积、完全累积等。

双边累积，自贸协定的两个成员将对方原产品视为国产。例如，中国—巴基斯坦自贸协定规定，符合协定第 13 条"原产地标准"原产地要求的产品在缔约一方境内用作生产享受本协议优惠待遇的制成品的原材料，如果最终产品的中国—巴基斯坦累计成分不低于 40% 的，则该产品应视为原产于制造或加工该制成品的成员方境内。内地与港澳 CEPA 区域价值成分标准 30%，可以双边累积，但明确规定香港或澳门地区的价值成分不得低于 15%。

完全累积，将协定内所有成员的原产品视为该成员的国产品，即协定甲成员从协定其他所有成员进口的原材料都可以视为甲成员的原材料，区域价值成分可以累计。从表 2-3 可以看出，中国与东盟自贸协定的区域价值成分标准是最优惠的（40%），与双边累积相同。亚太贸易协定可以完全累积，但标准高于双边累积，要达到 60%。

4. 包装可列为原产货物

中国自贸协定原产地规则规定，如一缔约方对产品和销售包装分别计征关税，则应分别判定产品和包装物（包括容器）的原产地。但如果对包装物不分开计税，则应将包装物的价值并入产品的总价值一并考虑。

而运输期间用于保护货物的包装材料和容器，在确定该货物原产地时，应当不予考虑其原产地。

5. 附件、备件及工具视为原产货物

中国自贸协定规定，与货物一同报验的附件、备件、工具及指导性或其他介绍说明性材料，如进口缔约方将其与货物一并归类和征收关税，在确定该货物的原产地时，应忽略不计。这些附件、备件或工具与产品不单独开具发票，数量及价值应在正常范围之内。亚太贸易协定无此规定。

6. 成套货物原产地的确定方法

中国与智利、秘鲁、哥斯达黎加自贸协定以及两岸 ECFA 规定，成套货物，如果其所有部件是原产的，则该成套货物应当视为原产。当该成套货物是由原产及非原产货物组成时，如果按照区域价值成分确定的非原产货物的价值不超过该成套货物总值的 15%（海峡两岸 ECFA 规定为 10%），则该成套货品仍应视为原产。中国与东盟、巴基斯坦、新西兰、新加坡自贸协定以及内地与港澳 CEPA，亚太贸易协定无此规定。

（二）严格原则

原产地规则在某些方面使用严格的通用标准，例如：

1. 可互换材料

可互换材料是指为商业目的可互换的货物或材料，其性质实质相同，仅靠视觉观察无法加以区分，要求用规定的方法进行区分。区分的方法是：（1）货物的物理分离；（2）出口方公认会计原则承认的库存管理方法。例如油料，进口和国产的外观难以区分。由于库房混放，原产来源不清楚了，无法准确计算国产或进口成分比例。这种情况下，可以采取用货物的物理分离或出口方公认会计原则承认的库存管理方法（如"先进先出法"）加以区分，根据一个阶段内库房存储进口原料或国产原料的量的比例，来计算产品中的进口或国产成分。若在一定阶段内，库房进口的相同的油料大致占 20%，可以将 20% 的比例应用在计算产品的进口原料的比例中，而其余的可计算为原产地成分，享受优惠关税待遇。

中国与东盟、巴基斯坦、智利自贸协定，内地与港澳 CEPA、亚太贸易协定无此规定。

2. 微小加工或处理

在协定中说明特定操作被认为不满足原产地要求的单独清单。例如，微小加工或处理。简单工序、简单混合通常指既不需要专门的技能也不需要专门生产或装配机械、仪器或装备的行为。但是，简单混合不包括化学反应。简单工序、简单混合、包装等工序不能改变货物的原产地身份，因此，"不得享有货物原产资格的生产工序"（中国—智利自贸协定第 19 条）。下列操作或加工工序不得享有货物原产资格：

（1）为确保货物在运输或储存过程中完好无损而进行的保存工序；

（2）包装的拆解和组装；

（3）洗涤、清洁、除尘，去除氧化物、油、漆以及其他涂层；

（4）纺织品的熨烫或压平；

（5）简单的上漆及磨光工序；

（6）谷物及大米的去壳、部分或完全的漂白、抛光及上光；

（7）食糖上色或加工成糖块的工序；

（8）水果、坚果及蔬菜的去皮、去核及去壳；

（9）削尖、简单研磨或简单切割；

（10）过滤、筛选、挑选、分类、分级、匹配（包括成套物品的组合）；

（11）简单的装瓶、装罐、装袋、装箱、装盒，固定于纸板或木板以及其他任何简单的包装工序；

（12）在产品或其包装上粘贴或印刷标志、标签、标识及其他类似的用于区别的标记；

（13）对无论是否为不同种类的产品进行的简单混合；

（14）把物品零部件装配成完整品或将产品拆成零部件的简单装配或拆卸；

（15）仅为方便港口装卸所进行的工序；

（16）第（1）至（15）项中的两项或多项工序的组合；

（17）屠宰动物。

与中国—智利自贸协定相比，中国与东盟、新加坡、巴基斯坦、新西兰、秘鲁、哥斯达黎加自贸协定以及海峡两岸 ECFA、亚太贸易协定对简单工序的规定相对概括些；中国内地与港澳 CEPA 则更简要地规定为，"简单的稀释、混合、包装、装瓶、干燥、装配、分类或装饰不应视为实质性加工；企业生产或定价措施的目的在于规避本附件条款的，也不应视为实质性加工"。

六、直接运输规则

直接运输规则（Rule of Direct Consignment）是指自贸区原产地规定的运

输条件，要求出口成员的出口商品必须把取得关税优惠资格的商品直接运到进口成员，而不得在中途转卖或进行实质性的加工。

（一）直接运输规则的例外

由于地理上的原因或运输上的困难，在出口商品发货时，进口成员已得知其最终目的地为该进口成员的情况下，可以通过第三国境转运，但是商品在过境时必须置于过境国海关的监督之下，未投入当地市场销售或交付当地使用，同时除了装卸和为使货物保持良好状态而做的包装等必要处理外，未在过境国进行任何再加工，这一货物仍可被视为从原产国直接运抵进口国。有的自贸协定还要求在视为直接运输情形下，进口货物收货人应当按照进口国海关的要求提交途经国家或者地区海关出具的证明文件。如，中国与智利、巴基斯坦、新西兰自贸协定。经香港、澳门转口至中国自贸区成员的货物，在获得检验检疫机构签发的《中国—××自贸区优惠原产地证明书》后，出口人可持上述证书及有关单证，向香港、澳门中国检验有限公司申请办理"未再加工证明"。

例如，中国—新西兰自贸协定第25条"直接运输"规定，就第18条而言，下列情况应当视为从出口方向进口方直接运输：1. 货物运输未经非缔约方境内；2. 货物运输途中经过一个或多个非缔约方境内，不论是否在这些非缔约方转换运输工具或临时储存不超过6个月，只要货物在其境内未进入其贸易或消费领域，并且除装卸、重新包装或使货物保持良好状态所需的其他处理外，货物在其境内未经任何处理。为符合上述规定，应当向进口方海关提交非缔约方海关文件或任何其他文件加以证明。

（二）展览品享受原产货物待遇

在中国与智利、秘鲁自贸协定中，还规定了在本自贸区以外的国家展览并于展览后售往本自贸区的原产产品，于进口时应当享受协定规定的优惠关税待遇，但需满足进口方海关认可的如下条件：出口商已将该产品从自贸区发运至实际举办展览会的非缔约方；出口商已将该产品出售或用其他方式处理给在本自贸区的企业或个人；该产品已于展览期间发运或展览结束后以送展时的状态立即发运；该产品送展后，仅用于展览会展示，未移作他用；该产品在展览期间处于海关监管之下。此项规定实际上是对直接运输规则的补充或宽泛。

中国与东盟、巴基斯坦、新西兰、新加坡、哥斯达黎加自贸协定以及海峡两岸 ECFA、亚太贸易协定无此规定。

七、确定原产货物的顺序方法

在中国自贸协定中，确定原产货物的顺序方法，具有如下要点：

1. 应判定产品是否符合完全获得品或完全原产品的条件，如果符合，产品是完全获得品或完全原产品；

2. 如果不符合，应确定对非原产成分所进行的加工是否超出不得享有货物原产资格的生产工序的范围，如果未超出，产品不具有原产资格；

3. 如果超出，确定产品是否被列入产品特定原产地标准所涉及产品的清单，如果是，确定其是否符合相应的产品特定原产地标准，如果符合，产品具有原产资格；

4. 如果产品未列入上述清单，确定原产于中国的成分或中国成分和协定成员成分总共能否达到该协定规定的产品 FOB 价的百分比，如果达到，产品具有原产资格；

5. 如果达不到上述的要求，产品不具有原产地资格。

第六节　中国自由贸易协定原产地规则操作程序

原产地规则操作程序，有的称为原产地证书签发与核查操作程序。中国签订的自贸协定，有的在协定中直接规定操作程序，如中国与哥斯达黎加、秘鲁、新西兰、智利自贸协定，有的通过附件单列操作程序，如中国与巴基斯坦、东盟自贸协定和亚太贸易协定、内地与港澳 CEPA、海峡两岸 ECFA，而中国与新加坡自贸协定，放在"海关程序"一章中。有的还规定"原产地证书签证核查联网系统模式"，制定了专门条款或附件，如中国—智利自贸协定等。

操作程序，在内容上、要求上、程序上、文字上，各个自贸协定差别很大，说明各个国家对此的要求是不一样的。操作程序主要包括以下内容：

一、原产地证明文件

（一）原产地证书

为证明货物的原产地，自贸协定的成员需要授权机构对其原产货物签发原产地证书。如果说，货物的原产地是货物的经济国籍的话，自贸区原产地证书是货物进入自贸区其他成员的"护照",专用于证明自贸区产品享受自贸区优惠关税待遇的凭证。中国自贸区的原产地证书,内容大体相同,大部分为 12 ~ 15 栏左右,背面有填表说明。

(二) 原产地声明

有的自贸协定的原产地规则规定,货物低于一定价值时,或其他特殊情况,可免提交原产地证书,而自行提供原产地声明,可获得与提供原产地证书一样的优惠待遇。例如,中国—智利自贸协定项下原产地规则规定,原产于中国或智利的货物,价格不超过 600 美元的,免予提交原产地证书;中国—巴基斯坦自贸协定项下原产地规则规定,原产于中国或巴基斯坦的进口货物,每批船上交货价格(FOB)不超过 200 美元的,免予提交原产地证书;中国—秘鲁自贸协定项下原产地规则规定,价格不超过 600 美元或进口方币值等额,免予提交原产地证书,中国—新西兰自贸协定项下原产地规则规定,价格不超过 1000 美元或进口方币值等额,免予提交原产地证书等等。

(三) 流动证明

流动证明是指出口中间方根据第一个出口方所签发的原始原产地证书签发的、用于证明所涉产品原产地资格的原产地证书。在中国—东盟自贸协定中首次出现。

(四) 原产地证书的签证机构

中国与东盟(原为政府机构,现改为授权的签证机构)、新加坡、新西兰、秘鲁、哥斯达黎加自贸协定,内地与香港 CEPA、海峡两岸 ECFA,亚太贸易协定规定由一方授权的机构签发原产地证书,即包括政府机构和其他实体。在中国是质检部门和中国贸促会。

中国与巴基斯坦、智利自贸协定、澳门 CEPA 规定由政府机构签发原产地证书。

(五) 申请原产地证书应提交的文件

出口企业申请自贸区原产地证书一般要提交申请书和相关证明文件,但各个协定对相关证明文件的要求差别很大,例如:

中国与智利、哥斯达黎加自贸协定要求提交:1. 记录出口商或供应商获得有关货物过程的直接证据,如其账目或内部账册;2. 用于证明所用原料原产资格的文件，但该文件需依照国内法律的规定使用；3. 用于证明原料生产和加工的文件，但该文件需依照国内法律的规定使用；4. 证明所用原料原产资格的原产地证书。

中国—秘鲁自贸协定要求，"应当提供商业发票、包含各自国内法律规定的最低限度信息资料的原产地申请表，以及主管机构或授权机构所需的用以证明货物原产资格的所有文件，并且应当满足本章的其他要求。"

而亚太贸易协定规定，"签证机构应有权要求申请人提供任何证明文件，以便确定货物符合亚太贸易协定项下原产地规则和本程序的规定。"给予了签证机构很大的自由裁量权。

中国与东盟、巴基斯坦自贸协定则只要求提供相关证明文件，证明出口产品符合原产地证书签证要求。中国与新加坡、新西兰自贸协定、内地与港澳 CEPA、海峡两岸 ECFA 未明确规定。

表 2 - 6　　　　　　　中国自贸区原产地证书比较一览表

自贸协定	使用证书	证书有效期	证书副本保存期	申报文件保存期	一证可包括的货物
中国—东盟	Form E	1 年	3 年	3 年	多项
中国—巴基斯坦	中巴证书	6~8 个月	未规定	2 年	未规定
中国—智利	Form F	1 年	3 年	3 年	多项
中国—新西兰	中新证书	1 年	按国内规定	按国内规定	多项
中国—新加坡	中新证书	1 年	3 年	3 年	多项
中国—秘鲁	中秘证书	1 年	3 年	3 年	多项
中国—哥斯达黎加	中哥证书	1 年	3 年	3 年	多项
内地—香港	CEPA 证书	120 日	未规定	未规定	5 项
内地—澳门	CEPA 证书	120 日	未规定	未规定	5 项
海峡两岸	ECFA 证书	1 年	3 年	按规定	20 项
亚太贸易协定	亚太证书（Form A）	1 年	未规定	2 年	未规定

二、原产地证书与进口有关的义务

在中国自贸区，进口商在申请优惠关税待遇时：要提交有效的原产地证书，以及在报关时提交书面声明，指明所进货物为原产货物；视情况持有证明货物符合直接运输要求的文件。当进口商有理由相信声明所依据的出口方提供的原产地证书上含有不正确的信息时，在核查程序启动前，该进口商应当做出更正声明，并且支付所欠税款。如果进口商不遵守原产地规则的有关规定，可以拒绝给予从出口方输入的货物优惠关税待遇。

收发货人提交原产地证明文件是申报的基本要求，即进出口货物必须提交指定机构签发的原产地证明文件，并申报适用相应协定项下的优惠税率，否则不能享受相应的税收优惠。

三、关税、保证金

中国自贸协定原产地规则一般规定，如果符合原产地资格的货物在输入一缔约方境内时，无法按协定规定提交有效的原产地证书，只要进口商在进口时提交书面声明，指明所报验的货物符合原产地资格，进口商可以在货物进口后，在缴纳关税后 1 年内，或者在交纳保证金后的 3 个月或进口方法律规定的不超过 1 年的更长期限内，视情况申请退还多征的关税或已交纳的保证金。但进口商必须提交有效原产地证书，以及进口方海关要求的与货物进口相关的其他文件。

但如果进口商在进口时未向进口方海关报明所进货物为协定项下的原产货物的，即使其在事后向海关提交有效的原产地证书，已缴税款或保证金不予退还。

四、原产地资格核查

在中国自贸区，进口方海关如果对进口货物的原产资格有疑问时，进口方主管机构可以直接对进口商或通过出口方主管机构进行核查，要求提供相关信息或证明。如果未能消除进口方的关注，进口方主管机构可派员访问出口方境内的出口商或生产商所在地，对出口方主管机构的核查程序进行实地考察。但在核查的程序、时限等，各个协定要求不同。

五、优惠关税待遇的拒绝给予

在中国自贸区，自提出核查要求之日起 6 个月内，进出口商、制造商或生产商（视具体情况而定）无法提供该方根据开展核查过程中要求提供的信息，或者被要求的主管机关基于任何理由，未能就进口方海关的要求给予满意的答复；货物不符合规定，包括原产地证书未正确填写或签章；货物的原产地不符合有关的规定；原产地证书中的信息与所提交的证明文件不相符；

所列货品名称、数量及重量、包装唛头及号码、包装件数及种类与进口货物不相符，进口方可以拒绝给予优惠关税待遇。

在拒绝给予优惠关税待遇时，进口方应当确保其海关向进出口商或生产商（视具体情况而定）书面说明该决定的理由。

六、非缔约方发票

在中国自贸区，当交易货物由非缔约方开具发票（或称第三方发票）时，货物原产国的出口商应当在相应原产地证书"备注"栏内注明原产国生产商的下列信息：名称、地址和国家。原产地证书中的收货人必须为进口或出口方境内的人。

七、货物原产地的预确定

为使符合原产地规则的货物及时报关，一些协定规定海关可以应出口商的要求进行对货物原产地的预确定，有的规定了详细的程序，有的较为简单。

八、原产地证书与原产地标准的填写

中国自贸协定各个原产地规则不完全一样，使用的原产地证书也不同，原产地标准的填写也有些差别，归纳如下：

表 2-7　　　　　　中国自贸区原产地证书填写比较表

自贸协定	完全原产品	两国材料生产品	含有进口成分		特定原产地标准
			本国成分	累积成分	
中国—东盟	X		RVC+%	RVC+%	PSR
中国—巴基斯坦	P		RVC+%	RVC+%	PSR
中国—智利	P			RVC+%	PSR
中国—新西兰	WO	WP		RVC+%	PSR
中国—新加坡	P			RVC+%	PSR
中国—秘鲁	WO	WP		RVC+%	PSR
中国—哥斯达黎加	WO	WP			PSR
内地—香港					
内地—澳门					
海峡两岸	WO	WP			PSR
亚太贸易协定	A		B+%	C+%	D

九、申请签发"后发证书"、"修改证书"、"更改证书"、"重发证书"的规定

由于非故意的疏忽或其他特殊原因，货物出运前未能及时申请签发原产地证书，申请单位亦可在货物发出后申请签发后发证书。

表2-8　　　　　　　　各种后发证书具体要求一览表

证书名称	加注后发	添加栏目	备注
中国—东盟自贸区证书	ISSUED RETRO-ACTIVELY	第12栏	货物出运之日起1年内后发。签证时间应为原证书的签证时间
中国—巴基斯坦自贸区证书	ISSUED RETRO-ACTIVELY	第13栏	货物装运之日起1年内后发。货物出运后15日之内不需盖后发章
中国—智利自贸区证书			没有规定可以后发。要求于货物出口前或出运后30日内签发
中国—新西兰自贸区证书			没有规定可以后发，申请时间须在出口前或者出口时（以提单装运日期为准）
中国—新加坡自贸区证书			货物出口时或装运后3日内发，一年内可补发
中国—秘鲁自贸区证书			在货物出口后可予以补发
中国—哥斯达黎加自贸区证书			一年内可补发
内地与港澳 CEPA 证书	经证实的真实副本		可以补发
海峡两岸 ECFA 证书			90日内可以补发
亚太贸易协定证书		第3栏	没有规定可以后发。要求于货物出口时或出运后3个工作日内签发

任何原产地文件不得涂改或叠印。任何更正必须先将错误信息划去，然后做必要的增补。此类更正应当由更正人员签注。任何未填空白处应予划去，以防发证后添加内容。

此外，如果证书遗失，申请单位可申请重新签证；申请单位可以要求更

改已签发证书的内容，但要按签证机构规定应提交相关资料和缴费。

十、中国自贸协定原产地规则的问题与改进

自贸协定的执行离不开合理的原产地规则保障，而原产地规则复杂程度直接决定了自贸协定的实施效果，过于复杂苛刻的原产地规则势必减损优惠待遇的实现，过于宽松简单的原产地规则将导致效益外溢，而各个自贸协定的原产地规则差别过大，则给企业和管理部门增加负担，挫伤实施自贸协定的积极性。

中国自贸协定原产地规则除了基本标准外，在附加标准，如累积条款、微量条款、对不充分行为的规定、运输条款等方面，各个协定的内容有所不同。此外，在签发证书的手续、规范、证明文件等程序性规则方面，例如原产地证的签发是政府机构还是第三方机构、是否允许企业自证、有关证明文件应保存的年限、原产地证要求的语言等，也存在差异。这些都成为影响原产地规则严苛或便利程度，以至成为影响协定利用率的因素。

中国已制定海关《进出口货物优惠原产地管理规定》，是规范优惠原产地规则的主要法律文件，优惠原产地规则适用于双边或者多边的区域贸易协定。此外，中国已有与自贸协定相应的 11 个优惠原产地规则。

随着中国签订的自贸协定的增多，而各原产地规则的一般规则及产品特定原产地规则清单各不相同且日益繁复，在执行要求和原产地标准方面差别较大，不易于进出口企业从业人员的理解和利用，为享受优惠，企业必须熟悉各种原产地规则，从而额外增加了企业的交易成本，影响中国进出口企业及生产企业的整体经营与生产决策和采购计划。这就会导致自贸协定的利用率不高，成员之间的贸易潜力得不到充分挖掘，背离了自贸区的建立初衷。复杂而多样的原产地规则也增加了海关和签证机构的管理难度，增加了行政成本。

因此，为避免"意大利面碗效应"，要协调和简化原产地规则与操作程序，使之与签订自贸协定的总体目标相一致。设计简单、透明、统一、可预期、有效率的便于操作的原产地规则，最大限度地发挥协定的贸易创造效应、减少扭曲和偏移，以提高企业效率和行政效率，减少对人力和行政资源的浪费。可以通过不同的协定的通用原产地规则、合理的加工要求，以及逐步允许跨协定的原产成分累积。例如，第一步，把两岸四地的原产成分进行累积；第二步，把两岸四地的原产成分在其他自贸协定的原产成分进行累积；第三步，与双方均签有自贸协定的成员的原产成分进行累积；第四步，把所有中

国自贸协定的原产成分进行完全累积。

小资料：

文莱经济贸易概况

　　文莱达鲁萨兰国，简称文莱（Brunei Darussalam），位于亚洲，国土面积 0.6 万平方公里，截至 2011 年 7 月 1 日，文莱人口总数约为 41 万人。

　　文莱的主要出口商品是原油和天然气，是东南亚主要产油国和世界主要液化天然气生产国，石油和天然气的生产和出口是文莱国民经济的支柱，约占国内生产总值的 67% 和出口总收入的 96%。在出口目的地方面，日本为最大贸易伙伴，占出口总量的 46.1%，其他依次为韩国、印度尼西亚、印度、澳大利亚、新西兰，中国列第七位，占 4%。文莱的主要进口商品为机械、工业制成品、运输设备、食品和化工制品等。在进口来源地方面，东盟地区列首位，占 51.8%，其余依次为美国、欧盟、日本，中国大陆占 5.8%。中国台湾和香港地区分别占 1.6% 和 0.9%。

　　2010 年，文莱国内生产总值（GDP）107.32 亿美元，人均 GDP 29 875 美元。货物贸易进出口总额为 121.50 亿美元，其中出口额 92.00 亿美元，进口额 29.50 亿美元，占全球货物贸易出口总额比重 0.06%，进口总额比重 0.02%，关税总水平 2.5%，是世界货物贸易出口第 87 位和进口第 137 位。2010 年服务贸易出口额 9.15 亿美元，服务贸易进口额 12.15 亿美元，占全球服务贸易出口总额比重 0.03%，进口总额比重 0.04%，是世界服务贸易出口第 110 位，进口第 110 位。2008—2010 年，人均贸易额 33 621 美元，贸易占 GDP 的比例 103.8%。2010 年中国与文莱货物贸易总额 10.3 亿美元，中国出口额 3.68 亿美元，中国进口额 6.58 亿美元。

　　1995 年 1 月 1 日，文莱加入世界贸易组织。目前，文莱参加的区域贸易协定 8 个（不含服务贸易协议），协定伙伴 19 个（含不同协定相同国家），包括：跨太平洋战略经济伙伴协定、东盟自贸区、中国—东盟自贸协定、日本—东盟自贸协定、韩国—东盟自贸协定、澳大利亚—新西兰—东盟自贸协定、印度—东盟自贸协定，以及与日本签订了双边自贸协定。

第三章　中国自由贸易协定
服务贸易协议

自贸协定，有的同时包括货物贸易与服务贸易的内容；有的把货物贸易协定和服务贸易协议分开单独签订，可同时生效，也可先后生效。所以，WTO 在统计区域贸易协定的数量时，区域贸易协定同时包括货物贸易与服务贸易内容的计算为 1 个协定，分别签订的计算为 2 个协定。中国自贸协定同样也存在这两种情形。中国与东盟、巴基斯坦、智利是先后单独签订服务贸易协议，中国与新加坡、新西兰、秘鲁、哥斯达黎加是把货物贸易与服务贸易的内容同时谈判，在一个协定中作为一章签署（以下统称"中国服务贸易协议"）。

第一节　中国自由贸易协定服务贸易协议的内容

一、中国服务贸易协议的主要内容

中国服务贸易协议一般包括定义和范围、义务和纪律、具体承诺及其他条款四大部分，主要内容归纳如下：

（一）适用范围

1. 适用的范围

中国服务贸易协议对协议的适用范围，有的比较笼统地规定为"缔约一方采用或实施的影响服务贸易的措施"，有的协议则具体列出，如中国—智利服务贸易协议。该协议规定，适用于缔约一方采用或实施的影响服务贸易的措施，包括与以下相关的：（1）服务的生产、分销、营销、销售和交付；（2）服务的购买、或使用或支付；（3）与服务提供有关的、双方要求向公众普遍提供的服务的获得和使用；（4）缔约另一方服务提供者在其境内的存在；（5）空运服务中的：通用航空服务，退出服务航空器的修理和维护服务，和空运服务的销售和营销服务，计算机预订服务，机场运营服务，机场地面服务。这些措施，包括中央、地区或地方政府和主管机关所采取或实施的措施，及由中央、地区或地方政府或主管机关授权行使权力的非政府机构所采取或实施的措施。

中国—秘鲁服务贸易协议规定，适用于一缔约方采用或实施的影响服务贸易的措施，包括与以下相关的：（1）服务的购买、使用或支付；（2）与服务提供有关的、双方要求向公众普遍提供的服务的获得和使用；或当服务不直接由某法人提供，而是由其他形式的商业存在，如分公司或者代表处提供时，该服务提供者（该法人）应当经由这些商业存在享有本协定规定的服务提供者应有的待遇。此种待遇应当扩大至直接提供服务的商业存在，但无需扩大至服务提供者提供服务地之外的任何其他部分。

2. 不适用的范围

中国服务贸易协议同时对一些服务不适用的范围做出规定，不适用于的范围一般为：

（1）GATS 未列入的领域，例如：①境内行使政府职权时提供的服务与政府采购服务，因为中国和大部分发展中国家尚未参加《政府采购协定》，政府的服务采购不对外开放；②补贴或由缔约一方提供的援助，包括政府贷款，担保和保险；③空运服务，包括国内和国际空运服务，无论为定期或不定期，以及支持空运服务的相关服务。这是因为航空客运服务（不属于 GATS 管理范围），属于国际航空组织管理，此外，航空运输协议谈判尚无结果。

（2）双方未承诺开放的领域，例如：①金融服务；②沿海运输和国内水运。

（3）影响自然人寻求进入一方就业市场的措施，或在永久基础上有关公民身份、居住或就业的措施。

（4）对自然人进入其领土或在其领土内暂时居留进行管理的措施，包括为保护其边境完整和保证自然人有序跨境流动所必需的措施。

例如：中国—智利服务贸易协议规定，该协议不适用于：（1）金融服务；（2）政府采购；（3）补贴或由缔约一方提供的援助，包括政府贷款，担保和保险；（4）沿海运输；（5）空运服务，包括国内和国际空运服务，无论为定期或不定期，以及支持空运服务的相关服务。

又如：中国—巴基斯坦服务贸易协议规定，该协议不适用于：（1）在缔约方领土内为行使政府职权时提供的服务；（2）管理政府机构为政府目的而购买服务的法规或要求，此种购买不得用于进行商业转售或用于为商业销售而提供的服务；（3）由缔约一方提供的补贴或援助；（4）空运服务，无论以何种形式给予的业务权，或与业务权的行使直接有关的服务；（5）沿海运输；（6）影响寻求进入缔约一方就业市场的自然人的措施，或在永久基础上有关公民身份、居住或就业的措施。

（二）国内规制

国内规制又称为国内法规。在中国服务贸易协议中，各成员承诺，对于做出具体承诺的部门，各方应当保证影响该部门的所有普遍适用的措施将以合理、客观和公正的方式实施。

各方应当保留或尽快设立司法、仲裁或行政庭或程序，在受到影响的服务提供者请求时，对影响服务贸易的行政决定尽快进行审议，并在请求被证明合理的情况下提供适当的补救。如此类程序并不独立于做出有关行政决定的机构，则该方应当保证此类程序确实提供了客观和公正的审查。

对于在协议项下做出具体承诺的服务，如提供此种服务需要得到批准，则主管机关应当：

1. 在申请不完整的情况下，应申请人要求，指明所有为完成该项申请所需补充的信息，并在合理的时间内为申请人修正不足提供机会；

2. 应申请人要求，提供有关申请审批进展状况，不得有不当延误；

3. 在申请被终止或否决时，尽最大可能以书面形式尽快通知申请人做出此决定的原因。申请人可自行决定重新提交申请。

为保证避免与资格要求、程序、技术标准和许可要求相关的各项措施构成不必要的服务贸易壁垒，各方应当按照GATS第6条第4款，共同审议有关此类措施纪律的谈判结果，以将这些措施纳入服务贸易协议。各方注意到此类纪律特别旨在确保此类要求：（1）依据客观和透明的标准，例如提供服务的能力；（2）不得超过为保证服务质量所必需的负担；（3）如为许可程序，则这些程序本身不对服务提供构成限制。

中国与新西兰、秘鲁等服务贸易协议规定得比较详细具体，中国—智利服务贸易协议则规定得比较简单。

（三）服务提供者的资格承认

中国服务贸易协议对服务提供者的资格承认的规定，一般包括4个方面的内容：1. 为使服务提供者获得授权、许可或证书的标准或准则得以全部或部分实施，并根据协定有关条款要求，一方可承认或鼓励其相关主管部门承认另一方的教育或经历、要求、或授予的许可或证书。承认可通过协调或其他方式实现，可通过双方或相关主管部门之间达成协议或安排，也可自动给予。2. 双方应鼓励各自境内的相关机构通过将来的谈判达成双方可接受的关于专业服务提供者许可、临时许可和证明的标准或准则。3. 享受对方有关服务提供者的资格承认谈判的最惠国待遇。4. 一方给予承认的方式不得构成在适用服务提供者获得授权、许可或证明的标准或准则时在各国之间进行歧视的手段，或构成对服务贸易的变相限制。

在服务提供者的资格承认方面，中国与新西兰、新加坡的服务贸易协议规定得比较全面，双方将设立承认合作联合委员会或工作组，开展承认合作。

（四）垄断和专营服务提供者

对于垄断和专营服务提供者，GATS 和自贸协定都是要限制的，中国自贸协定也不例外。中国与东盟、巴基斯坦、新西兰、新加坡服务贸易协议规定：

1. 各方应当保证其境内的任何垄断服务提供者在有关市场提供垄断服务时，不以与其在具体承诺项下义务不一致的方式行事。

2. 如一方垄断提供者直接或通过附属公司参与其垄断权范围之外且受该方具体承诺约束的提供服务的竞争，则该方应当保证该提供者在其境内不滥用其垄断地位，以与该承诺不一致的方式行事。

3. 如缔约一方在形式上或事实上授权或设立少数几个服务提供者，且实质性阻止这些服务提供者在其领土内相互竞争，则垄断和专营服务提供者的条款的规定应适用于此类专营服务提供者。

4. 如一方有理由认为另一方垄断服务提供者以与前述不一致的方式行事，则该方可要求设立、保留或授权该服务提供者的另一方提供有关经营的具体信息。中国与巴基斯坦服务贸易协议没有此规定。

中国与新西兰服务贸易协议还规定，"在本协定生效后，如一方对其具体承诺所涵盖的服务提供给予垄断权，则该方应当在不迟于所给予的垄断权预定实施前 3 个月通知另一方，并应当适用第 120 条第 1 款第 2 项、第 2 款、第 3 款和第 4 款规定。"

中国与智利、秘鲁、哥斯达黎加服务贸易协议没有规定"垄断和专营服务提供者"的条款。

（五）商业惯例

中国与东盟、巴基斯坦、新加坡服务贸易协议规定了限制商业惯例的条款：

1. 缔约双方认识到,除属"垄断和专营服务提供者"范围内的商业惯例外,服务提供者的某些商业惯例会抑制竞争,从而限制服务贸易。

2. 在缔约另一方("请求方")请求下,缔约一方应进行磋商,以期取消本条款所指的商业惯例。被请求方对此类请求应给予充分和积极的考虑,并应通过提供与所涉事项有关的、可公开获得的非机密信息进行合作。在遵守其国内法律并在就请求方保障其机密性达成令人满意的协定的前提下,被请求方还应向请求方提供其他可获得的信息。

而中国与智利、新西兰、秘鲁、哥斯达黎加服务贸易协议没有规定限制商业惯例的条款。

(六) 支付与转移

中国与东盟、巴基斯坦、新西兰、新加坡服务贸易协议规定,除在"保障国际收支的限制"条文中规定的情况下,缔约一方不得对与其具体承诺有关的经常项目交易的国际转移和支付实施限制。该协定的任何规定不得影响缔约双方作为国际货币基金组织成员在《国际货币基金协定》项下的权利和义务,包括采取符合《国际货币基金协定》的汇兑行动,但是缔约一方不得对任何资本交易设置与其有关此类交易的具体承诺不一致的限制,根据"保障国际收支的限制"条文或在基金请求下除外。

中国与秘鲁、哥斯达黎加服务贸易协议则规定,1. 缔约双方应当允许与具体承诺相关的经常项目交易的转移和支付无延迟的自由进出其领土。2. 缔约双方应当允许上述与服务提供相关的转移和支付用可自由使用货币、并按照转移日期当天的汇率实现。3. 尽管有上述1、2款的规定,一缔约方可以公平地、非歧视地、并善意地适用与下列情况相关的本国法律阻止或延缓一项转移或支付的实现:(1)破产、资不抵债或债权人权益保护;(2)发行、交易或买卖证券、期货、期权或金融衍生品;(3)因协助法律实施或者金融监管机构的需要,对转移的财务报告或者账务记录;(4)犯罪或刑事犯罪;(5)在司法或行政程序中,保证裁决和判决的执行。4. 本协定的任何规定不得影响双方作为国际货币基金组织成员在《国际货币基金协定》项下的权利和义务,包括采取符合《国际货币基金协定》的汇兑行动,但是一缔约方不得对任何资本交易设置与其有关此类交易的具体承诺不一致的限制,但在"保障收支平衡的限制"条文下或在国际货币基金组织请求下除外。

而中国—智利服务贸易协议则没有此项规定。

（七）　保障国际收支的限制

中国服务贸易协议规定，如发生严重国际收支平衡和对外财政困难或其威胁，缔约一方可以依据世界贸易组织协定以及《国际货币基金协定》，采取必要措施。

中国与新加坡、新西兰服务贸易协议对此规定得比较详细具体。

（八）　市场准入的条件

市场准入的条件方面，中国各个服务贸易协议的规定与 GATS 基本一致，即一方给予另一方服务和服务提供者的待遇，在条款、限制和条件方面，不得低于其在具体承诺减让表中所承诺和列明的内容；在承诺市场准入的部门，除非减让表中另有列明，否则一方不得在地区或在其全部境内实施或采取下列措施：

1. 以数量配额、垄断、专营服务提供者或经济需求测试要求的形式，限制服务提供者的数量；

2. 以数量配额或经济需求测试要求的形式，限制服务交易或资产总值；

3. 以配额或经济需求测试要求的形式，限制经营者数量或以指定数量单位表示的服务产出总量；

4. 以数量配额或经济需求测试要求的形式，限制特定服务部门或服务提供者可雇佣的、提供具体服务所必需且直接有关的自然人总数；

5. 限制或要求服务提供者通过特定类型法律实体或合营企业提供服务的措施；

6. 以限制外国股权最高百分比或限制单个或总体外国投资总额的方式限制外国资本的参与。

（九）　国民待遇

GATS 关于国民待遇的规定是，在已承诺的部门、条件和资格中，给予外国服务和服务提供者的待遇，不应低于给予本国相同服务和服务提供者的待遇。这种待遇只适用于该成员已做出具体承诺的部门，给予方式并不要求完全一致。因此，中国与东盟、巴基斯坦、智利、新西兰、新加坡、哥斯达黎加服务贸易协议规定：

1. 对于列入承诺表的部门，在遵守其中所列任何条件和资格的前提下，每一缔约方在影响服务提供的所有措施方面给予另一缔约方的服务和服务提供者的待遇，不得低于其给予本国同类服务和服务提供者的待遇。

2. 缔约一方可通过对任何其他成员的服务或服务提供者给予其本国同类服务或服务提供者的待遇形式上相同或不同的待遇，满足第一款的要求。

3. 如形式上相同或不同的待遇改变竞争条件，与缔约另一方的同类服务或服务提供者相比，有利于缔约一方的服务或服务提供者，则此类待遇应被视为较为不利的待遇。

中国与东盟、巴基斯坦、新西兰、新加坡、哥斯达黎加服务贸易协议还规定，本条所作承诺不应要求任一缔约方补偿源于相关服务或服务提供者外国特色的任何固有竞争优势。中国—智利服务贸易协议没有此规定。

而中国—秘鲁服务贸易协议则仅规定，"对于列入减让表的部门，在遵守其中所列任何条件和资格的前提下，各缔约方在影响服务提供的所有措施方面给予另一缔约方的服务和服务提供者的待遇，不得低于在相似情况下其给予本国服务和服务提供者的待遇。"而没有其他协定的第2、3项规定。

（十）最惠国待遇

中国与东盟、巴基斯坦、智利、新加坡、秘鲁、哥斯达黎加服务贸易协议均未规定最惠国待遇条款。只有中国—新西兰服务贸易协议规定了"最惠国待遇"："一、对于附件九中所列部门，各方应当依据其中所列条件和资格，对涉及服务提供的所有措施，给予另一方服务和服务提供者的待遇，不得低于其给予第三国同类服务和服务提供者的待遇。二、尽管有第一款规定，对于在本协定生效之日前签署或生效的自贸协定或多边国际协定，双方有权保留采取或实施任何措施，给予相关协定成员第三国差别待遇的权利。"

（十一）利益的拒绝给予

中国服务贸易协议对于利益的拒绝给予有三种规定方式：

1. 比较宽松的

中国与巴基斯坦、智利、新西兰、秘鲁、哥斯达黎加服务贸易协议规定，缔约一方可对下列情况拒绝给予该协定项下的利益：对缔约另一方的服务提供者，如果服务是由非缔约方的人拥有或控制的法人所提供，并且此法人在缔约另一方领土内没有实质性的商业活动；对缔约另一方的服务提供者，如果服务是由拒绝给予利益的缔约方的人拥有或控制的法人所提供，并且此法人在缔约另一方领土内没有实质性的商业活动。但是对"实质性的商业活动"

没有做出明确的定义。

此外，中国与巴基斯坦、智利、秘鲁、哥斯达黎加服务贸易协议规定，对利益的拒绝，要事先通知或磋商。中国—新西兰服务贸易协议没有此规定。

2. 比较严格的

中国与东盟、新加坡的服务贸易协议规定，"一缔约方可对下列情况拒绝给予本协定项下的利益：（一）对于一项服务的提供，如确定该服务是从或在一非缔约方的领土内提供的；（二）在提供海运服务的情况下，如确定该服务是：1. 由一艘根据一非缔约方的法律进行注册的船只提供的，及 2. 由一经营和/或使用全部或部分船只的非缔约方的人提供的；（三）对于一个具有法人资格的服务提供者，如确定其不是另一缔约方的服务提供者。"

这两个协定既排除了缔约方在外国的投资企业，也排除了除缔约方以外的在本国的外商合资企业提供的服务。这两个服务贸易协议对利益的拒绝，没有要求事先通知或磋商。

3. 中国与单独关税区的规定

中国内地与香港、澳门的 CEPA，海峡两岸 ECFA 则通过制定《关于"服务提供者"定义及相关规定》进行界定。

（十二）透明度规定

中国服务贸易协议有关透明度的规定，除了适用自贸协定"透明度"专章的规定外，在服务贸易协议中还有专门的条文。一般是把 GATS 第 3 条"透明度"，经过必要调整，纳入本协议并成为本协议的组成部分。有的协议则增加了一些内容，如维持或者建立适当的机制，以便答复利益相关人员关于与本协定事项相关的各自法规的咨询；在与服务贸易相关的法律、法规最终制定之前，缔约双方应在可能的情况下，包括在应另一方请求下，考虑利益相关方对于拟制定的法律、法规的实质性意见；以及在可能的范围下，缔约双方应当允许在法律、法规的公布和实施日期之间保留一定合理的时间。

（十三）具体承诺表

1. 具体承诺表应包括的内容

各缔约方应在减让表中列出其根据服务贸易协议有关国民待遇、市场准入和附加承诺条款做出的具体承诺。对于做出此类承诺的部门，每一承诺表应列明：

（1）市场准入的条款、限制和条件；

（2）国民待遇的条件和资格；

（3）与附加承诺有关的承诺；

（4）在适当时，实施此类承诺的时限和生效日期。

2. 与国民待遇和市场准入条款不一致的措施的处理

与国民待遇和市场准入不一致的措施应列入相关的栏目。在此情形下，所列措施将被视作对国民待遇规定了条件或资格。

3. 附加承诺

各缔约方可就影响服务贸易但根据服务贸易协议的国民待遇或市场准入条款不需列入减让表措施的承诺进行谈判，上述措施包括有关资格、标准或许可事项的措施。此类承诺应列入一缔约方减让表。

此外，一些中国服务贸易协议还规定了机密信息的披露、补贴、减让表的修改、税收措施、WTO 规则、合作、保障措施与争端解决（参见第五、六章）等条款。

二、自然人流动

（一）自然人与自然人流动的相关定义

自然人，是指"服务贸易"定义的自然人。一般为：（1）商务访问者和销售人员；（2）公司内部的调动人员，例如高级管理人员、经理、专家；（3）独立的职业人员；（4）合同服务提供者。

自然人流动是指由某个成员的服务提供者供应的服务，通过一个成员的自然人在另一个成员的领土上的存在完成。

临时雇佣入境，是指包括技术工人在内的一方自然人进入另一方境内，以期按照根据接收方的法律订立的雇佣合同从事临时性工作，且不以永久居留为目的。

临时入境，是指商务访问者、公司内部流动人员、独立专业人员、合同服务提供者或者机器设备配套维修和安装人员的入境，旨在从事与他们各自业务明确相关的活动，而非永久居留。此外，对于商务访问者，其薪金和任何相关报酬应当全部由在其母国雇佣该商务访问者的服务提供者或法人支付。

（二）中国在 WTO 和服务贸易协议承诺中对自然人的相关定义

中国在 WTO 和在各个服务贸易协议承诺中对承诺自然人的相关定义规

定，虽然表述不完全相同，但基本一致：

1. 商务访问者（BV），是指任何一方的自然人，作为自然人的服务销售人员，其中一方服务提供者的销售代表，寻求临时进入另一方境内，代表该服务提供者进行服务销售谈判，该代表不涉及向公众直接销售或直接提供服务；是"投资"定义的一方投资者，或者一方投资者适当授权的代表，寻求临时进入另一方境内设立、扩大、监督和处置该投资者的投资；作为自然人的商品销售人员，寻求临时进入另一方境内进行商品销售谈判，该谈判不涉及向公众直接销售。

2. 公司内部的调动人员（ICT），是指经理、高级管理人员或专家，是"服务贸易"定义的在另一方境内有商业存在的一方服务提供者或投资者的雇员。

经理，是指一组织内部的自然人，负责该组织、部门或分部门的主要管理，监督和控制其他负责监管、业务和管理的雇员的工作，有权雇佣、解雇或行使其他人事职能（例如提升或休假批准），在日常经营中行使决策权。

高级管理人员，是指一组织内部的自然人，负责该组织的主要管理，广泛行使决策权，仅接受更高管理层、董事会或企业股东的总体监督和指导。高级管理人员不直接执行与实际服务提供相关的任务，不直接参与投资的运营。

专家，是指一组织内部的自然人，掌握有关高级别技术专长的知识，拥有与该组织的服务、研究工具、技术或管理有关的专门知识。

3. 合同服务提供者，是指一方自然人为一方服务提供者或企业（无论是公司还是合伙）的雇佣人员，为履行其雇主与另一方境内服务消费者的服务合同，临时进入另一方境内提供服务；受雇于一方的公司或合伙，该公司或合伙在其提供服务的另一方境内无商业存在；报酬由雇主支付；具备与所提供服务相关的适当的学历和专业资格。

4. 技术工人，指一方自然人进入另一方，旨在按照与该方自然人或法人缔结的合同从事临时性工作，并具备从事该工作的适当资格和/或经验。

5. 机器设备配套维修和安装人员，指为机器或工业设备提供配套安装或维修服务的技术人员。服务的提供需建立在机器或设备所有者向制造者支付费用或签有合同的基础上。合同双方均为法人。此类自然人入境停留时间一般以合同规定期限，停留期间不得从事与合同无关的服务活动，此类自然人应具备相应的技术（职业）资格。

（三）中国服务贸易协议伙伴对自然人的相关定义

中国服务贸易协议伙伴定义的自然人，除了中国在 WTO 和服务贸易协议中定义的自然人相同的外，有些定义包含的自然人不同，有些是中国在 WTO 和服务贸易协议中所没有的。

1. 独立的职业人员。是指自我雇佣的自然人，需满足必要的教育要求和/或该职业在所在国的可选择性证明。如巴基斯坦。

2. 其他人员。对于该国国民不能替代的经理、高级管理人员和专家，被在该国境内的外商投资企业雇佣从事商业活动的人员。如越南。

3. 负责设立商业存在的人员。受雇于本协定其他缔约伙伴的服务提供商，负责在该国以商业存在模式筹建法人公司的经理和执行主管，但必须满足下列条件：（1）这些人员不从事直接的服务销售和服务提供；（2）该服务提供商主要在该国以外的其他缔约伙伴国境内进行商业活动，且在该国没有其他的商业存在模式。如越南、柬埔寨（包括公司内部调动人员）。

4. 董事。由服务提供主体股东委托的一个或一群人，最终掌控企业的发展方向，并在法庭内和/或法庭外代表企业承担法律责任。如印度尼西亚。

5. 商务代理。是指业务代表、旅行社职员或商务代表，寻求临时进入其境内商谈与其代表的企业或法人的有关活动事项，只要他们在其境内没有任何酬劳且没有为从事上述活动要求居留。如哥斯达黎加。

（四）自然人流动的规定方式

对于自然人流动的相关定义和承诺，各个中国服务贸易协议的规定方式不同，主要有五种方式：

1. 在协定正文中单列"商务人员临时入境"一章，又有附件补充、在水平承诺中附加具体条件。如中国—秘鲁自贸协定附件七《商务人员临时入境承诺》，秘鲁在其水平承诺表中附加了一些具体条件。

2. 在协定正文中单列"自然人移动"或"商务人员临时入境"一章，又有附件补充、在水平承诺中具体规定。如中国与新加坡、新西兰服务贸易协议：中国—新加坡自贸协定附件六《自然人临时入境承诺》，中国—新西兰自贸协定附件十《自然人临时入境承诺》、附件十一《自然人临时雇佣入境承诺》以及《签证便利化》。

3. 在协定正文中单设一节"商务人员临时入境"，又在水平承诺中具体规定，如中国—哥斯达黎加服务贸易协议。

4. 规定在水平承诺和附件中，例如，中国—智利自贸协定附件《商务人员临时入境》。

5. 规定在水平承诺的市场准入限制栏内，如中国与东盟、巴基斯坦服务贸易协议。例如：中国—东盟服务贸易协议的水平承诺市场准入限制栏中，中方承诺：

（1）对于在中华人民共和国领土内已设立代表处、分公司或子公司的一成员的公司的经理、高级管理人员和专家等高级雇员，作为公司内部的调任人员临时调动，应允许其入境，首期停留3年。

（2）对于被在中华人民共和国领土内的外商投资企业雇佣从事商业活动的WTO成员的公司的经理、高级管理人员和专家等高级雇员，应按有关合同条款规定给予其长期居留许可，或首期居留3年，以时间短者为准。

（3）服务销售人员。即不在中华人民共和国领土内常驻、不从在中国境内的来源获得报酬、从事与代表一服务提供者有关的活动、以就销售该提供者的服务进行谈判的人员，如：①此类销售不向公众直接进行，且②该销售人员不从事该项服务的供应，则该销售人员的入境期限为90日。

（4）合同服务提供者。为履行雇主从中国获取的服务合同，进入中国境内提供临时性服务的外国自然人。其雇主为在中国境内无商业存在的其他成员的公司/合伙人/企业。合同服务提供者在外期间报酬由雇主支付。合同服务提供者应具备与所提供服务相关的学历和技术（职业）资格。停留时间以合同期限为准，但最长不超过一年。在中国停留期间不得从事与合同无关的服务活动。合同服务提供者提供的服务仅限于以下部门：①会计服务。②医疗和牙医服务。③建筑设计服务。④工程服务。⑤城市规划服务（城市总体规划服务除外）。⑥计算机及其相关服务。⑦建筑及相关工程服务。⑧教育服务：合同服务提供者应具有学士或以上学位；有相应的专业职称或证书，且具有两年专业工作经验；与其雇主签订合同的中方合同主体应为具有教育服务职能的法人机构。⑨旅游服务。

（5）其他类别。机器设备配套维修和安装人员：为机器或工业设备提供配套安装或维修服务的技术人员。服务的提供需建立在机器或设备所有者向制造者支付费用或签有合同的基础上。合同双方均为法人。此类自然人入境停留时间以合同规定期限，但最长不得超过3个月。在中国停留期间不得从事与合同无关的服务活动。此类自然人应具备相应的技术（职业）资格。而东盟没有统一的承诺，而是10国分别承诺（参见第七章）。

在自然人流动方面，具有实质性内容的是：中国—新加坡服务贸易协议包括合同性服务提供者的劳动力流动性的内容，中国—新西兰服务贸易协议达成了较为全面的劳动力流动协定。此外，截至2009年，中国已经同包括英国、俄罗斯、约旦、马来西亚、韩国、毛里求斯、塞班岛、巴林、澳大利亚、阿联酋等十几个国家签订了双边劳动力合作协议。

表 3 - 1 中国服务贸易协议自然人流动比较表

自贸协定		商务访问者和销售人员(日)	公司内部的调动人员(+延长)(年)	独立的职业人员	合同服务提供者	机械设备配套维修和安装人员	负责设立商业存在的人员
中国—东盟	中国	90	3	—	1 年	90 日	—
	文莱	—	3+2	—	—	—	—
	柬埔寨	90	2+3				5 年
	印度尼西亚	60+60	2+4				
	老挝						
	马来西亚	90	5				
	缅甸	70	1,可延长				
	菲律宾						
	泰国	90+270	1+3	—	—	—	—
	越南	90	3,可延长	—	90 日		90 日
中国—巴基斯坦	中国	90	3		1 年	1 年	
	巴基斯坦	180	3,可延长	1	1	1	1
中国—智利	中国	90	3		1 年		
	智利		2+2				
中国—新西兰	中国	180	3			90 日	
	新西兰	90	3		3 年	90 日	
中国—新加坡	中国	180	3		1 年		
	新加坡	60	2		90 日		
中国—秘鲁	中国	180	3		1 年		
	秘鲁	180	1,可延长				
中国—哥斯达黎加	中国	90	3				
	哥斯达黎加		2				

中国是劳动力大国，推动自然人流动是发展国际服务贸易的一项内容，特别是在自贸区推动自然人流动，是建设自贸区的一个重要方面。中国应在自己具有特殊优势的行业、以国内标准为基础推动国际标准的建立，例如传统中医药、中餐厨师、普通话教师、武术指导等。此外，要努力在类型4（合同服务提供者）的员工的待遇方面与合作伙伴达成协议，这其中包括他们获取签证的权利、工作条件、社会保障缴费、失业补偿以及向国内汇款的权利等。

三、例外规定

（一）一般例外

1. 中国与东盟、巴基斯坦、智利、新西兰、新加坡、秘鲁、哥斯达黎加服务贸易协议一般规定，把 GATS 第 14 条（一般例外，包括其脚注）经必要修改后并入服务贸易协议，构成服务贸易协议的一部分。但中国与智利、新加坡服务贸易协议把 GATS 第 14 条（e）款内容排除在外。

2. 中国与新西兰、哥斯达黎加服务贸易协议规定，GATS 第 14 条第 2 项所指的措施可包括为保护人类、动物或植物的生命或健康所必需的环境措施，但这些措施的实施不应构成恣意或不合理的歧视手段，或对服务贸易或投资构成变相的限制。

（二）安全例外

中国与东盟、巴基斯坦、智利、新西兰、新加坡、秘鲁、哥斯达黎加服务贸易协议均把 GATS 第 14 条之二"安全例外"，经必要修改后并入服务贸易协议，构成服务贸易协议的一部分。但中国—东盟服务贸易协议增加 1 项内容：不得阻止"为保护关键的交通基础设施免受故意破坏，防止这些设施丧失或降低功能"而采取的行动；中国—新加坡服务贸易协议增加的内容更广泛，不得阻止"为保护关键的公共基础设施，包括重要通信设施免受故意破坏，防止这些设施丧失或降低功能"而采取的行动。

四、中国自贸协定服务贸易原产地规则

随着中国和其他国家或地区建立的自贸区不断完善和发展，服务贸易必将成为后起之秀，这时降低服务贸易壁垒就显得尤为重要，而对服务贸易原产地的判定也将成为制定各种相关政策的基石。

中国与中国香港、澳门和台湾三个单独关税区签订的服务贸易协议对服务贸易原产地的判断标准较为详细。而其他中国服务贸易协议对服务贸易原产地仅做了原则规定,即对法人的判断标准。法人是:1. 由一缔约方的个人所"拥有",如该方的人实际拥有的股本超过 50%;2. 由一缔约方的个人所"控制",如此类人拥有任命其大多数董事或以其他方式合法指导其活动的权力。中国与东盟、巴基斯坦、新加坡服务贸易协议,增加了一项判断标准,与另一缔约方具有"附属"关系,如该法人控制该另一人,或为该另一人所控制;或该法人和该另一人为同一人所控制。这种原则规定,实际操作起来难度很大,也使得服务贸易协议的"利益的拒绝给予"条款可能难以落到实处。服务贸易不同行业有着自身特点,难以制定相同的原产地标准。中国应借鉴北美自贸协定(NAFTA)的经验,根据国内服务业发展水平制定相应的原产地标准,以"所有权或控制权"标准为主,结合"增值百分比"标准,"雇用人员数量"标准等,促进中国服务业快速健康发展。

第二节　中国自由贸易协定服务贸易承诺表

一、服务贸易分类与承诺方式

中国自贸协定的服务贸易谈判与承诺基本上是按 WTO《服务贸易总协定》(GATS)的模式进行的,世界贸易组织把国际服务贸易分成 12 个大类,具体又分为 55 个部门 100 多个分部门、子部门及一些具体部门。中国在服务贸易协议中对服务的部门、分部门及子部门的承诺中,附带着联合国统计署1991 年《暂定产品总分类》(United Nations Provisional Central Product Classification, CPC)的对应数字编码。《暂定产品总分类》(CPC)的体系对服务的部门、分部门、子部门的归类与 GATS 的归类及描述不完全相同,又由于GATS 的分类不完备、具体,使得有些服务不好分类和排序。目前 CPC 体系中除了《暂定产品总分类》(CPC)外,还有《产品总分类》(CPC Ver. 1.0、CPC Ver. 1.1、CPC Ver. 2.0),共四个版本。中国服务贸易协议的有些承诺在GATS 和 CPC 均没有。这是国际服务贸易的发展,有些服务项目尚未列入《暂定产品总分类》(CPC)和 WTO《服务贸易总协定》(GATS)。

根据 WTO《服务贸易总协定》,中国在《中国加入世界贸易组织法律文件》附件 9 中承诺开放的服务贸易领域包括商务服务、通讯服务、建筑和相关工程服务、分销服务、教育服务、环境服务、金融服务、旅游和与旅游相关的服务、运输服务等 9 大类，而中国服务贸易协议则涉及了 GATS 的 12 大类，即还包括与健康相关的服务和社会服务，娱乐、文化和体育服务（视听服务除外），以及其他未包括的服务，都有一些部门或分部门对协定成员开放，不但超过了对 WTO 的承诺，也超出了 WTO 涵盖的服务。

在服务提供方式方面，中国服务贸易协议是根据 WTO《服务贸易总协定》的跨境交付、境外消费、商业存在、自然人流动四种方式进行谈判与承诺，但中国内地与港澳的 CEPA 只有商业存在一种提供方式的承诺。

WTO 服务贸易具体承诺方式有"肯定式列表"（即减让表对所包含的部门列出各成员愿意接受的实际市场准入和国民待遇承诺）和"否定式列表"（即减让表包括的措施是各成员想保持的与共同规则不一致的例外）以及"混合式列表"（即在部门中采用肯定列表，而在部门内的开放度上同时采用肯定式列表和否定式列表）。如果出现"除……之外，没有限制"，就表明这是一个贸易限制措施的否定列表；而如果出现"除……之外，不做承诺"，就表明这是一个市场开放减让的肯定列表。

服务贸易承诺表是成员谈判达成的结果。减让表包含三个方面的内容：第一，减让表中的承诺内容包括三部分：市场准入、国民待遇以及附加承诺。第二，承诺的方式包括两种："水平承诺"与"部门承诺"，水平承诺是指承诺减让表中适用于所有部门和活动的限制条件和措施，通常包括商业存在、投资、土地的购买使用、人员流动等方面的限制（在减让表中分为市场准入限制与国民待遇限制，以及其他承诺三栏）。部门承诺则针对具体分类的部门或活动。因此对承诺减让表的分析必须将两种承诺结合考虑。第三，在具体做出承诺时，成员对每一个服务部门或活动都按照 GATS 所定义的服务 4 种提供模式做出减让或约束。它是立体多维的，因此，这意味着即使按 GATS 所列的 154 个部门与分部门计算，一共有 $154 \times 4 = 616$ 个承诺，而由于承诺表中又进一步把承诺分为市场准入与国民待遇，因此对于每个成员而言，这将有 $616 \times 2 = 1\,232$ 种承诺情况。

对服务贸易的承诺表达方式包括"没有限制"、"不作承诺"、"有保留的承诺"和"未列入减让表"四种。"没有限制"是指对以某种方式提供服务的外国服务提供者不采取任何市场准入或国民待遇的限制，这意味着近乎完全的自由化。需要注意的是，如果对于某种提供方式在水平承诺中列明了限制措施，即使在部门承诺中"没有限制"，后者也被视为受到限制。"不作承诺"和"未列入减让表"说明不承担任何义务，保留充分的政策自由权。介于它们之间的是"有保留的承诺"，即详细列明对市场准入和国民待遇进行限制的具体内容及措施，其性质是不完全的自由化。它的一种特殊形式是"除水平承诺中的内容外，不作承诺"。可见，"没有限制"和"有保留的承诺"都是"约束承诺"，类似于 GATT 减让表中的"约束关税"。

在中国自贸协定中，亚太贸易协定属于局部自贸协定，尚不涉及服务贸易，内地与香港、内地与澳门的 CEPA，只有内地提供了内地对香港、澳门承诺表，而香港、澳门未提交承诺表。（两岸三地的关系比较特殊，其服务贸易承诺不在本章中论述）

中国服务贸易具体承诺方式在部门承诺上采取肯定列表，在开放水平采用 GATS 模式的混合列表。内地与港澳的 CEPA 在部门承诺与开放上采取肯定列表。

二、中国对服务贸易协议伙伴的水平承诺

（一）中国在服务贸易协议中的水平承诺与在 WTO 中的水平承诺

中国在服务贸易协议承诺减让表中，与中国加入 WTO 议定书附件 9《服务贸易具体承诺减让表》中的水平承诺方面大体一致，中国对协定伙伴的水平承诺主要有以下规定：

1. 在市场准入限制方面

（1）在商业存在方面

中国加入 WTO 承诺："在中国，外商投资企业包括外资企业（也称为"外商独资企业"）和合资企业，合资企业有两种类型：股权式合资企业和契约式合资企业。股权式合资企业中的外资比例不得少于该合资企业注册资本的 25%。由于关于外国企业分支机构的法律和法规正在制定中，因此对于外国企业在中国设立分支机构不做承诺，除非在具体分部门中另有标明。允许在中国设立外国企业的代表处，但代表处不得从事任何营利性活动，在 CPC861（法律服务）、会计、审计和簿记服务、税收服务、管理咨询服务部门具体承诺中的代表处除外。对于各合同协议或股权协议，或设立或批准现有外国服务提供者从事经营或提供服务的许可中所列所有权、经营和活动范围的条件，将不会使之比中国加入 WTO 之日时更具限制性。"

中国—新加坡服务贸易协议承诺与中国加入 WTO 承诺基本相同，但增加了"中国加入 WTO 之后所列的任何新部门和分部门，不受上一段的约束"的限制性规定。而其他服务贸易协议均没有规定"对于各合同协议或股权协议，

或设立或批准现有外国服务提供者从事经营或提供服务的许可中所列所有权、经营和活动范围的条件，将不会使之比中国加入 WTO 之日时更具限制性。"但应理解为，与中国签订服务贸易协议的 WTO 成员同样享受此待遇，而非 WTO 成员则不享受。

（2）在外商投资企业的土地使用方面

中国加入 WTO 承诺："中华人民共和国的土地归国家所有。企业和个人使用土地需遵守下列最长期限限制：A．居住目的为 70 年；B．工业目的为 50 年；C．教育、科学、文化、公共卫生和体育目的为 50 年；D．商业、旅游、娱乐目的为 40 年；E．综合利用或其他目的为 50 年。"但中国与东盟，内地与香港、澳门、台湾的相关协定中没有此规定。但也应理解为，与中国签订自贸协定的 WTO 成员同样享受此待遇，而非 WTO 成员则参照此规定个案处理。

（3）在自然人流动服务方面

中国加入 WTO 承诺："除与属下列类别的自然人的入境和临时居留有关的措施外，不做承诺：A．对于在中华人民共和国领土内已设立代表处、分公司或子公司的一 WTO 成员的公司的经理、高级管理人员和专家等高级雇员，作为公司内部的调任人员临时调动，应允许其入境首期停留 3 年；B．对于被在中华人民共和国领土内的外商投资企业雇佣从事商业活动的 WTO 成员的公司的经理、高级管理人员和专家等高级雇员，应按有关合同条款规定给予其长期居留许可，或首期居留 3 年，以时间短者为准；C．服务销售人员，即不在中华人民共和国领土内常驻、不从在中国境内的来源获得报酬、从事与代表一服务提供者有关的活动、以就销售该提供者的服务进行谈判的人员，如：a．此类销售不向公众直接进行，且 b．该销售人员不从事该项服务的供应，则该销售人员的入境期限为 90 天。"

中国在服务贸易协议中的承诺与中国加入 WTO 承诺基本相同，在个别协定中具体些。

2．在国民待遇限制方面

（1）在商业存在方面

中国加入 WTO 承诺："对于给予视听服务、空运服务和医疗服务部门中的国内服务提供者的所有现有补贴不做承诺。"中国与东盟、巴基斯坦、智利、新西兰、哥斯达黎加服务贸易协议均有此规定；中国—秘鲁服务贸易协议没有此规定；中国—新加坡服务贸易协议则规定"不做承诺"。

中国—东盟服务贸易协议在"国民待遇限制"栏内还规定了"对于中国入世后制定的给予任何新部门的和分部门中的国内服务提供者的所有补贴不

做承诺。"的内容。

中国—巴基斯坦服务贸易协议在"国民待遇限制"栏内规定"对在中巴自贸协定服务贸易协议承诺中列明的、并超出中国入世承诺的服务部门中的国内服务提供者的所有补贴不做承诺。对在中国—巴基斯坦服务贸易协议签署后,新的服务贸易谈判中所达成的服务部门或分部门的国内服务提供者的所有补贴不做承诺。"

中国—智利服务贸易协议在"国民待遇限制"栏内规定"对于中智自贸协定承诺中列明的服务部门中的国内服务提供者的所有现有补贴不做承诺。对于中智自贸协定签署后新的服务贸易谈判中达成的部门或分部门的国内服务提供者的所有补贴不做承诺。"

中国—哥斯达黎加服务贸易协议在"国民待遇限制"栏内规定"对于中国—哥斯达黎加服务贸易协议承诺中列明、并超出中国入世承诺的服务部门中的国内服务提供者的所有现有补贴不做承诺。对在中国—哥斯达黎加服务贸易协议签署后,新的服务贸易谈判中所达成的服务部门或分部门的国内服务提供者的所有补贴不做承诺。"

(2) 在自然人流动服务方面

中国加入 WTO 承诺:"除与市场准入栏中所指类别的自然人入境和临时居留有关的措施外,不做承诺"。中国与东盟、巴基斯坦、智利、哥斯达黎加服务贸易协议与之规定相同。而中国—秘鲁服务贸易协议规定"除商务人员临时入境章规定外,不做承诺";中国—新加坡服务贸易协议规定"不做承诺";中国—新西兰服务贸易协议则无此条款。

(二) 中国服务贸易协议中合作伙伴服务贸易水平承诺

由于合作伙伴较多,中国服务贸易协议中合作伙伴服务贸易水平承诺将在各协定所在章中分别介绍阐述(此略)。

三、中国对服务贸易协议伙伴的部门承诺

在中国服务贸易协议承诺减让表中,中国对各个服务贸易协议合作伙伴的具体承诺各不相同,与中国加入 WTO 议定书附件九《服务贸易具体承诺减让表》中的具体承诺也有差别,但对大部分协议伙伴在新增开放领域、放宽市场准入条件、取消股权限制、放宽经营范围、经营地域、降低注册资本、资质条件、简化审批程序等方面给予了一些超过中国加入 WTO 承诺的优惠。

（一）中国服务贸易协议具体承诺表的内容与对 WTO 承诺比较

具体承诺减让表是协定成员对其服务贸易做出具体承诺的记录，主要包括做出承诺的大类、部门或分部门、子部门，市场准入和国民待遇，以及除了市场准入和国民待遇之外的其他承诺。一般而言，一个成员只要将一个服务部门或分部门写入承诺表，就表明其将在该部门的服务贸易中履行市场准入和国民待遇的义务。但该成员可列明它根据国际服务贸易的四种提供方式给予市场准入和国民待遇的限制。对于做出此类承诺的部门，每一减让表应列明：（1）做出此类承诺的部门；（2）市场准入的条款、限制和条件；（3）国民待遇的条件和资格；（4）与附加承诺有关的承诺；（5）在适当时，实施此类承诺的时限。

服务贸易的自由化不仅涉及承诺开放的部门与分部门、子部门的数量，而且涉及服务开放的市场准入限制与国民待遇限制程度、四种服务提供方式，是极其复杂的。国内外一些学者在度量一成员服务贸易自由化的程度时采用"简单平均"和"加权平均"两种方法，本书只采用表面上承诺开放的部门与分部门、子部门的数量进行比较，即不完全的承诺、不完全的自由化。

1. 中国在各服务贸易协议中的承诺超过加入 WTO 承诺的主要部门与分部门

（1）超过对 WTO 承诺的大类

中国加入 WTO 时对"有关健康和社会服务（除专业服务中所列以外）"，"娱乐、文化和体育服务（视听服务除外）"，"其他未包括的服务"三大类没有做出承诺。但中国在服务贸易协议承诺对"有关健康和社会服务"大类中的一些部门和分部门向巴基斯坦、新加坡开放；承诺对"娱乐、文化和体育服务"中的一些部门和分部门向各协定伙伴开放。

（2）超过对 WTO 承诺的部门与分部门

中国加入 WTO 时，有些部门与分部门没有承诺开放，但对一些中国服务贸易协议伙伴开放，例如：

商务服务大类：研究与开发服务中的自然科学的研究和开发服务，对巴基斯坦、秘鲁等开放；其他商务服务中的有关管理的咨询服务（除建筑外的项目管理服务），对东盟、巴基斯坦、智利、新西兰、新加坡、秘鲁等开放；与采矿业有关的服务中的与采矿业有关的服务，对巴基斯坦、智利、秘鲁、哥斯达黎加等开放；安排和提供人员服务和建筑物清洁服务，对东盟、巴基斯坦、新加坡、秘鲁等开放。

运输服务大类：公路运输服务中的城市间定期旅客运输对东盟、巴基斯坦、新加坡、秘鲁开放；公路运输设备的维修和保养服务对东盟、巴基斯坦、新加坡、新西兰等开放。

（3）在服务提供方式中自由化程度超过对 WTO 承诺的部门与分部门

中国加入 WTO 承诺和中国服务贸易协议承诺中有些部门与分部门虽然均开放，但在服务提供方式中自由化程度超过了在 WTO 中的承诺。例如，在商务服务中的计算机服务——软件实施服务的商业存在，中国加入 WTO 时承诺"仅限于合资企业形式，允许外资拥有多数股权"，而在中国—新加坡服务贸易协议承诺"将允许设立外商独资企业"。又如，笔译与口译服务的商业存在，中国加入 WTO 承诺规定"仅限于合资企业形式，允许外资拥有多数股权"，而中国—秘鲁服务贸易协议规定"允许设立外商独资企业"。

2. 中国在各服务贸易协议中低于对 WTO 承诺的主要部门与分部门

（1）低于对 WTO 承诺的大类

中国在加入 WTO 时承诺的大类中，未向服务贸易协议伙伴承诺的有：

金融服务：未向智利、哥斯达黎加承诺；

电讯服务：未向智利承诺；

（2）低于对 WTO 承诺的部门与分部门

商务服务大类中的无操作员的租赁服务（干租服务）：未向智利开放；

电讯服务大类中的速递服务：未向智利承诺；

分销服务大类中的无固定地点的批发或零售服务：未向智利承诺；

旅游和与旅行相关的服务大类中的饭店和餐饮服务（包括餐饮）：未向巴基斯坦承诺。

运输服务大类中的海运、内水、铁路、公路运输服务：未向智利承诺。

此外，"非银行金融机构从事汽车消费信贷"，在 WTO 的分类中没有此服务部门，中国在加入 WTO 时承诺了，在服务贸易协议谈判中，只对东盟、巴基斯坦、新西兰、新加坡和秘鲁承诺，而未对其他协定伙伴承诺。

（3）在服务提供方式中自由化程度低于对 WTO 承诺的分部门与子部门

中国加入 WTO 承诺和中国服务贸易协议有些部门与分部门虽然均开放，但在服务提供方式中自由化程度低于在 WTO 中的承诺。

（二）中国在服务贸易协议对伙伴开放的情况

1. 中国对服务贸易协议伙伴最开放的服务类别

按照大类中的各个部门与分部门的承诺看，环境服务和建筑服务两大类是最开放的大类。

如果按 12 大类的承诺对外开放的协定统计，中国最开放的服务贸易大类依次是：

（1）环境服务（7 个），而且每个部门和分部门都列入 7 个服务贸易协议。

（2）建筑服务（7 个），而且每个部门和分部门都列入 7 个服务贸易协议。

（3）商务服务（7 个），所有 7 个服务贸易协议都把其中的一些部门和分部门列入开放的承诺。

（4）运输服务（7 个），所有 7 个服务贸易协议都把其中的一些部门和分部门列入开放的承诺。

（5）旅游和与旅行相关的服务（7 个）。

（6）分销服务（7 个）。

（7）教育服务（7 个）。

（8）娱乐、文化和体育服务（7 个），虽然中国加入 WTO 没有承诺，但其中的体育和其它娱乐服务对大部分中国服务贸易协议伙伴承诺了。

（9）通讯服务（6 个），但未列入中国—智利服务贸易协议。

（10）金融服务（5 个），但未列入中国与智利、哥斯达黎加服务贸易协议。

（11）有关健康和社会服务（2 个），中国加入 WTO 没有承诺，但对新加坡、巴基斯坦开放一些部门，主要是医院服务。

（12）其他未包括的服务（2 个），内地只对香港、澳门承诺开放 5 个分部门。

2. 中国承诺开放最多的服务贸易协议

（1）如果按 12 大类简单数量统计，中国承诺开放最多的服务贸易协议依次是：

中国—巴基斯坦、中国—新加坡服务贸易协议（11 大类），除了其他未包括的服务，均有承诺。

中国—东盟、中国—新西兰、中国—秘鲁服务贸易协议（10 大类），除了有关健康和社会服务、其他未包括的服务，均有承诺。

中国—哥斯达黎加服务贸易协议（9 大类），除了金融、有关健康和社会服务、其他未包括的服务，均有承诺。

中国—智利服务贸易协议（8 大类），除了通讯、金融、有关健康和社会服务、其他未包括的服务，均有承诺。

（2）按照各单项数量（不分部门与分部门的级别）计算，中国对外承诺最多的国家依次是：新加坡 132 个、东盟 10 国 130 个、巴基斯坦 126 个、秘鲁 123 个、新西兰 118 个、哥斯达黎加 104 个、智利 56 个。

3. 中国在服务贸易协议中承诺了 WTO 分类中没有的服务活动

中国除了在加入 WTO 时及在服务贸易协议中承诺了 WTO 分类及《暂定产品总分类》（CPC）中没有的服务活动——"无固定地点的批发或零售服务"、"非银行金融机构从事汽车消费信贷"外，在中国服务贸易协议中又新承诺了在 WTO 的分类中没有的服务部门：

表 3－2　　　　　　　　中国服务贸易协议部门承诺比较

单位：个

自贸协定		中国承诺数		中国承诺排名（按部门与分部门）	对方承诺数		对方承诺排名（按部门与分部门）
		大类	部门与分部门		大类	部门与分部门	
中国—东盟	文莱	10	130	2	5	30	13
	柬埔寨	10	130	2	11	110	5
	印度尼西亚	10	130	2	5	30	13
	老挝	10	130	2	2	20	14
	马来西亚	10	130	2	10	104	6
	缅甸	10	130	2	7	32	12
	菲律宾	10	130	2	8	77	10
	新加坡	10	130	2	12	151	1
	泰国	10	130	2	10	122	3
	越南	10	130	2	11	121	4
中国—巴基斯坦		11	126	3	11	100	8
中国—智利		8	56	7	8	75	11
中国—新西兰		10	118	5	9	101	7
中国—新加坡		11	132	1	12	151	1
中国—秘鲁		10	123	4	10	125	2
中国—哥斯达黎加		9	104	6	9	83	9

对智利等国承诺：运输服务大类中的空运服务的销售与营销、机场地面服务、通用航空服务等。

对东盟承诺了商务服务大类中机动车租赁服务等。

4. 中国未向自贸协定伙伴开放的服务部门

中国已对 WTO 分类的 12 个大类除未包括的服务外，都有对服务贸易协议伙伴开放的部门与分部门，只有少量的属于敏感的部门与分部门尚未开放，主要有：

商务服务大类中的计算机及相关服务中的数据库服务；研究和开发服务中的社会科学与人文科学的研究和开发服务；其他商务服务中的调查与保安服务。

通讯服务大类中的邮政服务；视听服务中的广播和电视服务。

有关健康和社会服务的其他人类健康服务、社会服务。

娱乐、文化和体育服务大类中的新闻机构服务。

运输服务大类中的海运服务中的配船员的船舶租赁、船舶维修和保养；内水运输的客运服务；空运服务中的客运服务、货运服务；铁路运输服务中的客运服务、推车和拖车服务、铁路运输设备的维修和保养服务、铁路运输的支持服务；航天运输服务；管道运输服务。

四、协议伙伴对中国的部门承诺

1. 协议伙伴对中国最开放的服务类别

7 个协议的伙伴中对中国最开放的服务类别依次是：

商务服务。7 个协议的伙伴：东盟（部分国家）、巴基斯坦、智利、新西兰、新加坡、秘鲁、哥斯达黎加。

通讯服务。7 个协议的伙伴：东盟（部分国家）、巴基斯坦、智利、新西兰、新加坡、秘鲁、哥斯达黎加。

运输服务。7 个协议的伙伴：东盟（部分国家）、巴基斯坦、智利、新西兰、新加坡、秘鲁、哥斯达黎加。

分销服务。7 个协议的伙伴：东盟（部分国家）、巴基斯坦、智利、新西兰、新加坡、秘鲁、哥斯达黎加。

教育服务。7 个协议的伙伴：东盟（部分国家）、巴基斯坦、智利、新西兰、新加坡、秘鲁、哥斯达黎加。

环境服务。7 个协议的伙伴：东盟（部分国家）、巴基斯坦、智利、新西兰、新加坡、秘鲁、哥斯达黎加。

旅游服务。7 个协议的伙伴：东盟（部分国家）、巴基斯坦、智利、新西兰、新加坡、秘鲁、哥斯达黎加。

娱乐服务。6 个协议的伙伴：东盟（部分国家）、巴基斯坦、智利、新加坡、秘鲁、哥斯达黎加。

建筑服务。6 个协议的伙伴：东盟（部分国家）、巴基斯坦、新西兰、新加坡、秘鲁、哥斯达黎加。

金融服务。5 个协议的伙伴：东盟（部分国家）、巴基斯坦、新西兰、新加坡、秘鲁。

健康服务。3 个协议的伙伴：东盟（部分国家）、巴基斯坦、新加坡。

其他未包括的服务。2 个协定：东盟（部分国家）、新加坡。

2. 对中国最开放、最多服务类别的协议伙伴

对中国最开放、最多服务类别协议的伙伴依次是：

新加坡，所有 12 大类均有部门或分部门对中国开放，承诺 151 个。

东盟（10 国累计），所有 12 大类均有部门或分部门对中国开放。

秘鲁，除"健康服务"、"其他未包括的服务"外，在 10 大类中的部门或分部门对中国开放，承诺 125 个。

新西兰，除"健康服务"、"娱乐服务"、"其他未包括的服务"外，承诺 9 大类中的部门或分部门对中国开放，承诺 101 个。

巴基斯坦，除"其他未包括的服务"外，承诺 11 大类中的部门或分部门对中国开放，承诺 100 个。

哥斯达黎加，除"金融服务"、"健康服务"、"其他未包括的服务"外，承诺 9 大类中的部门或分部门对中国开放，承诺 83 个。

智利，除"金融服务"、"建筑服务"、"健康服务"、"其他未包括的服务"外，承诺 8 大类中的部门或分部门对中国开放，承诺 75 个。

3. 协议伙伴承诺对中国开放 WTO 分类中没有的服务活动

中国—东盟服务贸易协议的菲律宾对中国承诺开放"能源服务"，菲律宾、马来西亚对中国承诺开放"专业会议组织"、"会展中心服务"、"主题公园"服务，越南开放"卫星服务"、"网络接入服务"等；新加坡对中国承诺开放"软件开发"、"洗涤、清洗和染色服务"等；智利对中国承诺开放"机场管理服务"、"通用航空服务"等。

（详见附录 1～8，中国入世，中国自贸协定服务贸易承诺对照表）。

五、中国服务贸易协议部门承诺存在的问题

（一）GATS 把服务贸易分类与联合国《暂定产品总分类》（CPC）对应问题

1. 分类不对应

目前，GATS 把服务贸易分为 12 大类，而联合国《暂定产品总分类》把服务贸易分为 5 大类（即第 5～9 是对服务的描述）。《暂定产品总分类》的编码办法是分层法和纯粹的十进制，分为 5 级。而 GATS 对服务贸易分类最粗的

分为2级（教育服务），最细的分成4级（通讯服务、金融服务中一些部门。本书把其称为：大类、部门、分部门、子部门）。两者不仅大类不对应，而且分类与分级的标准也是不同的。例如：

某项服务活动在 GATS 是甲类，而在 CPC 可能是乙类，在部门与分部门也是如此。例如，"医疗和牙医服务"，在 CPC 是社区、社会及个人服务部门内（CPC9312），在 GATS 是商务服务大类中的专业服务。

有的在 GATS 是上一级，而在 CPC 可能是下一级，甚至是隔级。例如，"其他运输设备租赁"，在 GATS 是第三级，而在 CPC 是在"次级"上（CPC83101 + 83102 + 83105）。

有的在 CPC 是上一级，在 GATS 可能是下一级，甚至是隔级。例如，"个人和家用物品修理服务"在 CPC 是在"类"（CPC63），在 GATS 是第四级。

有的在 GATS 是几个部门，而在 CPC 可能合并成1个部门。例如，建筑和相关工程服务大类中的"预制构件的组装和装配服务"（CPC514）与"安装工程"（CPC516），而在 GATS 中是在"安装和组装工作"的下级。有的在 GATS 是1个部门，而在 CPC 可能几个部门，例如，"设备的维修和保养服务"（633 + 8861 - 8866）。

2. 分类没有涵盖现有的服务

GATS 只有154个部门与分部门，远远不能涵盖现有的服务贸易的部门与分部门，CPC 也没有把许多新产生的服务活动包括进去。因此，在中国服务贸易协议部门承诺中用 CPC 来描述，就存在与 GATS 分类如何对应问题；中国服务贸易协议承诺表列出的部门已超过了 GATS 和 CPC 的服务部门，出现一些服务部门无法对号入座的问题，例如"信息技术服务"。

（二）中国服务贸易协议部门分类与 GATS 分类不对应

中国服务贸易协议部门承诺中有的分类与 GATS 分类不对应，有两种情况：

一是：例如，中国对协议伙伴承诺，按 GATS 分类，把专业医疗服务 HEALTHCARE SERVICES（CPC93123）分在商务服务大类中的专业服务部门中，而缅甸对中国承诺则把其分在健康服务中。

二是：例如，新西兰对中国服务贸易承诺表的环境服务中分为：C. 环境大气与气候保护（CPC9404＊＊），D. 水和土壤修复与清洁（CPC9406＊＊），E. 噪音与震动消除（CPC9405＊＊），F. 生物多样性和景观保护（CPC9405＊＊），G. 其他环境及附属服务（包括室内环境服务）（CPC9409＊＊），而 GATS 分类把这些服务都放在"D. 其他"。

中国—新加坡服务贸易承诺中，新加坡把通讯服务大类中"电信服务"分成 4 个子部门：基础电信服务、移动服务、基于转售、增值网络服务。

此外，在部门与分部门的顺序方面，有的按 GATS，有的按联合国《暂定产品总分类》排序，把没有承诺的顺序号跳过，有的则按阿拉伯数字或英文字母排序，看不出其中的某部门或分部门有没有承诺；有的用中文写明，而有的则仅用 CPC 的编号。因此，在查询承诺减让表时要十分注意。

（三）中国服务贸易协议部门承诺交错采用部门一揽子承诺和分部门逐项承诺

中国在同一服务贸易协议或不同服务贸易协议的部门承诺交错采用肯定列表和混合列表，中国和协议伙伴在同一协议中也同时交错采用肯定列表和混合列表。

有的在部门承诺了，在分部门、子部门也承诺，例如，中国加入 WTO 承诺表中"软件实施服务"；有的在部门承诺了，未列分部门、子部门，例如，中方在中国—新西兰服务贸易承诺表中"软件实施服务"；有的在分部门、子部门承诺了，而在部门没有承诺，例如中方在中国—新西兰服务贸易承诺表中"体育和其他娱乐服务"。即使在同一协议的中国和伙伴的承诺也存在此类情况。（详见附录 1~8，中国入世、中国自贸协定服务贸易承诺对照表）

此外，在同一服务部门，中国和合作伙伴分别采用肯定列表的一揽子承诺和逐项承诺，例如，中国—哥斯达黎加服务贸易承诺，中国在通讯服务大类中的"电信服务"承诺中采用肯定列表的逐项承诺，哥斯达黎加采用肯定列表的一揽子承诺。

（四）中国服务贸易协议对分部门或子部门分类或描述不一致

例如，中国加入 WTO 承诺、中国与新加坡、巴基斯坦服务贸易协议中描述的"装卸服务"（CPC741），而在中国与新西兰、秘鲁、哥斯达黎加服务贸易协议中则描述为海运装卸服务（CPC741）。

又如，中国加入 WTO 承诺、中国与巴基斯坦、新西兰、新加坡、秘鲁、哥斯达黎加服务贸易协议，对汽车的保养和修理服务（CPC6112）承诺开放，而中国与东盟、巴基斯坦、新西兰、新加坡服务贸易协议，对运输服务中的机动车维修和保养服务（CPC61120）承诺开放。

有的分部门或子部门的文字描述相同，但标注的 CPC 编码不同。

此类情况有的可能是翻译造成的，也可能是各国的习惯用法，或本身包括有不同内容。

（五）子部门的分类不在同一部门或分部门中

各协议中的一些子部门的分类不在同一部门或分部门中，例如，运输服务：运输方式的辅助服务中的具体子部门有的放在所有运输方式的辅助服务中，有的放在海运服务中。

上述诸多的不一致，困惑着实践者或研究者，也给各协议的部门承诺统计与比较研究带来很多困难，使准确性受到一定影响，所以本书的统计分析与比较也是大体的。

中国服务贸易协议在服务贸易开放方面，对各缔约方之间差别较大。中国促进服务贸易发展的关键在于给服务业的投资和创新提供更有吸引力的商业环境，包括完善竞争政策、加强知识产权保护、开放市场准入，保证监管体系的透明度和有技能的劳动力的充足供给。

小资料：

一、柬埔寨经济贸易概况

柬埔寨王国（Cambodia），位于亚洲，国土面积18.1万平方公里，截至2011年7月1日，柬埔寨人口总数约为4 834万人。柬埔寨是传统农业国，工业基础薄弱，属世界上最不发达国家之一，贫困人口占总人口28%。

柬埔寨主要出口市场为美国、欧盟，柬埔寨工业产业结构近年来无明显变化和改进。2010年，作为出口的支柱产品，成衣出口金额达36.6亿美元，占当年出口总量的84%。此外，水产、橡胶及木制品也有少量出口。柬埔寨主要出口地为：美国、中国香港、德国、英国、加拿大、新加坡、日本、法国、越南和西班牙。柬埔寨主要进口来源地为东盟和东亚国家，主要进口的商品为纺织原辅料、燃油、汽车车辆、建材、药品及器皿以及各类常用化工品。

2010年，柬埔寨国内生产总值（GDP）113.43亿美元，人均GDP 795美元。货物贸易进出口总额为125.30亿美元，其中出口额50.30亿美元，进口额75.00亿美元，占全球货物贸易出口总额比重0.03%，进口总额比重0.05%，是世界货物贸易出口第104位和进口第101位，服务贸易出口额16.71亿美元，服务贸易进口额10.82亿美元，占全球服务贸易出口总额比重0.05%，进口总额比重0.03%，是世界服务贸易出口第96位，进口第120位。2008—2010年，人均贸易额984美元，贸易占GDP的比例128.3%。2008年关税总水平14.2%。2010年中国与柬埔寨货物贸易总额14.41亿美元，中国出口额13.48亿美元，中国进口额0.94亿美元。

2004 年 10 月 13 日柬埔寨加入世界贸易组织，柬埔寨是 1995 年世界贸易组织成立以来（不含服务贸易协议），第一个以最不发达国家的身份加入 WTO 的国家。目前，柬埔寨参加的区域贸易协定 6 个，协定伙伴 15 个（含不同协定相同国家），包括：东盟自贸区、中国—东盟自贸协定、日本—东盟自贸协定、韩国—东盟自贸协定、澳大利亚—新西兰—东盟自贸协定、印度—东盟自贸协定。

二、印度尼西亚经济贸易概况

印度尼西亚共和国，简称印度尼西亚或印尼（Indonesia），位于亚洲，国土面积 190.5 万平方公里，海洋面积 3 166 163 平方公里。截至 2011 年 7 月 1 日，印度尼西亚总人口数约为 24 233 万人，约 87% 的居民信奉伊斯兰教，是世界上穆斯林人口最多的国家。

印度尼西亚主要进口产品有：机械运输设备、制成品、化工产品、原材料、燃油、食品、发电设备、钢铁等；主要出口产品有：石油、天然气、胶合板、纺织品和成衣、鞋、铜、煤、纸浆和纸制品、鲜冻虾、电器、棕榈油等，其中油气出口占据重要地位。印度尼西亚的主要贸易伙伴是中国、日本、新加坡、美国、马来西亚等。

2010 年，印度尼西亚国内生产总值（GDP）7 065.58 亿美元，人均 GDP 2 963 美元。货物贸易进出口总额为 2 895.55 亿美元，其中出口额 1 578.18 亿美元，进口额 1 317.37 亿美元，占全球货物贸易出口总额比重 1.04%，进口总额比重 0.86%，关税总水平 6.8%，是世界货物贸易出口第 27 位和进口第 29 位。2010 年服务贸易出口 162.34 亿美元，服务进口额 257.90 亿美元，占全球服务贸易出口总额比重 0.44%，进口总额比重 0.73%，是世界服务贸易出口第 40 位，进口第 32 位。2008—2010 年，人均贸易额 1 222 美元，贸易占 GDP 的比例 49.6%。2010 年中国与印度尼西亚货物贸易总额 427.5 亿美元，中国出口额 219.7 亿美元，中国进口额 207.8 亿美元。

1995 年 1 月 1 日，印度尼西亚加入世界贸易组织。目前，印度尼西亚参加的区域贸易协定 7 个（不含服务贸易协议），协定伙伴 58 个（含不同协定相同国家），包括：全球发展中国家间贸易优惠制、东盟自贸协定、中国—东盟自贸协定、日本—东盟自贸协定、韩国—东盟自贸协定、澳大利亚—新西兰—东盟自贸协定、印度—东盟自贸协定，并且与日本等国签署了双边自贸协定，正在与之谈判的有欧洲自由贸易联盟。

第四章　中国自由贸易协定的投资、经济合作与管理机制

第一节　中国自由贸易协定的投资规定

中国自贸协定有关投资的内容存在几种情形：中国与巴基斯坦、新西兰、秘鲁自贸协定是把货物贸易与投资的内容同时谈判，在一个协定中作为一章同时签署；中国与东盟是先后单独谈判签订投资协议，中国—新加坡自贸协定规定，把中国—东盟的投资协议经必要修改后纳入中国—新加坡自贸协定，成为该协定的一部分；中国—哥斯达黎加自贸协定规定两国的投资协议是履行2007年10月24日签署的《中国和哥斯达黎加投资促进和保护协定》；中国—智利自贸协定，在第13章合作（第112条）中规定了促进投资的条款，投资协议仍在谈判中。海峡两岸ECFA的投资协议正在谈判中；内地与港澳CEPA把投资规定在"贸易投资便利化"一章中。因此，本节阐述的只是中国与东盟、巴基斯坦、新西兰、秘鲁自贸协定的投资协议的内容。

中国自贸协定的投资协议或自贸协定的投资章节（以下统称"中国投资协议"）通常规定投资者的实体性权利，一般包括：定义与范围、目标、国民待遇与最惠国待遇、不符措施、转移、公平和公正待遇、损失补偿、征收、透明度、代位、利益的拒绝给予、投资者与国家争端解决等条款。

一、投资协议的目标与适用范围

为促进自贸区的投资，中国与东盟、新西兰投资协议规定了投资协议的目标。中国与巴基斯坦、秘鲁自贸协定投资协议没有关于投资目标的条款。中国与东盟、巴基斯坦、新西兰、秘鲁投资协议规定，投资是指一方投资者根据另一成员相关法律、法规和政策在后者境内投入的各种资产。四个协议的具体表述基本相似。对投资主体，各协议也做了定义。

中国与东盟、新西兰、秘鲁有关投资协议的规定适用于一方采取或维持与另一方投资者及其投资相关的措施。投资协议一般不适用于一方采取或维持的影响服务贸易的措施，而按服务贸易的协议执行，但有些条款可以适用于以商业存在形式提供的服务贸易。中国—巴基斯坦的投资协议没有投资措施的适用范围（及不适用范围）的条款。

二、投资的待遇

投资待遇主要包括国民待遇和最惠国待遇。中国—东盟投资协议规定了投资待遇、国民待遇和最惠国待遇三个条款。

中国投资协议的国民待遇和最惠国待遇分成 2 个条款，而中国—巴基斯坦投资协议合并在"投资待遇"一条中。

投资的最惠国待遇是指东道国给予外国投资者的待遇不低于其已经给予或者将要给予第三国投资者的待遇。最惠国待遇的例外主要有，自贸区的最惠国待遇和保护不包括另一方根据自贸协定、关税同盟、经济联盟、避免双重征税协定或便利边境贸易的协定，给予第三国投资者的投资的优惠待遇。

国民待遇是国际投资中的一项重要的待遇制度。在外国投资领域给予国民待遇，意味着外国投资者在一国的投资，能够与本国人在同等经济条件下进行竞争和取得利益。按照国际法原则，给予国民待遇及程度，并非各国的一项绝对的国际义务，是否能够取得国民待遇，依赖于国家间的协议。通过国家间的协议，确定国家间相互给予国际投资者及其投资在哪些方面享有国民待遇等。投资协议规定的国民待遇并非要求绝对等同于本国人的待遇，而是要求在同等条件下，不低于给予其本国投资者及其投资的待遇，即一方面，其规定的国民待遇是作为一个底线标准对待的；另一方面，在适用国民待遇范围内，不限制缔约方给予国外投资者高于本国投资者的待遇。当然，也有例外或保留。

中国与东盟、秘鲁、新西兰投资协议规定了各缔约方都应根据国际法惯例给予另一缔约方的投资者在其领土内的投资以公平公正待遇和全面的保护和安全的条款，虽然具体内容不完全相同。中国—巴基斯坦投资协议则在"投资待遇"和"投资的促进和保护"中做出规定。

三、与国民待遇不符措施的处理

中国—东盟投资协议规定，投资协议的国民待遇和最惠国待遇条款不适用于：任何在其境内现存的或新增的不符措施及其延续或修改，而中国与新西兰、秘鲁投资协议规定强调，"只要与修改前的义务相比，该修改未增加该措施的不符之处"。中国—新西兰投资协议还规定，投资协议的国民待遇不适用于任何不在其现存双边投资协议国民待遇义务范围内的措施。中国—巴基斯坦投资协议没有不符措施的条款规定。

四、投资与收益的转移

中国投资协议规定，各缔约方应当保证另一缔约方投资者转移在其领土内的投资和收益，包括：1. 利润、股息、利息及其他合法收入；2. 全部或部分投资清算获得的款项；3. 与投资有关的贷款协议的支付款项；4. 提成费；5. 技术援助款项或技术服务费、管理费的支付；6. 与投资有关的承包工程的支付、与合同项目有关的款项；7. 在一缔约方的领土内从事与投资有关工作的另一缔约方国民的收入；8. 征收和损失的补偿中规定的补偿及其他支付的自由转移；9. 与该投资有关的外国员工的收入和其他报酬。上述转移，应当以一种自由使用的货币按照转移当日接受投资一方主要市场汇率进行。

中国投资协议还规定了可以阻止转移的条件；中国与东盟、新西兰的投资协议规定了有关转移的手续、程序及外汇管理方面的要求。中国—巴基斯坦投资协议没有可以阻止转移的规定。

五、投资损失的补偿

中国投资协议有关投资损失的补偿的规定基本一致：一缔约方的投资者在另一缔约方境内的投资，如果由于战争、其他武装冲突、全国紧急状态、起义、暴乱或其他类似事件，另一缔约方给予其在恢复原状、赔偿、补偿或其他处理方面的待遇，不应低于其给予本国或任何第三国投资者的待遇中较优者。

六、投资的征收

中国投资协议一般规定，任何缔约方不得直接地，或者通过与征收、国有化相当的措施间接地征收或国有化另一缔约方投资者在其领土内的投资，除非同时满足下述条件：1. 为公共利益；2. 依照国内法律程序；3. 无歧视；4. 给予补偿。但补偿额应相当于被征收投资在征收前一刻（"征收日"）的公平市场价值，包括利息，并且是可兑换和自由汇出的。补偿的支付不得被不合理拖延。四个协议的主要内容相似，具体条款则有些差异。

七、担保或保险合同的代位

中国投资协议规定，如果一缔约方或其指定的机构，根据其对非商业风险的一项担保或保险合同，就在另一缔约方领土内的某项投资向投资者作了支付的，另一缔约方应认可：1. 该投资者的权利或请求权依照前一缔约方的法律或法律程序，转让给了前一缔约方或其指定机构；2. 前一缔约方或其指定机构在与投资者同等的范围内，代位行使该投资者的权利和执行该投资者的请求权，并承担其与投资相关的义务。代位权利或要求权不应超过投资者的原始权利或要求权。

八、投资利益的拒绝给予

中国与东盟、新西兰、秘鲁投资协议规定了投资利益的拒绝给予条款，即经事先通知及磋商，一缔约方可拒绝将协定的利益给予：另一缔约方投资者，如果该投资是由非缔约方的人拥有或控制的企业进行的，且该企业在另一缔约方境内未从事实质性商业经营；另一缔约方投资者，如果该投资是由拒绝给予利益缔约方的人拥有或控制的企业进行的。在中国—东盟投资协议中，泰国、菲律宾对此做了更具体的规定。中国—巴基斯坦投资协议没有此条规定。

九、投资的促进和便利化

中国—东盟投资协议规定了"投资促进"和"投资便利化"两个条款，中国—巴基斯坦投资协议规定了"投资促进"，中国—新西兰投资协议规定了"投资促进与便利化"，中国—秘鲁投资协议规定了"投资促进"的条款。

十、其他义务

中国与东盟、巴基斯坦、秘鲁投资协议规定了其他义务的条款，"如果一缔约方的立法或缔约双方之间现存或其后设立的国际义务使一缔约方投资者的投资享受比本协定规定的更优惠待遇的地位，该地位不受本协定的影响。"此外，中国与东盟、巴基斯坦、秘鲁投资协议要求，缔约任何一方应恪守其与缔约另一方投资者就投资所做出的承诺。中国—新西兰投资协议无此条款。

十一、其他条款

四个投资协议均规定了投资争端解决的条款（将在第六章阐述）。

中国—东盟投资协议还规定了一般例外、安全例外、国际收支平衡保障措施、透明度、机制安排、与其他协议的关系、一般审议等条款。

中国—巴基斯坦投资协议规定了磋商等条款。

中国—新西兰投资协议规定了业绩要求、透明度、联系点、投资委员会等条款。

　　中国—秘鲁投资协议规定了磋商、重大安全、税收措施等条款。

表 4 - 1　　　　　　　　各自贸协定投资条款对照表

条　款	含有该条款的自贸协定
定义	中国与东盟、巴基斯坦、新西兰、秘鲁
范围	中国与东盟、新西兰、秘鲁
目标	中国与东盟、新西兰
国民待遇	中国与东盟、巴基斯坦、新西兰、秘鲁
最惠国待遇	中国与东盟、巴基斯坦、新西兰、秘鲁
不符措施	中国与东盟、新西兰、秘鲁
转移	中国与东盟、巴基斯坦、新西兰、秘鲁
公平和公正待遇	中国与东盟、巴基斯坦、新西兰、秘鲁
损失补偿	中国与东盟、巴基斯坦、新西兰、秘鲁
征收	中国与东盟、巴基斯坦、新西兰、秘鲁
代位	中国与东盟、巴基斯坦、新西兰、秘鲁
利益的拒绝给予	中国与东盟、新西兰、秘鲁
投资的促进与保护	中国与东盟、巴基斯坦、新西兰、秘鲁
投资便利化	中国与东盟、新西兰
投资者与国家争端解决	中国与东盟、巴基斯坦、新西兰、秘鲁
缔约方间的争端解决	中国与东盟、巴基斯坦、秘鲁
其他义务	中国与东盟、巴基斯坦、秘鲁
一般例外、安全例外	中国—东盟
重大安全	中国—秘鲁
磋商	中国与巴基斯坦、秘鲁
国际收支平衡保障措施	中国—东盟
税收措施	中国—秘鲁
业绩要求	中国—新西兰
一般审议	中国—东盟
与其他协议的关系	中国—东盟
透明度	中国与东盟、新西兰
机制安排，投资委员会	中国与东盟、新西兰
联系点	中国—新西兰

第二节　中国自由贸易协定其他领域的合作

一、合作

合作是指在自贸区内各缔约方除开展货物贸易、服务贸易、投资之外的合作行为。这些合作活动涉及许多领域，范围广，合作的项目内容多，而且，各个协定在其他经济合作领域合作的具体项目也有所不同，这些差别，主要在于各缔约方的国情不同，合作的要求、目的不同。

中国与东盟、智利、新西兰、新加坡、秘鲁、哥斯达黎加自贸协定，以及内地与香港澳门 CEPA、海峡两岸 ECFA 含有经济合作章节或条款，中国—巴基斯坦自贸协定没有经济合作章节，但在 2006 年 2 月 20 日签订的《中国与巴基斯坦关于扩大和深化双边经济贸易合作的框架协定》做了一些规定。

（一）中国—东盟的经济合作内容

中国—东盟全面经济合作框架协议第二部分第 7 条"其他经济合作领域"规定了各缔约方在下列五个优先领域加强合作：1. 农业；2. 信息及通讯技术；3. 人力资源开发；4. 投资；5. 湄公河盆地的开发，并同意合作应扩展到其他领域，包括但不限于银行、金融、旅游、工业合作、交通、电信、知识产权、中小企业、环境、生物技术、渔业、林业及林业产品、矿业、能源及次区域开发等。

中国与东盟加强合作的措施应包括但不应仅限于：1. 推动和便利货物贸易、服务贸易及投资，如（1）标准及一致化评定；（2）技术性贸易壁垒和非关税措施；（3）海关合作。2. 提高中小企业竞争力；3. 促进电子商务；4. 能力建设；5. 技术转让。各缔约方同意实施能力建设计划以及实行技术援助，特别是针对东盟新成员国，以调整它们的经济结构，扩大它们与中国的贸易与投资。

中国—东盟货物贸易协议第 2 条"全面经济合作措施"规定，在各缔约方相互同意的、对深化各缔约方贸易和投资联系有补充作用的领域扩大经济合作，编制行动计划和项目以实施在商定部门/领域的合作。

中国政府支持本国企业到东盟国家建立若干经济贸易合作区，推动集群式投资，发展地区经济，进一步加强农业、资源开发利用和新兴产业等方面的投资合作，更多地关注民生工程建设，以投资带贸易促发展，实现互利共赢。此外，中国与东盟可以开展次区域合作，发挥地缘优势，有针对性地推动地区发展。中国企业积极参与东盟东部增长区、大湄公河、泛北部湾等次区域合作，可以使其成为双方经贸合作的新亮点。中国—东盟自贸协定对经济合作的规定虽然很简单，但实际已做了大量工作。如中国—东盟博览会暨中国—东盟商务与投资峰会，在广西南宁设立东盟产品展示中心，成立中国—东盟互联互通合作委员会，"中国—东盟科技合作年"，中国—东盟海上合作基金等。

（二）中国与智利、新西兰、新加坡、秘鲁、哥斯达黎加的合作内容

中国—智利自贸协定第十三章合作的主要条款是：总目标，经济合作，研究、科学和技术，教育，劳动、社会保障和环境合作，中小企业，文化合作，知识产权，促进投资，矿业和工业合作，合作机制，争端解决。

中国—新西兰自贸协定第十四章合作的主要条款是：目标，范围，经济合作，中小型企业，劳动与环境合作，合作机制。

中国—新加坡自贸协定第十一章经济合作的主要条款是：目标，贸易投资促进，参与中国的区域发展，旅游合作，人力资源开发，促进中国企业"走出去"。

中国—秘鲁自贸协定第十二章合作的主要条款是：目标，范围，经济合作，科研和技术合作，信息技术合作，教育，中小企业，文化合作，矿业和工业合作，旅游业，竞争政策，传统医学合作，劳务合作，林业和环境保护，渔业，农业合作，合作机制，争端的解决。

中国—哥斯达黎加自贸协定第十一章合作、贸易关系促进与提升的主要条款是：总目标，中小企业，促进创新、科学和技术，出口促进和吸引投资，文化、体育和娱乐活动，农业合作，自然灾害的管理，私人争端解决，竞争，其他领域，合作机制。

（三）两岸四地的经济合作内容

内地与香港、澳门 CEPA 的经济合作主要是在贸易投资促进，通关便利化，商品检验检疫、食品安全、质量标准，电子商务，法律法规透明度，中小企业合作，产业合作，知识产权保护，品牌合作，教育合作等 10 个领域开展贸易投资便利化合作。

海峡两岸的 ECFA 第三章经济合作的主要内容是，加强包括但不限于以下合作：知识产权保护与合作；金融合作；贸易促进及贸易便利化；海关合作；电子商务合作；研究双方产业合作布局和重点领域，推动双方重大项目

合作，协调解决双方产业合作中出现的问题；推动双方中小企业合作，提升中小企业竞争力；推动双方经贸社团互设办事机构。

表 4 - 2　　　　　　　　　各自贸协定合作条款对照表

条　款	含有该条款的自贸协定
总目标，目标	中国与智利、新西兰、新加坡、秘鲁、哥斯达黎加
范围	中国与新西兰、秘鲁
贸易投资促进，出口促进和吸引投资	中国与新加坡、哥斯达黎加
促进投资	中国—智利
参与中国的区域发展	中国—新加坡
旅游合作	中国与新加坡、秘鲁
人力资源开发	中国—新加坡
促进中国企业"走出去"	中国—新加坡
经济合作	中国与智利、新西兰、秘鲁
研究、科学和技术	中国与智利、秘鲁、哥斯达黎加
信息技术	中国—秘鲁
教育	中国与智利、秘鲁
劳务合作	中国—秘鲁
劳动、社会保障和环境合作	中国—智利
劳动与环境合作	中国—新西兰
林业和环境保护	中国—秘鲁
中小企业	中国与智利、新西兰、秘鲁、哥斯达黎加
文化合作，文化、体育和娱乐活动	中国与智利、秘鲁、哥斯达黎加
知识产权	中国—智利
矿业和工业合作	中国与智利、秘鲁
渔业，农业合作	中国与秘鲁、哥斯达黎加
自然灾害的管理	中国—哥斯达黎加
竞争政策、竞争	中国与秘鲁、哥斯达黎加
合作机制	中国与智利、新西兰、秘鲁、哥斯达黎加
传统医学合作	中国—秘鲁
其他领域	中国—哥斯达黎加
争端解决	中国与智利、秘鲁
私人争端解决	中国—哥斯达黎加

经济合作不是自贸协定的必要内容，但是自贸协定的发展趋势，具有合作领域的广泛性、合作对象的选择性、合作地区的优越性、合作方式的多样性等特点。日本签署的自贸协定基本上都含有内容广泛的经济合作条款，并取名为经济伙伴关系协定（Economic Partnership Agreement，EPA），比自贸协定的规格更高。中国自贸协定的经济合作条款一般只做出概括性、原则性、意向性的规定，一般没有强制性的约束力，例如，中国与智利、秘鲁、哥斯达黎加自贸协定有关经济合作的争端解决条款规定，任一缔约方均不得就因本章而产生或与本章有关的任何事项援用协定的争端解决规定。经济合作的条款旨在通过建立合作机制，双方对口部门探讨、谈判、签订相关协议予以落实。

二、知识产权规定

在中国自贸协定中，中国与秘鲁、新西兰、哥斯达黎加自贸协定设立了知识产权专章，中国与巴基斯坦、智利自贸协定订有"与边境措施有关的特别要求"条款保护知识产权。中国与东盟、新加坡自贸协定没有此条款。海峡两岸则专门签订了《海峡两岸知识产权保护合作协议》。

（一）知识产权保护的边境措施

中国与巴基斯坦、智利、秘鲁、新西兰、哥斯达黎加自贸协定，都制定了"与边境措施有关的特别要求"条款，同时规定了约束措施，防止滥用。主要内容如下：

1. 各缔约方必须规定，任何启动程序要求海关中止放行被怀疑假冒商标的货物或者盗版的货物进入自由流通的知识产权持有者，需要向主管机关提供足够的证据来使其确信，根据进口缔约方的法律规定，已有初步证据证明该知识产权持有者的知识产权已经受到侵害，并且提供充分的信息让受到怀疑的货物能够被海关合理地辨认。要求提供的充分信息不应不合理地妨碍对上述程序的援用。

2. 各缔约方应该给予主管机关要求申请人提供足以保护被告和主管机关以及防止滥用权利的合理的保证金或者相当的担保的权力。上述保证金或者相当的担保不应不合理地妨碍对上述程序的援用。

3. 当主管机关裁定货物系假冒商标或者盗版时，该缔约方应给予主管机关权力，以应知识产权持有者的要求向其告知发货人、进口商和收货人的姓名和地址以及受到怀疑的货物的数量。

4. 各缔约方应该规定允许主管机关依职权启动边境措施，而不需要来自某人或者某知识产权持有者的正式申诉。上述措施应在有理由相信或者怀疑正在进口或者用于出口的货物系假冒商标或者盗版时采用。

（二）地理标志产品

地理标志（Geographical indications），又称为地理标识，按照世界贸易组织《与贸易有关的知识产权协定》（TRIPs）的规定，是"指识别一货物来源于一成员领土或该领土内一地区或地方的标识，该货物的特定质量、声誉或其他特性主要归因于其地理来源"。地理标志产品保护制度主要由三个要素组成：独特的地理条件、独特的加工制作方法和独特的法律制度安排。

中国与智利、秘鲁、哥斯达黎加自贸协定已签订有地理标志产品的保护条款。规定地理标志产品属于《与贸易有关的知识产权协定》（TRIPs）第22条第1款规定的范围之内。这些地理标志产品将在另一缔约方境内按照该国国内法律法规，以及《与贸易有关的知识产权协定》（TRIPs）规定一致的方式作为地理标志受到保护。相关协定并列出了一些保护的产品，并可在双方同意的情况下增加产品。

（三）遗传资源、传统知识和民间文艺

中国与新西兰、秘鲁、哥斯达黎加等自贸协定已签订有"遗传资源、传统知识和民间文艺"保护条款。

中国—新西兰自贸协定规定："各方可根据其国际义务，采取适当的措施保护遗传资源、传统知识和民间传说。"

中国—秘鲁自贸协定进一步规定："一、缔约双方认识到遗传资源、传统知识和民间文艺对科学、文化和经济发展做出的贡献。二、关于遗传资源、传统知识和民间文艺保护，缔约双方承认并且重申1992年6月5日通过的《生物多样性公约》确立的原则和规定，并鼓励建立TRIPs协定与《生物多样性公约》之间相互支持关系的努力。三、各缔约方可以根据其国际义务和国内立法，采取适当的措施保护遗传资源、传统知识和民间文艺。四、根据将来各自国内立法的进展情况，缔约双方同意就专利申请中履行披露遗传资源的起源或者来源，和/或事先知情同意的义务，展开进一步讨论。"

中国—哥斯达黎加自贸协定规定："一、双方认识到遗传资源、传统知识和民间文艺对科学、文化和经济发展做出的贡献。二、关于遗传资源、传统知识和民间文艺保护，双方承认并且重申1992年6月5日通过的《生物多样

性公约》确立的原则和规定，并鼓励建立 TRIPs 协定与《生物多样性公约》之间相互支持关系的努力。三、在符合《生物多样性公约》规定的前提下，各方可以根据其国际义务和国内法律，采取或者继续采取措施促进保持生物多样性，公平分享利用与保持生物多样性及持久使用其组成部分有关的传统知识、创新和实践中产生的惠益。四、根据将来各自国内法律进展情况和国际谈判成果，双方同意就在专利申请中披露遗传资源的起源或者来源，和/或履行事先知情同意义务，对违反国内有关法律法规获取或者利用遗传资源并包括或者依赖该资源完成的发明创造授予专利权等问题，展开进一步讨论。"

三、其他内容

（一）竞争政策合作

中国与秘鲁、哥斯达黎加签订的自贸协定，提出了竞争政策合作问题。这在中国自贸协定中是比较少见的，但也是今后的发展趋势，澳大利亚、新西兰和冰岛等国在自贸协定谈判中也向中国提出了关于竞争条款的要求。

中国—秘鲁自贸协定第 159 条竞争政策规定："一、缔约双方应认识到各自国家竞争主管部门之间的合作和技术援助的重要性，特别应包括信息和经验交流以及提高制定竞争政策的能力。二、在此意义上，合作的开展应遵循各自的国内法律，由有权签署合作协议的国家竞争当局来执行。"

中国—哥斯达黎加自贸协定第 126 条竞争规定，"竞争合作应主要包括但不限于以下活动：一、促进强制机制的执行，包括在负责竞争机构间的通报、咨询和信息交流，特别是为防止或禁止反竞争实践或防止竞争的经济集中；二、促进竞争领域的能力建设；三、促进经验交流、技术援助和人力资源培训，以便在反垄断、合并和补贴、竞争诉讼、知识产权、市场准入、法学理论等加强和有效执行竞争法。"

（二）审慎措施

中国—新西兰自贸协定第 203 条规定了审慎措施："本协定的任何其他规定不得阻止一方为审慎原因而采取措施，包括为保护投资者、存款人、保单持有人或金融服务提供者对其负有信托责任的人而采取的措施，或为保证金融体系完整和稳定而采取的措施。如此类措施不符合本协定的规定，则不得用作逃避该方在本协定项下的承诺或义务的手段。"中国—秘鲁自贸协定第 197 条也规定了审慎措施，内容相同。审慎措施是指为保护投资人、存款人、投保人等的利益，或为保证金融体系完整和稳定而采取的措施。

（三）私人争端解决

中国—哥斯达黎加自贸协定第 125 条规定，"缔约方认识到将私人争端解决作为有用的机制的重要性，这可以提高并促进私有方贸易关系中的预测性和可靠性。为此，在可能的限度内，合作应主要包括但不限于以下活动：一、鼓励使用私人争端解决方式，如由自贸区引起的在私有方间的解决国际商事争端的仲裁；二、促进机构间签署合作协议，用于分析私人争端解决机制或这些程序的管理；三、加强私人争端解决案例管理的能力建设，包括更好实践的交流、培训、实习、咨询、技术合作项目等。"

第三节　中国自由贸易协定的管理机制

以谈判机制为基础签订的自贸协定，需要有一套制度性组织机构为各成员提供一个经常性的谈判和仲裁场所，以使所达成的协议、决定得以执行，机制得以运作。自贸协定是一种国际机制，其机制的有效运转依赖于同其自身目标相适应的组织机构的合理设置和运行规则的严格制定。中国自贸协定做出了相应的机制安排。

中国与巴基斯坦、新西兰、秘鲁、哥斯达黎加自贸协定规定设立管理与机制专章，中国与东盟、智利、新加坡自贸协定以及内地与香港澳门 CEPA、海峡两岸 ECFA 则有几个条款规定机构与管理的内容。

一、自贸区委员会

所有的中国自贸协定都规定设立自贸区委员会或自贸区联合委员会（名称有所不同）。自贸区委员会一般由缔约方主管经济贸易的部级官员的代表组成。中国—东盟自贸协定规定，在建立常设机构前，中国—东盟经济部长会议，在中国—东盟经济高官会议的支持和协助下，应检查、监督、协调和审议协议的执行。中国—秘鲁自贸协定则规定将贸易和经济混委会纳入该协定，作为自贸区委员会的上级机构。

（一）自贸区委员会的职责

1. 监督协定的实施和正确引用；

2. 对实施协定的成果进行评估；

3. 监督对协定所做的进一步解释；

4. 根据争端解决的规定，寻求在解释和适用协定时产生的分歧的解决；

5. 指导在协定下成立的所有分委会和工作组的工作并建议适当的解决方案；

6. 对依据自贸协定建立的分委会和工作组提交的或任何一方提出的问题进行考虑并做出决定；

7. 设立支付专家酬劳的资金；

8. 对影响协定执行的任何事项或由双方授权的事项进行讨论并做出结论。

（二）自贸区委员会的权力

1. 设定并委派各分委会和工作组的职责；

2. 根据各方内部法律程序的实施要求，并依据有关协定修正的条款，考虑和通过协定关于权利和义务的任何修订；

3. 召集双方就协定不同领域今后进一步开放进行谈判；

4. 发布对协定条款的解释；

5. 采取其他双方同意的行动。

（三）自贸区委员会的程序规则

自贸区委员会应设立议事规则；委员会的所有决定应采取协商一致的方式通过；自贸区委员会每年轮流召开一次常规会议，并应任何一方的要求，不定期举行会议。自贸区委员会常规会议由各方轮流主持，其他会议由主办会议的一方主持。会议可采用双方具备的技术手段进行；自贸区委员会的沟通应使用共同的工作语言。

二、分委员会

根据协定的规定，在自贸区委员会下可按领域设委员会或分委会，各自贸协定对其名称和主要职能的表述大同小异。主要有：

（一）货物贸易委员会

中国与巴基斯坦、智利、新西兰、秘鲁、哥斯达黎加的自贸协定规定设立货物贸易委员会。其主要职能应包括：促进缔约各方之间的货物贸易，包括通过磋商加速协定规定的关税消除及其他适当的问题的解决；着力于解决缔约双方之间货物贸易壁垒特别是与适用非关税措施有关的问题，并且在适当的情况下将上述问题交由自贸区委员会考虑；监测和评估关税减让表的执行；任一缔约方向委员会提出的其他与货物贸易有关的问题。

如需要，本委员会可设立工作组商议任何具体事务。

（二）服务贸易委员会

中国与巴基斯坦、智利、新西兰、秘鲁、哥斯达黎加的自贸协定规定设立服务贸易委员会，其职能主要包括：促进缔约双方之间的服务贸易；以及着力于解决缔约双方之间服务贸易壁垒，并且在适当的情况下将上述问题交由自贸区委员会考虑。自贸区委员会应就任一缔约方或者自贸区委员会的要求举行会议，考虑由服务贸易协议所引起的任何问题。

中国—新加坡自贸协定则规定设立承认合作联合委员会，包括建立一个会计和审计工作小组。委员会的职能有：1. 审议和讨论有效实施服务贸易协议"承认合作"条款的事项；2. 确定并推荐促进双方合作的领域和方式；3. 讨论与实施"承认合作"有关的其他事项。

中国—新西兰自贸协定还设立了自然人移动委员会，应任何一方或自贸区联合委员会要求，该委员会应当举行会议，考虑自然人移动出现的任何问题。该委员会的职能包括：1. 审议自然人移动协议的执行和实施情况；2. 确定并推荐促进双方自然人进一步流动的措施；3. 考虑一方感兴趣的与自然人移动相关的其他事项。

（三）投资委员会

中国—新西兰自贸协定规定设立投资委员会，应任何一方或自贸区联合委员会要求，该委员会应当举行会议，考虑投资协议出现的任何问题。该委员会的职能包括：1. 审议投资的实施情况；2. 确定并建议促进及增加双边投资的措施；3. 考虑制定有助于增强有关投资措施透明度的程序。

中国—东盟自贸协定则规定，各方应指定一个联系点，促进缔约方间就投资协议涵盖的任何事务开展交流。应一方要求，被要求方的联系点应指明某事务的办事机构或负责人员，便利与要求方的交流。

（四）卫生和植物卫生事务委员会

中国与巴基斯坦、智利、新西兰、秘鲁、哥斯达黎加自贸协定规定设立卫生和植物卫生事务委员会。该委员会的主要职能有：1. 推动和监督本章的执行；2. 促进和推动主管部门之间的沟通和信息交流，增进对彼此的 SPS 措施及与此措施有关的管理程序的理解；3. 为讨论影响或可能影响缔约双方贸易的 SPS 事务提供论坛；4. 协调 SPS 事务方面的技术合作项目；5. 增进在与卫生与植物卫生事务相关的国际组织中的沟通和合作；6. 必要时根据职责成立专门工作组；7. 根据 SPS 协定的发展审议本章内容；8. 双方同意的其他职能。委员会可根据其职能范围设立非正式的技术工作组。

中国—新加坡自贸协定则把卫生与植物卫生和技术性贸易壁垒合并成立卫生与植物卫生措施和技术性贸易壁垒联合工作组。中国—东盟自贸协定未规定。

（五）技术性贸易壁垒委员会

中国与巴基斯坦、智利、新西兰、秘鲁、哥斯达黎加自贸协定规定设立技术性贸易壁垒委员会，其职能主要包括：（1）监督"技术性贸易壁垒"章节的执行和管理；（2）及时解决一缔约方提出的涉及技术法规、合格评定程序的制定、采用、实施、执行等方面的任何问题；（3）在指定和改进技术法规、合格评定程序方面加强合作；（4）适当时，为加强缔约双方领土内的政府和非政府合格评定机构的具体领域合作提供便利；（5）对于标准化、技术法规、合格评定程序领域内非官方、区域性和多边论坛活动的进展情况，加强信息沟通；（6）采取缔约双方认为有助于执行 TBT 协定和促进双边货物贸易便利化的各项措施；（7）应一缔约方要求，就本章项下的任何问题进行磋商；（8）从 TBT 协定的相关发展来审议本章内容，并以此来制定对本章内容的修改建议；（9）适当时，向 TBT 委员会汇报本章的执行情况；（10）就政府机构实施的强制性合格评定程序的收费标准和服务费用交换信息。

（六）贸易便利化委员会

中国—秘鲁自贸协定规定设立贸易便利化委员会，该委员会具有下列职能：（1）根据国际标准采用相关海关程序与标准，以便利双方间的商业来往。（2）解决关于本章的解释、适用以及实施的任何争端，其中包括税则归类。如果委员会未就税则归类达成决定，该分委会应有权向世界海关组织（WCO）做恰当的协商。WCO 的决定，双方应当尽最大可能执行。（3）解决贸易便利化委员会其他问题，包括本协定下与原产地确定相关的税则归类以及海关估价问题。

（七）原产地规则委员会

中国与秘鲁、哥斯达黎加自贸协定设立原产地规则委员会。该职责包括：1. 确保对原产地规则的有效、统一及一贯管理，并在这方面加强合作。2. 以《协调制度》的最新转换版本为基础，对产品特定原产地规则进行维护。3. 向自由贸易委员会提出下列议题的解决方案：（1）"原产地规则"章的解释、实施及管理；（2）区域价值成分的计算；（3）因任一缔约方采用与"原产地规则"章规定不符的操作程序而引起的对双方贸易流通产生负面影响的问题。4. 在缔约双方达成一致意见的情况下，提请自由贸易委员会通过根据有关修正条款提交的修订建议。5. 开发电子发证及核查系统。6. 将与确定原产地有关的税则归类及海关估价问题提交有关委员会解决。7. 对货物贸易委员会交办的其他任何原产地相关事务进行研究。

有的协定则规定通过工作组或联络点（联络员）来执行上述任务。

（八）合作委员会

中国与智利、秘鲁、哥斯达黎加自贸协定设立合作委员会。合作委员会的功能：（1）监督和评定缔约方认可的合作项目的执行；（2）建立运作的章程和程序；（3）在协定合作框架下，根据缔约方的战略重点对合作活动提出建议；（4）通过双方的定期报告审查缔约方相关机构执行、落实和完成本章目标的情况。

中国自贸协定规定，除非各协定另有规定，各分委会常规会议每年至少召开一次，并尽可能与自由贸易委员会同期举行。遇有特殊情况，应一方要求，双方应同意在任何时间举行会议。分委会常规会议应由各方轮流主持。分委会其他会议将由主办会议的一方主持。会议可采用双方具备的技术手段进行。必要时，分委会与其他类似分委会协商解决相关问题。

三、联络点

根据中国自贸协定的规定，各缔约方应指定一个联络点以便就自贸协定的相关问题进行交流。联络点应指定办公室或官员负责与另一缔约方进行沟通并进行必要的协助。联络点应共同制定日程并为自由贸易委员会会议和后续决策进行筹备；为争端解决设立的专家组及解决自由贸易委员会授权的其他问题提供行政支持。

此外，分委会或类似分委会，也设立联络点或联络员，处理相关事宜。

小资料：

一、老挝经济贸易概况

老挝人民民主共和国，简称老挝（Laos），位于亚洲，国土面积23.7万平方公里。截至2011年7月1日，老挝人口总数约为629万人。

老挝出口商品主要以有色金属、农林产品、手工业产品为主；进口主要是工业品、加工制成品、建材、日用品及食品、家用电器等。2010年老挝前10大贸易伙伴为：泰国、越南、中国、新加坡、印度尼西亚、日本、韩国、中国香港、印度和德国。

2010年，老挝国内生产总值（GDP）74.92亿美元，人均GDP 984美元。货物贸易进出口总额为34.00亿美元，其中出口额16.00亿美元，进口额18.00亿美元，占全球货物贸易出口总额比重0.01%，进口总额比重0.01%，是世界货物贸易出口第131位和进口第152位。2010年服务贸易出口额3.68亿美元，服务贸易进口额1.14亿美元，占全球服务贸易出口总额比重0.01%，进口总额比重0，是世界服务贸易出口第136位，进口第173位。2007—2009年，人均贸易额454美元，贸易占GDP的比例51.8%。2008年关税总水平9.7%，2010年中国与老挝货物贸易总额10.55亿美元，中国出口额4.84亿美元，中国进口额5.71亿美元。

老挝尚未加入世界贸易组织，是世界贸易组织的观察员。目前，老挝参加的区域贸易协定8个（不含服务贸易协议），协定伙伴22个（含不同协定相同国家），包括：亚太贸易协定、东盟自贸区、中国—东盟自贸协定、日本—东盟自贸协定、韩国—东盟自贸协定、澳大利亚—新西兰—东盟自贸协定、印度—东盟自贸协定，并与泰国签订了双边自贸协定。

二、马来西亚经济贸易概况

马来西亚（Malaysia），位于亚洲，国土面积33万平方公里，截至2011年7月1日，马来西亚人口总数约为2 886万人。马来西亚是一个以"伊斯兰教为国教"的国家。

马来西亚出口产品主要是电子电器、木材及木制品、液化天然气、原油、石油产品、橡胶等。进口产品主要是机械、电子及运输设备、化工产品、食品等。根据马来西亚统计局公布的数据显示，2010年，马来西亚前10大贸易伙伴为：中国、新加坡、欧盟、美国、日本、泰国、韩国、印度尼西亚、中国香港、中国台湾。

2010年，马来西亚国内生产总值（GDP）2 378.04亿美元，人均GDP 7 775美元。货物贸易进出口总额为3 635.34亿美元，其中出口额1 988.01亿美元，进口额1 647.33亿美元，占全球货物贸易出口总额比重1.30%，进口总额比重1.07%，是世界货物贸易出口第23位和进口第25位，服务贸易出口额326.79亿美元，服务贸易进口额319.72亿美元，占全球服务贸易出口总额比重0.89%，进口总额比重0.91%，是世界服务贸易出口第29

位，进口第 30 位。2008—2010 年，人均贸易额 13 840 美元，贸易占 GDP 的比例 177. 8%。2009 年关税总水平 8. 0%。2010 年中国与马来西亚货物贸易总额 742. 15 亿美元，中国出口额 238. 06 亿美元，中国进口额 504. 10 亿美元。

1995 年 1 月 1 日，马来西亚加入世界贸易组织。目前，马来西亚参加的区域贸易协定 7 个（不含服务贸易协议），协定伙伴 60 个（含不同协定相同国家），包括：全球发展中国家间贸易优惠制，东盟自贸协定、中国—东盟自贸协定、日本—东盟自贸协定、韩国—东盟自贸协定、澳大利亚—新西兰—东盟自贸协定、印度—东盟自贸协定，以及与印度、日本、巴基斯坦签订了双边自贸协定，正在与之谈判的有澳大利亚。

第五章　中国自由贸易协定的贸易救济措施

自贸协定的贸易救济措施，是指自贸协定缔约方认为自己的贸易利益因其他成员的行为而受到损害，或根据协定所享有的利益丧失、受损，或自贸协定目标的实现受到阻碍，依照协定的规定，有权使用包括反倾销、反补贴和保障措施等手段来保护成员国内产业不受损害，给予国内产业帮助或救助的措施。贸易救济条款在自贸区中起到安全阀的作用。

在各国的自贸协定中，绝大部分协定都规定了贸易救济措施的条款，对成员间贸易救济行动设置了更为严格的内容，例如提高征税门槛，缩短适用期限，设置区域机构对成员主管当局的反倾销调查裁定进行审查；将采取保障措施限制在过渡期间，缩短保障措施期限等。此外，在自贸协定的各种贸易救济措施中，各成员反倾销立案的标准和采取的限制措施，都高于反补贴和保障措施。

第一节　中国自由贸易协定的反倾销、反补贴措施

中国签署的自贸协定有关反倾销措施、反补贴措施的条款通常原则规定为："缔约双方同意严格遵守 WTO《关于实施 1994 年关税与贸易总协定第 6 条的协定》、WTO《补贴与反补贴措施协定》"，而在具体条款上则繁简不同，有的协定增加或强调了一些条款。在亚太贸易协定中则没有反倾销和反补贴的条款。

一、完全适用 WTO 的反倾销、反补贴规定

中国—东盟自贸协定对反倾销和反补贴措施原则地规定：各缔约方"同意并重申它们遵守 WTO 规则中有关条款的承诺，其中包括非关税措施，技术性贸易壁垒，卫生和植物卫生措施，补贴和反补贴措施，反倾销措施和知识产权。非 WTO 成员的缔约方应根据它们加入 WTO 的承诺遵守 WTO 条款"。

中国与巴基斯坦、智利自贸协定规定：1．缔约双方保留构成 WTO 协定组成部分的《关于实施 1994 年关税与贸易总协定第 6 条的协定》和《补贴与反补贴措施协定》项下的权利与义务。2．缔约双方依据 GATT1994 第 6 条和《关于实施 1994 年关税与贸易总协定第 6 条的协定》所采取的反倾销措施，或者依据 GATT1994 第 6 条和《补贴与反补贴措施协定》所采取的反补贴措施不适用双边自贸协定关于争端解决的规定。

中国—哥斯达黎加自贸协定也规定反倾销和反补贴措施，不适用于双边自贸协定的争端解决机制，而适用 WTO 的争端解决机制。

二、对反倾销措施的具体规定

（一）对反倾销措施规定了客观与透明的要求

中国与新加坡、新西兰自贸协定要求以透明的方式实施根据协定所采取的反倾销行动。明确规定："一、双方同意不以武断或保护主义的方式实施根据 WTO《关于实施 1994 年关税与贸易总协定第 6 条的协定》所采取的行动。二、双方同意，在一方产业以适当文件形式提交的关于对来自另一方的产品发起反倾销调查的申请被接受后，接受以适当文件形式提交申请的一方应将接受申请事项尽快通知另一方的相关联系点。"

（二）对反倾销措施规定了调查程序

中国与秘鲁、哥斯达黎加自贸协定规定：缔约双方同意在涉及对方的反倾销案件中遵守以下做法：1．一缔约方一经收到产业以适当文件提交的、针对另一缔约方产品的反倾销立案申请后，应立即通知另一缔约方其已收到申请。2．缔约双方同意在一缔约方涉及另一缔约方的任何反倾销调查中，所有通知函件均应提供英语文本。3．一缔约方调查机构应对另一缔约方出口商在提交所要求的信息方面遇到的任何困难予以考虑并提供可行的帮助；应另一缔约方出口商的请求，一缔约方调查机关应使出口商可获得提出价格承诺所要求的时间框架、程序和其他材料。中国—秘鲁自贸协定还规定，在不违反 WTO《关于实施 1994 年关税与贸易总协定第 6 条的协定》关于立案阶段向出口产品被调查的成员进行通知的相关规定的情况下，一缔约方调查机关应将立案调查程序通知另一缔约方，并向其提供对有关出口商或生产商发放的调查问卷样本、已知的主要出口商或生产商的名单。当一缔约方收到前段所规定的通知和信息时，该缔约方可通知相关贸易或工业协会，或以公众可获得的方式及时将信息披露给其他方，也可尽实际可能尽快向另一缔约方提供相关信息。

三、对反补贴措施的具体规定

中国与新西兰、新加坡自贸协定特别规定，除了遵守 WTO 规则外，"任何一方不得对以另一方境内为目的地的任何货物实施或维持任何形式的出口补贴。"

四、承认中国的市场经济地位

目前与中国签署自贸协定的东盟 10 国、巴基斯坦、智利、新西兰、秘鲁、哥斯达黎加、韩国、孟加拉国都已承认中国为完全市场经济国家，但印度、斯里兰卡还没有承认中国的市场经济地位。

第二节　中国自由贸易协定的保障措施

在中国自贸协定中有关保障措施的规定主要包括三类：一是遵守 WTO 的《保障措施协定》（又称为"全球保障措施"），二是过渡期的双边保障措施，三是临时保障措施。此外，中国—新西兰自贸协定还规定了"农产品特殊保障措施"（参见第十章）。

一、全球保障措施

（一）中国自贸协定基本上规定了全球性保障措施，但表述方式不完全相同

中国与东盟、巴基斯坦、秘鲁、哥斯达黎加自贸协定规定，缔约双方保留 GATT1994 第 19 条和《保障措施协定》项下的权利与义务。

中国—智利自贸协定规定，"缔约双方保留 GATT1994 第 19 条和在本协定第 50 条中定义的保障措施协定项下的权利与义务。"

中国与新加坡、新西兰自贸协定规定："一、当一方根据 GATT 1994 第十九条和《保障措施协定》采取措施时，如果原产于另一方的产品的进口并未造成损害，则可将其排除在该措施之外。二、一方应将发起保障措施调查的

行动及理由通知另一方的相关联系点。"

（二） 不得同时对同一产品实施全球性保障措施和双边保障措施

中国—巴基斯坦自贸协定规定："在关于某特定商品的全球保障措施正在实施时，不应再对此商品实施任何双边保障措施；在对于某特定商品实施全球保障措施情况下，针对此特定商品的任何双边保障措施都应中止。"

中国与东盟、新加坡自贸协定规定，当一方实施双边保障措施时，不得同时依据上述（第 42 条全球保障措施）的规定诉诸 WTO 保障措施。

中国与智利、新西兰自贸协定规定，对于一方根据 GATT1994 第 19 条及《保障措施协定》采取措施的产品，该方不得依据本协定启动保障措施；对于一方根据 GATT1994 第 19 条及《保障措施协定》启动相关措施的产品，不得继续实施本协定项下的保障措施。

中国与秘鲁、哥斯达黎加自贸协定规定，任一缔约方不得同时对同一产品实施以下措施：（1）双边保障措施；（2）GATT1994 第 19 条及 WTO《保障措施协定》规定的措施。

（三） 采取全球保障措施，不适用双边自贸协定的争端解决机制

中国与巴基斯坦、智利、哥斯达黎加自贸协定明确规定采取全球保障措施，不适用双边自贸协定的争端解决机制，而应适用 WTO 的争端解决机制。其他中国自贸协定虽然没有明确规定，但按法理，适用哪个实体法，就适用其程序法。

二、双边保障措施

双边保障措施又称为过渡期保障措施，是指如果由于按照双方签署的自贸协定规定降低或消除关税，导致一受益于该协定项下优惠关税待遇的产品被进口至一缔约方领土内的数量绝对增加或相对于国内产量相对增加，且构成对生产同类产品或直接竞争产品的国内产业造成严重损害或严重损害威胁的重要原因，进口缔约方可仅在过渡期内采用协定所规定的保障措施。

中国自贸协定对实施保障措施的条件，如进口增加、产业严重损害、严重损害威胁及其因果关系规定得比较明确。例如，中国—哥斯达黎加自贸协定第 79 条第 3 款规定："如果一原产产品被进口至一缔约方领土内的数量绝对增加或与国内生产相比相对增加，且对建立一生产同类产品或直接竞争产品的国内产业造成实质阻碍，进口缔约方可采取保障措施，包括将此产品的关税税率提高至不超过在采取此措施时实施的最惠国关税税率水平。"

中国—东盟、中国—新加坡自贸协定还规定："只要原产于一方的产品在进口国的份额不超过所涉产品进口总量的 3%，即不得对该产品实施保障措施。"

双边保障措施的内容主要包括以下几个方面：

（一）过渡期的规定

双边保障措施仅限于过渡期内采用，过渡期后，只能采用全球性保障措施。对于过渡期，各个协定规定不同，但一般在某一产品降税开始直到取消关税后 3 ~ 8 年内。

中国与东盟、新加坡自贸协定的规定基本相同：一方有权在某一产品的过渡期内针对该产品启动双边保障措施；某一产品的过渡期始于本协定生效之日，终止于该产品关税取消完成之日后 5 年。

中国—巴基斯坦自贸协定规定："过渡期指降低或取消关税第一阶段的 5 年期间。关于第二阶段的过渡期，缔约双方应在审议本条款时决定。"

中国—智利自贸协定规定："过渡期指自本协定生效之日起 3 年的期间；但是对于贸易自由化进程为 5 年或 5 年以上的产品，其过渡期应等同于该产品根据本协定附件一关税减让表将该产品关税降至零的期间。"

中国—新西兰自贸协定规定："过渡期是指自本协定生效之日起 3 年，但对自由化过程持续 5 年或更长时间的产品而言，其过渡期应当为该产品根据附件一所列减让表实现零关税的时间加 2 年。"

中国—秘鲁自贸协定规定："过渡期指对于自协定生效之日起免除全部关税的产品，此产品的过渡期为 8 年；对于根据附件二（关税减让表），关税免除期为自协定生效之日起 5 ~ 8 年的产品，此产品的过渡期为 10 年，对于关税免除期为 10 年或 10 年以上的产品，此产品的过渡期为缔约方关税减让表对其规定的关税免除期再加 5 年。"

中国—哥斯达黎加自贸协定规定："过渡期指自本协定生效之日起 7 年的期间；但是对于贸易自由化进程为 7 年或 7 年以上的产品，其过渡期应等同于该产品根据本协定附件二（关税减让）规定的关税减让期间。"

（二）过渡期采取的双边保障措施

过渡期采取的双边保障措施有 4 种措施：（1）根据《保障措施协定》第 5 条规定对该产品实行进口数量限制；（2）中止该产品的关税减让；（3）恢

复该产品的 WTO 最惠国税率；（4）提高该产品的关税税率。中国自贸协定规定的措施主要是第（2）（3）种，中国—新加坡自贸协定明确规定不得采用第（1）种。

中国与东盟、新加坡、新西兰自贸协定规定，采取双边保障措施，在过渡期内将该产品的适用关税税率提高到采取双边保障措施时该产品适用的 WTO 最惠国税率。

中国—巴基斯坦自贸协定规定：（1）中止按照本协定的规定进一步削减此产品关税税率；（2）提高此产品的关税税率，但不应超过下列税率两者之中较低水平：采取此措施时，正在实施的最惠国关税税率；或本协定正式生效之日正在实施的最惠国关税税率；（3）如果对货物实施的是季节税，提高关税税率，但不应超过下列税率两者之中较低水平：措施实施之日前相应季节使用的该货物的最惠国关税税率；或本协定正式生效之日正在实施的最惠国关税税率。

中国与智利、秘鲁自贸协定规定，暂时中止按本协定的规定进一步降低此产品关税；或者恢复 WTO 最惠国税率；或者提高此产品的关税税率，但不应超过下列税率两者之中较低水平：在采取此行动时，正在实施的最惠国关税税率；或者本协定正式生效之日，正在实施的最惠国关税税率。中国—秘鲁自贸协定规定，过渡期终止后，关税税率配额和数量限制都不是可允许的保障措施。

中国—哥斯达黎加自贸协定规定，如果符合采取双边保障措施规定的条件，"一缔约方可以在防止或补救严重损害或严重损害威胁和便利调整所必需的限度内：（一）中止按本协定的规定进一步降低此产品关税；或者（二）提高此产品的关税税率，但不应超过下列税率两者之中较低水平：1. 在采取此措施时，正在实施的最惠国关税税率；或者 2. 本协定正式生效之日正在实施的最惠国关税税率。"

（三）过渡期保障措施的实施期限

在中国自贸协定中，过渡期保障措施的实施期限一般在 1～3 年，最多可延长 1～3 年，在过渡期满或实施期限结束时终止。

中国与东盟、新加坡自贸协定规定，保障措施最初实施期限不应超过 3 年，最多可延长 1 年。不仅限于实施期限，该保障措施还应于该产品的过渡期届满之日终止。

中国与巴基斯坦、新西兰自贸协定规定，保障措施最初实施期限不应超过 2 年，最多可延长 1 年，中国—新西兰自贸协定规定，该保障措施还应于该产品的过渡期届满之日终止。

中国与智利、哥斯达黎加自贸协定规定，保障措施最初实施期限不应超过 1 年；中国—智利自贸协定规定最多可延长 1 年，中国—哥斯达黎加自贸协定则规定最多可延长 3 年，但不论其期限长短，此种保障措施应根据具体情况，在过渡期期满时终止。

中国—秘鲁自贸协定规定，保障措施最初实施期限不应超过 2 年，最多可延长 1 年。

中国与秘鲁、哥斯达黎加自贸协定还规定，为便利产业调整，在保障措施的预计实施期限超过 1 年的情况下，实施措施的缔约方应在实施期内按固定时间间隔逐渐放宽该措施。

表 5 - 1　　　中国自贸协定双边保障措施及临时
保障措施实施期比较表

年　限 自贸协定	保障措施实施期限	临时保障措施实施期限
中国—东盟	3 年，可延长 1 年，过渡期届满终止	—
中国—巴基斯坦	2 年，可延长 1 年	—
中国—智利	1 年，可延长 1 年，过渡期届满终止	200 日
中国—新西兰	2 年，可延长 1 年，过渡期届满终止	200 日
中国—新加坡	3 年，可延长 1 年	—
中国—秘鲁	2 年，可延长 1 年	180 日
中国—哥斯达黎加	1 年，可延长 3 年，过渡期届满终止	200 日

三、临时保障措施

采取临时保障措施，要符合采取双边保障措施的条件、标准和程序等相关规定。为此，中国签署的自贸协定，对于临时保障措施的迟延、期限、担保等规定，根据成员间的具体情况不同而有所差异。

中国与秘鲁、新西兰、智利、哥斯达黎加自贸协定规定，在迟延会造成难以弥补的损害的紧急情况下，一缔约方可根据关于存在明确证据表明增加的进口已经造成或正在威胁造成严重损害的初步裁定，采取临时保障措施。

而中国与东盟、新加坡、巴基斯坦自贸协定，没有规定临时保障措施。

对于临时保障措施的期限，中国与新西兰、智利、哥斯达黎加自贸协定规定为：不超过 200 日；中国—秘鲁自贸协定规定为：不超过 180 日。任何此类临时措施的期限，都应计为最终保障措施的最初实施期和任何延长期的一部分。

对于实施临时保障措施而采取的措施是，提供担保（保证）、提高关税或征收资金的形式，如随后进行的调查未能确定增加的进口对一国内产业已经造成或者威胁造成严重损害，则因实施临时保障措施而收到的担保、保证，或征收的关税、资金应立即解除或者退还。

四、采取保障措施的次数与间隔

在中国自贸协定中，大部分协定（中国—秘鲁自贸协定未规定）对采取保障措施的次数及其间隔时间做出了规定，例如：

中国—巴基斯坦自贸协定规定："对于曾经受到根据本条采取的双边保障措施限制的产品的进口，在与先前实施双边保障措施的期限相等的期限内，不得再采取双边保障措施，并且该不适用期至少为 2 年。在关于某特定商品的全球保障措施正在实施时，不应再对此商品实施任何双边保障措施；在对于某特定商品实施全球保障措施情况下，针对此特定商品的任何双边保障措施都应中止。"

中国—智利自贸协定规定："任一缔约方都不得对同一种产品实施一次以上的保障措施。但对于过渡期超过五年的产品，一缔约方可以对同一产品再实施一次保障措施，但是再次实施保障措施与上次实施的保障措施的时间间隔应当不短于上次保障措施的全部实施期限。"

中国—新西兰自贸协定规定："对于已实施过保障措施的产品，在等同于前一次对该产品实施保障措施期限的时间内，不得再次对其启动保障措施或临时保障措施，且该不适用期至少为 2 年。"

中国—哥斯达黎加自贸协定规定："不得对曾被采取过此类措施的进口产品再次实施保障措施，除非经过等同于上次保障措施实施期限的一半时间间隔之后。"

五、补偿和中止减让

在中国自贸协定中，产品遭受保障措施的缔约方可以要求补偿。应该产品遭受保障措施的缔约方的请求，采取保障措施的缔约方应与其进行磋商，目的是向其提供缔约双方都同意的贸易自由化补偿；补偿的方式为与此保障措施所预期导致的贸易结果或额外关税价值实质相等的减让。

中国—哥斯达黎加自贸协定规定："一、采取保障措施的缔约方应与另一缔约方磋商，并向另一缔约方提供双方同意的贸易自由化补偿。该补偿以实质相等的贸易减让形式进行，或该补偿与因措施导致的附加关税价值相等。实施保障措施的缔约方应在不迟于实施此措施起 30 日内提供此类磋商的机会。二、如果缔约双方在磋商开始后 30 日内未能就补偿达成协议，出口缔约方对实施保障措施的缔约方可以中止实施实质相等的贸易减让。三、在实施第二款规定的中止减让至少 30 日前，缔约方应以书面形式通知另一缔约方。四、第一款规定的提供补偿的义务和第二款规定的中止实质相等的减让的权利应在保障措施终止之日终止。"

六、调查程序的透明度

在中国自贸协定中，关于调查程序透明度的要求，基本上采取 WTO《保障措施协定》的相关规定，要求采取或维持公正、及时、透明和有效的保障措施调查程序，同时规定了有关当事方的权利义务。绝大部分协定，对此表述的内容基本一致。例如：中国—秘鲁自贸协定规定："一、一缔约方只有经主管机关按照 WTO《保障措施协定》第 3 条和第 4 条第 2 款（三）进行调查后，才能采取保障措施；为此目的，WTO《保障措施协定》第 3 条和第 4 条第 2 款（三）在细节上做必要修改后被纳入本协定并成为本协定的一个组成部分。二、在确定原产于另一缔约方的产品进口增加是否对一国内产业已经造成严重损害或正在威胁造成严重损害时，进口缔约方的主管机关应遵守 WTO《保障措施协定》第 4 条第 2 款（一）和（二）的规则；为此目的，WTO《保障措施协定》第 4 条第 2 款（一）和（二）在细节上做必要修改后被纳入本协定并成为本协定的一个组成部分。"其他各协定对此表述的内容基本一致。

七、服务贸易的保障措施

保障措施运用到服务贸易是国际贸易发展的一种趋势。中国签署的服务贸易协议中有 3 个协议涉及保障措施。

中国与东盟、巴基斯坦服务贸易协议第 9 条保障措施规定：1. 各缔约方注意到，根据 GATS 第 10 条，就紧急保障措施问题而进行的多边谈判是基于非歧视原则开展的。一旦完成这些多边谈判，各缔约方应进行审议，讨论适当地修改本协议，以将此类多边谈判的成果纳入本协议。2. 在第一款中提及的多边谈判完成之前，若实施本协议对一缔约方的某一服务部门造成了实质性的负面影响，受影响的缔约方可要求与另一缔约方磋商，以讨论与受影响的服务部门相关的任何措施。按照本款规定采取的任何措施应获得相关各缔约方的相互同意。相关各缔约方应视具体事件的情况，对寻求采取措施的缔约方给予同情的考虑。

中国—新加坡自贸协定第 71 条保障措施规定："双方注意到根据 GATS第 10 条在非歧视原则基础上进行的紧急保障措施问题的多边谈判。一旦该多边谈判结束，双方应当进行审议，通过适当修改本协定，纳入多边谈判的成果。"

第三节 中国单独关税区、亚太贸易协定的贸易救济措施

一、中国内地与香港、澳门 CEPA 的贸易救济措施

（一）中国内地与香港、澳门 CEPA 的反倾销和反补贴规定

中国内地与香港、澳门签订的 CEPA，对于反倾销和反补贴做出了以下承诺：

1. 中国内地与香港、澳门间承诺一方将不对原产于另一方的进口货物采取反倾销措施。

2. 中国内地与香港、澳门间重申遵守世界贸易组织《补贴与反补贴措施协定》及《1994 年关税与贸易总协定》第 16 条的规定，并承诺一方将不对原产于另一方的进口货物采取反补贴措施。

（二）中国内地与香港、澳门 CEPA 的保障措施规定

中国内地与香港、澳门的 CEPA 没有规定全球性保障措施，而规定"如因《安排》的实施造成一方对列入附件一中的原产于另一方的某项产品的进口激增，并对该方生产同类或直接竞争产品的产业造成严重损害或严重损害威胁，该方可在以书面形式通知对方后临时性地中止该项产品的进口优惠，并应尽快应对方的要求，根据 CEPA 第 19 条的规定开始磋商，以达成协议。"

二、海峡两岸 ECFA 的贸易救济措施

（一）海峡两岸 ECFA 的反倾销和反补贴规定

海峡两岸 ECFA 对反倾销和反补贴没有做具体规定，仅简要表示，适用世界贸易组织《关于实施 1994 年关税与贸易总协定第 6 条的协定》、《补贴与反补贴措施协定》。

（二）海峡两岸 ECFA 的保障措施规定

海峡两岸 ECFA 附件三《适用于货物贸易早期收获产品的双方保障措施》规定：

1. 进口方因履行早期收获计划，导致从另一方进口特定产品的数量绝对增加或与其产量相比相对增加，且此种情况已对其生产同类或直接竞争产品的产业造成严重损害或严重损害威胁，进口方可要求与另一方进行磋商，以寻求双方满意的解决方案。根据上述规定，经调查，如一方决定采取双方保障措施，可将所涉产品适用的关税税率提高至采取双方保障措施时实施的普遍适用于世界贸易组织成员的非临时性进口关税税率。

2. 双方保障措施的实施期限应尽可能缩短，并以消除或防止进口方产业受到损害的范围为限，最长不超过 1 年。

3. 当一方终止针对某一产品实施的双方保障措施时，该产品的关税税率应根据《海峡两岸经济合作框架协议》附件一所规定的降税模式，按照该措施终止时的关税税率执行。

4. 实施双方保障措施时，对于本附件中未规定的规则，双方应对相关条款做必要修改后适用世界贸易组织《保障措施协定》，但世界贸易组织《保障措施协定》第 5 条所列的数量限制措施及第 9 条、第 13 条、第 14 条不适用。

5. 一方不得对另一方同一产品同时实施以下措施：（1）双方保障措施；（2）《1994 年关税与贸易总协定》第 19 条及世界贸易组织《保障措施协定》规定的措施。

ECFA 规定，后续谈判签订的"货物贸易协议"生效之日起，临时贸易救济措施规则将终止适用。

三、亚太贸易协定的贸易救济措施

《亚太贸易协定》没有反倾销和反补贴的条款；对保障措施，则规定，合

法申请保障措施的前提条件和情形，应尽可能地符合 WTO《保障措施协定》。

小资料：

一、缅甸经济贸易概况

缅甸联邦共和国，简称缅甸（Myanmar），位于亚洲，国土面积 67.7 万平方公里，截至 2011 年 7 月 1 日，缅甸人口总数约 48 336 763 人。缅甸的农业劳动力 1 890 万，约占全国总就业人口的 70%。

缅甸森林资源丰富，是世界上柚木产量最大的国家。缅甸主要出口商品有：天然气、大米、玉米、各种豆类、橡胶、矿产品、木材、珍珠、宝石和水产品等；主要进口商品有：工业原料、机械设备、零配件、五金产品和消费品等。缅甸的主要贸易伙伴为亚洲国家，其外贸总额的 90% 都是来自与邻国的贸易，其中东盟国家占 51.3%。2009—2010 年，缅甸的前几位贸易伙伴关系为：泰国、中国、新加坡、印度。

2010 年，缅甸国内生产总值（GDP）352.26 亿美元，人均 GDP 582 美元。货物贸易进出口总额为 135.56 亿美元，其中出口额 87.49 亿美元，进口额 48.07 亿美元，占全球货物贸易出口总额比重 0.06%，进口总额比重 0.03%，是世界货物贸易出口第 88 位和进口第 116 位，服务贸易出口额 2.56 亿美元，服务贸易进口额 5.47 亿美元，占全球服务贸易出口总额比重 0.01%，进口总额比重 0.02%，是世界服务贸易出口第 146 位，进口第 138 位。2008—2010 年，人均贸易额 141 美元，贸易占 GDP 的比例 52.8%。2008 年关税总水平 5.6%。2010 年中国与缅甸货物贸易总额 44.44 亿美元，中国出口额 34.80 亿美元，中国进口额 9.64 亿美元。

1995 年 1 月 1 日，缅甸加入世界贸易组织。目前，缅甸参加的区域贸易协定 7 个（不含服务贸易协议），协定伙伴 57 个（含不同协定相同国家），包括：全球发展中国家间贸易优惠制、东盟自贸区、中国—东盟自贸协定、日本—东盟自贸协定、韩国—东盟自贸协定、澳大利亚—新西兰—东盟自贸协定、印度—东盟自贸协定；正在谈判的有孟印缅斯泰经济合作组织。

二、菲律宾经济贸易概况

菲律宾共和国，简称菲律宾（Philippines），位于亚洲，国土面积 30 万平方公里，水资源丰富，稻谷和玉米为两大主要粮食作物，椰子、甘蔗、马尼拉麻和烟草为四大经济作物，素有"椰子之国"的美名。截至 2011 年 7 月 1 日，菲律宾人口总数约为 9 485 万人。

菲律宾的主要出口商品为：电子产品、服装和服装辅料、椰子油、木制工艺品和家具、汽车、飞机、轮船用点火线和其他线缆；主要进口商品为：电子产品、矿物燃料、润滑油和相关产品、运输设备、工业机械和设备、谷物。近年来，菲政府积极发展对外贸易，促进出口商品多样化和外贸市场多元化，进出口商品结构发生显著变化。日本、美国、新加坡、中国、中国香港、韩国、泰国、中国台湾、沙特阿拉伯和马来西亚是菲律宾的 10 大贸易伙伴。

2010 年，菲律宾国内生产总值（GDP）1 995. 89 亿美元，人均 GDP 2 011 美元。货物贸易进出口总额为 1 097. 25 亿美元，其中出口额 514. 96 亿美元，进口额 582. 29 亿美元，占全球货物贸易出口总额比重 0. 34%，进口总额比重 0. 38%，关税总水平 6. 3%，是世界货物贸易出口第 52 位和进口第 47 位。2010 年服务贸易出口额 132. 43 亿美元，服务贸易进口额 110. 66 亿美元，占全球服务贸易出口总额比重 0. 36%，进口总额比重 0. 32%，是世界服务贸易出口第 44 位，进口第 53 位。2008—2010 年，人均贸易额 1335 美元，贸易占 GDP 的比例 67. 8%。2010 年，中国与菲律宾货物贸易总额 277. 5 亿美元，中国出口额 115. 4 亿美元，中国进口额 162. 1 亿美元。

1995 年 1 月 1 日，菲律宾加入世界贸易组织。目前，菲律宾参加的区域贸易协定 7 个（不含服务贸易协议），协定伙伴 72 个（含不同协定相同国家），包括：全球发展中国家间贸易优惠制、发展中国家间贸易谈判议定书，东盟自贸协定、中国—东盟自贸协定、日本—东盟自贸协定、韩国—东盟自贸协定、澳大利亚—新西兰—东盟自贸协定、印度—东盟自贸协定，并且与日本等国签署了双边自贸协定。

第六章 中国自由贸易协定争端解决机制

迅速有效地解决成员之间的贸易争端对自贸区的运作至关重要，自贸协定的争端解决机制是保护和加强自贸协定稳定性和可预见性的关键因素。

目前，在全球区域贸易协定争端解决机制的规定形式方面，主要有：

1. 依据成员之间的双边争端解决机制来处理贸易争端。要求原告利用区域贸易协定体系来解决区域贸易协定本身引起的争端，因为区域贸易协定与WTO协定之间有一些区别，如日本—新加坡自贸协定。因此，区域贸易协定制定了自己的争端解决机制，有的区域贸易协定通过各方谈判构建起了一个比较完整的争端解决机制。如北美自贸协定、欧盟等。

2. 区域贸易协定只单纯地规定了原则性的争端解决条款。

3. 选择性争端解决机制，但一经选择则不允许在后续的程序中另择其他机制来解决同一贸易争端。

4. 用WTO的争端解决机制，在WTO和区域贸易协定的规定基本一致时要求原告利用WTO的争端解决机制寻求救济来对抗违反规则的行为，如智利—欧盟自贸协定。

5. 双重的争端解决机制，即允许区域内的争端交由区域争端解决机构或者向WTO争端解决机构解决，但在法律适用上有所保留，即如果区域贸易协定与WTO规则相冲突，区域贸易协定优先。目前已经有一些区域贸易协定采用双重的争端解决机制。

6. 混合的争端解决机制，即明确规定适用WTO规则的内容交由WTO争端解决机构解决，如贸易救济措施；适用区域贸易协定的内容交由区域争端解决机构解决。

7. 国际的争端解决机制，一些区域贸易协定，扩大了这些规则范围，如澳大利亚—泰国自贸协定，允许选择其他的国际规则来解决争议。

第一节　中国自由贸易协定的争端解决机制

为了保护自贸区成员在协定中获得的利益不受损害，维护成员的正当权利，协调成员之间的贸易关系，解决贸易争端，在磋商调解原则下，中国自贸协定参照 WTO《关于争端解决规则与程序的谅解》，都制定有争端解决的章节或条款，中国—东盟自贸协定还单独签订了争端解决协议，中国与巴基斯坦、智利、秘鲁自贸协定还制定了《仲裁小组程序规则》、《示范程序规则》，以保证成员顺利履行协定规定的权利和义务。

中国自贸协定的争端解决机制一般包括两大方面：一是双方政府间的争端解决机制；二是投资者与东道国之间的争端解决机制。具体又可分为多种争端解决机制。

一、中国自贸协定争端解决机制的适用范围

（一）中国自贸协定争端解决机制的适用范围

中国自贸协定争端解决机制的适用范围，除非协定另有规定，争端解决条款应该适用于：避免或解决缔约双方关于自贸协定的解释或适用的所有争端；一缔约方认为另一缔约方的措施与自贸协定下的义务不一致，或者另一缔约方未能履行自贸协定下的义务。例如，中国—哥斯达黎加自贸协定规定："除非本协定另有规定，本章的争端解决条款应该适用于避免或解决缔约双方关于本协定解释或适用的所有争端以及一缔约方认为另一缔约方的措施与本协定下的义务不一致，或者另一缔约方未能履行本协定下的义务。"

（二）中国自贸协定争端解决机制不适用的范围

不适用自贸协定争端解决的范围主要是协定规定依据 WTO 反倾销、反补贴、保障措施规则所采取的措施，例如，中国—哥斯达黎加自贸协定第 87 条规定："缔约双方依据 GATT1994 第 19 条、《保障措施协定》、WTO《关于实施 1994 年关税与贸易总协定第 6 条的协定》和 WTO《补贴与反补贴措施协定》所采取的措施不适用本协定第 14 章（争端解决）的规定。"中国与智利、巴基斯坦自贸协定规定反倾销、反补贴措施不适用。

中国—哥斯达黎加自贸协定在第 14 章"争端解决"第 141 条适用范围的

注释中说明"缔约双方同意本章不适用于拟议中的措施和/或非违反之诉（在不违反本协议条款情况下的利益丧失或减损）"。

中国—秘鲁自贸协定在第 10 章投资第 141 条"重大安全"的注释中说明，"为进一步明确，如果一缔约方在根据投资章启动的仲裁程序中援引第 141 条（重大安全），应由审理该问题的仲裁庭来裁定该例外能否适用"。

中国—新加坡自贸协定第 10 章服务贸易章第 60 条"范围"规定，"航权，无论以何种形式给予；或者与航权的行使直接有关的服务"引起的争端不适用争端解决机制。

中国自贸协定有关"合作"章的内容不适用争端解决机制。

中国—新西兰自贸协定对有关涉及新西兰《怀唐伊条约》的内容适用争端解决机制做了限制性的规定。

二、中国自贸协定争端解决机制的选择

争端解决机制的选择又称为"场所的选择"或"机构的选择"。由于签订自贸协定的成员绝大部分是 WTO 成员，有的既是诸边区域贸易协定的成员又是双边自贸协定的成员，具有多重身份（如新加坡），因此，在发生争端时，就出现了适用哪个规则、遵循哪个程序、在哪个机构解决争端的问题。

在中国自贸协定中对机制选择的规定主要有以下 4 种：

（一）选择性争端解决机制

中国自贸协定主要采用选择性争端解决机制，其内容大同小异，即如果发生的争端涉及自贸协定下事项和缔约双方均为缔约方的其他自贸协定或WTO 协定下事项，起诉方可以选择解决争端的场所。即可选择双边自贸协定规定的机构或 WTO 规定的机构解决。不过，一旦起诉方要求按照某个协定设立专家组，则应使用被选定的场所，且同时排除了其他场所的使用。

例如，中国—新西兰自贸协定第 16 章争端解决第 185 条规定："一、除本条规定外，本章不得影响双方依据双方均为缔约方的其他协定，寻求解决争端程序的权利。二、如争端同时涉及本协定和双方均为缔约方的其他协定项下的事项，起诉方可以选择解决争端机构。三、一旦起诉方选定机构，则被选定的机构应当被采用而排除选择其他机构的可能。四、就本条而言，当一方已经要求设立争端解决专家小组或仲裁庭，或者已将争议提交给一个争端解决专家小组或仲裁庭时，应当认为其已选定了机构。"

中国—新加坡自贸协定第 12 章争端解决第 92 条"范围"规定：1. 在

满足第 6 款的前提下，本章任何规定不得影响各方诉诸其参加的任何其他条约所规定的争端解决程序的权利。2. 一旦根据本章或其他双方都是缔约方的条约启动了争端解决程序，对于本协定或该条约涉及的特定权利和义务，起诉方选定的争端解决机构应获得对本争端的排他性管辖权。3. 如果双方明确同意将特定争端诉诸一个以上的争端解决机构，第 5 款和第 6 款将不再适用。4. 就第 5 款到第 7 款而言，如起诉方按照本章或者双方参加的任何其他条约的规定，要求设立争端解决的专家小组或仲裁庭，或者已将争议提交给一个争端解决专家小组或仲裁庭时，应认为其已选定争端解决机构。

（二）适用 WTO 的争端解决机制

参见前述自贸协定争端解决机制不适用的范围。

（三）国际的争端解决机制

参见下述的投资者—东道国争端解决机制。

（四）只简要地规定了原则性的争端解决条款

参见第 4 节中国内地与香港、澳门 CEPA、海峡两岸 ECFA、亚太贸易协定争端解决机制。此 4 个协定的内容不在本节和第 2、3 节论述。

三、中国自贸协定争端解决的途径

中国自贸协定争端解决的途径，大体上与 WTO 规定一致，包括外交途径解决，磋商，斡旋、调解和调停，仲裁庭或专家组解决等，但在程序、时间上有所差别。此外，中国—智利自贸协定还规定，在磋商未果时，先提交由双方组成的委员会解决。中国—巴基斯坦自贸协定规定，斡旋、调解和调停由双方组成的委员会承担。

（一）磋商

磋商是解决争端的第一步，也是必经的一步，并在进入其他程序时仍可随时使用。

对于磋商的时限，WTO 规定磋商阶段的时限为 60 日，中国自贸协定规定的时限与 WTO 基本相同，但对于紧急或易腐货物的时限较短。

中国—哥斯达黎加自贸协定中，磋商的时限规定得最为完备："任何成员在接到受损害成员要求进行磋商后 10 日内应对申请做出答复，并在接到申请后 30 日内（对于易腐的货物/紧急事项，在收到磋商请求后的 15 日内）展开诚信磋商。磋商是秘密进行的。磋商期不得超过收到磋商请求之日起的 45 日，对于涉及易腐货物的，不得超过 20 日。双方同意延长期限的除外。"

表 6 - 1   **中国自贸协定争端解决磋商的时限**

单位：日

时间、方式 协定	答复磋商请求		开展磋商时限		磋商期限	
	正常货物	易腐货物	正常货物	易腐货物	正常货物	易腐货物
中国—东盟	7	—	30	10	60	20
中国—巴基斯坦	7	—	30	15	60	30
中国—智利	60	15	60	15	75	30
中国—新西兰	10	—	30	15	60	30
中国—新加坡	7	—	30	10	60	20
中国—秘鲁	25	—	40	35	45	20
中国—哥斯达黎加	10	—	30	15	45	20

（二）斡旋、调解和调停

斡旋、调解和调停为双方同意的情况下随时可以采取的程序。各个协定的条款基本相同。

例如，中国—哥斯达黎加自贸协定第 144 条规定："一、斡旋、调解和调停为双方同意的情况下自愿采取的程序。二、斡旋、调解和调停程序，尤其是各方在程序中所采取的立场应保密，并不得损害任一方在本章任何进一步程序中的权利。三、斡旋、调解和调停可以由任何一方在任何时间提起。该等程序可以在任何时间开始，在任何时间终结。四、如果双方同意，斡旋、调解和调停可以在根据第 145 条（成立专家组）成立的专家组的审理程序进行时继续进行。"

（三）仲裁庭或专家组

中国与巴基斯坦、东盟、新加坡、新西兰、智利自贸协定采用仲裁程序，而中国与秘鲁、哥斯达黎加自贸协定采用专家组程序解决争端。在中国自贸协定中，仲裁与专家组的组成（包括专家和仲裁员的资格）、职能、审议程序及审议报告的效力是相同的。

中国自贸协定规定，如果磋商失败，当事方有权要求成立专家组或仲裁庭（一般由 3 人组成）。

四、仲裁庭/专家组的程序

（一）仲裁庭/专家组的组成

如果被请求方没有在收到磋商请求之日起于协定规定的时间内进行答复，或者被请求方没有在协定规定的时限内进行磋商，或者磋商规定的期限已过而双方没有解决争端，请求方可以书面要求成立仲裁庭或专家组对争议事项进行仲裁/审理。各协定规定，当事方分别选择一名专家/仲裁员，而第三名专家/仲裁员（担任主席）则由双方同意或委托 WTO 总干事指派主席，以避免产生僵局，并规定了仲裁庭/专家组组成的时间表。（参见表 6-2）

表 6-2　　　　中国自贸协定的仲裁庭或专家组
争端解决时间限制对照表

单位：日

时间、方式 \ 自贸协定	指定仲裁员/专家			提交初步报告		提交最终报告		公开报告
	原告	被告	首席	正常货物	易腐货物	正常货物	易腐货物	
中国—东盟	20	30	30	—	—	120	60	10
中国—巴基斯坦	30	30	30	90	60	120	90	15
中国—智利	15	15	15	120	60	150	90	15
中国—新西兰	15	15	30	90	—	120	—	10
中国—新加坡	20	30	30	—	—	120	60	10
中国—秘鲁	15	15	30	—	—	120	90	30
中国—哥斯达黎加	10	10	15	—	—	120	80	25

（二）仲裁庭或专家组成立时间限制

WTO 规定仲裁庭或专家组成立时间以 10 日为限，但如果当事方未达成协议则可延迟至 30 日，中国自贸协定的仲裁庭或专家组成立时限有所差别，一般在 10～30 日之间（详见表 6-2）。在表 6-2 中，首席仲裁员或专家组组长的选定时间，有的从成立仲裁庭或专家组开始计算，如中国与新西兰、秘鲁、哥斯达黎加自贸协定；有的从双方指定最后一名仲裁员或专家开始计算，如中国与巴基斯坦、东盟、新加坡、智利自贸协定。

中国与东盟、新加坡、新西兰自贸协定还规定在仲裁庭组成后若干日内确定仲裁程序时间表、规则。

（三）仲裁员/专家的资格要求

1. 中国自贸协定对仲裁员/专家的资格共同的要求是：具有法律、国际贸易、本协定项下其他事务，或解决国际贸易协定所产生的争端解决的专业知识或经验；并依据客观性、可靠性、良好判断力和独立性进行严格挑选。

特别要求：中国与巴基斯坦、智利、新西兰、哥斯达黎加自贸协定要求，遵守《WTO 关于争端解决规则与程序的谅解》，以及 WTO 文件 WT/DSB/RC/1 所规定之行为规范。中国—秘鲁自贸协定要求，不将责任分配给任何其他人；及遵守该协定附件十二（示范程序规则）所列示范程序规则。

2. 对首席仲裁员/专家组组长的要求。中国自贸协定对首席仲裁（主席）规定了更严格的条件：不是争端当事方的公民，不得在争端当事方的境内具有经常居住地或为其所雇佣。中国与巴基斯坦、智利、新西兰、秘鲁自贸协定还要求，不应以任何身份处理过此争议事项。

（四）仲裁庭/专家组职能

中国自贸协定对争端解决仲裁庭/专家组的职能规定，基本相同，例如：

中国—新加坡自贸协定第 98 条规定："一、仲裁庭的职能是对争端做出客观评估，包括对案件事实、本协定的适用性以及与本协定的一致性做出审查。如仲裁庭认定某项措施与本协定的规定不一致，应建议被诉方采取行动，使该措施与本协定的规定相一致。除提出建议外，仲裁庭可向被诉方提供如何执行建议的方法。在裁决和建议中，仲裁庭不得增加或减少本协定规定的权利和义务。二、除非双方在仲裁庭设立后 20 日内另行商定，仲裁庭职能应表述为：'根据本协定的有关规定，审查由（争端一方的名字）提出设立仲裁庭的事项……根据本协定的规定做出裁定、决定和建议。'仲裁庭应当就双方引用的本协定的相关规定进行阐述。三、根据上述第96条（仲裁庭的设立）设立的仲裁庭：（一）应定期与双方磋商，为达成双方满意的解决方案提供机会；（二）应依据本协议以及适用于双方的国际法规则做出裁决；（三）应在裁决中说明做出裁决的法律、事实和理由。四、仲裁庭的裁定是终局的，对双方具有约束力。五、仲裁庭应协商一致做出裁决。如仲裁庭不能协商一致，则应当依照多数意见做出裁决。六、除第96条（仲裁庭的设立）第2款和第99条（仲裁庭的程序）规定的事项外，仲裁庭应当通过与双方进行磋商，规定与双方表达观点的权利及审议相关的程序。"

中国—秘鲁自贸协定第180条规定："一、专家组的职能是对其审查的争端做出客观评价，包括对案件事实及本协定的适用性和与本协定的一致性的审查，以及对解决争端做出必要的裁决。二、专家组的报告应对争端双方有约束力。三、专家组应基于一致意见做出裁决；如果专家组不能取得一致，则应依照多数意见做出裁决。四、如专家组认定一项措施与本协定不一致，则应建议被诉方使该措施符合本协定。除其建议外，专家组还可就被诉方如何执行建议提出办法。五、在其裁决和建议中，专家组不能增加或减少本协定所规定的权利和义务。"

此外，中国与巴基斯坦、智利、新西兰、秘鲁、哥斯达黎加自贸协定还规定了"专家和技术建议"条款，例如，中国—新西兰自贸协定规定："仲裁庭有权向其认为合适的个人或机构寻求信息和技术建议。仲裁庭应当向双方提供该信息或者技术建议的副本，并为双方发表意见提供机会。如仲裁庭在准备报告时考虑了上述信息或技术建议，其也应当考虑双方对该信息或建议所提的意见。"

（五）仲裁庭或专家组争端解决时间限制

对于仲裁庭/专家组裁决争端的时间，WTO规定以180日为限，中国自贸协定规定是120~150日，而涉及易腐货物/紧急事项则为60~90日（中国—新西兰自贸协定未规定），特殊情况可以延长30日。

中国与巴基斯坦、新西兰、智利自贸协定规定了仲裁庭或专家组提交初步报告和最终报告两道程序，双方可以对初步报告提出意见。例如，中国—新西兰自贸协定规定："一方可在收到初步报告后10日内向仲裁庭提出书面意见。除非双方另行商定，仲裁庭应当在考虑双方的书面意见并进行其认为合适的进一步审查之后，于初步报告公布后 30 日内向双方公布最终报告。仲裁庭最终报告自散发 10 日后应当作为可获得的公开文件。"而中国与东盟、新加坡、秘鲁和哥斯达黎加自贸协定只规定提交最终报告一道程序。

中国与东盟、新加坡、秘鲁、哥斯达黎加自贸协定规定，仲裁庭或专家组在特殊情况下可以延期提交最终报告：中国与秘鲁、哥斯达黎加自贸协定最多可延长 30 日，中国与东盟、新加坡自贸协定最多可延长 60 日；中国与巴基斯坦、新西兰、智利自贸协定规定提交初步报告可以延长 30 日，但最终报告不能延长。

（六）仲裁庭或专家组的裁决

仲裁庭或专家组的裁决是终局的，如果仲裁庭或专家组经审理得出结论，一措施或其他事项违反该自贸协定，并且被诉方没有在合理执行期内执行仲裁庭或专家组报告的建议，或者如果起诉方认为被诉方没有执行双方满意的解决方案，或如果仲裁庭或专家组根据一致性审查做出结论认为被诉方采取的执行措施不符合其在该协定项下的义务，被诉方应当就寻求双方可接受的补偿方案同起诉方进行谈判。

（七）裁决的执行

中国自贸协定与 WTO 一样，规定了对仲裁庭或专家组报告的执行时间限制，以及一方未执行仲裁庭或专家组建议时采取报复行为。报复包括根据不执行程度暂停利益给予等。例如，中国—秘鲁自贸协定规定："一、如果出现以下情形，起诉方可以在此后任何时间书面通知被诉方，起诉方拟在被诉方收到该通知后 30 日内中止适用利益。（一）争端双方未能在协商补偿期限开始后 30 日内就补偿达成一致，或被诉方未能在就补偿达成一致后遵守达成一致的补偿的条件；（二）第 187 条（对执行的审查）下的专家组裁决被诉方未能在确定的期限内使被裁决与本协定不一致的措施符合专家组的建议；（三）被诉方书面表示将不会执行专家组的建议。二、起诉方可以在根据本条第 1 款通知之日和专家组根据第 190 条（对中止利益水平的审查）做出报告之日较晚者之后 30 日内开始中止利益。三、中止利益的水平应与未收到的利益相当。四、在根据第 1 款考虑中止何种利益时：（一）起诉方应首先寻求在受措施影响的相同部门里中止利益；（二）如果起诉方认为在相同部门里中止利益不可行或无效，它可以在其他部门里中止利益。它应在做出该决定的通知里说明理由。"

此外，有的自贸协定的争端解决条款还对仲裁庭/专家组程序的中止和终止、信息和技术建议、请求澄清报告、不执行——中止利益，一致性审查，对执行的审查，补偿、减让或优惠的中止，中止减让的后续工作、语言、费用等做出了规定。

表 6 - 3 中国自贸协定的对仲裁庭或专家组
报告的执行时间限制对照表

单位：日

程序 自贸协定	合理期限			一致性审查	
	提交	裁决	可延期	提交	裁决
中国—东盟	30	30	15	20	30
中国—巴基斯坦	30	60	—	60	90
中国—智利	45	60	30	60	90
中国—新西兰	45	60	30	—	60
中国—新加坡	30	30	15	60	15
中国—秘鲁	30		300	—	60
中国—哥斯达黎加	30	20			45

五、私人权利

中国与智利、秘鲁、哥斯达黎加自贸协定对私人权利的规定是，任一缔约方不得在其国内法下提供以另一缔约方措施不符合本协定为理由的诉讼权利。而中国—巴基斯坦自贸协定则规定："任何关于一缔约方是否采取与本协定一致的措施的问题，应根据本协定第 10 章提交和处理。"

中国与东盟、新加坡、新西兰自贸协定无此条款规定。

第二节　投资的争端解决机制

中国与东盟（含新加坡）、巴基斯坦、新西兰、秘鲁自贸协定均单设投资的争端解决的条款，中国—智利的投资协定尚未达成，中国—哥斯达黎加适用双边投资保护协定。

投资的争端解决包括缔约方间争端解决和投资者——东道国之间的争端

解决两部分。中国与东盟（含新加坡）、新西兰自贸协定缔约方间争端解决采用与贸易协议相同的争端解决机制；而中国与巴基斯坦、秘鲁自贸协定则专门规定了缔约方间争端解决机制。

一、投资协议缔约方之间的争端解决

中国与巴基斯坦、秘鲁自贸协定对缔约方间争端解决的条款基本相同。中国—巴基斯坦自贸协定第 53 条规定：

1. 缔约方之间关于投资协议的解释或适用的任何争端应尽可能通过外交途径协商解决。

2. 如争端在 6 个月内未能通过协商得到解决，应缔约任何一方的请求，应将争端提交专门仲裁庭。

3. 该仲裁庭应由 3 名仲裁员组成。收到请求仲裁的书面通知后 2 个月内，缔约任何一方各自任命 1 名仲裁员，该 2 名仲裁员应在之后的 2 个月内选定 1 位与缔约双方都具有外交关系的第三国国民经缔约双方任命担任首席仲裁员。

4. 如果仲裁庭未能在自书面仲裁申请提出之日起 4 个月内组成，缔约双方间又无其他约定，缔约任何一方可以提请国际法院院长做出任命。如果国际法院院长是缔约任何一方的国民，或由于其他原因不能履行此项任命，应请国际法院中非缔约任何一方的国民也无其他不胜任原因的最资深法官履行此项任命。

5. 仲裁庭应自行决定其程序，仲裁庭应按照本协定以及缔约双方都承认的国际法原则做出裁决。

6. 仲裁庭的裁决应以多数票做出。裁决是终局的，对缔约双方均有拘束力。应缔约任何一方的请求，仲裁庭应对其所做的裁决进行解释。

7. 缔约双方应承担其任命的仲裁员及其出席仲裁程序的费用。首席仲裁员和仲裁庭的费用应由缔约双方平均承担。

8. 缔约双方对本协定的解释或适用所产生的任何争议，应根据本条独立解决。

中国—秘鲁自贸协定无第 8 项规定。

二、投资者—东道国之间的争端解决

（一）投资者—东道国争端解决的范围

对于投资者—东道国争端解决的范围，中国—东盟投资协议第 14 条规定，一缔约方与另一缔约方的投资者之间产生的，涉及因前一缔约方违反本协议有关国民待遇、最惠国待遇、投资待遇、征收、损失补偿、转移和利润汇回，通过对某一投资的管理、经营、运营、销售或其他处置等行为给投资者造成损失或损害的投资争端。中国与巴基斯坦、新西兰、秘鲁自贸协定则规定，一缔约方投资者与另一缔约方之间有关另一缔约方境内的投资的任何争端。

中国—东盟投资协议规定投资者—东道国争端解决不适用于：在本协议生效前，已发生的事件引发的投资争端、已解决的投资争端或者已进入司法或仲裁程序的投资争端；争端所涉投资者拥有争端所涉缔约方的国籍或公民身份的情况。其他协定无此规定。

（二）投资者选择在投资东道国国内解决争端

1. 协商解决

在中国自贸协定中，一缔约方投资者与另一缔约方之间有关另一缔约方境内的投资的任何争端，应尽可能由争端双方当事人通过协商友好解决。

中国—新西兰自贸协定规定："一方投资者与另一方之间产生的，与该投资者在另一方境内投资直接相关的法律争端，应尽最大可能，通过投资者与另一方的磋商与谈判友好解决，在争端方均接受的前提下，这种磋商与谈判可包括利用非约束性的第三方程序。磋商与谈判的要求应当以书面形式提出且应当说明争端的性质。"

2. 行政复议

在提交仲裁和法院前应完成行政复议程序。中国—新西兰自贸协定规定："争端国家一方可要求有关投资者在仲裁请求前，依据该方法律及规章规定，履行适当的国内行政复议程序，该程序不应超过3个月。"中国与东盟、巴基斯坦自贸协定规定，在提交国际仲裁前，要用尽该缔约方法律和法规所规定的国内行政复议程序。在中国—秘鲁自贸协定中，中国要求有关投资者在提交国际仲裁之前，必须先履行中国法律和法规所规定的国内行政复议程序。

3. 在投资东道国的法院、行政法庭和仲裁机构解决争端

对于提交争端解决法庭或仲裁机构的选择，前提是：如争端自争端投资者书面提出磋商或协商之日起6个月内，未能协商解决，则可以选择：在投资东道国的法院或仲裁机构解决；或提交国际调解机构或仲裁庭解决。

（三）投资者选择在国际调解或仲裁庭解决

1. 争端解决机构选择

如果争端投资者没有将该争端提交给接受投资的缔约方有管辖权的法院

或其他任何有拘束力的争端解决机制解决，投资者可以选择将争端提交下述国际调解或仲裁庭解决。

（1）依据 1965 年 3 月 18 日在华盛顿签署的《解决国家和他国国民之间投资争端公约》设立的"解决投资争端国际中心"（ICSID）进行的调解或仲裁；如果 ICSID 公约不对缔约双方适用，依据解决投资争端国际中心附加便利规则进行的调解或仲裁。对于菲律宾，出现投资争端，只有争端双方的书面同意，方可根据《解决国家和他国国民之间投资争端公约》和《解决投资争端国际中心仲裁程序规则》提交仲裁请求。

（2）依据联合国国际贸易法委员会（UNCITRAL）规则进行的仲裁（中国—巴基斯坦自贸协定无此选择）。

（3）争端各方同意的任何其他仲裁规则（中国与巴基斯坦、新西兰自贸协定无此选择）。

对于提交争端解决法庭或仲裁机构的选择具有确定性和排他性。中国与巴基斯坦、秘鲁自贸协定，中国—东盟自贸协定中的印尼、菲律宾、泰国和越南，采取绝对排他性，一旦投资者将争端提交给其适格的法院和行政法庭，或国际仲裁程序之一，则选定的程序是终局性的。中国—东盟自贸协定的其他国家、中国—新西兰自贸协定采取相对排他性，如果争端已被提交国内管辖法院，只有在最终裁决做出前，投资者从国内法院撤诉，该争端才可被提交国际争端解决。提交仲裁请求之日仍然有效的仲裁规则，应当适用于该仲裁。

2. 提交国际调解或仲裁庭解决应注意的事项

中国与东盟、巴基斯坦、秘鲁自贸协定规定，如果争端投资者希望将争端提交国际调解或仲裁，其应当于提交申请前提前至少 90 日将其意向书面通知争端缔约方的政府主管部门。

中国—东盟投资协议第 14 条规定了意向通知书应载明的内容：（1）指定的争端解决机构，指明是寻求调解或是仲裁；（2）在任何争端所涉法庭上，放弃其发起或进行任何程序（不包括该条第 7 款所指的中期保护措施的程序）的权利；（3）简要总结本协议（包括被认为所违反的条款）项下争端所涉缔约方被认为违反规定的情况，以及对投资者或其投资造成的损失或损害。

中国—秘鲁自贸协定规定了意向通知书应载明的内容：（1）争端投资者的名称和地址；（2）争端缔约方的具体争端措施，以及足以阐明问题的对投资争端的事实和法律依据的简要说明，包括协定投资章节中被声称违反的义务；（3）争端投资者放弃其就争端事项提起其他争端解决程序的权利；

（4）争端投资者选择的调解或仲裁；（5）所寻求的救济及请求赔偿的大概数额。

中国与巴基斯坦、新西兰自贸协定没有规定意向通知书的内容，中国—新西兰自贸协定没有规定提前通知的时间。

（四）争端国家方的抗辩

中国—新西兰自贸协定规定，争端国家一方在仲裁庭组成后 30 日内，可因仲裁请求明显缺乏法律依据或超出仲裁庭管辖权或职能，提出反对意见。反对意见应当尽可能明确说明反对理由。仲裁庭对此反对意见应当先于仲裁请求所涉具体问题进行裁决。争端方应当得到合理机会向仲裁庭陈述其观点及意见。如果仲裁庭认定仲裁请求明显缺乏法律依据或超出仲裁庭管辖权或职能，其应当按此做出裁决。如理由充分，仲裁庭可裁决补偿胜诉方因提交反对意见或对此提出抗辩发生的合理费用与支出。在判定此裁决是否理由充分时，仲裁庭应当考虑仲裁请求或反对意见是否是无意义的或明确缺乏法律依据，并应当给争端方提供合理的发表意见的机会。

（五）裁决的程序法与实体法适用

中国—巴基斯坦自贸协定规定："仲裁裁决应根据作为争议一方的缔约方包括其冲突法规则在内的法律、本协定的规定和被普遍接受的国际法原则做出。"

缔约各方对协定的解释的联合决定，中国—新西兰自贸协定规定："应争端国家一方要求，仲裁庭应当要求缔约双方就争端问题涉及的本协定条款进行共同解释。缔约双方应当在该要求提出后 60 日内，以书面形式，将表明双方解释的联合决定提交仲裁庭。缔约双方根据第 1 款做出的联合决定应当对仲裁庭具有约束力。裁决应当与该联合决定相一致，如果缔约双方在 60 日内未能做出这样的决定，仲裁庭应当独自对该问题做出决定。"

中国—东盟投资协议规定，当一投资者提出争端缔约方采取或执行税收措施已违背投资协议有关征收，应争端缔约方请求，争端缔约方和非争端缔约方应举行磋商，以决定争议中的税收措施是否等效于征收或国有化。任何依照本协议设立的仲裁庭应根据本条款认真考虑缔约双方的决定。如缔约双方未能启动此类磋商，也未能在自收到第 4 款所指的磋商请求的 180 日内，决定此类税收措施是否等效于征收或国有化，则不应阻止争端所涉投资者根据本条款将其要求提交仲裁。

（六）提起解决争端的时效

中国与东盟、巴基斯坦、新西兰、秘鲁自贸协定均规定，自争端投资者知道或应当知道投资东道国违反义务的行为，对该争端投资者或其投资造成损失或损害时起3年后，不得再向法院或仲裁机构提出申请。

（七）法院或仲裁机构的裁决

1. 仲裁请求的合并

中国—新西兰自贸协定规定："若两个或更多投资者表明，将提交的仲裁请求源于同一事件或情形产生的共同法律或事实问题，则在所有争端方均同意合并仲裁请求的情况下，争端方应当举行磋商，协调应当适用的程序，包括选择审理争端的机构。"

2. 仲裁机构可裁决的事项

中国与新西兰、秘鲁自贸协定规定，当仲裁庭做出对被申请人（东道国）不利的最终裁决时，只可单独或合并裁决以下事项。

（1）赔偿金和相应利息。

（2）返还财产（或财产恢复原状），判决可规定被申请人支付赔偿金和相应利息代替财产返还。

（3）根据适用的仲裁规则裁决仲裁费和律师费；或与仲裁相关的开支及费用。

3. 仲裁机构不可裁决的事项

中国—新西兰自贸协定规定，仲裁庭不得裁定惩罚性损失赔偿；除限于争端方之间及该特定案件外，仲裁庭做出的裁决不具约束力。

4. 仲裁程序相关信息和文件的公布

中国—新西兰自贸协定规定，除非任何向仲裁庭提交的被专门指定为保密的信息应当避免披露外，争端国家一方可在其认为适当的情况下，确保公众可获得所有仲裁庭文件。

（八）裁决的效力

中国与巴基斯坦、秘鲁自贸协定规定，仲裁裁决是终局的，对争端双方具有拘束力，缔约双方应当承诺执行仲裁裁决。

中国—新西兰自贸协定规定，只有当所有可行的复议程序结束后，争端一方才可寻求执行最终裁决。在受前述条款约束的前提下，争端一方应当遵守并执行裁决，不得迟延。

中国—东盟投资协议未规定仲裁裁决是否为终局的。

三、投资权益的保护

中国—东盟投资协议规定：1. 对争端所涉投资者权益的保护。任何缔约方不得阻止争端所涉投资者，在提交任何国际争端解决机制的程序之前，寻求过渡性保护措施，以保护其权利和利益，只要该措施不涉及需争端缔约方法院判决和行政裁决的伤害补偿和争端实质问题的解决。2. 对东道国权益的保护。任何缔约方不得对其投资者和任一其他缔约方依照本条应同意提交或已提交调解或仲裁的相关争端，提供外交保护或国际要求，除非此缔约方对此争端未能遵守所做出的裁定。对于本款，外交保护不包括为便利一项争端解决的单一目的进行的非正式外交交涉。

其他中国自贸协定没有此项规定。

第三节　服务贸易的争端解决机制

一、适用自贸协定总的争端解决机制

中国与东盟、巴基斯坦、智利、新西兰、新加坡、秘鲁、哥斯达黎加自贸协定服务贸易协议规定，服务贸易的争端原则上由双边协定的争端解决机制解决。例如，中国—东盟服务贸易协议第 30 条"争端解决"规定，《全面经济合作框架协议争端解决机制协议》适用于本协议；第 24 条"具体承诺减让表的修改"规定，如果有关缔约方无法就补偿性调整达成协议，应按照《框架协议》下的《争端解决机制协议》通过仲裁解决。修改方应在根据仲裁结果进行补偿性调整后，修改或撤销其承诺。

二、商业存在模式投资的争端解决机制

（一）适用投资缔约双方之间争端解决机制

中国—巴基斯坦服务贸易协议第 2 条规定："《自由贸易协定》第 53 条（缔约双方之间争端解决）在做必要调整后，应适用于影响缔约一方服务提供者在本协定附件一具体承诺表所列部门通过商业存在的形式在缔约另一方领

土内提供服务的措施。"

(二) 适用投资者—国家争端解决机制

中国与东盟、新西兰、秘鲁投资协议规定，服务贸易中以商业存在模式的投资的某些条款的争端适用投资者—国家争端解决条款，但不适用于任何在该自贸协定生效前已经进入司法或仲裁程序的与投资相关的争端或请求。例如，中国—秘鲁自贸协定第127条第3款规定，对于以商业存在模式提供服务的情形，投资章节中的公平公正待遇和完全的保护和安全、征收、损失的补偿、转移、代位等条款应适用投资者—东道国争端解决的范围。

三、特别的争端解决机制

中国—哥斯达黎加自贸协定第9章有关服务贸易第107条争端解决规定："一、如发生争议，仅第14章（争端解决）的第144条（斡旋、和解、调停）在以下情况适用：（一）涉及行为模式的事件；同时（二）商业人士已穷尽了可获得的行政救济的特定事例。二、第一段第二款中所指的救济，如在该当事例中有关当局在行政程序开始后1年内尚未做出最终决定的，应被视为穷尽，且不能做出决定不是归因于由该商务人士引起的延迟。"

中国—秘鲁自贸协定第110条"国内规制"规定："各缔约方应维持或尽快设立司法、仲裁或行政庭或程序，在另一缔约方受影响的服务提供者请求下，对影响服务贸易的行政决定迅速进行审议，并在请求被证明合理的情况下提供适当的补救。如此类程序并不独立于做出有关行政决定的机构，则该方应保证此类程序在实际中提供客观和公正的审查。"第122条"争端解决"规定："一、如发生一缔约方在本章项下拒绝给予临时入境许可的情形，另一缔约方不可用本协定总的争端解决规定发起程序，除非：（一）问题涉及缔约一方的一贯做法；同时（二）就此特定事例，商务人员已用尽现有的行政救济。二、如主管部门1年内未对此事件给出最后裁决，且未做出裁决并非由于商务人员导致的拖延，则第1款第2项所指的行政救济即可被认为已经用尽。"

第四节　中国单独关税区、亚太贸易协定的争端解决机制

一、中国内地与香港、澳门 CEPA 的争端解决机制

中国内地与香港、澳门的 CEPA，对争端解决机制只做了简单的规定。CEPA 规定，由双方成立的联合指导委员会，解决 CEPA 执行过程中可能产生的争议。"双方将本着友好合作的精神，协商解决 CEPA 在解释或执行过程中出现的问题。委员会采取协商一致的方式做出决定。"

二、海峡两岸 ECFA 的争端解决机制

海峡两岸的 ECFA 第 10 条规定：1. 双方应不迟于本协议生效后 6 个月内就建立适当的争端解决程序展开磋商，并尽速达成协议，以解决任何关于本协议解释、实施和适用的争端。2. 在本条第 1 款所指的争端解决协议生效前，任何关于本协议解释、实施和适用的争端，应由双方通过协商解决，或由根据本协议第 11 条设立的"两岸经济合作委员会"以适当方式加以解决。

三、亚太贸易协定的争端解决机制

亚太贸易协定规定，各参加国对本协定的规定及在其框架内通过的任何文件的解释与实施所产生的争议，应由有关各方达成协议友好解决。如参加国之间无法解决争端，该争端将被提交常委会解决。常委会将对事件进行审核，在争端提交之日起 120 日内提出建议。为此，常委会应通过引用适当的法规解决争端。

总之，中国已签署的自贸协定数量不多，涉及的国家也比较少，自由化程度比较低，有的协定，比如与巴基斯坦的协定，甚至没有取消大部分关税。各个协定之间的自由化程度有较大的差异，协定内容与范围宽窄不同、条款繁简不一，术语内涵有别。因绝大部分协定文本仅用英文签署，致使公布中文译本滞后，且中文译文欠准确。自贸协定的管理机制与机构也有待健全。

自贸协定的兴起正在从根本上改变世界贸易的版图。中国如何设计自贸协定的架构以及如何管理多项、同时进行的自贸协定谈判，评估中国在自贸协定的某些主要条款中的经济与发展上的利益，值得不断探讨、认真研究。

自贸协定已成为中国推动贸易自由化的重要的贸易政策工具之一。中国需要制定一套统一的战略来协调多个自贸协定的谈判，从而获得最大利益。

小资料:

一、泰国经济贸易概况

泰王国，简称泰国（Thailand），位于亚洲，国土面积51.3万平方公里。截至2011年7月1日，泰国人口总数约为6 952万人。

泰国进口商品主要是原料及半成品、资本商品和燃料，分别占进口总额的42.7%、25.9%和17.4%；出口商品主要是工业品、农产品和农业加工品，分别占出口总额的76.9%、11%和6.8%。主要贸易伙伴为：日本、中国、美国、东盟、欧盟、中国香港、澳大利亚、中国台湾、阿联酋。

2010年，泰国国内生产总值（GDP）3 188.47亿美元，人均GDP 4 620美元。其中货物贸易进出口总额为3 777.19亿美元，其中出口额1 953.19亿美元，进口额1 824.00亿美元，占全球货物贸易出口总额比重1.28%，进口总额比重1.18%，关税总水平9.9%，是世界货物贸易出口第25位和进口第22位。2010年服务贸易出口额338.06亿美元，服务贸易进口额456.01亿美元，占全球服务贸易出口总额比重0.92%，进口总额比重1.30%，是世界服务贸易出口第27位，进口第23位。2008—2010年，人均贸易额5 737美元，贸易占GDP的比例138.3%。2010年中国与泰国货物贸易总额529.47亿美元，中国出口额197.47亿美元，进口额332亿美元。

1995年1月1日，泰国加入世界贸易组织。目前，泰国参加的区域贸易协定11个（不含服务贸易协议），协定伙伴61个（含不同协定相同国家），包括：全球发展中国家间贸易优惠制、东盟自贸协定、中国—东盟自贸协定、日本—东盟自贸协定、韩国—东盟自贸协定、澳大利亚—新西兰—东盟自贸协定、印度—东盟自贸协定，以及与日本、老挝、澳大利亚、新西兰签订了双边自贸协定。正在谈判的有孟印缅斯泰经济合作组织。

二、越南经济贸易概况

越南社会主义共和国，简称越南（VietNam），位于亚洲，国土面积33.2万平方公里，截至2011年7月1日，越南人口总数约为8 879万人，农业人口占总人口的80%。

越南矿产资源、森林、水资源和近海渔业资源丰富，盛产稻米、热带经济作物和热带水果。出口贸易以资源性产品、农产品和轻工产品为主，主要出口商品包括：纺织服装、鞋、原油、水产品、电子产品、木和木制品、大米、机械设备、橡胶、咖啡和煤炭。主要出口市场为：美国、欧盟、东盟、日本、中国。越南进口贸易以机械设备、成套设备、工业原辅料和农用物资为主，主要进口商品包括：钢材、成品油、布料、计算机及零部件、塑料原料、汽车、纺织和制鞋原料、饲料和原辅料。越南主要进口市场为：中国大陆、东盟、韩国、日本、欧盟。

2010 年，越南国内生产总值（GDP）1 035.72 亿美元，人均 GDP 1 155 美元，货物贸易进出口总额为 1 569.93 亿美元，其中出口额 721.92 亿美元，进口额 848.01 亿美元，占全球货物贸易出口总额比重 0.47%，进口总额比重 0.55%，关税总水平 9.8%，是世界货物贸易出口第 39 位和进口第 35 位。2010 年服务贸易出口额 73.55 亿美元，服务贸易进口额 97.71 亿美元，占全球服务贸易出口总额比重 0.20%，进口总额比重 0.28%，是世界服务贸易出口第 56 位，进口第 55 位。2008—2010 年，人均贸易额 1 774 美元，贸易占 GDP 的比例 157.3%。2010 年中国与越南货物贸易总额 300.94 亿美元，中国出口额 231.14 亿美元，中国进口额 69.8 亿美元。

2007 年 1 月 11 日，越南加入世界贸易组织。目前，越南参加的区域贸易协定 8 个（不含服务贸易协议），协定伙伴 58 个（含不同协定相同国家），包括：全球发展中国家间贸易优惠制、东盟自贸区、中国—东盟自贸协定、日本—东盟自贸协定、韩国—东盟自贸协定、澳大利亚—新西兰—东盟自贸协定、印度—东盟自贸协定，并与日本签订了双边自贸协定。

第三篇 中国自由贸易协定分述

第七章 中国—东盟自由贸易协定

    2002 年 11 月 4 日，中国和东南亚国家联盟签署《中国—东盟全面经济合作框架协议》；2003 年 10 月 6 日，双方签署了《关于修改〈中国—东盟全面经济合作框架协议〉的议定书》，对原框架协议的部分条款进行了修改，确定原产地规则以及"早期收获计划"中例外产品和特定产品清单。2004 年 11 月 29 日，双方签署了《中国—东盟全面经济合作框架协议货物贸易协议》（CAFTA）和《中国—东盟争端解决机制协议》；2006 年 12 月 8 日签署《中国—东盟全面经济合作框架协议货物贸易协议》第一议定书；2010 年 10 月 29 日签署《中国—东盟全面经济合作框架协议货物贸易协议》第二议定书，对《中国—东盟自贸区原产地规则签证操作程序》和《中国—东盟自贸区原产地证书》进行修订。2007 年 1 月 14 日，签署了《中国—东盟服务贸易协议》；2009 年 8 月 15 日，签署了《中国—东盟投资协议》。2011 年 11 月 18 日，签署《关于实施中国—东盟自贸协定〈服务贸易协议〉第二批具体承诺的议定书》，2012 年 1 月 1 日生效。

    东盟 10 国有老成员（马来西亚、印度尼西亚、泰国、新加坡、菲律宾、文莱）和新成员（越南、缅甸、老挝、柬埔寨），各成员经济发展水平差异较大，大部分为发展中国家，也有最不发达国家（缅甸、老挝、柬埔寨）；大部分为 WTO 成员，柬埔寨、越南于 2004 年、2007 年才分别加入 WTO，但老挝还不是 WTO 成员。因此，中国—东盟自贸协定按照 WTO "授权条款"谈判签订。中国将东盟作为一个整体予以谈判的同时又照顾到东盟新成员的发展实际，采取先易后难分协议（货物、投资、服务）谈判签订，分阶段渐进式

（早期收获计划，服务分阶段承诺）自由化，分国别包容性（货物贸易，中国对东盟6个老成员既有统一实施的减让表，又有对6国分别实施的减让表，对4个新成员是每个国家1个减让表；而东盟10国对中国是每个国家1个减让表。服务贸易：中国1个减让表对东盟10国，东盟10个减让表对中国）承诺开放，做到求同存异，实现互利共赢。

2004—2009年，是中国—东盟自贸区的初创阶段；2010年1月1日，中国—东盟自贸区正式成立；至2015年，中国—东盟自贸区将全面建成；2016年之后，自贸区将迈向巩固完善阶段。这是中国商签的第一个自贸协定，也是中国建设的人口最多（中国和东盟10国总计人口达到19亿）、贸易额最大（4.5万亿美元）的自贸区。

第一节　货物贸易规定

一、中国—东盟自贸区的"早期收获计划"

（一）早期收获计划

早期收获计划是根据《中国—东盟全面经济合作框架协议》最先实施的降税计划，启动时间为2004年1月1日。此项计划尽管当时中国与东盟还没有就全部货物的降税安排达成协议，但为了使双方尽早享受到自贸区的好处，树立建立中国—东盟自贸区的信心，双方决定选择一些共同感兴趣、互补性强的产品，用较快的速度和较大的幅度提前进行降税，先行开放市场。因此，早期收获计划又被称为中国—东盟自贸区在货物贸易领域的快速轨道。

（二）早期收获计划的产品范围

早期收获计划涵盖的产品范围主要是HS编码第一章到第八章的产品，主要类别如下：第一章，活动物；第二章，肉及可食用杂碎；第三章，鱼；第四章，乳品、蛋、蜜等；第五章，其他动物产品；第六章，活树及其他活植物；第七章，蔬菜；第八章，水果。中国还与文莱、印度尼西亚、马来西亚、新加坡、泰国等国家分别进行双边磋商，将一些前八章之外的产品也列为早期收获产品，称为特定产品。特定产品的优惠关税只在中国与提出特定产品的东盟成员间相互适用，而中国与其他东盟成员之间仍适用WTO最惠国税率。

由于各种早期收获产品的当时实施税率不同，而按照规定，这些产品的最终税率却均要降为零。为保证降税进程更为平稳，双方商定，将早期收获产品按其在 2003 年 7 月 1 日的实施税率分成三类，按照不同的时间表进行削减和取消关税。同时，为体现对柬埔寨、老挝、缅甸和越南 4 个东盟新成员的照顾，各方允许它们以较慢的速度降税，享受更长的过渡期。

表 7 - 1　　　　　各国具体早期收获产品的税目数表

序号	国别	数目
1	文莱	597
2	柬埔寨	539
3	印度尼西亚	595
4	老挝	406
5	马来西亚	599
6	缅甸	579
7	菲律宾	214
8	新加坡	602
9	泰国	581
10	越南	547
11	中国	593

作为中国—东盟自贸区的试验田，早期收获计划实施情况证明，早期收获计划是一个互惠双赢的贸易安排。它不仅有效地促进了中国与东盟之间货物贸易，特别是农产品贸易的增长，而且也表明，建立中国—东盟自贸区是一项正确的选择。它的成功实施增强了中国与东盟各国建设自贸区的信心，为后来实施中国—东盟自贸区的各项协议奠定了良好的基础。

二、中国—东盟自贸协定的关税减免规定

2005 年 7 月 1 日开始实施的《货物贸易协议》是规范中国与东盟货物贸易降税安排和处理非关税措施等有关问题的法律文件，共有 23 个条和 2 个附录（附录 1：列入正常类税目的关税削减/取消的模式；附录 2：列入敏感类税目的削减/取消的模式），主要包括关税的削减和取消、减让的修改、数量限制和非关税壁垒、保障措施、加速执行承诺、一般例外、安全例外、机构

安排和审议等内容。

（一）货物贸易降税产品的分类

根据《货物贸易协议》第 3 条规定：各成员的关税削减或取消计划要求逐步削减被列明税目的实施最惠国税率，并在适当时依照本条予以取消。依照本协议纳入关税削减或取消计划的税目应包括所有未被《框架协议》第 6 条所列的早期收获计划涵盖的税目，这些税目应按规定进行关税削减和取消。即除已有降税安排的早期收获产品外，其余产品分为正常产品和敏感产品两大类，分产品与国家分步降税。

1. 正常类

一成员自愿纳入正常类的税目应依照本协议附件 1 中列明的模式逐步削减和取消各自实施的最惠国税率，并应实现模式中的降税门槛所规定的目标。在正常产品中，产品又分为一轨产品和二轨产品两类。两者的共同点是最终税率均为零，区别是二轨产品在取消关税的时间上享有一定的灵活性。

2. 敏感类

一成员自愿纳入敏感类的税目应依照本协议附件 2 中的模式削减或取消各自实施的最惠国税率。在敏感产品中，按敏感程度不同，产品又分为一般敏感产品和高度敏感产品两类。两者的共同点是最终税率可不为零，区别是一般敏感产品要在一段时间后把关税降到相对较低的水平，而高度敏感产品最终可保留相对较高的关税。

中国—东盟自贸区的货物贸易谈判采取的是"否定列表"方式，凡是没有列入敏感产品清单的产品均视为正常产品。因此，在中国—东盟自贸区框架下，绝大多数的产品都是正常产品。

（二）正常类货物减免税规定

《货物贸易协议》详细规定了正常产品关税减让的模式，其中，对东盟新成员的特殊和差别待遇是协议所体现的一项重要原则。协定生效后，首批 7445 种商品的关税降至 20% 左右，中国对东盟 6 个老成员国平均关税降到了 8.1%，比最惠国平均税率还低 1 个百分点；按照自贸区建设计划，到 2010 年，中国与东盟 6 个老成员国间绝大多数产品关税降为零，到 2015 年，中国与东盟 4 个新成员国间绝大多数产品关税为零。

列入正常类税目的关税削减和取消模式：

1. 一轨正常产品

（1）降税步骤：中国和东盟老成员，正常产品自 2005 年 7 月 1 日起开始降税，2007 年 7 月 1 日和 2009 年 1 月 1 日各进行一次关税削减，2010 年 1 月 1 日将关税最终削减为零；东盟新成员，从 2005 年 7 月起开始降税，2006—2009 年每年 1 月 1 日均要进行一次关税削减，2010 年不削减关税，2011 年起每两年削减一次关税，至 2015 年将关税降为零。

（2）降税的起点税率：《货物贸易协议》将产品按其降税起点税率的高低进行分类，每一类都遵循一定的降税模式，最终将关税降为零。一般来说，当时实施税率较高的产品降税幅度较大，降速较快，关税较低的产品降税幅度较小，速度也较慢，这样可以保证全部产品的稳步降税。与中国和东盟老成员相比，东盟新成员的产品分类更细，降税更为平缓，从开始降税到取消关税的时间也较长。

2. 二轨正常产品

二轨正常产品（清单见东盟国家二轨产品清单、中国二轨产品清单）的降税模式与一轨正常产品完全相同，区别仅在于二轨正常产品的关税在按降税模式降到 5% 以下时，可保持不超过 5% 的关税，在比一轨正常产品更晚的时间降为零。中国和东盟老成员，在 2012 年 1 月 1 日取消二轨正常产品的关税；东盟新成员，在 2018 年 1 月 1 日取消二轨正常产品的关税。但是，二轨产品的数目有一定限制，中国和东盟老成员的二轨产品不得超过 150 个六位税目（新加坡没有列，而菲律宾超过，在 2008 年审议时确定），东盟新成员不得超过 250 个六位税目。

（三）正常类货物降税的期限

1. 各个成员列入一轨正常类的税目应根据下列减让表逐步削减和取消各自的实施最惠国税率。详见以下减让表：

表 7-2　　　　　东盟 6 国与中国正常产品减税安排

X = 中国—东盟自贸区优惠税率	中国—东盟自贸区优惠税率（不迟于 1 月 1 日）			
	2005*	2007	2009	2010
X≥20%	20	12	5	0
15%≤X<20%	15	8	5	0
10%≤X<15%	10	8	5	0
5%<X<10%	5	5	0	0
X≤5%	保持不动		0	0

*执行的开始时间为 2005 年 7 月 1 日

表 7 - 3 越南正常产品减税安排

X = 中国—东盟自贸区优惠税率	中国—东盟自贸区优惠税率（不迟于 1 月 1 日）							
	2005*	2006	2007	2008	2009	2011	2013	2015
X≥60%	60	50	40	30	25	15	10	0
45%≤X<60%	40	35	35	30	25	15	10	0
35%≤X<45%	35	30	30	25	20	15	5	0
30%≤X<35%	30	25	25	20	17	10	5	0
25%≤X<30%	25	20	20	15	15	10	5	0
20%≤X<25%	20	20	15	15	15	10	0.5	0
15%≤X<20%	15	15	10	10	15	10	0.5	0
10%≤X<15%	10	10	10	10	8	5	0.5	0
7%≤X<10%	7	7	7	7	5	5	0.5	0
5%≤X<7%	5	5	5	5	5	5	0.5	0
X<5%	保 持 不 动							0

* 执行的开始时间为 2005 年 7 月 1 日。

表 7 - 4 柬埔寨、老挝和缅甸正常产品减税安排

X = 中国—东盟自贸区优惠税率	中国—东盟自贸区优惠税率（不迟于 1 月 1 日）							
	2005*	2006	2007	2008	2009	2011	2013	2015
X≥60%	60	50	40	30	25	15	10	0
45%≤X<60%	40	35	35	30	25	15	10	0
35%≤X<45%	35	35	30	30	20	15	5	0
30%≤X<35%	30	25	25	20	20	10	5	0
25%≤X<30%	25	25	25	20	20	10	5	0
20%≤X<25%	20	20	15	15	15	10	0.5	0
15%≤X<20%	15	15	15	15	15	5	0.5	0
10%≤X<15%	10	10	10	10	8	5	0.5	0
7%≤X<10%	7**	7**	7**	7**	7**	5	0.5	0
5%≤X<7%	5	5	5	5	5	5	0.5	0
X<5%	保 持 不 动							0

* 执行的开始时间为 2005 年 7 月 1 日

** 缅甸可保持不超过 7.5% 的税率直至 2010 年

2. 一成员将一税目纳入正常类，对于该税目，该成员应当享有其他成员根据协定附件 1 或附件 2 及其中的规定与条件对该税目进行的关税减让。只要该成员遵守其对该税目关税削减和取消的承诺，就应当享有这一权利。

3. 前述 1 中相关减让表所设定的关税税率仅列出在特定实施年份由每一成员针对所涉税目实施的中国—东盟自贸区优惠税率水平，不应阻止任一成员单方面在任何时候自愿加速进行关税削减或取消。

4. 应根据前述 1 列出的减让表所规定的时间框架，将正常类中征收从量税税目的关税等量削减至零。

5. 对于列入正常类实施最惠国税率为 0% 的所有税目，其税率应保持在 0%。对于税率削减为 0% 的税目，其税率应保持在 0%。任何一成员不应被允许提高任何税目的税率，除非本协议另有规定。

6. 作为根据上述减让表削减和/或取消实施最惠国税率承诺的一部分，每一成员承诺根据下列门槛进一步进行关税的削减和取消。

（1）东盟 6 国和中国。每一成员于 2005 年 7 月 1 日将正常类税目中 40% 的税目的关税削减到 0~5%；于 2007 年 1 月 1 日将正常类税目中 60% 的税目的关税削减到 0~5%；于 2010 年 1 月 1 日取消所有正常类税目的关税，不超过 150 个六位税目享有不迟于 2012 年 1 月 1 日取消关税的灵活性；不迟于 2012 年 1 月 1 日前取消所有正常类税目的关税。

（2）东盟新成员。每一成员于 2009 年 1 月 1 日（对越南）、2010 年 1 月 1 日（对老挝、缅甸）、2012 年 1 月 1 日（对柬埔寨）将正常类税目中 50% 的税目的关税削减到 0~5%。柬埔寨、老挝、缅甸应不迟于 2013 年 1 月 1 日取消正常类税目中 40% 的税目的关税。越南的正常类不迟于 2013 年 1 月 1 日取消关税的税目的比例应不迟于 2004 年 12 月 31 日确定。每一成员应不迟于 2015 年 1 月 1 日取消所有正常类税目的关税，不超过 250 个六位税目享有不迟于 2018 年 1 月 1 日取消关税的灵活性。每一成员应不迟于 2018 年 1 月 1 日取消所有正常类税目的关税。

7. 应将各成员在前述 1~6 列明税目的中国—东盟自贸区税率不迟于 2012 年 1 月 1 日（对东盟 6 国和中国）、2018 年 1 月 1 日（对柬埔寨、老挝、缅甸、越南）取消。

上述降税安排对东盟新成员给予了较长的缓冲期限，对其中的最不发达国家给予更大的灵活性。

（四）敏感类税目的上限

敏感产品是各方出于国内产业发展考虑，需要进行保护的产品，因此其最终税率不降为零。《货物贸易协议》规定，敏感产品按其敏感程度，分为一般敏感产品和高度敏感产品。敏感产品要受到两个指标，即税目数量和进口金额的限制。也就是说，敏感产品的数量不能超过一定税目，同时一方敏感产品所影响的进口额也不能超过该方进口总额的一定比例，但协议同时也对东盟的新成员做出了特殊安排。

1. 每一成员列入敏感类的税目数量不应超过如下上限：（1）中国与东盟老成员：不超过 400 个六位税目，进口额不超过进口总额的 10%（以 2001 年数据为基础）。（2）柬埔寨、老挝和缅甸：不超过 500 个六位税目，不设进口额上限。（3）越南：不超过 500 个六位税目，进口额上限未定，但越南应在规定时间内对敏感产品进行一定幅度的关税削减。

2. 高度敏感清单中的税目数量不应超过如下上限：（1）中国与东盟老成员不应超过敏感类税目总数的 40% 或 100 个税目，以低者为限；（2）柬埔寨、老挝和缅甸：不应超过敏感类税目总数的 40% 或 150 个税目，以低者为限；（3）越南：应不迟于 2004 年 12 月 31 日决定（越南最终确定 140 个税目）。

3. 每一成员列入敏感类中一般敏感产品清单和高度敏感产品清单的税目，分别详见《东盟 10 国一般敏感产品清单》、《东盟 10 国高度敏感产品清单》和《中国敏感产品清单》（含一般和高度敏感产品）。

中国对东盟 10 国提出一份敏感产品清单，同时适用于 10 国；东盟 10 国则分别针对中国提出各自敏感产品清单，其中所列的敏感产品只适用于中国。

中国提出的敏感产品主要包括大米、天然橡胶、棕榈油、部分化工品、数字电视、木材和纸制品等；东盟各国提出的敏感产品主要是橡胶制品、塑料制品、陶瓷制品、部分纺织品和服装、钢材、部分家电、汽车、摩托车等敏感产品。

（五）敏感产品的降税模式

一般敏感产品和高度敏感产品的降税模式有所不同，一般敏感产品由于敏感程度较低，其最终税率要低于高度敏感产品，但高度敏感产品的数量也要受到一定约束。

1. 成员应按照如下模式削减以及在可适用的情况下取消敏感类税目的实施最惠国税率。

（1）东盟老成员与中国应将适用于各自敏感清单税目的实施最惠国税率不迟于2012年1月1日削减至20%，这些税率于2018年1月1日进一步削减至0~5%。

（2）柬埔寨、老挝、缅甸应将适用于各自敏感清单税目的实施最惠国税率不迟于2015年1月1日削减至20%，这些税率应不迟于2020年1月1日进一步削减至0~5%。越南应将适用于其敏感清单税目的实施最惠国税率不迟于2015年1月1日削减至一定的水平（这一水平的税率应于2004年12月31日决定），这些税率于2020年1月1日进一步削减至0~5%。

（3）成员应将适用于各自高度敏感清单中税目的实施最惠国税率削减到至少50%，东盟老成员与中国不迟于2015年1月1日完成，东盟新成员不迟于2018年1月1日完成。

2. 应根据前述1规定的时间框架削减敏感类中征收从量税税目的关税。这些税目的关税削减幅度应等于在同一年需削减关税的敏感类中征收从价税税目的关税平均削减幅度。

3. 尽管前述1设定了减让表，任一成员可单方面在任何时候自愿加速削减和/或取消敏感类中税目的税率。不应阻止任一成员单方面在任何时候自愿将敏感类中的税目转入正常类。

4. 一成员敏感清单中税目的对等税率应按如下条件处理：

（1）如一成员将一税目列入敏感清单，该税目的税率必须在10%或低于10%时才能享受对等待遇。

（2）一成员列入敏感清单的税目的对等税率应为该成员对该税目适用的税率，或提供对等税率的另一方或各成员的正常类税目的适用税率，以两者之间较高的税率为准。

（3）一成员列入敏感清单的税目的对等税率不应超过提供对等税率一成员或各成员的实施最惠国税率。

5. 对实行配额内和配额外税率管理的税目的处理方法，包括关税削减/取消模式，应不迟于2005年3月31日由各成员讨论并达成一致意见，讨论应包括但不限于配额内和配额外税率。

（六）关税减让的修改

任一缔约方可同其已按协定做出减让的另一缔约方谈判并达成协议，修订或撤销在本协定下达成的减让。但上述可包括关于其他产品的补偿性调整条款的谈判和协议中，所涉及的各缔约方应保持对等互利的减让水平总体上不低于在上述谈判和协议达成之前本协定中规定的水平。

三、逐步取消数量限制和非关税壁垒

货物贸易协议第 8 条规定，除非 WTO 规则允许，各缔约方不应在任何时候保留任何数量限制措施；非 WTO 成员的缔约方也应按本协议规定逐步取消其数量限制。各缔约方应在协议生效后尽快列明非关税壁垒（数量限制除外）以逐步取消，取消这些非关税壁垒的时间框架应由各缔约方共同商定，各缔约方在实施协议时应公布其数量限制的有关信息并使这些信息易于取得。

四、原产地规则

《中国—东盟自贸区原产地规则》是《框架协议》项下的，于 2003 年 10 月单独签署并于 2004 年 1 月 1 日起实施的，在条款的格式上与其他几个自贸区原产地规则不同，共有 13 条规则。并制定了《中国—东盟自贸区原产地规则的签证操作程序》和《中国—东盟自贸区原产地规则》项下"产品特定原产地标准"（第一批）。其基本内容与其他中国自贸协定的原产地规则大体一致。如"完全获得产品"，"非完全获得或生产的产品"，采取区域成分 40%。

（一）原产地规则的不同点

1. 累积规则

中国—东盟自贸区采取完全累积规则，成分累积的是 11 个国家。

2. 直接运输

《中国—东盟自贸区原产地规则》对"直运规则"规定，产品运输经过任何其他中国—东盟自贸区成员国境内视为直接运输，即不是两国直运，而是可以在其他 10 个成员之间运输。

3. 微小加工及处理

《中国—东盟自贸区原产地规则》对"微小加工及处理"的条款不像其他协定规定那么全面具体，只列了 3 项："（1）为运输或贮存货物使货物保持良好状态；（2）为货物便于装运；（3）为货物销售而进行包装或展示。"

4. 中性成分

《中国—东盟自贸区原产地规则》对"中性成分"条款不像其他协定规定那么全面具体，而是只概括地规定："除另有规定的以外，在确定货物的原产地时，应不考虑在产品生产制造过程中使用的动力及燃料、厂房及设备、机器及工具的原产地，以及未留在货物或未构成货物一部分的材料的原产地。"

（二）产品特定原产地规则

根据《中国—东盟自贸区原产地规则》的规则六（产品特定原产地标准）规定：“在一成员方经过充分加工的产品应视为该成员方的原产货物。符合附件二所列产品特定原产地规则的产品，应视为在一成员方经过了充分的加工。”

该附件二产品特定原产地标准（第一批）规定，如果产品经过本附件规定的加工或工序制得，则为原产产品。产品的原产国应为产品最后实质性改变发生的成员国。如果产品的生产涉及两个或多个成员国，则产品的原产国为发生了最后实质性改变的成员国。该附件规定了2个判定标准：唯一标准和选择性标准。

1．唯一标准

规定6个产品，应为“从中国—东盟自贸区内饲养的羊、羔羊或其他动物获得”。

2．选择性标准

作为《中国—东盟自贸区原产地规则》中规则四（基本标准）的选择性标准适用。即申请中国—东盟自贸区原产地证书（Form E）时，可选择适用《中国—东盟自贸区原产地规则》中的规则四或本附件规定的选择性标准。

它包括：税则归类改变，纺织原料及纺织制品的加工工序标准。其中，可选择税则归类改变的有42种产品；选择加工工序标准的有424种产品。

纺织原料及纺织制品的加工工序标准要求非原产材料需经过规定的加工工序才能赋予产品原产资格，具体又分为：（1）纤维和纱线，要求从规定的任何一种或几种材料经过纤维制造（聚合、缩聚及挤压）、纺纱、捻线、卷曲或编织工序制造，有49种产品；（2）织物/地毯及纺织材料的其他铺地制品，特种纱线、线、绳、索、缆及其制品要求从规定的材料，要求经过上述任一实质性改变加工工序制造，有375种产品。

五、原产地规则签证操作程序

2010年的《原产地规则签证操作程序》包括25条规则，比2004年的签证操作程序相比，增加了3条规则，对大部分条款做了修改补充，并加了小标题：定义、签证机构，申请、出口前检查，原产地证书（Form E）的签发，提交，记录保存要求，特殊情况，反瞒骗措施等。新的签证操作程序更明确，更具有可操作性。

（一）增加的 3 条规则

1. 规则一，相关定义。对流动证明、海关、出口商、进口商、签证机构做出定义。

2. 规则十二，有关流动证明的规定：（1）当产品运经中间方境内时，应出口商请求，中国—东盟自贸区内的中间方签证机构可以签发流动证明，只要：中间方进口商和申领流动证明的出口商为同一人；提交第一个出口方签发的有效原产地证书（Form E）正本；流动证明应当包含签发原始原产地证书（Form E）的签证机构名称、签发日期、证书编号等信息。证书上的船上交货价格（FOB）应当为产品在中间方出口时的船上交货价格（FOB）；流动证明涵盖的产品数量不得超过原始原产地证书（Form E）所涵盖的产品数量。（2）在中国，流动证明应当由海关当局签发。在东盟各国，流动证明应当由其签证机构签发。（3）流动证明的有效期应当与原始原产地证书（Form E）的有效期相同。（4）申领流动证明所涉及的产品应当置于中间方海关监管之下。除了中国—东盟自贸协定原产地规则八所列重新包装及物流活动外，该产品不得在中间方进行任何进一步加工。（置于中间方海关监管之下的产品应当包括停留在自由贸易园区内或海关指定地点的产品）。（5）流动证明同样适用规则十八的核查程序。特别是，进口方海关可以同时向中间方和原出口方提出核查请求，要求其在收到核查请求之日起 30 日内，酌情提供关于原始原产地证书（Form E）和流动证明的相关信息，例如，第一出口商、最终出口商、证书编号、产品描述、原产国及发货港等。

3. 规则二十三，有关第三方发票的规定。由驻在第三国的公司或者在出口方为该公司代销的出口商开具发票的，只要产品符合中国—东盟自贸协定原产地规则的要求，进口方海关对原产地证书（Form E）应当予以接受。第三方发票的发票号应当在原产地证书（Form E）的第 10 栏予以注明，出口商和收货商必须驻在缔约各方，第三方发票的复印件应当随同原产地证书（Form E）一并提交进口方海关。

（二）主要修改内容

1. 把原产地证书的签证机构由"政府机构"改为"签证机构"，即原来只有商检机构签发的，现在可以授权任何政府机构或其他实体，例如中国贸促会签证机构也可签发。

2. 增加了对于本地获取的材料，中国—东盟自贸协定内出口的最后一个制造商所做的自我声明，应当作为申领原产地证书的依据。

3. 增加了一份原产地证书可涵盖多项产品。

4. 原产地证书减少了第四副本，并对进口方海关拒绝接受原产地证书问题做出规定。

5. 产品进境报关时不再向海关提交原产地证书第三副本。

6. 原产地证书的有效期延长，并统一为 1 年。

7. 对原产地证书所列产品与所报验的产品差异的处理更具体明确。

8. 对进口方海关的核查程序规定更为具体。

9. 提高了原产地证书相关文件记录保存要求。

此外，其他规则也做了补充和文字修改。

六、对协议的审议及其他条款规定

《货物贸易协议》规定，每 2 年或适当的时间召开会议，对协议进行审议，以考虑进一步采取措施开放货物贸易，并就协议第 7 条涉及的问题或各缔约方同意的任何其他问题制定规则和谈判协定。在考虑各自执行本协议情况基础上，各缔约方在 2008 年对敏感产品进行审议，以提高敏感产品的市场准入条件，包括对敏感产品的数量进行进一步的可能的削减以及审议被一缔约方列为敏感的产品的对等关税待遇条件。

此外，协议还规定了 WTO 规则、保障国际收支的措施、一般例外、安全例外、承认中国市场经济地位、保障措施等条款（参见第二~六章）

第二节　服务贸易规定

中国—东盟服务贸易协议包括定义和范围、义务和纪律、具体承诺和其他条款四个部分，共 33 个条款和 11 个具体承诺表。

一、中国—东盟服务贸易协议的特别规定

除与其他中国自贸协定的服务贸易协议的内容相似外（参见第三章），中国—东盟服务贸易协议还特别规定了下列内容：

（一）加强柬埔寨、老挝、缅甸和越南对服务贸易协议的参与

服务贸易协议第 17 条规定，为加强柬埔寨、老挝、缅甸和越南对服务贸

易协议的参与，应通过经谈判达成的具体承诺推动，这些承诺与以下措施相关：第一，通过商业基础上的技术引进，加强它们国内服务的能力、效率和竞争力；第二，促进它们进入销售渠道及信息网络；第三，对它们有出口利益的服务部门的市场准入和服务提供方便，实现自由化；第四，对柬埔寨、老挝、缅甸和越南展现适当的灵活性，允许它们开放较少的部门和较少的交易种类，并按照它们各自的发展情况逐步扩大市场准入。

（二）承诺的适用与扩大

服务贸易协议第 22 条规定，中国向东盟 10 国提交 1 份统一的承诺表，适用于东盟 10 国，东盟 10 国分别提交各自的承诺减让表（共 10 份），适用于中国和东盟 10 个国家（新加坡在本协议的承诺低于中国—新加坡自贸协定的承诺，在第十一章阐述）。

（三）逐步自由化

根据协议第 23 条 "逐步自由化" 规定，各缔约方应在本协议生效后进行第二批具体承诺的谈判，以实质性改善第一批具体承诺，并通过连续的谈判回合，以实现各缔约方间的服务贸易逐步自由化。2011 年 11 月 18 日，中国与东盟签署《关于实施中国—东盟自贸协定〈服务贸易协议〉第二批具体承诺的议定书》，于 2012 年 1 月 1 日起生效。

（四）具体承诺减让表

中国—东盟服务贸易协议第 21 条 "具体承诺减让表" 规定，"一缔约方具体承诺减让表只适用于那些通过谈判已经完成各自具体承诺减让表的缔约方"。这意味中国与东盟有关国家在 WTO 中的具体承诺减让表不适用。

（五）具体承诺减让表的修改

协议第 24 条规定，一缔约方可以在减让表中任何承诺自生效之日起 3 年后的任何时间修改或撤销该承诺，只要（1）该缔约方将其修改或撤销某一承诺的意向，在不迟于实施修改或撤销的预定日期前 3 个月通知各缔约方及东盟秘书处；且（2）该缔约方与任何受影响的缔约方进行谈判，以商定必要的补偿性调整。

为实现补偿性调整，各缔约方应确保互利承诺的总体水平不低于在此类谈判之前具体承诺减让表中规定的对贸易的有利水平。任何补偿性调整应在非歧视的基础上适用于所有缔约方。如果有关缔约方无法就补偿性调整达成协议，应按照争端解决机制协议通过仲裁解决。修改方应在根据仲裁结果进行补偿性调整后，修改或撤销其承诺。

如果修改方实施了拟议的修改或撤销，并且没有执行仲裁结果，参与仲裁的任何缔约方可按照仲裁结果修改或撤销实质性对等的利益。尽管有第22条（承诺的适用与扩大）的规定，此类修改或撤销应仅适用于修改方。

二、中国—东盟服务贸易第二批具体承诺

根据中国—东盟服务贸易协议的规定，2007年7月服务贸易协议生效后，各方随即启动了第二批具体承诺谈判，以进一步提升中国—东盟自贸区服务贸易自由化水平。相比第一批具体承诺，中国的第二批具体承诺根据中国加入WTO承诺，对商务、通讯、建筑、分销、教育、环境、金融、旅游、运输服务等九大类的承诺绝大部分的部门、分部门均向东盟各国开放，对第一批具体承诺的部分内容进行了更新和调整，同时在第一批开放超过WTO承诺娱乐文化和体育服务大类外，还进一步开放了运输服务大类中公路客运、职业培训。第二批具体承诺的部门、分部门从第一批43项增加到130项，增长了3倍。东盟各国的第二批具体承诺涵盖的部门也明显增加，特别是第一批具体承诺比较少的泰国、马来西亚、菲律宾等国家。东盟许多国家不仅在其WTO承诺基础上做出更高水平的开放，个别国家的承诺还超出了WTO新一轮谈判出价水平。

老挝的第二批承诺没有把第一批的再列入，马来西亚等国有个别部门没有列入，而其他国家的则再列入。

三、中国对东盟10国服务贸易的具体承诺

中国在第一批承诺中，对东盟10国开放商务、建筑、环境、运输、娱乐5个大类，共43个部门和分部门；在第二批承诺中，对东盟10国增加开放通讯、分销、教育、金融和旅游5个大类（累计10个大类），共130个部门和分部门，只有健康和其他未包括的服务2大类未开放。

（一）中国对东盟开放与中国加入WTO承诺的比较

1. 中国第一批承诺对东盟开放超过加入WTO的承诺

（1）中国对东盟开放超过加入WTO承诺的大类。娱乐、文化和体育服务（视听服务除外）大类中的体育和其他娱乐服务向东盟各国开放，包括体育赛事推广服务、体育赛事组织工作服务、体育场馆运营服务（不包括高尔夫）。

（2）中国对东盟开放超过 WTO 承诺的部门、分部门与子部门。商务服务大类中的包装装潢印刷；运输服务大类中的公路运输服务，包括：机动车维修和保养服务、城市间定期旅客运输等。

（3）中国对东盟开放在服务提供方式上超过加入 WTO 承诺的部门、分部门与子部门。例如，在商务服务中的计算机及相关服务——软件实施服务的商业存在，中国加入 WTO 承诺规定"仅限于合资企业形式，允许外资拥有多数股权"，而中国—东盟自贸协定中方承诺"将允许设立外商独资企业"。

2. 中国第二批承诺对东盟开放超过加入 WTO 的承诺

商务服务大类中的：机动车租赁；市场调研服务；除建筑外的项目管理服务，安排和提供人员服务，建筑物清洁服务，包装装潢印刷。

教育服务大类中的：英语培训、烹饪培训、手工艺培训。

娱乐、文化和体育服务大类中的：体育赛事推广服务、体育赛事组织工作服务、体育场馆运营服务（不包括高尔夫）。

运输服务大类中的公路运输服务：城市和城郊定期运输、城市和城郊特定运输、城市间定期旅客运输、城市间特定运输；其他辅助服务中的机动车维修和保养、集装箱堆场（站）和仓库服务。

3. 中国第一批承诺对东盟开放低于加入 WTO 的承诺

（1）中国对东盟开放低于加入 WTO 承诺的大类：通讯服务、分销服务、教育服务、金融服务、旅游和与旅行相关的服务 5 大类没有对东盟各国做出承诺，是承诺最少的协定。

（2）中国对东盟开放低于加入 WTO 承诺的部门与分部门：中国在商务服务大类中的专业服务、无操作人员的租赁服务（干租服务），广告服务、技术测试和分析服务、与农业、狩猎和林业有关的服务、与渔业有关的服务、相关科学和技术咨询服务、设备的维修和保养服务、包装服务、会议服务等分部门。

4. 中国第二批承诺对东盟开放低于加入 WTO 的承诺

只有商务服务大类中的：计算机及相关服务中的系统和软件咨询服务、系统分析服务、编程服务、系统维护服务没有向东盟各国开放。

（二）中国第一批承诺对东盟开放低于加入 WTO 承诺的分析

1. 与中国对 WTO 的承诺相比，在中国—东盟服务贸易协议中，就中国承诺开放五个服务部门（商务、建筑、环境、运输、娱乐）而言。

（1）无论对于哪一种服务提供模式而言，在两个协议里，中国都对环境大类做了较为开放的承诺；商务与运输大类在 WTO 里都显得比在东盟服务贸易协议里更为开放，但开放承诺程度仍略显不足；对建筑大类做出了中等程度的承诺。对娱乐大类，在中国—东盟服务贸易协议中做了较小的开放承诺，而在加入 WTO 中并没做任何承诺。

（2）对商务和运输部门而言，跨境交付与商业存在模式是最为重要的，无论是对跨境交付或商业存在的承诺，中国在 WTO 中的承诺都要比在东盟服务贸易协议开放得多些；在中国—东盟服务贸易协议中所做出的承诺要更为严格（无论是市场准入或国民待遇）。

（3）对建筑部门而言，虽然在两个协议里中国对境外消费模式做出了无限制的开放承诺以及对跨境交付模式不做任何承诺，但这两个协议都对商业存在和自然人流动模式只做出了中等程度的承诺，而这两个模式对建筑部门而言是最为重要的。考虑到东亚地区建筑业的竞争性和各国对于自然人流动均持审慎的态度，当时采取这种的限制措施是恰当的。

（4）对环境部门而言，商业存在与跨境交付方式比较重要，在两个协议中无论是市场准入或国民待遇都对境外消费模式做出了无限制的开放承诺。另外，在两个协议中都对商业存在做出了较为开放的承诺。

（5）对娱乐部门而言，跨境交付与商业存在模式比较重要，但中国只在中国—东盟服务贸易协议中对商业存在模式做出试探性的开放承诺，主要目的是为了吸引外资，而在 WTO 中未做承诺；对于跨境交付模式，在两个协议中都未做承诺。

2. 在中国加入 WTO 的承诺里，中国对健康和娱乐两大类服务部门未做任何承诺，而在中国—东盟服务贸易协议承诺中，中国对六大类服务部门（通讯、分销、教育、金融、健康、旅游）未做承诺，只增加了娱乐、文化和体育服务（视听服务除外）中的体育和其他娱乐服务，总共承诺了 43 项，不足中国加入 WTO 承诺的 40%，与东盟 10 国相比也属于中等程度。这一方面是因为东盟的老挝尚未加入 WTO，老挝、缅甸以及文莱、泰国、印尼等国对中国做出服务贸易开放承诺很少，另一方面是中国与东盟 10 国在整体利益的对等开放和部门结构的对称开放问题上存在复杂的关系和谈判的难度，因此，双方在进行双边服务贸易开放上还保留着较为谨慎的态度。

四、文莱对中国服务贸易的具体承诺

（一）文莱对中国服务贸易的水平承诺

1. 市场准入限制

商业存在。对已经或者希望以商业存在形式建立的公司中与外资所占股比或收益有关的措施不作承诺。

自然人流动。除公司经理、高级管理人员、专家等级别的内部人员调任外，对技术人员的短期流动不作承诺。经理、高级管理人员和专家是指在文莱设有分公司、子公司或附属机构的公司的雇员，在申请赴文莱工作前已经在该公司工作了至少 1 年，并属于以下人员中的一类：

（1）经理：在机构中负责指导公司、公司某个部门或分支机构的运作，监督和掌控其他监管、专业技术或管理人员的工作，拥有雇用、解雇或建议雇用、解雇人员及其他人事权力（如升职或离职），并对公司日常的商业运营负责。经理不包括在一线工作的监管人员，除非其负责监管的公司雇员是专业技术人员。经理也不包括对公司的工作提供必要服务的人员。

（2）高级管理人员：在机构内主要负责公司的管理工作，并拥有很大的决策权，只接受更高级别的主管人员、董事会或企业股权持有者的一般性监督和指导。高级管理人员不直接从事公司的服务业务或与提供服务有关的实际工作。

（3）专家：在机构中拥有高水平的专业知识，高度了解公司的服务、研究设备、技术或管理。（专家包括但不仅限于获得许可的专业人员）

属于公司内部人员调任性质的，首次入境期限为 3 年，此后可延期 2 年，即总期限不能超过 5 年。

2. 国民待遇限制

商业存在。除已经以商业存在形式建立的公司外，不做承诺：上市公司董事会的半数成员，以及私人公司的半数经理人员必须是文莱公民或居民。所有在文莱国外设立的公司在文莱建立分支机构后，必须指定一家或多家本地代理商，承揽公司的某项或多项服务。

自然人流动。除市场准入栏中与自然人有关的措施外，不做承诺。

（二）文莱对中国服务贸易的部门承诺

1. 文莱对中国服务贸易第一批承诺的部门

文莱对中国在具体部门的承诺只有以下 2 大类中的 4 个部门与分部门，是东盟 10 国中承诺最少的国家之一。

（1）旅游和与旅游相关的服务，主要是饭店和餐饮服务中的旅馆住宿服务。

（2）运输服务。包括：海洋运输服务的旅客运输、货物运输；航空运输服务中的航空器的维护和修理服务。

2. 文莱对中国服务贸易第二批承诺的部门

文莱在第二批具体承诺中的大类增加到 5 个，部门、分部门增加到 30 项，增加了 2 倍。

（1）文莱第二批承诺新增的大类和部门

商务服务大类中的：会计、审计和簿记服务，建筑设计服务，医疗和牙医服务；与计算机硬件安装相关的咨询服务，软件实施服务，数据处理服务，数据库服务，办公用计算机及其设备维护和修理服务，其他计算机服务；航空器租赁。

通讯服务大类中的：语音电话服务、线路切换数据传输服务、电传服务、电报服务、传真服务、电子邮件服务、在线信息和数据库检索服务、电子数据交换服务、增值传真服务，包括储存和发送、储存和检索。

金融服务大类中的：人寿险、意外险和健康保险服务，非人寿保险服务，再保险和转分保服务，保险辅助服务（包括保险经纪、保险代理服务）。

运输服务大类中的有乘务员的飞机租赁。

（2）文莱第二批承诺单方面向中国承诺的部门

商务服务大类中的：数据库服务，其他计算机服务；航空器租赁。

运输服务大类中的有乘务员的飞机租赁。

五、柬埔寨对中国服务贸易的具体承诺

（一）柬埔寨对中国服务贸易的水平承诺

1. 市场准入限制

既得权利。对于设立或审批现有外国服务提供者从事经营或提供服务的许可或其他形式中所列所有权、管理、经营、法律形式和活动范围的条件，将不会使之比柬埔寨加入 WTO 之日时更具限制性。

投资激励。根据柬埔寨《投资法》规定，寻求激励的投资者有义务为柬埔寨人员提供充分和持续的培训，包括提升至高级职位的机会。

自然人移动。除与属下列类别的自然人的入境和临时居留有关的措施外，不做承诺：

（1）商务旅行者。具备下列条件的自然人：进入柬埔寨的目的是参加商务会议，签署关于服务销售的商业合同或进行谈判以及其他类似活动；在柬埔寨居留但不从柬埔寨境内获得报酬；未向普通公众直接销售或提供服务。商务旅行者的入境签证有效期为 90 日，初始居留期限为 30 日并可延期。

（2）负责建立商业存在的人员。从企业中获得报酬的高级管理人员或经理，负责为某一成员的服务提供者在柬埔寨通过商业存在形式设立企业，并雇用下列 A、B、C 类人员。该类人员不受最高居留期限限制。

（3）公司内部人员流动。被其他缔约方的法人雇用不少于 1 年并临时进入其在柬埔寨设立的分支机构、子公司或关联公司提供服务的下列自然人。

A. 高级管理人员：不需要进行劳动市场测试，在一个组织内部主要负责指导该组织的管理的人员，在决策中行使较广泛的权利，并只接受上级管理人员、董事会和股东的监督和管理。高级管理人员通常不直接执行与服务的实际提供有关的任务。

B. 经理：不需遵守劳动力市场测试，一个法人实体所雇用的自然人，具有某一法人实体的产品、服务、研究、设备、技术或管理等相关的高水平的专业知识或所有权，主要负责领导一个组织或组织中的一个部门；监督和控制其他监管人员、专业技术人员以及管理人员的工作；有雇用或解雇权、建议雇用或解雇权或其他人事权力。不包括一线监管人员，除非被监管雇员为专业人员；也不包括主要执行与服务提供有关的必要职责的雇员。

C. 专家：自然人，在一个组织内拥有高水平的专业知识并对该组织的服务、研究、设备、技术或管理拥有特定专业知识的自然人。

公司内部人员流动类别下定义的自然人的需要提供临时居留和工作许可。许可的年限为 2 年并可每年进行延期，最高累计年限为 5 年。

2. 国民待遇限制

（1）补贴。商业存在、自然人流动模式，对补贴不做承诺，包括与研究和开发有关的补贴。

（2）税收。跨境交付、境外消费、商业存在模式，关于税收没有限制。

（3）土地。商业存在，非柬埔寨籍自然人和法人可以租赁但不能拥有土地。

（4）自然人流动。除与市场准入栏中所指类别的自然人入境和临时居留有关的措施外，不做承诺。

（二）柬埔寨对中国服务贸易的部门承诺

1. 柬埔寨对中国第一批承诺的部门

柬埔寨虽然是最不发达国家，但在东盟 10 国中对中国比较开放，在 12 大类中，其他未包括的服务外，其他 11 大类均有对中国开放，达到 91 项。并且柬埔寨还单方面向中国开放了一些服务大类、部门、分部门。主要有：

（1）单方面向中国开放的大类

通讯服务、分销服务、教育服务、金融服务、有关健康和社会服务、旅游和与旅行有关的服务。

（2）单方面向中国开放的部门与分部门

商务服务大类中的：专业服务；计算机及相关服务中的数据库服务；无操作人员的租赁服务中的录像设备的租赁服务；其他商务服务中的广告服务，技术测试和分析服务，与采矿有关的服务。

娱乐文化和体育服务大类中的其他娱乐服务。

运输服务大类中的海洋运输服务的客运与货运服务，航空运输服务的销售，公路运输服务的有操作员的货运机动车租赁服务、公路运输的支持服务，管道运输服务的燃料传输、其他货物的运输。

2. 柬埔寨对中国第二批承诺的部门

因柬埔寨第一批对中国承诺的部门比较多，中国—东盟峰会曾免除其提交第二批承诺，但柬埔寨仍提交了承诺表，比第一批增加了 19 项，达到 110 项。

（1）实际新增加的部门、分部门

商务服务大类中的：财务审计服务、记账服务（除了纳税申报表）、会计审核服务，办公用计算机及其设备维护和修理服务、其他计算机服务，与能源分配有关的服务。

金融服务大类中的：参与各类证券的发行，包括作为证券包销或处置代理人并提供相关服务；货币经纪；资产管理，例如现金或有价证券管理、各种形式的共同投资管理、养老基金管理、有价证券的保管、受托和信托服务；金融资产的结算和清算，包括证券产品和其他可转让票据；提供和传输其他金融服务提供者提供的金融信息、金融数据处理和相关的软件。

运输服务大类中的：公路运输服务的不定期包车服务。

（2）柬埔寨第二批承诺单方面向中国承诺的部门

商务服务大类中的其他计算机服务、与能源分配有关的服务。

金融服务大类中的：货币经纪；资产管理，金融资产的结算和清算。

运输服务大类中的：公路运输服务的不定期包车服务。

六、印度尼西亚对中国服务贸易的具体承诺

（一）印度尼西亚对中国服务贸易的水平承诺

1. 市场准入限制

（1）商业存在。除另行规定外，外国服务提供者实现商业存在的方式包括设立合资企业和/或代表处。合资企业须满足以下要求：①应为有限责任公

司；②外国合伙人在有限责任公司中所占资本比例不能超过49%。

（2）自然人流动。根据印尼劳工和移民的法律法规，除另有规定外，只有董事、经理和技术专家/顾问允许居留2年，期满后可延长2次，每次2年。其中，经理和技术专家（公司内部流动人员）的入境取决于经济需求测试。

商务人员的短期入境和居留期最长为60日，最长可延长到120日。

A. 董事：由服务提供主体股东委托的一个或一群人，最终掌控企业的发展方向，并在法庭内和（或）法庭外代表企业承担法律责任。

B. 经理：一服务提供者的高级雇佣人员，主要为管理和组织工作提供指导，接受普遍监督，主要接受来自董事会的指令，包括为服务提供者或一个部门或分部门提供指导，监督或控制其他指导人员、专业人员或管理人员，或有权力聘用、解聘或推荐这些或其他人员。

C. 技术专家/顾问：一服务提供者的雇佣人员，获得标准、高级或普通的针对某一工种的或有特殊技能知识要求的资格，或拥有有关服务、研究设备、技术或管理必需的知识。

D. 商业人员：指以参加商业会议、从事与商业合同相关活动为目的的在印尼居留的自然人，包括参加与服务销售谈判，以及准备在印尼设立建立商业存在的其他类似活动，不从印尼获得报酬或任何其他的直接收入，不从事直销或为公众提供服务。

2. 国民待遇限制

（1）商业存在。根据印尼《收入税法》，非居民纳税人从印尼获取以下收入时，需代扣20%的所得税。以下收入是指：利息、版税、分红、在印尼提供服务的收费所得。

土地获得：根据印尼1960年颁布的《土地法》，任何外籍人士（包括法人和自然人）都不允许在印尼拥有土地。但是，合资企业拥有土地使用和建筑权，并可以租赁/承租土地和资产。

任何法人和自然人都必须满足职业资格要求。

（2）自然人流动。对外籍人士征收的费用：所有在印尼提供服务的外国自然人都应交纳政府征收的相关费用。根据劳工法，所有合资企业和代表处雇用的外国人士，和/或其他类型的法人，以及个体服务提供者都必须持有劳工移民部发放的工作许可证。

（二）印度尼西亚对中国服务贸易的部门承诺

1. 印度尼西亚对中国第一批承诺的部门

印度尼西亚的部门承诺主要在以下几个方面：建筑及相关工程服务、旅游和与旅游相关的服务、能源服务部门，共20项。

能源服务是其他国家很少开放的领域。印度尼西亚对中国开放的能源服务，包括：岩心分析和其他实验室测试，仅限于同位素分析；为获取地震数据而提供的地质和地球物理服务、煤炭的液化和气化。

2. 印度尼西亚对中国第二批承诺的部门

印度尼西亚第二批对中国承诺30项，比第一批增加了50%。新增的承诺是：

（1）商务服务大类中的船舶租赁。

（2）金融服务大类中的所有类型的贷款，包括消费信贷、抵押信贷、保理和商业交易的融资，保理，非银行金融机构服务。

（3）运输服务大类中的海运服务的客运服务、货运服务、海运货物装卸服务；航空运输服务的销售和营销服务、计算机订座服务、飞机的维修和保养服务。

3. 印度尼西亚单方面向中国开放的部门

商务服务大类中的船舶租赁，能源服务；金融服务大类中的非银行金融机构服务；运输服务大类中的航空运输服务的销售和营销服务。

七、老挝对中国服务贸易的具体承诺

（一）老挝对中国服务贸易的水平承诺

1. 市场准入限制

（1）跨境交付。银行和企业从境外借款需经老挝银行批准。

（2）境外消费。老挝居民到境外进行直接或间接投资须经相关主管部门的批准。用于海外投资的资金转拨须经老挝银行批准。携带超过2000美元的外汇出老挝需要经过老挝银行批准。

（3）商业存在。外国服务提供者的商业存在形式可以有以下几种：包括一个或多个老挝本国投资者的合资企业，外国独资企业，分支机构或代表处。外国服务提供者的商业存在形式应由相关职能部门批准并由老挝外国投资管理委员会颁发执照。

合资企业应按照老挝有关法律法规进行设立和注册。合资企业由一个或多个外国合法投资者/服务提供者与一个或多个老挝国内合法投资者共同拥有和经营。

合资各方根据老挝相关法律和法规订立合资企业的合同或合作章程，规范合资各方的行为和关系。

合资企业中，外国投资者/服务提供者的股权比例不得低于总投资权益的30%。

外国独资企业是根据老挝法律和法规注册的外国投资企业/服务提供者。由1个或多个外国合法投资者进行投资，没有老挝本国投资者的参与。在老挝设立的企业既可以是一个新建企业，也可以是一个外国企业的分支机构或代表处。外国投资企业的组成和注册应遵守《老挝企业/商业法》。外商投资企业和商业合作合同的经营期限需根据老挝相关法律和法规在每个投资项目的投资许可中特别注明。

外国企业的分支机构或代表处应该订立与相关法律法规及《老挝企业/商业法》相符的合作条款，并应由老挝外国投资管理委员会批准。

（4）自然人流动。老挝外国投资促进和管理法以及移民规定对在老挝工作的外国人做出了限制。但是，经老挝有关职能部门批准，外国企业在必要时有权雇佣外国技术人员和专家。

老挝政府为外国投资者和服务提供者、他们雇佣的外籍人员及上述人员的直系家庭成员在老挝领土出入境、旅游、驻留提供便利。这些人员在老挝境内必须遵守上述法律和相关法规。外国投资者/服务提供者有义务通过国内外培训等方式提高其老挝雇员的技术水平。

2. 国民待遇限制

（1）跨境交付与（2）境外消费。和市场准入栏中的内容相同。

（3）商业存在。在老挝的外国服务提供者可以在老挝境内租赁土地并可以转移租赁权益；他们可以拥有土地上的附属物和其他可移动财产，并转移上述所有权收益。根据老挝外国投资促进和管理法建立的外国企业应根据老挝相关法律和法规的规定缴纳年利润税。根据老挝相关法律和法规，外国企业还应缴纳老挝的其他税费。

（4）自然人流动。外国服务提供者及其在老挝境内工作的外籍人员应按照10%的统一税率为其在老挝境内获得的收入缴纳老挝政府个人收入所得税。

（二）老挝对中国服务贸易的承诺的部门

1. 老挝对中国第一批承诺的部门

老挝对中国只在金融服务领域做出了具体开放承诺6项，主要内容包括：

（1）银行和其他金融服务。主要包括：①金融租赁。②所有支付和货币汇送服务。③在交易市场、公开市场或其他场所自行或代客交易，包括：货币市场票据（支票，汇票，储蓄凭证等）；外汇；衍生产品，包括但不限于期货和期权；汇率和利率契约，包括调期和远期利、汇率协议；可转让证券；其他可转让的票据和金融资产，包括金银条块。

（2）保险和保险相关服务。保险（寿险及非寿险服务）包括再保险和转分保服务，不包括年金险、保险经纪和代理服务。根据老挝相关法律法规，国营企业，联营企业或私营企业（公开上市公司或有限责任公司）以及外国保险公司的分支机构必须从老挝有关机构（财政部、计划和投资委员会、老挝银行）获得营业和投资许可。

2. 老挝对中国第二批承诺的部门

老挝第二批向中国开放的服务部门、分部门为 20 项，比第一批增加了 3 倍多。

商务服务大类中的：建筑设计服务，集中工程服务的交通基础设施的综合工程服务（包括交钥匙工程）、综合工程和项目管理服务（为供水和卫生工程总承包项目）、综合性工程技术服务项目的建设总承包制造、城市规划服务、园林建筑服务；计算机及相关服务中的与计算机硬件安装相关的咨询服务，软件实施服务，数据处理服务，数据库服务，办公计算机及其设备维护和修理服务。研究与开发服务中的自然科学的研究和开发服务，社会科学和人文学科的研究和试验发展服务。

3. 老挝单方面对中国服务贸易承诺的部门

商务服务大类中的数据库服务；自然科学的研究和开发服务，社会科学和人文学科的研究和试验发展服务。

八、马来西亚对中国服务贸易的具体承诺

（一）马来西亚对中国服务贸易的水平承诺

马来西亚在第一批具体承诺减让表没有做出水平承诺，而是在各个具体部门承诺中"市场准入限制"、"国民待遇限制"栏内做出较为具体明确的规定。在第二批具体承诺减让表增加了水平承诺。

（二）马来西亚对中国服务贸易的部门承诺

1. 马来西亚对中国的第一批承诺的部门

马来西亚对中国的部门承诺主要涉及商务服务、通讯服务、建筑及相关

工程服务、教育服务、金融服务、与健康相关的服务和社会服务、旅游和与旅游相关的服务、运输服务 8 个大类，共 43 项。

马来西亚在通讯服务大类中的电信服务的承诺中采用基础电信服务、增值电信服务两部门承诺，可视同按 WTO 电信分类全部分部门均已承诺。

马来西亚在银行和其他金融服务（不包括保险）大类的承诺比较特别：咨询、中介和其他辅助金融服务，包括信用查询及分析，公司收购、重组和战略等方面的投资建议；金融部门运作总部服务，包括：一般性管理和行政管理、商业计划、原材料采购、技术支持、市场控制和促销计划、培训、人事管理、财务和资金管理服务、研发活动。上述活动由马来西亚境内的商业和投资银行机构提供给其马来西亚境外的办事处或相关公司。保险和保险相关服务，有条件地向中国开放直接保险公司。

马来西亚第一批承诺中单方面向中国开放的部门与分部门：

（1）马来西亚第一批承诺中单方面向中国开放的大类

通讯服务；分销服务；教育服务；金融服务；有关健康和社会服务；旅游和与旅行有关的服务。

（2）马来西亚第一批承诺中单方面向中国开放的部门与分部门

商务服务大类中的：专业服务；计算机及相关服务中的数据库服务。

旅游和与旅行有关的服务大类的会展中心服务（承诺要求：超过 3 000 人；会展中心应包括：展览会堂，会议室，超过 3 000 个座位的会堂，宴会厅以及能够满足电子会议要求的商务中心。会展中心应能为展览者、参会人员和参观者提供足够的停车位、商店和餐馆/咖啡厅）；主题公园（要求：以家庭为主要服务对象的休闲地点或娱乐中心，包括：围绕一个主题或若干主体修建的骑乘轨道、机械或高科技娱乐设施。提供的活动涉及娱乐、教育、冒险和刺激等方面。公园可在室外、室内或两者兼有）。

运输服务大类中的海洋运输辅助服务（包括：代表货主组织管理运输操作，完成运输及相关服务的程序，准备文件和提供商业信息）；航空运输服务的销售和营销服务（包括航空承运人应享受的所有商业机会，使其可在市场调研、广告及分销等领域自由销售和营销航空服务。这些活动不包括航空运输服务的定价及定价条件）。

2. 马来西亚对中国的第二批承诺的部门

马来西亚第二批对中国承诺 104 项，比第一批增加了 2 倍多。

（1）马来西亚第二批新增对中国承诺的部门

商务服务大类中的法律咨询和其他法律领域的其他司法程序法律服务，会计、审计和簿记服务，税收服务，集中工程服务，城市规划与园林建筑服务；社会科学和人文学科的研究和试验发展服务；船舶租赁、航空器租赁；广告服务，管理咨询服务，技术测试和分析服务，与农业、狩猎和林业有关的服务，与渔业有关的服务，与制造业有关的服务，会议服务，促进学生海外就业与研究服务，服务运营总部（OHQ），笔译和口译服务。

通讯服务大类中的电影或录像配送服务。

教育服务大类中的短期培训服务，包括语言培训、技术培训。

金融服务大类中的再保险和转分保服务、保险辅助服务（包括保险经纪、保险代理服务）；接受公众存款和其他需偿还的资金，所有类型的贷款（包括消费信贷、抵押信贷、保理和商业交易的融资），金融租赁，所有支付和货币汇送服务，担保与承兑，在交易市场、公开市场或其他场所自行或代客交易，参与各类证券的发行（包括作为证券包销或处置代理人并提供相关服务），货币经纪，资产管理（例如现金或有价证券管理、各种形式的共同投资管理、养老基金管理、有价证券的保管、受托和信托服务），记账卡、财务运营总部、商品期货经纪服务。

旅游服务大类中的饭店和餐饮服务（包括餐饮）、旅行社和旅游经营者服务、导游服务。

文娱服务大类中的：剧场制作人，歌手集团、乐队以及乐团娱乐服务，作者提供的服务、作曲家、雕塑家、艺人、其他个人艺术家，马戏团过山车乐园和服务、体育赛事推广服务、体育赛事组织工作服务。

运输服务大类中的：海洋运输服务的客运服务、货运服务、配船员的船舶租赁服务，船舶打捞救助服务，货运服务，货运代理服务。

其他服务的自动化生产技术、先进的材料技术、生物、电子、信息技术及航天/航空技术服务。

（2）马来西亚第二批承诺中单方面向中国开放的部门与分部门

商务服务大类中的法律咨询和其他法律领域的其他司法程序法律服务、城市规划服务；社会科学和人文学科的研究和试验发展服务；船舶租赁、航空器租赁；广告服务，与制造业有关的服务，促进学生海外就业与研究服务，服务运营总部（OHQ）。

教育服务大类中的短期培训服务，包括语言培训、技术培训。

金融服务大类中的货币经纪，资产管理（例如现金或有价证券管理、各种形式的共同投资管理、养老基金管理、有价证券的保管、受托和信托服务），记账卡、财务运营总部、商品期货经纪服务。

旅游服务大类中的导游服务。

文娱服务大类中的：剧场制作人，歌手集团、乐队以及乐团娱乐服务，作者提供的服务、作曲家、雕塑家、艺人、其他个人艺术家，马戏团过山车乐园和服务。

运输服务大类中的：海洋运输服务的配船员的船舶租赁服务，船舶打捞救助服务。

其他服务的自动化生产技术、先进的材料技术、生物、电子、信息技术及航天/航空技术服务。

九、缅甸对中国服务贸易的具体承诺

（一）缅甸对中国服务贸易的水平承诺

缅甸在第一批具体承诺减让表中没有做出水平承诺，而是在各个具体部门承诺中"市场准入限制"、"国民待遇限制"栏内做出较为具体明确的规定。在第二批具体承诺减让表中增加了水平承诺。

（二）缅甸对中国服务贸易的部门承诺

1. 缅甸向中国的第一批承诺的部门

缅甸对中国的具体承诺主要涉及商务、通讯、金融、运输服务 4 个大类，共 12 项。

缅甸在单方面向中国承诺的内容包括：

（1）单方面向中国承诺的大类。通讯服务；金融服务。

（2）单方面向中国承诺的部门与分部门。商务服务大类中的广告服务，印刷和出版服务；运输服务大类中的海洋运输：国际客运、国际货运、海运货物装卸服务，航空运输服务的销售与营销。

2. 缅甸向中国的第二批承诺的部门

缅甸对中国开放的第二批部门承诺 32 项，比第一批增加近 3 倍。

（1）缅甸向中国开放的第二批新增部门、分部门

商务服务大类中的笔译和口译服务

通讯服务大类中的：电传服务、电报服务、电子邮件服务、语音邮件服务、在线信息和数据库检索服务、电子数据交换服务、编码和协议转换服务、在线信息和/或数据处理（包括传输处理）

建筑和相关工程服务大类中的：民用工程的总体建筑工作。

金融服务大类中的海损理算服务、保险精算服务；外国银行代表处服务。

健康服务大类中的住宅卫生设施的医院服务之外的服务。

旅游服务大类中的饭店和餐饮服务（包括餐饮），旅行社和旅游经营者服务。

运输服务大类中的仓储服务。

（2）缅甸第二批单方面向中国承诺的部门与分部门

商务服务大类中的录像设备的租赁服务；通讯服务大类中的电传服务、电报服务，电影和录像的制作服务。

十、菲律宾对中国服务贸易的具体承诺

（一）菲律宾对中国服务贸易的水平承诺

1. 市场准入限制

（1）在商业存在方面，根据"法定专属菲律宾公民的经营行为"（即外资限定于少数股份）规定：

在参与法定专属菲律宾公民的企业经营活动时，外国投资者的管理权限应限于其在该企业实体中所占的股比份额。

全部主管及管理人员必须是菲律宾公民。申请用地，全部公共领土归国家所有。只允许菲律宾公民或菲律宾公民所持资本比例不少于60%的公司或协会可以拥有公共土地外的其他土地并通过租赁获得公共土地。外国投资者只能租赁私有土地。

（2）在服务提供自然人的进入与临时居留方面，允许国外非居民到菲律宾提供服务，条件是申请之时没有菲居民与之竞争、能够或愿意提供此类服务。

4种服务提供模式，所有由政府单位采取的措施不做承诺。

2. 国民待遇限制

在商业存在方面，获得国内信贷，从事非制造业活动的外国公司，出于自身需要借入比索，应遵守资产/负债比例为50：50的规定。外国公司包括：（1）合伙：40%以上的资本由非菲律宾公民所有；（2）公司：40%以上的股份资本由非菲律宾公民所有；这一规定不适用于银行和非银行金融中介机构。禁止银行向非居民提供比索贷款。

4种服务提供模式，所有由政府单位采取的措施不做承诺。

（二）菲律宾对中国服务贸易的部门承诺

1. 菲律宾对中国的第一批承诺的部门

菲律宾对中国开放了商业服务、通讯服务、建筑及其相关工程服务、环

境服务、旅游及其相关服务，及第 12 大类的"其他未包括的服务"中的部分部门，达到 32 项，少于中国对其开放的部门与分部门数。但菲律宾在能源方面做出了超过 WTO 水平的承诺。

（1）菲律宾单方面向中国开放的部门与分部门

商务服务大类中的：与采矿有关的服务，与能源分配有关的服务，石油与天然气的勘探与开发，专业会议组织。

通讯服务大类中的国内邮政服务、国际邮政服务、邮政汇票服务；卫星服务、数据网络服务、电子信息服务。

与能源生产有关的服务：地热的勘探与开发、煤炭的勘探与开发、电厂的建设和运营（在 BOT 方式下）、电厂的建设、能源工厂的运营；与能源供给有关的服务：石油精炼厂、石油精炼厂等。

（2）菲律宾提出了一个"中国—东盟服务贸易协议的例外清单"，包括金融服务中的"商业银行"、"金融公司"、"投资公司"，运输服务中的"班轮货物贸易"，以及"提供服务的自然人进入和临时停留"。阐明了"与服务贸易协议条款不一致的措施描述"，以及"产生例外需要的条件"（旨在提供参考信息，并不构成菲律宾所做承诺的一部分）。

2. 菲律宾对中国的第二批承诺的部门

菲律宾第二批对中国承诺的部门、分部门 77 项，比第一批增加 1 倍多。

（1）菲律宾第二批对中国承诺新增的部门、分部门

商务服务大类中的：船舶租赁、航空器租赁；采矿和制造业建筑服务，包括融资和技术援助协议的大型矿业开发项目建设、燃气供应系统建设。

分销服务大类中的佣金代理服务。

金融服务大类中的：人寿险、意外险和健康保险服务，再保险和转分保服务，保险辅助服务（包括保险经纪、保险代理服务）；接受公众存款和其他需偿还的资金，所有类型的贷款（包括消费信贷、抵押信贷、保理和商业交易的融资），金融租赁，所有支付和货币汇送服务，担保与承兑，在交易市场、公开市场或其他场所自行或代客交易，参与各类证券的发行，包括作为证券包销或处置代理人并提供相关服务，货币经纪，资产管理（例如现金或有价证券管理、各种形式的共同投资管理、养老基金管理、有价证券的保管、受托和信托服务），咨询和其他辅助金融服务，包括信用调查和分析、投资和资产组合的研究和建议，为公司收购、重组和制定战略提供建议，信用卡服务、推广外资银行的服务或产品和提供信息、投资公司、支付或履行预期收益的销售合同服务（如生活、教育、养老和收容的计划）

旅游服务大类中的：饭店和餐饮服务（包括餐饮），旅行社和旅游经营者

服务，专业大会组织。

运输服务大类中的：海洋运输服务的客运服务、货运服务、船舶维修保养服务；航空运输服务的销售和营销；铁路运输服务的客运服务、货运服务、铁路运输设备保养和维修服务；公路运输服务的客运服务、不定期包车服务、货运服务；辅助服务的装卸服务、仓储服务、货运代理服务、集装箱堆场（站）和仓库服务。

（2）菲律宾第二批单方面向中国开放的部门与分部门

商务服务大类中的：船舶租赁、航空器租赁，与采矿有关的服务。

旅游服务大类中的专业大会组织。

运输服务大类中的：海洋运输服务的船舶维修保养服务；航空运输服务的销售和营销；铁路运输服务的客运服务、铁路运输设备保养和维修；公路运输服务的客运服务、不定期包车服务。

十一、泰国对中国服务贸易的具体承诺

（一）泰国对中国服务贸易的水平承诺

1. 市场准入限制

（1）商业存在。对于通过商业存在提供的服务，只有一缔约方自然人拥有或控制的另一缔约方法人才可以受益于泰国所做承诺。除在具体部门另行规定外，本减让表中各个部门或分部门的商业存在只能通过在泰国注册成立有限责任公司的方式实现，同时还需满足以下条件：外资股份在公司的注册资本中所占比例不能超过 49%，外国股东的人数必须少于公司股东总数的一半。

（2）自然人流动。除具体部门另行规定及以下类别人员外，对于自然人临时流动不做承诺：

A. 商务访问者（BV）

服务销售人员。作为一服务提供者的代表进入并临时在泰国居留、不从泰国境内的商品或服务销售活动获得报酬、或就销售该提供者的服务达成协议的人员。

负责设立商业存在机构的人员。作为一服务提供者的代表，出于以下目的进入并临时在泰国居留的人员：参加商务会议或合同签署；访问商业机构或其他类似活动；在一服务提供者未在泰国设立商业存在的情况下，进入泰国并设法设立商业存在。

条件：服务提供者的代表或法人的雇员不能直接向公众进行销售，或亲自提供服务。

居留期限：允许商务访问者临时在泰国居留，经申请可获得工作许可，最初的入境期限为 90 日。在符合移民局和劳工部就业厅规定的相关标准的前提下，B 类商务访问者的入境期限可以延长至 1 年。

B. 公司内部调动人员（ICT）

设立在某一成员领土内的公司的雇员，作为公司内部的临时调任人员，为该公司在泰国的商业存在提供服务。此类人员包括经理、高级管理人员和专家，具体定义如下：

经理（manager）：在机构内负责指导公司、公司某个部门或分支机构的运作，监督和掌控其他监管、专业技术或管理人员的工作，拥有雇用、解雇或建议雇用、解雇人员及其他人事权力（如升职或离职），并对公司日常的商业运营负责。经理不包括在一线工作的监管人员，除非其负责监管的公司雇员是专业技术人员。经理也不包括对公司的工作提供必要服务的人员。

高级管理人员（executive）：在机构内主要负责公司的管理工作，并拥有很大的决策权，只接受更高级别的主管人员、董事会或企业股权持有者的一般性监督和指导。高级管理人员不直接从事公司的服务业务或与提供服务有关的实际工作。

专家（specialist）：在机构内拥有高水平的专业知识，高度了解公司的服务、研究设备、技术或管理。

条件：上述雇员在提出入境申请时，必须已在泰国境外为该公司工作了至少 1 年；符合泰国移民局提出的相关标准，并持有非移民签证；同时还应符合泰国劳工部就业厅根据管理需要提出的相关标准。在管理需要方面，泰国的相关主管部门主要考虑以下事实情况：资本投入总额、就业创造、外国投资的范围、出口促进、技术转移、管理方面的特殊需要。

入境期限：允许上述类别的雇员临时在泰国居留，经申请可获得工作许可，首期入境期限为 1 年。在获得最初的雇主对雇员任职时间的征实，并符合泰国相关法律规定的情况下，可以对雇员的入境期限进行 3 次延期，每次延期不得超过 1 年。

商业存在和自然人流动：收购和使用土地：根据泰国的《土地法》，外国公民或视为外国所属的本国公司不允许在泰国购买或拥有土地，但可以租用土地并拥有建筑物。此外，根据泰国关于共有所有权的法律规定，外国人也可以拥有共管单元的部分所有权。

2. 国民待遇限制

（1）商业存在。对于通过商业存在提供的服务，只有一缔约方自然人拥有或控制的另一缔约方法人才可以受益于泰国所做承诺。除在具体部门另行规定外，对遵照泰国法规注册的、外资股份在注册资本中所占比例不超过49%的商业实体，没有限制。对包括补贴在内的其他国民待遇不作承诺。

（2）自然人流动。除市场准入栏中的内容外，不做承诺。

商业存在和自然人流动：收购和使用土地，除市场准入栏中的内容外，不做承诺。

（二）泰国对中国服务贸易的部门承诺

1. 泰国对中国的第一批承诺的部门

泰国在商务服务、教育服务、旅游和与旅游相关的服务、运输服务4大类向中国承诺开放14项。

（1）单方面向中国开放的大类：教育服务、旅游和与旅游相关的服务。

（2）单方面向中国开放的部门与分部门：商务服务大类的专业服务；运输服务大类中的海洋运输服务的海运货物装卸服务（包括码头经营商在内的装卸公司所从事的相关业务，但不包括独立于装卸公司或码头经营商而自发组织的码头工人所直接提供的装卸服务，具体包括以下业务的组织和监管：货物装船/卸载、货物捆扎/解捆、货物装船前或卸载后的接收/运送和保管）。

2. 泰国对中国的第二批承诺的部门

泰国向中国开放的第二批承诺的部门122项，比第一批增长近9倍。

（1）泰国第二批对中国承诺新增的部门、分部门

商务服务大类中的：法律服务，城市规划和园林建筑服务；与计算机硬件安装相关的咨询服务，软件实施服务，数据处理服务，数据库服务；相关的工程机械和设备租赁，包括计算机的办公机械和设备租赁服务论，录像设备的租赁服务；广告服务，市场调研和民意调查服务，管理咨询服务，技术测试和分析服务，与农业、狩猎和林业有关的服务，与渔业有关的服务，与采矿有关的服务，设备的维修和保养服务，包装服务，印刷和出版服务，笔译和口译服务。

通讯服务、建筑和相关工程服务、分销服务、环境服务、金融服务大类。

娱乐、文化和体育服务大类中的：体育赛事推广服务，体育赛事组织工作服务，体育场馆运营服务，娱乐和沙滩公园服务。

运输服务大类中的：海洋运输服务的客运服务、货运服务、国际拖驳服

务、海运支持服务；航空运输服务的销售和营销、飞机的维修和保养服务、计算机订座服务；铁路运输设备保养和维修，铁路运输支持服务，火车站保安服务；公路运输服务的客运和货运的汽车清洁服务，冷冻或冷藏货物运输、散装液体或气体运输，有操作人员的商用车辆和司机的租赁；运输辅助服务中的海上货物装卸服务、集装箱货物运输、仓储服务。

（2）泰国第二批单方面向中国开放的部门与分部门

商务服务大类中的：城市规划服务，数据库服务，相关的工程机械和设备租赁，包括计算机的办公机械和设备租赁服务，录像设备的租赁服务民意调查服务；与采矿有关的服务。

通讯服务大类中的：电影和录像的制作和发行服务，广播或电视服务（仅供生产广播或电视节目）。

娱乐、文化和体育服务大类中的娱乐和沙滩公园服务。

十二、越南对中国服务贸易的具体承诺

（一）越南对中国服务贸易的水平承诺

1. 市场准入限制

对于商业存在，除下列情况外，没有限制：除各服务部门和分部门特别指出外，外国服务提供商可以在《外商投资法》许可范围内，建立如下形式的商业存在：业务合作合同；合资企业；100%外商独资公司企业。允许建立外国服务提供商的代表处。代表处不能从事任何直接盈利的经济活动。除各服务部门和分部门特别指出外，对外国服务提供商建立分支机构不做承诺。

本协定生效前已经实施的、涉及外国服务提供商在越南组建公司、运作经营或提供服务的许可法规或相关协议所规定的控股条件、企业运作和业务范围等限制不应比本协定生效时的限制条件更为严格。

经主管当局许可，外资企业可以租赁土地以运作其投资项目。土地租赁期必须与该企业的运作期限一致，并在投资许可证中注明。

允许外国服务提供商通过购买越南企业股份的形式持股。在此种情况下，任一企业中外国投资者拥有的总股份不能超过注册资本的30%，只有经越南法律许可或经越南主管当局批准，允许例外。

本协定生效一年后，外国投资者持有越南企业股份不能超过30%的限制将被取消，但通过购买合资商业银行股份的出资方式，以及本承诺表未涉及的部门除外。

对本承诺表中的其他部门或分部门，外国投资者持有越南企业股份的限制将按照特定部门的规定执行，包括适用的过渡期限制。

对于自然人流动，除与下列类别的自然人入境和临时居留有关的措施外，不做承诺：

A. 公司内部调动人员

经理、高级管理人员和专家，是指在越南境内设有商业存在的外资企业的雇员，并已经在该公司工作至少 1 年。允许首次入境期限为 3 年，此后可根据该企业在越南的经营期限延长。至少 20% 的经理、高级管理人员和专家应是越南的国民。但每个企业可以有 1 个非越南籍的经理、高级管理人员和专家。

经理和高级管理人员是那些主要直接负责外资企业（已在越南境内建立商业存在模式）的管理工作、只接受董事会或公司股东一般监督或指导的人员，包括负责公司成立或某具体部门/分支机构成立的人员、监督或管理其他监管部门、专业部门或管理部门雇员工作的人员、拥有单独雇佣（解雇）或建议雇佣（解雇及其他人事活动）权力的人员，以及不直接参与公司实际服务提供的人员。

专家或专业人员是指受雇于某组织且拥有高级专业知识及该组织服务、研究设备、技术和管理等方面特殊知识的自然人。对专业知识的评估，不仅考虑是否是该商业存在组织所特别需要的知识，也考虑该人员是否拥有此类特殊知识相关的高级技能和资格。专家包括但不限于职业注册机构的成员。

B. 其他人员

对于越南人不能替代的 A 定义的经理、高级管理人员和专家，被在越南境内的外商投资企业雇佣从事商业活动，允许按有关合同条款规定期限相一致的居留许可，或首期居留 3 年，以时间短者为准。

C. 服务销售人员

不在越南常住，且在越南无收入来源，并代表某特定服务提供商从事服务销售谈判工作的人员：（a）其涉及的服务不能直接提供给一般公众；（b）服务销售人员不能直接提供此类服务。服务销售人员的居留时限为 90 日。

D. 负责设立商业存在的人员

受雇于本协定其他缔约伙伴的服务提供商，负责在越南以商业存在模式筹建法人公司的经理和执行主管（如 A 中所定义的）可以在越南短期居留 90 日。但必须满足下列条件：（a）这些人员不从事直接的服务销售和服务提供；（b）该服务提供商主要在越南以外的其他缔约伙伴国境内进行商业活动，且在越南没有其他的商业存在模式。这些人员的居留时限为 90 日。

E.　合同服务提供者

被越南境内没有商业存在的外国公司雇用的自然人，可以临时入境居留90日或按合同规定。但必须满足下列条件和要求：

a.　该外国公司已经从在越南从事经营的企业获得服务合同，越南主管当局必须设立必要的审查程序，以确保该合同为真实合同。

b.　这类人员必须持有：大学本科学历或技术（职业）资格文件，证明其同等专业知识水平；专业资格应符合越南有关的法律、法规的要求；至少在业内具有5年专业工作经验。

c.　服务合同包含的这些人数不得超过履行合同的必要数量，越南的法律、法规对此有明确要求。

这类人员应是已被在越南境内没有商业存在的外国公司雇用至少2年，而且符合上述"专家"的要求。

合同服务提供者提供的服务仅限于计算机及相关服务和工程服务。

2.　国民待遇限制

商业存在，除下列情况外，没有限制：获得补贴的资格仅限于授予越南服务提供商，即在越南境内设立的法人，或其中一部分，以促进或保证公平为目的的一次性补贴不违背本承诺。对研究和开发领域的补贴，不做承诺。对健康、教育和视听部门的补贴，不做承诺。对致力于促进少数民族/种族福利及就业的补贴，不做承诺。

（二）越南对中国服务贸易的部门承诺

1.　越南对中国的第一批承诺的部门

越南在东盟10国中对中国最开放，在12大类中，除第12类"其他未包括的服务"外，其他11大类均有对中国开放，达到109项。

（1）单方面向中国开放的大类

通讯服务；分销服务；教育服务；金融服务；有关健康和社会服务；旅游和与旅行有关的服务。

（2）单方面向中国开放的部门与分部门

商务服务大类中的：专业服务；数据库服务，其他计算机服务；自然科学的研究和开发服务；航空租赁，其他机械设备的租赁服务；广告服务，技术测试和分析服务，与农业、狩猎和林业有关的服务，与采矿有关的服务，与制造业相关的服务，设备的维修和保养服务。

娱乐文化和体育服务大类中的文娱服务，电子游戏业务。

运输服务大类中的海洋运输和内水运输服务的客运与货运服务，航空运输服务的销售和营销，铁路运输服务的客运服务，海洋运输辅助服务（包括集装箱装卸服务，通关服务，集装箱堆场服务）。

越南在保险承诺中与马来西亚一样，采取承诺"直接保险"，既包括人寿险（不包括健康保险服务）和非人寿险服务。

2. 越南对中国的第二批承诺的部门

越南向中国开放的第二批承诺121项，比第一批增加12项，是东盟各国新增比较少的国家。新增加的部门与分部门主要是商务服务大类中的录像设备的租赁服务，与制造业有关的服务，以及在第一批承诺的部门内增加分部门或子部门。

越南与菲律宾一样，在承诺表后还列出了一个"中国—东盟自贸协定《服务贸易协议》例外清单"，包括：商业存在、视听服务、海洋运输等方面，注明了适用于各部门的例外措施描述，表明其与第Ⅱ部分（具体承诺）的差异，适用措施的国家、期限、产生例外需要的条件。该清单中的措施不受中国—东盟服务贸易协议中所做承诺和义务的约束。

十三、东盟各国对中国服务贸易承诺的比较

（一）东盟各国对中国服务贸易开放度的比较

东盟10国，按服务贸易部门、分部门对中国开放多少的顺序（以第二批承诺排序）是：新加坡（92～151项）、越南（109～121项）、泰国（14～122项）、柬埔寨（91～110项）、马来西亚（43～104项）、菲律宾（32～77项）、印度尼西亚（20～30项）、缅甸（12～32项）、老挝（6～20项）、文莱（4～30项）。经济相对落后的越南、柬埔寨比较开放，而经济比较发达的文莱、印度尼西亚等反而开放的部门少。这从一个侧面说明，服务贸易的开放不完全与经济发达程度同步，而与该国对外开放的要求有直接关系。此外，东盟10国综合一起，他们在12大类均有国家对中国开放。开放比较多的是旅游和与旅行相关的服务、商务服务、建筑和相关工程服务及运输服务。东盟各国对中国开放的领域比较分散，有许多是单方面对中国的承诺，有些已超出了WTO所列12大类154个部门与分部门。

（二）中国—东盟服务贸易协议各大类开放度的比较

1. 中国和东盟10国就所有做出承诺的服务部门而言，都在商业存在与

自然人流动模式做出了较为严格的限制（其中对自然人流动模式的限制最为严格），在跨境交付模式做出了相对宽松的限制，而在境外消费模式上所做出的承诺最为开放。这种状况符合当前世界各国服务贸易自由化的一般惯例和通常的规则。这些开放承诺是根据中国和东盟国家服务业的特点和具体需求而做出的。

2. 中国与东盟在旅游和与旅行相关的服务、分销服务、教育服务等领域的贸易自由化尚存较大潜力与空间。

缩小与东盟服务贸易的逆差是减少中国服务贸易逆差的必然选择。为此，中国应进一步加强与东盟彼此之间的服务贸易开放，特别是对于商业存在与自然人流动模式的开放，以及双方具有互补性服务贸易的开放。

中国与东盟各国服务贸易部门承诺详见附录1.《中国入世、中国—东盟服务贸易承诺对照表》)

第三节　投 资 措 施

中国与东盟投资协议内容包括：定义、目标、适用范围、国民待遇、最惠国待遇、不符措施、投资待遇、征收、损失补偿、转移和利润汇回、国际收支平衡保障措施、代位、缔约方间争端解决、缔约方与投资者间争端解决、利益的拒绝、一般例外、安全例外、其他义务、透明度、投资促进、投资便利化、机制安排、与其他协议的关系、一般审议等27个条款。

投资是指一方投资者根据另一缔约方相关法律、法规和政策（政策指经一缔约方政府批准和宣布并以书面形式向公众公布的影响投资的政策）在后者境内投入的各种资产，包括但不限于：（1）动产、不动产及抵押、留置、质押等其他财产权利；（2）股份、股票、法人债券及此类法人财产的利息；（3）知识产权，包括关于版权、专利权和实用模型、工业设计、商标和服务商标、地理标识、集成电路设计、商名、贸易秘密、工艺流程、专有技术及商誉等权利；（4）法律或依合同授予的商业特许经营权（商业特许经营权包括合同权利，诸如承包权、建筑和管理合同、生产或收入分配合同、特许经营或其他类似合同，也可包括例如建设—运营—转交和建设—运营—拥有方式的项目投资资金），包括自然资源的勘探、培育、开采或开发的特许权；（5）金钱请求权或任何具有财务价值行为的给付请求权。

投资收益应被认作投资、投入或再投入资产发生任何形式上的变化，不影响其作为投资的性质。

投资者是指正在或已在其他缔约方境内进行投资的一缔约方自然人或一缔约方法人。法人是指根据一缔约方适用法律适当组建或组织的任何法人实体，无论是否以营利为目的，无论属私营还是政府所有，并在该缔约方境内具有实质经营，包括任何公司、信托、合伙企业、合资企业、个人独资企业或协会。自然人是指根据一缔约方法律、法规拥有该缔约方国籍、公民身份或永久居民权的任何自然人。

一、投资的目标与适用范围

（一）投资协议的目标

中国与东盟投资协议规定"本协议的目标是旨在通过下列途径，促进东盟与中国之间投资流动，建立自由、便利、透明和竞争的投资体制：（1）逐步实现东盟与中国的投资体制自由化；（2）为一缔约方的投资者在另一缔约方境内投资创造有利条件；（3）促进一缔约方和在其境内投资的投资者之间的互利合作；（4）鼓励和促进缔约方之间的投资流动和缔约方之间投资相关事务的合作；（5）提高投资规则的透明度以促进缔约方之间投资流动；（6）为中国和东盟之间的投资提供保护。

考虑到成员之间不同的发展阶段和速度，和对柬埔寨、老挝、缅甸和越南等东盟新成员实行特殊和差别待遇及灵活性的必要性，投资协议致力于在中国—东盟自贸区下建立一个自由、便利、透明及公平的投资体制，通过双方相互给予投资者国民待遇、最惠国待遇和投资公平公正待遇，提高投资相关法律、法规的透明度，为双方创造更为有利的投资条件和良好的投资环境，并为双方的投资者提供充分的法律保护，从而进一步促进双方投资便利化和逐步自由化。

（二）投资协议的适用范围

投资协议适用于一缔约方对另一缔约方的投资者及其投资者在其领土内的投资采取或保留的措施；投资协议中的投资待遇、征收、转移和利润汇回、损失的补偿、代位和缔约方与投资者间争端解决等条款，经必要修改后，应适用于影响一缔约方服务提供者在另一缔约方境内通过商业存在的方式提供服务的任何措施，但仅限于此类措施与投资协议相关的投资和义务。

本协议应适用于一缔约方投资者在另一缔约方境内的所有投资，无论其设立于本协议生效前或生效后，但协议的规定不对任何缔约方，涉及在本协议生效之前发生的任何行动或事实或已终止的任何状态，具有约束力。

就泰国而言，投资协议仅适用于在泰国境内被确认并依据泰国适用的国内法律、法规和政策，获得其主管机构明确书面批准保护的另一方投资者的投资。

（三）投资协议不适用的范围

投资协议不适用于：

1. 任何税收措施。本项不应损害缔约方关于下列税收措施的权利和义务：（1）依据 WTO 的权利和义务准予或征收的；（2）投资征收与转移与利润汇回的规定；（3）投资者与国家之间的争端解决的规定，若争端源自征收；（4）关于避免双重征税的任何税收协定的规定。

2. 规范政府机构为政府目的（政府采购）进行货物或服务采购的法律、法规、政策或普遍适用的程序，只要该采购不以商业转售或为商业销售生产货物或提供服务为目的。

3. 一缔约方提供的补贴或补助，及接受或持续接受此类补贴或补助所附带的任何条件，无论此类补贴或补助是否仅提供给国内投资者和投资。

二、投资的待遇

（一）最惠国待遇

各缔约方在准入、设立、获得、扩大、管理、经营、运营、维护、使用、清算、出售或对投资其他形式的处置方面，应当给予另一缔约方投资者及其相关投资，不低于其在同等条件下给予任何其他缔约方或第三国投资者及/或其投资的待遇。但如果一缔约方依据任何其为成员的将来的协定或安排，给予另一缔约方或第三国投资者及其投资更优惠的待遇，其没有义务将此待遇给予另一缔约方的投资者及其投资。但是，经另一缔约方要求，该缔约方应给予另一缔约方充分的机会，商谈其间的优惠待遇。

投资协议的最惠国待遇不包括：在任何现存与非缔约方的双边、地区及国际协定或任何形式的经济或区域合作中，给予投资者及其投资的任何优惠待遇；和在东盟成员国之间及一缔约方同其单独关税区之间的任何协定或安排中，给予投资者及其投资的任何现有或未来优惠待遇。最惠国待遇条款规定的义务不包含要求给予另一方投资者除投资协议规定内容以外的争端解决程序。

（二）国民待遇

各方在其境内，应当给予另一方投资者及其投资，在管理、经营、运营、维护、使用、销售、清算或此类投资其他形式的处置方面，不低于其在同等条件下给予其本国投资者及其投资的待遇。

（三）公平和公正待遇

各缔约方应给予另一方投资者的投资公平和公正待遇，提供全面保护和安全。公平和公正待遇是指各方在任何法定或行政程序中有义务不拒绝给予公正待遇；全面保护与安全要求各方采取合理的必要措施确保另一缔约方投资者投资的保护与安全。违反投资协议其他规定或单独的国际协定的决定，并不构成对"投资待遇"条款的违反。

此外，投资协议第18条"其他义务"规定，若任何一方在协议实施之时或此之后的法律或缔约方之间的国际义务使得另一方投资者的投资所获地位优于本协议下所获地位，则此优惠地位不应受本协议影响。各方应遵守其对另一方投资者的投资业已做出的任何承诺。

三、投资保护措施

（一）与国民待遇不符措施的处理

中国—东盟投资协议规定，国民待遇和最惠国待遇条款不适用于任何在其境内现存的或新增的不符措施、延续或修改，各方应当尽力逐步消除不符措施。各方应根据投资协议的"审议"条款展开讨论，以推进逐步实现东盟与中国的投资体制自由化、提高投资规则的透明度以促进缔约方之间投资流动的目标。

（二）投资的转移和利润汇回

1. 可转移的投资和收益

任一缔约方应允许任何其他方投资者在该缔约方境内的投资的所有转移，能以转移当日外汇市场现行汇率兑换为可自由兑换货币，允许此类转移不延误地自由汇入或汇出该方领土。此类转移包括：（1）初始投资，及任何用于保持或扩大投资的追加资本（仅适用于成功完成审批程序的资本流入）；（2）任何其他缔约方投资者的任何投资所产生的净利润、资本所得、分红、专利使用费、许可费、技术支持、技术及管理费、利息及其他现金收入；（3）任何其他缔约方投资者的任何投资的全部或部分销售或清算所得款项，或减少投资资本所得款项；（4）一缔约方投资者偿付任何其他方投资者的借款或贷款，只要各缔约方已认定其为投资；（5）任何其他缔约方自然人的净收入和其他补偿，该自然人受雇佣并允许从事与在该方境内投资相关的工作；（6）依据任何其他缔约方投资者或其投资所订立合同进行的支付，包括依据贷款业务进行的支付；（7）依据"征收"和"损失补偿"条款规定进行的支付。

各方给予上述转移的待遇，在同等条件下，应等同于任何其他缔约方或第三国投资所产生的转移。

2．可以阻止或延迟转移的条件

一缔约方在公平、非歧视和善意实施其与下列内容相关的法律、法规基础上，可以阻止或延迟某一项转移，包括：（1）破产，丧失偿付能力或保护债权人权利；（2）未履行东道方的关于证券、期货、期权或衍生产品交易的转移要求；（3）未履行税收义务；（4）刑事犯罪和犯罪所得的追缴；（5）社会安全、公共退休或强制储蓄计划；（6）依据司法判决或行政决定；（7）与外商投资项目停业的劳动补偿相关的工人遣散费；（8）必要时用于协助执法或金融管理机构的财务报告或转移备案记录。

3．投资的转移和利润汇回的限制性规定

投资的转移和利润汇回应遵守各自外汇管理国内法律和法规所规定的相关程序，只要此类法律和法规不被用做规避缔约方本协议义务的手段。

投资协议的任何规定不得影响各方作为国际货币基金组织成员在《国际货币基金协定》项下的权利和义务，包括采取符合《国际货币基金协定》的汇兑行动，但是一方不得对任何资本交易设置与其在本协议中具体承诺不一致的限制，但以下情形除外：（1）依据投资协议第11条"国际收支平衡保障措施"；（2）应国际货币基金组织的要求；（3）在特殊情形下，资本的流动导致相关缔约方严重的经济或金融动荡，或存在导致上述情况的威胁。

根据为维持汇率稳定包括为防止投机资本流动而采取或维持的任何措施，不应以保护某一特定部门为目的，应与《国际货币基金协定》条款相一致；不得超过处理该情况所必需的程度；应是暂时的，并在其设立和维持不再具有合理性时予以取消；应尽早通知其他缔约方；应使任何一方所获待遇不低于任何其他方或非缔约方所获待遇；应在国民待遇的基础上实施，且应避免对其他缔约方的投资者、所涉投资和商业、经济和财政利益造成不必要的损害。

（三）投资损失的补偿

一缔约方投资者在另一缔约方境内的投资，如果因另一方境内战争或其他武装冲突、革命、国家紧急状态、叛乱、起义或骚乱而遭受损失，则另一缔约方在恢复原状、赔偿、补偿和其他解决措施方面，在同等条件下，给予该投资者的待遇不应低于其给予任何第三国投资者或本国国民的待遇，并从优适用。

（四）投资的征收

1. 投资的征收条件

投资协议规定，除非同时符合下列条件：为了公共目的、符合可适用的国内法包括法律程序、以非歧视的方式实施，以及按规定给予补偿，否则任何一缔约方不得对另一缔约方投资者的投资实施征收、国有化或采取其他等同措施。

2. 补偿规定

补偿应以征收公布时或征收发生时被征收投资的公平市场价值计算，孰为先者作准。补偿应允许以可自由兑换货币从东道国自由转移。补偿的偿清和支付不应有不合理的拖延。公平市场价值不应因征收事先被公众所知而发生任何价值上的变化。一旦发生拖延，补偿应包括按主要商业利率计算的从征收发生日起到支付日之间的利息。包括应付利息在内的补偿，应当以原投资货币或应投资者请求以可自由兑换货币支付。

对马来西亚、缅甸、菲律宾、泰国和越南而言，一旦发生拖延，对另一缔约方投资者的投资征收补偿的利息应根据其法律、法规和政策确定，前提是此法律、法规和政策在非歧视基础上适用于另一缔约方或非缔约方投资者的投资。

3. 征收的法律解释

任何相关土地征收的措施，应由各缔约方各自现有的国内法律、法规及任何修正案进行解释，对于补偿金额也应依据上述法律、法规解释。

4. 对跨国股份制企业的征收

对于一缔约方所征收的法人财产，若该法人为根据其法律、法规以股份形式组成或建立，且另一缔约方的投资者拥有其中股份，本条前述几款的规定应适用，以保证支付给此投资者的补偿符合其所征收财产的利益。

征收不适用于根据 WTO《与贸易有关的知识产权协定》给予的与知识产权相关的强制许可。

（五）投资担保或保险合同的代位

如果任何一方或其指定的任何代理、机构、法定机构或公司，依照保险向其本国投资者就相关投资或其中任何一部分依据本协议形成的要求权进行了支付，其他相关方应当承认前述缔约方或其指定的任何代理、机构、法定机构或公司有资格代位履行其投资者的权利和要求权。代位权利或要求权不应超过投资者的原始权利或要求权。

如一方或其指定的任何代理、机构、法定机构或公司已向其投资者进行了支付，并已接管该投资者的权利及请求，则该投资者不得向另一方主张这些权利或请求，除非其得到授权，代表该方或进行支付的代理机构采取行动。

（六）利益的拒绝

1. 一般规定

经事先通知及磋商，一方可拒绝将本协议的利益给予：另一方投资者，如果该投资是由非缔约方的人拥有或控制的法人进行的，且该法人在另一方境内未从事实质性商业经营；另一方投资者，如果该投资是由拒绝给予利益一方的人拥有或控制的法人进行的。

2. 特别规定

对于泰国，根据其适用的法律和/或法规，可以拒绝将与投资准入、设立、收购和扩大相关的本协议利益给予作为另一方法人的投资者或此类投资者的投资，如果泰国确定该法人被一非缔约方或拒绝给予利益方的自然人或法人所控制或拥有。

法人的确定：对于泰国，本条中的法人是指：被一方或非缔约方自然人或法人所"拥有"，若其中超过 50% 的股比被此类人受益拥有；被一方或非缔约方自然人或法人所"控制"，若此类人有权任命大部分董事，或合法指导法人的行为。对于印度尼西亚、缅甸、菲律宾和越南，拥有和控制由其本国法律、法规定义。

菲律宾可拒绝将投资协议的利益给予另一方的投资者和该投资者的投资，如果其确定该投资者所设投资违反了名为"惩治规避某些权利、特权或优先

权的国有化法行为的法案"的《第 108 号联邦法案》，该法案由第 715 号总统
令修订，并可经修订称作《反欺诈法》。

四、投资促进与便利化

（一）投资促进

缔约方应合作采取以下措施加强中国—东盟投资地区意识：增加中国—
东盟地区投资；组织投资促进活动；促进商贸配对活动；组织并支持机构举
行形式多样的关于投资机遇和投资法律、法规和政策的发布会和研讨会；并
就与投资促进和便利化相关的互相关心的其他问题开展信息交流。

（二）投资便利化

缔约方应按照其法律、法规，在中国和东盟间开展以下投资便利化合作：
为各类投资创造必要环境；简化投资适用和批准的手续；促进包括投资规则、
法规、政策和程序的投资信息的发布；并在各个东道方建立一站式投资中心，
为商界提供包括便利营业执照和许可发放的支持与咨询服务。

五、国际收支平衡保障措施

投资协议特别规定了国际收支平衡保障措施：若发生国际收支严重不平
衡、外部金融困难或威胁，一缔约方可采取或保留投资限制措施，包括与此
类投资相关的支付和转移。

认识到缔约方在经济发展过程中面临的保持国际收支平衡的特别压力，
可在必要时采取限制措施或其他方式，确保维持适当的外汇储备水平以实施
其经济发展计划。但采取限制措施应与《国际货币基金协定》的条款相一致；
在缔约方之间没有歧视；避免对任何其他缔约方的商业、经济和金融利益造
成不必要的损害；不超越处理必要限度；属于临时性的，并在国际收支平衡
情形改善时逐步取消；以及给予任一其他缔约方的待遇不低于任何第三国。
此外，一缔约方采取或保留的任何限制措施，或对这些措施的任何修改，应
及时通知所有其他缔约方。

六、其他规定

投资协议规定了透明度的条款，要求各方应发布在其境内关于或影响投

资的所有相关法律、法规、政策和普遍使用的行政指南；及时并至少每年向其他方通报显著影响其境内投资或本协议下承诺的任何新的法律或现有法律、法规、政策或行政指南的任何变化；建立或指定一个咨询点，其他方的任何自然人、法人或任何人可要求并及时获取公布的与措施相关的所有信息；至少每年一次通过东盟秘书处向其他方通报该方作为缔约方的任何未来的给予任何优惠待遇的投资相关协议或安排。但不得要求一方提供或允许接触机密信息，披露此类信息会阻碍法律实施、违背公共利益或损害特定法人、公众或私人的合法商业利益。

此外，投资协议还规定了机制安排、与其他协议的关系、一般审议，类似货物贸易一样的"一般例外"和"安全例外"条款。

小资料：

东盟经济贸易概况

东南亚国家联盟，简称东盟（ASEAN），位于亚洲，陆地面积450万平方公里，截至2011年7月1日，东盟人口总数约为63 290万人。东盟10国包括：文莱、印度尼西亚、马来西亚、菲律宾、新加坡、泰国、柬埔寨、老挝、缅甸和越南。

2010年，东盟10国的国内生产总值（GDP）为18 538.62亿美元，货物贸易进出口总额为20 018.20亿美元，其中出口额10 520.72亿美元，进口额9 497.48亿美元。2010年，服务贸易出口额2 184.39亿美元，服务贸易进口额2 232.63亿美元。2010年中国与东盟货物贸易总额2 928亿美元，中国出口额1 382亿美元，中国进口额1 546亿美元。

2011年，中国东盟进出口总额3 628.5亿美元，其中，中国对东盟出口1 700.8亿美元，进口1 927.7亿美元，东盟成为中国第三大贸易伙伴，是中国第四大出口市场和第三大进口来源地。

目前，东盟除老挝外，其他9国均为世界贸易组织成员。东盟参加的区域贸易协定有：中国—东盟自贸协定、日本—东盟自贸协定、韩国—东盟自贸协定、澳大利亚—新西兰—东盟自贸协定、印度—东盟自贸协定。此外，东盟成员之间，其成员单独与区外国家还签订了许多双边自贸协定。

第八章 中国—巴基斯坦自由贸易协定

2003 年，中国和巴基斯坦签署《中国—巴基斯坦优惠贸易安排》；2005 年 4 月签署《中国—巴基斯坦自由贸易协定早期收获计划协议》；2006 年 2 月 20 日签订《中国与巴基斯坦关于扩大和深化双边经济贸易合作的框架协定》；2006 年 11 月 24 日，签署了《中国—巴基斯坦自由贸易协定》，2007 年 7 月 1 日生效；2009 年 2 月 21 日签订《中国—巴基斯坦自贸区服务贸易协定》，建成了一个涵盖货物贸易、服务贸易和投资等内容全面的自由贸易区。

中国—巴基斯坦自由贸易协定有三个附件。附件一：进口海关关税消除（中国关税减让表，巴基斯坦关税减让表）；附件二：原产地证书；附件三：仲裁小组程序规则。此外，还有中国—巴基斯坦自贸区原产地规则、中国—巴基斯坦自由贸易区原产地规则签证操作程序等文件，以及中国和巴基斯坦自贸协定补充议定书及附件（一揽子优惠政策）。

中国—巴基斯坦服务贸易协定包括附件：中国服务贸易承诺表，巴基斯坦服务贸易承诺表。

第一节 货物贸易规定

一、中国—巴基斯坦自贸区的"早期收获计划"

"早期收获"是借鉴中国–东盟自由贸易区的建设经验，为使双方提早收获自由贸易区关税削减成果，在自由贸易区建设初期先行对部分产品实施的降税。根据《早期收获协议》，降税分为三类：第一类为共同降为零关税产品，包括部分蔬菜、水果和石料等，涉及 123 个八位税目。第二类为单方面降为零关税产品，中方以纺织品为主，共 644 种；巴方以机电产品和有机化工品为主，共 386 种。第一、二类产品从 2006 年 1 月 1 日开始分 3 次在 2008 年 1 月 1 日前全部关税降为零。第三类为优惠关税产品，中方 1671 种，巴方 575 种，按规定的减让幅度减税。

《早期收获协议》的成功签署使双方企业及早从自贸协定中受益，进而增强双方政府推进自贸协定全面建设的信心，表明自贸区开始迈出了实质性的一步，具有重要的意义。目前，《中国—巴基斯坦优惠贸易安排》和《中国—巴基斯坦自由贸易协定早期收获计划协议》的内容已被《中国—巴基斯坦自由贸易协定》所涵盖。

二、关税减免规定

《中国—巴基斯坦自由贸易协定》共分 12 章 85 条，主要内容包括初始条款、一般定义、国民待遇与市场准入、原产地规则、贸易救济、卫生与植物卫生措施、技术性贸易壁垒、透明度、投资、争端解决、管理和最终条款等。

（一）分阶段对全部产品实施降税

在货物贸易自由化方面，中巴两国分阶段对全部产品实施降税。货物贸易委员会将每 5 年审评和修改关税减让模式和清单。

第一阶段是指在协定生效后 5 年内（至 2012 年），中国 6 418 个 8 位 HS 编码项下的产品减免税，巴基斯坦 5 686 个 8 位 HS 编码项下的产品减免税。双方对占各自税目总数 85% 的产品按照 6 种类别，以不同的降税幅度实施降税，其中，35% 的产品关税将在 3 年内降至零。

表 8 - 1　　　　　　　　中国、巴基斯坦降税进程表

类别	描述	中国		巴基斯坦	
		税目数	占总税目比例（%）	税目数	占总税目比例（%）
1	降至零关税（3 年内完成）	2 681	35.5	2 423	35.6%
2	降至 0 ~ 5%（5 年内完成）	2 604	34.5	1 338	19.9
3	按 50% 的优惠幅度削减（5 年内完成）	604	8.0	157	2.0
4	按 20% 的优惠幅度削减（5 年内完成）	529	7.0	1 768	26.1
5	例外	1 132	15.0	1 025	15.0
6	禁止进口	—	—	92	1.4

注： 中巴早期收获协定中的零关税产品应继续按早期收获里规定的降税模式消除关税

第二阶段是指从协定生效第六年开始，双方将在对以往实施情况进行审评的基础上，对各自产品进一步降税。目标是在不太长的时间内，在照顾各自关注的基础上，使双方零关税产品占税号和贸易量的比例均达到90%。2011年3月10~11日，中国—巴基斯坦自贸区第二阶段降税第一轮谈判在伊斯兰堡举行。中巴双方回顾了中国—巴基斯坦自贸区第一阶段降税实施成果，确定了第二阶段降税谈判大纲，并就降税模式等问题交换了意见。

（二）第一阶段的降税模式

第1类产品的关税在协定生效后3年内（至2010年）分四个阶段消除，并且产品关税应在协定生效后第三年1月1日降至零。该类产品，中巴双方分别包括2 681个和2 423个8位税号，约占各自税目总数36%，占贸易量比例分别为40%和30%。中方降税产品主要包括畜产品、蔬菜、矿产品等，巴方降税产品主要包括牛羊肉、化工产品、机电产品等。

第2类产品的关税在协定生效5年内削减到0~5%。该类产品，约占中方税目总数34%，共计2 604个8位税号，主要包括化工品、水产品等；占巴方税目总数20%，共计1 338个8位税号，主要包括机电产品、农产品、化工产品、玻璃等。

第3类产品的关税在协定生效5年内削减50%。该类产品，约占中方税目总数8%，共计604个8位税号，主要包括蔬菜、果汁、服装等；占巴方税目总数2%，共计157个8位税号，主要包括水产品、化妆品、陶瓷等。

第4类产品的关税在协定生效5年内削减20%。该类产品，约占中方税目总数7%，共计529个8位税号，主要包括水产品、家电、纺织品等；占巴方税目总数26%，共计1 768个8位税号，主要为蔬菜、水果、服装、塑料、棉机织物等。

第5类产品为例外产品，暂不进行关税减让，该类产品的税目数比例双方都为15%左右，中方共计1 132个8位税号，主要包括部分木材和纸制品、关税配额产品、食用植物油等。巴方共计1 025个8位税号，主要包括纺织品、汽车及零部件、部分家电产品等。

第6类产品为禁止进口产品，主要是巴基斯坦因宗教和安全等原因禁止进口的部分产品，如猪肉、酒等，不参加降税，共计92个8位税号，约占巴方税目数的1%。

表 8 - 2   **中国、巴基斯坦降税模式表**

单位：%

类别	协定生效之日	2008 年 1 月 1 日	2009 年 1 月 1 日	2010 年 1 月 1 日	2011 年 1 月 1 日	2012 年 1 月 1 日
1	25	50	75	100		
2	$\dfrac{X-5}{6X}$	$\dfrac{2\,(X-5)}{6X}$	$\dfrac{3\,(X-5)}{6X}$	$\dfrac{4\,(X-5)}{6X}$	$\dfrac{5\,(X-5)}{6X}$	$\dfrac{6\,(X-5)}{6X}$
3	8	16	25	33	41	50
4	3	6	10	13	16	20
5	例外					
6	禁止进口					

注： X 指当年最惠国实施税率

三、原产地规则

中国—巴基斯坦自贸区有两个原产地规则，一是中国—巴基斯坦自贸区原产地规则（早期收获计划）及其签证操作程序；二是中国—巴基斯坦自贸协定第四章原产地规则，两者内容基本相同，但后者没有"操作程序"规定，应适用前者。

中国—巴基斯坦自贸区原产地规则，在条款的格式和内容上与其他几个自贸区原产地规则大体一致。如"完全获得产品"，"微小加工及处理"，"中性成分"规定的内容。"非完全获得或生产的产品"采取区域成分40%的标准。中国—巴基斯坦自贸协定的特定产品原产地规则尚未制订。

第二节 服务贸易规定

中国—巴基斯坦服务贸易协议于 2009 年 10 月 10 日实施。内容包括：定义和范围、义务和纪律、具体承诺、其他条款 4 部分，共 25 个条款。除与其他中国服务贸易协议相似的条款外，还有透明度、机密信息的披露、合作、附加承诺、联络点、审议、杂项条款等。

一、中国对巴基斯坦服务贸易的具体承诺

中国在 11 大类对巴基斯坦承诺的部门和分部门 126 项，超过了中国加入 WTO 的承诺。巴基斯坦在 11 大类对中国承诺的部门和分部门 100 项。

（一）中国对巴基斯坦开放超过加入 WTO 的承诺

1. 中国对巴基斯坦开放超过加入 WTO 承诺的大类

有关健康和社会服务（除专业服务中所列以外）大类中的医院服务；

娱乐、文化和体育服务（视听服务除外）大类中的体育和其他娱乐服务：体育赛事推广服务、体育赛事组织工作服务、体育场馆运营服务（不包括高尔夫）。

2. 中国对巴基斯坦开放超过加入 WTO 承诺的部门与分部门

商务服务大类中的：自然科学的研究和开发服务，市场调研，除建筑外的项目管理服务，与采矿业有关的服务（石油与天然气），安排和提供人员服务，建筑物清洁服务，包装装潢印刷。

运输服务大类中的：公路运输服务中的城市间定期旅客运输，机动车维修和保养服务等。

（二）中国单方面对巴基斯坦开放的领域

商务服务大类中的：税收服务；涉及自有或租赁房地产的服务，基于收费或合同的房地产服务；不配备技师的机械和设备的租赁或出租服务，个人和家用物品的租赁或出租服务；广告服务，管理咨询服务，市场调研，除建筑外的项目管理服务，与渔业有关的服务，安排和提供人员服务，相关科学和技术咨询服务，个人和家用物品修理服务，汽车的保养和修理服务，摩托车和雪地用汽车的保养和修理服务，从属金属制品、机械和设备的修理服务，建筑物清洁服务，摄影服务，包装服务，会议服务，笔译和口译服务。

通讯服务大类中的：录像的发行服务包括娱乐软件、录像带的租赁或出租服务、录音制品分销服务、电影院服务。

分销服务大类中的：佣金代理服务、无固定地点的批发或零售服务。

教育服务大类中的：初级教育服务、中等教育服务。

环境服务大类中的：自然和风景保护服务、其他环境保护服务。

金融服务大类中的：保险辅助服务（包括保险经纪、保险代理服务），提供和传输其他金融服务提供者提供的金融信息、金融数据处理和相关的软件，

非银行金融机构从事汽车消费信贷。

运输服务大类中的：海洋运输服务的客运服务、货运服务，内水运输服务的货运服务，航空运输服务的飞机的维修和保养服务、计算机订座服务，货运代理服务、其他辅助运输服务（不含货物检验）、海运报关服务、集装箱堆场服务。

（三）对服务贸易补贴的规定

对在中巴自贸区服务贸易协议承诺中列明的、并超出中国入世承诺的服务部门中的国内服务提供者的所有补贴不做承诺。对在中巴自贸区服务贸易协议签署后，新的服务贸易谈判中所达成的服务部门或分部门的国内服务提供者的所有补贴不做承诺。

二、巴基斯坦对中国服务贸易的具体承诺

根据协定，在对世贸组织承诺的基础上，巴方根据具体情况，在外资股比方面给予中国服务提供者更加优惠的待遇，并在人员流动方面提供更加宽松和便利的条件。

（一）巴基斯坦对中国的水平承诺

1. 市场准入限制

对于商业存在，在例外情况下，巴基斯坦政府将根据具体情况/项目，考虑给予超过部门具体承诺表规定的更高的外国参股权。代表处仅允许承担联络和促进事务。因为此类代表处不能开展任何商业/金融和赢利性活动，代表处的费用仅允许从境外汇款中予以支付。

对于自然人流动，除与下列类别的自然人的入境和临时居留有关的措施外，不做承诺：

（1）公司内部流动人员：指下列由中国的法人实体雇佣至少1年以上、入境短期停留，旨在为①在巴基斯坦从事实质经营的相同法人实体；或②由上述外国法人实体拥有或控制，或作为其附属的，在巴基斯坦建立并从事实质经营的法人实体，提供服务的自然人。具体类别包括：

a. 经理：指管理一个分支机构或一个以上部门，并作为其领导者的人；或监督或控制其他监督、专业或管理人员，并有权任免人事和自由行使日常运营管理权的人。停留期从30日~3年，可以延期。

b. 行政人员：指一个组织内部的人员，主要负责管理，具有广泛的决策

权，系董事会成员，或接受来自董事会或股东大会的指示。停留期从 30 日 ~ 3 年，可以延期。

c. 专家：指一个组织内部的人员，其具备先进的专门技术和知识，还具备与组织的产品、服务、研究设备、技术和管理相关的专有知识。停留期从 30 日 ~ 3 年，可以延期。

（2）商务访客：指下列自然人，其在取得每一类别规定的相应期限的工作签证后进入巴基斯坦临时居留。

a. 商务人员：指停留在巴基斯坦并不从其境内领取报酬的自然人，不从事面向公众的直接销售，或基于销售和租赁的目的提供服务；提供售后或租赁后服务；以参与商业会议或开拓商业联系包括谈判为目的；销售服务和/或类似活动，包括在巴基斯坦境内筹备设立商业存在。停留期从 30 日 ~ 6 个月。

b. 服务销售人员：指安装、修理、维护和监督人员，具有销售合同规定所必要的专业知识，根据保修规定，或根据从巴基斯坦境外实体租借包括计算机软件在内的商业或工业机械设备的其他服务合同，在服务合同规定的保修期内，提供服务或培训提供服务的工人。停留期从 30 日 ~ 1 年。

（3）合同服务提供者：指外国法人实体的雇员，其为授予该法人实体服务合同的一部分，在巴基斯坦境内没有从事服务提供的商业存在。停留期从 30 日 ~ 1 年，可以延期。

（4）独立专家：指自我雇佣的自然人，需满足必要的教育要求和/或该职业在巴基斯坦的可选择性证明，其访问需由巴基斯坦法人担保。停留期从 30 日 ~ 1 年。

（5）其他技术人员：指在信息技术、建筑工程、旅游、教育服务、健康相关的服务、已列的体育服务等领域具备公认技能的自然人，其入境作临时停留目的为提供培训。停留期从 30 日 ~ 1 年，需进行劳动力市场测试。

2. 国民待遇限制

在国民待遇方面，对于商业存在，非巴基斯坦的实体和/或人购置房地产将视具体情况而定予以授权，并将考虑此项交易的目的和位置。

（二）巴基斯坦对中国开放服务贸易的部门承诺

巴基斯坦和中国在服务贸易开放方面，因经济发展水平不同，服务部门发展和开放要求差异比较大，承诺向对方开放的大类、部门与分部门差别也比较大。

巴基斯坦单方面向中国开放的服务部门：

商务服务大类中的：助产士、护士、理疗医师和护理员提供的服务，兽医服务，数据库服务，其他计算机服务，社会科学与人文科学的研究和开发服务，跨学科的研究和开发服务，其他运输设备租赁，农业贮存设备服务，草场服务。

金融服务大类中的：可转让票据（仅包括支票，汇票和本票）的结算和清算。

文化娱乐体育服务大类中的：文娱服务（包括剧场、现场乐队与马戏团表演等），图书馆、档案馆、博物馆和其他文化服务，主题公园娱乐服务，会议中心。

运输服务大类中的：铁路运输服务的客运服务、铁路运输设备的维修和保养服务、铁路运输的支持服务，公路运输服务的商用车辆和司机的租赁。

（中巴双方服务贸易部门承诺详见附录2.《中国入世、中国—巴基斯坦服务贸易承诺对照表》）

第三节 投 资 措 施

中国—巴基斯坦投资协议规定的内容包括：定义、投资的促进和保护、投资待遇、征用、损害和损失的补偿、转移、代位、缔约双方之间争端解决、投资者与缔约一方争议解决、其他义务、磋商等内容。中国—巴基斯坦投资协议除了与其他投资协议相类似的条款外，没有规定"适用范围"、"不符措施"和"利益的拒绝给予"条款，但也有一些不同的条款。此外，2008年双方签署了《中国—巴基斯坦自贸协定补充议定书》及附件。

协议明确，投资是指缔约一方投资者依照缔约另一方的法律和法规在缔约另一方领土内所投入的各种财产，包括但不限于：（1）动产、不动产及抵押、质押等其他财产权利及类似权利；（2）公司的股份、债券、股票或其他形式的参股；（3）金钱请求权或任何其他与投资相关的具有经济价值的履行请求权；（4）知识产权，特别是著作权、专利、商标、商号、工艺流程、专有技术和商誉；（5）法律或法律允许依合同授予的商业特许权，包括勘探、耕作、提炼或开发自然资源的特许权。作为投资的财产发生任何符合投资所在的缔约方的法律、法规的形式上的变化，不影响其作为投资的性质。

投资者是指，根据缔约任何一方法律具有该缔约方国籍的自然人；法律实体，包括根据缔约任何一方法律设立或组建且住所地在该缔约方境内的公司、社团、合伙及其他组织。收益是指由投资所产生的款项，包括利润、股息、利息、资本利得、提成费、费用和其他合法收入。

一、投资的待遇

（一）国民待遇和最惠国待遇

中国—巴基斯坦自贸协定第48条"投资待遇"，包括国民待遇和最惠国待遇条款等内容：（1）任一缔约方投资者在另一缔约方境内的投资均应获得公平和平等的待遇。（2）在不损害其法律、法规的情况下，任一缔约方均应给予与另一缔约方投资者的投资相关的投资和活动以优惠程度不低于该缔约方给予其自己的投资者的投资和相关活动的待遇（国民待遇）。（3）任一缔约方给予与另一缔约方投资者的投资相关的投资和活动的待遇的优惠程度不应低于其给予任何第三国的投资者的投资和相关活动的待遇（最惠国待遇）。（4）投资最惠国待遇规定不应解释为要求一缔约方将根据下列活动产生的任何待遇、优惠和特权的利益给予另一缔约方的投资者：任何其他的关税同盟、自贸区、经济同盟和任何产生上述同盟或类似机构的国际协定；完全或主要与关税相关的国际协定或安排；任何为边境地区的小额边境贸易提供便利的安排。

（二）投资的促进和保护

中国—巴基斯坦投资协议规定，每一缔约方都应鼓励另一缔约方的投资者在其境内进行投资，并根据法律、法规承认投资；任一缔约方的投资者的投资都应享受在另一缔约方境内持续不断的保护和安全；在不损害其法律、法规的情况下，任何缔约方都不应对另一缔约方的投资者对其投资的管理、维护、使用、享有和处置采取任何无理或歧视性措施；一缔约方应根据其法律法规，为从事与在其境内投资有关的活动的另一缔约方的公民获得签证和工作许可证提供帮助和便利。

在协定第55条"其他义务"中还规定：如果缔约一方的立法或缔约双方之间现存或其后设立的国际义务使缔约一方投资者的投资享受比本协定规定的更优惠待遇的地位，该地位不受本协定的影响。缔约任何一方应恪守其与缔约另一方投资者就投资所做出的承诺。

二、投资保护措施

(一) 投资和收益的转移

缔约任何一方应按照其法律和法规,保证缔约另一方投资者转移在其领土内的投资和收益,包括:(1) 利润、股息、利息及其他合法收入;(2) 全部或部分出售或清算资产获得的款项;(3) 与投资有关的贷款协议的偿还款项;(4) 与知识产权,特别是著作权、专利、商标、商号、工艺流程、专有技术和商誉,有关的提成费; (5) 技术支持、技术服务费或管理款项;(6) 与合同项目有关的款项;(7) 在缔约一方的领土内从事与投资有关活动的缔约另一方国民的收入。投资和收益的转移不损害投资者依据征用、损害和损失的补偿条款获得的补偿的自由转移。此类转移应以可自由兑换的货币按照转移当日接受投资缔约一方境内通行的市场汇率进行。

(二) 投资损害和损失的补偿

缔约一方的投资者在缔约另一方境内的投资,如果由于战争、全国紧急状态、起义、内乱、暴乱或其他类似事件而遭受损失,缔约另一方给予其恢复原状、赔偿、补偿或采取其他措施的待遇,不应低于它给予本国或任何第三国投资者的待遇,即以对相关投资者更优惠的待遇为准。

(三) 投资的征用

投资协议规定,除非同时符合下列条件:为了公共利益、依照国内法律程序、非歧视性的,以及给予补偿,缔约任何一方对缔约另一方的投资者在其领土内的投资不得采取征收、国有化或其他类似措施。征用的补偿,应等于采取征收前或征收为公众所知中较早一刻被征收投资的价值。该价值应根据普遍承认的估价原则确定。补偿包括自征收之日起到付款之日按正常商业利率计算的利息。补偿的支付不应迟延,并应有效兑换和自由转移。

(四) 投资担保或保险合同的代位

投资协议规定,如果缔约一方或其指定的机构根据其对非商业风险的一项担保或保险合同就在缔约另一方领土内的某项投资向投资者作了支付,缔约另一方应承认:(1) 该投资者的权利和请求权依照缔约前者一方的法律或法律程序转让给了缔约前者一方或其指定机构；（2）缔约前者一方或其指定机构在与投资者同等的范围内，代位行使该投资者的权利或执行该投资者的请求权，并承担其与投资相关的义务。

中国—巴基斯坦投资协议还规定，为审查投资协议的执行情况、交流法律信息和投资机会、解决因投资产生的争议、提出促进投资的建议、研究与投资有关的其他事宜，应不时进行会谈。

三、"海尔—鲁巴经济区"的优惠

2008 年 10 月 15 日，双方签署了《中国—巴基斯坦自贸协定补充议定书》，同意在中巴自贸区框架下，对巴基斯坦境内包括海尔—鲁巴经济区在内的中国—巴基斯坦投资区的建立提供便利。本着促进双方经济利益的原则，中国和巴基斯坦应考虑降低或消除在包括海尔—鲁巴经济区在内的中国—巴基斯坦投资区生产的货物以及双方有出口兴趣的其他货物的关税。关税减让或消除应是中国—巴基斯坦自贸协定关税减让表的一部分。为中国—巴基斯坦投资区的发展和区内投资者的利益，巴基斯坦提供一揽子优惠政策：

1. 免除经济区建设及工程项目所需资本设备（厂房、机器、设备和零部件）的进口海关关税和税收。

2. 经济区内项目自运营之日起 5 年内免征公司所得税。本优惠亦应适用于经济区开发商。

3. 巴基斯坦国内其他地方享受的出口优惠政策也同样适用于经济区内生产的出口产品。

4. 巴基斯坦联邦政府/机构将在经济区新址提供气、电和其他公用设施。允许经济区开发商自备发电。

5. 巴基斯坦省级政府负责修建通往经济区新址的道路。

6. 巴基斯坦投资委员会将在经济区内提供一站式服务。

7. 为投资者在经济区提供上门服务，以完成所需的程序/手续。

8. 巴基斯坦投资委员会将为投资者提供免费的便利服务和指导。

9. 在经济区内设立员工培训中心。

10. 在经济区内，只有中资比例达 40% 以上的项目或合资企业才能享受一揽子优惠政策。

11. 在经济区内建设干港为区内企业进出口提供便利。

12. 巴基斯坦省级政府将为海尔—鲁巴集团购买土地提供便利。

补充议定书的签署，旨在加快包括"海尔—鲁巴经济区"在内的中巴投资区建设，吸引更多企业入区设厂，进一步提升两国经贸合作水平。

小资料：

巴基斯坦经济贸易概况

巴基斯坦伊斯兰共和国，简称（Pakistan），国土面积79.6万平方公里。截至2011年7月1日，巴基斯坦人口总数约为17 675万人，96%以上的居民信奉国教伊斯兰教。

巴基斯坦主要出口商品为：纺织品、大米、皮革及制品、石油产品、化学产品，上述五类商品占巴基斯坦出口总额的80%左右。主要进口商品为：原油及石油产品、机械及运输工具、化学产品、食品、动植物油脂、钢铁产品、煤炭，上述七类商品占巴基斯坦进口总额的81.9%左右。主要贸易伙伴为：阿联酋、中国、美国、沙特、科威特、德国、马来西亚、日本、阿富汗、印度。

2010年，巴基斯坦国内生产总值（GDP）1 747.99亿美元，人均GDP 1 049美元，货物贸易进出口总额为604.54亿美元，其中出口额214.10亿美元，进口总额390.44亿美元，占全球货物贸易出口总额比重0.14%，进口总额比重0.25%，关税总水平13.9%，是世界货物贸易出口第65位和进口第55位。2010年服务贸易出口额27.92亿美元，服务贸易进口额64.66亿美元，占全球服务贸易出口总额比重0.08%，进口总额比重0.18%，是世界服务贸易出口第80位，进口第63位。2008—2010年，人均贸易额372美元，贸易占GDP的比例38.0%。2010年中国与巴基斯坦货物贸易总额86.67亿美元，中国出口额69.38亿美元，中国进口额17.29亿美元。

1995年1月1日，巴基斯坦加入世界贸易组织。目前，巴基斯坦参加的区域贸易协定8个（不含服务贸易协议），协定伙伴80个（含不同协定相同国家），包括：经济合作组织（ECO）、南盟优惠贸易安排、南亚自贸协定、全球发展中国家间贸易优惠制、发展中国家间贸易谈判议定书，以及与马来西亚、斯里兰卡、中国签订的双边自贸协定。

第九章　中国—智利自由贸易协定

2005 年 11 月 18 日，中国与智利签署了《中国—智利自由贸易协定》，自 2006 年 10 月 1 日起实施。2008 年 4 月 13 日，双方又签署《中国—智利自由贸易协定关于服务贸易的补充协定》，2009 年 1 月 1 日生效，自 2010 年 8 月 1 日开始实施。此后，双方进行自贸区投资协议谈判，2010 年 2 月 1～5 日，中国—智利自贸区投资协议第六轮谈判在智利首都圣地亚哥举行。经过务实磋商，双方在投资者定义、投资者—东道国争端解决机制、损失赔偿等重要条款取得共识，谈判取得积极成果。至此，双方就投资协定大多数条款取得一致。中国—智利自由贸易协定是中国与拉美国家签署的第一个自贸协定。

《中国—智利自由贸易协定》有八个附件。附件一：进口海关关税消除（关税减让表—中国，关税减让表—智利）；附件二：地理标志清单；附件三：产品特定原产地规则；附件四：原产地证书；附件五：智利主管签证的政府机构；附件六：原产地证书签证核查联网系统模式；附件七：仲裁小组程序规则；附件八：实施委员会批准的修改。

中国—智利自贸协定关于服务贸易的补充协定有两个附件。附件一：商务人员临时入境；附件二：服务贸易承诺表（中国服务贸易承诺表，智利服务贸易承诺表）。

第一节　货物贸易规定

中国—智利自由贸易协定纳入了与货物贸易有关的所有内容，包括市场准入、原产地规则、卫生与植物卫生措施、技术性贸易壁垒、贸易救济、争端解决机制等，并且将合作的内容涵盖在内，共 14 章 121 条。

一、关税减免规定

（一）中国—智利自贸协定关税减免模式

中国—智利自贸协定关税减免采取两种模式：第一类产品一次性减免到

零关税；其他类产品采用在基数年最惠国税率的基础上在规定的时间表内等比例幅度削减（线性降税模式），中国分别在 2 年、5 年和 10 年内降至零关税，智利分别在 5 年和 10 年内降至零关税。

（二）中国—智利自贸协定关税减免进程

1. **中国从智利进口的原产产品分为五类，各类产品关税减免进程如下：**

（1）"1 年"（2006 年）：在协定生效当日，进口海关关税即全部消除至零。

（2）"2 年"：从协定生效日起，进口海关关税在 2 年内按等比例降税，从第二年 1 月 1 日降至零。

（3）"5 年"：从协定生效日起，进口海关关税在 5 年内按等比例降税，从第五年 1 月 1 日降至零。

（4）"10 年"：从协定生效日起，进口海关关税在 10 年内按等比例降税，从第十年 1 月 1 日降至零。

（5）"例外"：该类产品不受消除关税的约束。

2. **智利从中国进口的原产产品分为四类，各类产品关税减免进程如下：**

（1）"1 年"（2006 年）：在协定生效当日，进口海关关税即全部消除至零。

（2）"5 年"：从协定生效日起，进口海关关税在 5 年内按等比例降税，从第五年 1 月 1 日降至零。

（3）"10 年"：从协定生效日起，进口海关关税在 10 年内按等比例降税，从第十年 1 月 1 日降至零。

（4）"例外"：该类产品不受消除关税的约束。

3. **中国、智利从对方进口的原产产品，每年优惠幅度如下表：**

表 9 - 1 　　　　　　　中国、智利进口关税减让表

单位：%

类别	国别	协定生效日（2006 年）	2007 年 1 月 1 日	2008 年 1 月 1 日	2009 年 1 月 1 日	2010 年 1 月 1 日	2011 年 1 月 1 日	2012 年 1 月 1 日	2013 年 1 月 1 日	2014 年 1 月 1 日	2015 年 1 月 1 日
1 年	中国	100									
	智利	100									
2 年	中国	50	100								
	智利										

类别	国别	协定生效日（2006 年）	2007年1月1日	2008年1月1日	2009年1月1日	2010年1月1日	2011年1月1日	2012年1月1日	2013年1月1日	2014年1月1日	2015年1月1日
5 年	中国	20	40	60	80	100					
	智利	20	40	60	80	100					
10 年	中国	10	20	30	40	50	60	70	80	90	10
	智利	10	20	30	40	50	60	70	80	90	10

根据《中国—智利自由贸易协定》，经过 2006 年和 2007 年两个阶段的关税减让，中国对 4 753 种智利产品实施零关税，智利对 5 891 种中国产品关税降为零，主要涉及化工品、纺织品和服装、农产品、机电产品、车辆及零件、水产品、金属制品和矿产品等。双方除了 3% 以下的税目作为例外产品保持原有关税不变外，到 2015 年后将有 97% 以上税目的进口关税降为零。

二、地理标志规定

协定确认，列入附件二的绍兴黄酒和安溪铁观音（茶）是中国的地理标志，智利皮斯科酒是智利的地理标志，属于 TRIPs 协定第 22 条第 1 款规定的范围之内。这些名称将在另一缔约方境内按照该国国内法律、法规，以与 TRIPs 协定规定一致的方式作为地理标志受到保护。

三、原产地规则

（一）原产地规则

《中国—智利自由贸易协定》原产地规则，在条款的格式与含义上与其他几个自贸区原产地规则基本一致，如"完全获得产品"，"中性成分"、"微小含量"、"可互换材料"等的含义。

"非完全获得或生产的产品"采取区域成分 40% 的标准，但计算公式的出口货物价格使用价值（value），而不是 FOB 价格。在计算货物的区域价值成分时，货物生产过程中所使用的非原产材料价值，应当不包括为生产原产材料而使用的非原产材料价值。当在一缔约方境内的货物生产商获得非原产材料时，该材料价值不应当包括将非原产材料从供应商的仓库运到生产商厂址的过程中所产生的运费、保险费、包装费及任何其他费用。

（二）中国—智利自贸区原产地规则的不同之处

《中国—智利自由贸易协定》原产地规则与其他协定不同的地方主要有：

1. 在简单加工方面规定得比较全面具体，共有 17 项。
2. 增加了"成套货物"、"展览"的条款。
3. 没有规定"可互换材料"的条款。
4. 微小含量的全部非原产材料价值不超过该货物的 10%。

（三）产品特定原产地规则

《中国—智利自由贸易协定》产品特定原产地规则，分为两大类，第一类为税则改变规则，第二类为提高区域价值成分到 50%。

税则改变规则又分两部分：第一部分，要求 HS 编码章改变，包括第 1、2、3、4、5、6、7、8、9、10、11、12、13、14、15、16 章和第 20 章，共 17 章；第二部分，要求 HS 编码四位税目改变，包括第 17、18、19 章，共 3 章。

提高区域成分标准也可分为 2 部分：第一部分是 HS 编码整章产品都要求区域成分达到 50%，包括第 20、21、23、24、25、26、32、34、35、44、48、49、51、54、55、56、57、58、59、60、61、62、63、64、93、94 章，共 26 章。第二部分是第 28、29、30、31、33、36、39、40、52、53、69、70、72、73、74、76、83、84、85、87、89、92、95 章（共 23 章）的共有 200 个 HS 编码税目产品要求区域成分达到 50%。

除了上述列入产品特定原产地规则的非完全中国—智利原产地产品外，则适用 40% 的区域成分。

（四）与原产地规则相关的程序

1. 原产地证书的缮制

（1）享受优惠关税待遇的原产货物，在进口时应当提交原产地证书（FORM F）。证书第十一栏填制要求：完全原产，填写字母"P"；含进口成分，区域价值≥40%，填写字母"RVC"；产品特定原产地标准，填写字母"PSR"。

（2）原产地证书由签证机构应出口商的书面申请签发，即由中国国家质量监督检验检疫总局和附件五所指的智利政府机构签发。原产地证书必须以英文填具并署名，可涵括一项或多项同一批次进口的货物。原产地证书的正本必须向进口方海关提交。

（3）申请原产地证书的出口商应当根据签证机构的规定，提交所有证明有关产品原产资格的相关文件，并必须履行原产地规则的其他规定。

（4）签证机构应当有权在货物出口前，采取任何适当的措施审核产品是否具有原产资格以及是否符合原产地规则的其他规定。为此，签证机构应当有权要求提供任何相关证据，审查出口商账目或开展任何其他适当的检查。

（5）原产地证书应当自出口方签发之日起一年内有效，原产地证书的正本必须在上述期限内向进口方海关提交。中国方面出具的原产地证书正本，在向智利海关提交时，应当不加盖"正本"字样；智利方面出具的原产地证书，在向中国海关提交时，应当仅有一份加盖"正本"字样。

2．相关文件

证明有关产品原产资格的相关文件可包括但不限于：

（1）记录出口商或供应商获得有关货物过程的直接证据，如其账目或内部账册；

（2）用于证明所用原料原产资格的文件，但该文件需依照国内法律的规定使用；

（3）用于证明原料生产和加工的文件，但该文件需依照国内法律的规定使用；

（4）证明所用原料原产资格的原产地证书。

3．非缔约方发票

当交易货物由非缔约方开具发票时，货物原产国的出口商应当在相应原产地证书"备注"栏内注明原产国生产商的下列信息：名称、地址和国家。原产地证书中的收货人必须为中国或智利境内的人。

4．预确定

（1）应一缔约方境内的进口商或另一缔约方境内的出口商在货物进口前提出的书面申请，各缔约方海关应当根据申请人提供的事实和情况说明，包括需要的详细信息说明，就下列事项做出书面预确定：税则归类；根据《中国—智利自由贸易协定》的规定，货物是否具有原产资格。

（2）如果申请人已提交所有必需的信息，海关应当在收到书面申请后做出预确定。货物原产地的预确定应当在150日内做出。

（3）各缔约方应当规定，如果做出预确定所依据的事实和情况未改变，预确定自做出之日起或预确定中所确定的其他日期起至少一年内有效。

（4）如果事实或情况证明预确定所依据的信息是虚假或错误的，做出预确定的海关可以修改或废除该预确定。

（5）如果进口商依据已有预确定提出进口货物享受相应待遇的要求，海关可就进口的事实和情况与预确定所依据的事实和情况是否一致做出判定。

（6）为了促进其他货物适用预确定时的一致性，各缔约方应当在不违反各自国内法律有关保密规定的前提下公布其预确定。

（7）申请人在申请预确定时，如果提供虚假信息，或遗漏相关事实或情况，或未遵守申请预确定的规定，进口方可以按照其国内法律采取适当的措施，包括民事、刑事及行政措施、处罚或其他制裁。

四、税收措施

协定明确了避免双重征税协定，或其他国际税收协定或安排与双边自贸协定的关系：一是除非本条另有规定，本协定的任何条款均不适用于税收措施；二是仅在 GATT1994 第 3 条对税收措施授予相应的权利或赋予相应的义务时，本协定才对该税收措施给予权利或赋予义务；三是本协定任何条款不得影响缔约双方在任何已经生效的税收协定中的权利和义务。如果关于某一税收措施，本协定与缔约双方已经生效的税收协定间存在不一致，后者在不一致的范围内效力优先。如缔约双方已签订税收协定，该税收协定项下的主管机关应具有独有的责任确定在本协定和该税收协定之间是否存在不一致。

五、保障国际收支平衡的措施

如发生严重国际收支平衡和对外财政困难或其威胁，一缔约方可以依据 WTO 协定以及《国际货币基金协定》，采取必要的措施。

第二节　服务贸易规定

中国—智利服务贸易协议主要包括正文（未分章）的 22 个条文和 2 个附件。主要内容包括：范围和覆盖领域、国民待遇、市场准入、具体承诺减让表、国内法规、承认、透明度与审议、利益的拒绝给予、税收措施、一般例外与安全例外、保障国际收支的限制，以及机构条款等。两个附件分别为《商务人员临时入境》和双方服务贸易开放承诺表。

中国—智利服务贸易协议的签署有助于两国进一步相互开放服务市场，增进优势互补，提升国际竞争力；有助于改善投资环境，创造商业机会，降低交易成本，为两国企业和人民带来更多福利；也将有助于推动两国各个领域的全方位合作，拓展合作领域，提高合作水平。

一、中国对智利服务贸易的具体承诺

中国在商务服务、建筑和相关工程服务、分销服务、教育服务、环境服务、旅游和与旅行相关的服务、娱乐文化和体育服务、运输服务等 8 大类对智利开放，共承诺 56 项。

1. 中国对智利开放超过加入 WTO 的承诺

（1）中国对智利开放超过加入 WTO 承诺的大类

娱乐、文化和体育服务（视听服务除外）。对该大类中的体育和其他娱乐服务部门承诺开放：体育赛事推广服务、体育赛事组织工作服务、体育场馆运营服务（不包括高尔夫）。

（2）中国对智利开放超过加入 WTO 承诺的部门与分部门

商务服务大类中的：市场调研、除建筑外的项目管理服务，与采矿业有关的服务（石油与天然气）。

运输服务大类中的空运支持服务：机场管理服务、空运服务的销售与营销、机场地面服务、通用航空服务。

2. 中国对智利开放低于加入 WTO 的承诺

（1）中国对智利开放低于加入 WTO 承诺的大类

通讯服务、金融服务，中国未对智利承诺。

（2）中国对智利开放低于加入 WTO 承诺的部门与分部门

商务服务大类中的会计、审计和簿记服务，医疗和牙医服务，技术测试和分析服务，不配备技师的机械和设备的租赁或出租服务，个人和家用物品的租赁或出租服务，摄影服务，包装服务，会议服务，笔译和口译服务。

分销服务大类中的批发服务、特许经营服务、无固定地点的批发或零售服务。

旅游和与旅行相关的服务大类中的饭店和餐饮服务（包括餐饮）。

运输服务大类中的海洋运输服务、内水运输服务、铁路运输服务，公路运输服务、所有运输方式的辅助服务。

3. 中国单方面对智利开放的服务部门

（1）中国单方面对智利开放的大类

建筑和相关工程服务大类。

（2）中国单方面对智利开放的部门与分部门

商务服务大类中的：城市规划和园林建筑服务，与农业、狩猎和林业有关的服务，渔业有关的服务，笔译和口译服务。

分销服务大类中的佣金代理服务。

教育服务大类中的初等教育、中等教育、其他教育服务等。

二、智利对中国服务贸易的具体承诺

（一）智利对中国开放服务贸易的水平承诺

智利在水平承诺中把市场准入限制与国民待遇限制合并在一起。

1. 支付和转移

智利中央银行为保证货币稳定，国内外支付稳定，根据宪法机构法或其他法律实施或将实施的措施不做承诺。为此目标，智利中央银行被授权以管理货币供给、信用流通以及国际信贷和外汇的交易。智利中央银行亦被授权发布货币管理、信用、金融和外汇规章。这些措施包括经常性支付限制、转移（资本流动）出入智利及相关交易，如根据储备要求对与外国的储蓄、投资和信用来往的要求。

2. 投资法律

智利《外国投资条例》（第 600 号法令〔1974〕），是自主的、特殊性的投资制度。作为资本进入智利一般性制度的备选，潜在投资者可根据第 600 号法令规定的制度向外资委员会提出申请。

中国—智利服务贸易协议和承诺减让表规定的义务和承诺不适用于智利第 600 号法令、外资条例、18.657 号法律、外资投资基金法、上述法规的增续和更新、上述法规或智利在未来有可能实施的特别和（或）自主投资体制的修订。

为保证更大的确定性，智利外国投资委员会有权拒绝根据第 600 号法令和第 18.657 号法律提出的投资申请。此外，外国投资委员会有权根据前述第 600 法令和第 18.657 号法律管制外国投资的条款和条件。

3. 原住民群体

承诺减让表中的承诺不能理解为对有权采取措施设立原住民群体的权利和优惠的约束。

4. 商业存在

承诺减让表仅适用于下列外国投资者的商业存在类型：开放式或封闭式公共公司、私人有限公司和子公司。

房地产收购和其他边境地区内的法律行为的履行必须符合有关立法规定，就本协定而言对此不作承诺。边境地区定义为位于境内 10 公里，离海岸 5 公里以内以及阿利卡地区的土地。

5. 自然人移动

除根据商业存在，在智利设立的外资企业内的自然人移动外，不做承诺。该自然人须为高级职员和专家，在提交进入申请之日之前受该组织雇佣至少两年，并履行与其来源国的母公司同样职责。无论何种情况下，当雇佣人雇佣 25 人以上时，外国自然人不可超过在智利受雇员工总数的 15%。

高级职员是指那些接受在智利设立的企业董事会直接监管的管理人员，以及特别指从事下述工作者：执行对该组织或其部门或分部门的管理；监督和控制其他监管人、专家或管理者的工作；根据个人授权去雇佣和解雇，或建议雇佣或解雇，或建议与人事有关的任何其他措施。

专业人员指高素质人才，因其专业知识或以下原因在提供服务方面有不可替代性：拥有从事需专业技术的工作或活动的资格，提供服务的关键知识、研究设备、技术或管理；和在智利没有此类专业人员。

高级和专业人员不包括在智利设立的公司董事会成员。

为法律目的，高级和专业人员必须在智利定居或居住。允许服务提供者临时准入 2 年，可再延长 2 年。依照这些条件准入的人员将受制于现行的劳动和社会保障法。

临时的自然人流动包括：

A. 一自然人寻求临时准入，为了参加商业会议，开展市场或投资调研，进行商业往来或参加与未来服务提供有关的谈判，包括在智利领土内设立公司或企业。商业访问者在满足以下条件时，应获得临时准入：（a）在智利不赚取报酬；（b）不参与直接对公众的销售；（c）自己不提供服务。

一服务提供者的代表，不在智利居住，寻求暂时准入，以参加服务销售谈判或签署服务销售协议，这些代表不直接从事面对大众的销售或者提供服务。

B. 应当满足以下条件，如上所述的高级人员，在法人的范围内，负责在智利设立服务提供者的商业存在：该代表不直接销售或提供服务；和服务提供者在中国领土内有母公司，并在中国没有其他代表处，办公室，分支机构或子公司。

（二） 智利对中国开放服务贸易的部门承诺

智利在商务服务、通讯服务、分销服务、教育服务、旅游和与旅行相关的服务、娱乐文化和体育服务、运输服务等 8 大类对中国开放，共承诺

75 项。

智利单方面对中国开放的服务部门：

商务服务大类中的：自然科学的研发服务、跨学科的研究和开发服务，航空器租赁服务、农业机械和设备租赁、建筑机械和设备租赁，与制造业相关的服务，包装服务。

分销服务大类中的批发服务。

旅游和与旅行相关服务大类的导游部门。

但中国—智利自由贸易协定关于服务贸易的补充协定第 4 条"具体承诺减让表"规定，"缔约双方同意，将双方在服务贸易总协定中现有的具体承诺，除金融服务外的内容纳入本补充协定"。

目前，中国和智利双方的服务贸易自由化程度比较低，虽然在个别部门超过了在 WTO 中的承诺水平，今后还有进一步谈判和开放的空间。

（中智双方服务贸易部门承诺详见附录 3.《中国入世、中国—智利服务贸易承诺对照表》）

第三节　合　　作

为实现《中国—智利自由贸易协定》的目标和原则，缔约双方重申加强各种形式的合作，尤其是经济、贸易、金融、技术、教育和文化合作的重要性。

一、在经济方面的合作

中国、智利双方的经济合作应基于现有的贸易与经济合作协定或安排，增进和加强缔约双方贸易与经济关系。

双方鼓励下列活动并为之提供便利，但不限于下列活动：就促进和扩展缔约双方货物与服务贸易的方法而开展的政策对话和定期信息和观点交流；保持缔约双方在重大经济和贸易问题以及任何构成增进缔约双方经济合作障碍的信息互通；为访问对方国家的商人和贸易使团提供相关部门知识上或支持上的协助和便利；支持缔约双方商业界的对话和经验交流；建立并发展为商业合作、货物和服务贸易、投资和政府采购提供信息和识别机会的机制；在存在经济利益的领域，鼓励公有和/或私有部门的行为，并为之提供便利。

二、在研究、科学和技术领域的合作

基于双方现有的在研究、科学和技术领域合作的协定和缔约双方科学和技术合作联合委员会已经取得的后续成果；在适当的情况下，鼓励各自国家的政府机构、研究机构、大学、私有公司和其他研究组织达成在本协定框架下支持合作活动、计划和项目的直接安排，特别是和贸易与商业相关的；关注存在缔约双方共同利益和互补利益的部门的合作活动，尤其是便于缔约双方贸易和商业活动的信息通讯技术和软件开发等活动。

双方应该适时鼓励下列活动并为之提供便利，但不限于下列活动：与大学和研究中心磋商确定战略，鼓励联合的研究生学习和研究访问；交流科学家、研究人员和技术专家；交流信息和文件；推动公有或私有部门间的合作，支持创新产品和服务的开发，并共同努力进入新的市场。

三、在教育领域的合作

基于双方在教育领域现有的合作协定或安排，促进双方在教育领域的联系网络、相互理解和紧密的工作关系。

双方鼓励并便利各自相关教育机关、机构和组织适时在如下领域进行交流：教育质量保障进展；各个层次的在线和远程教育；初等和中等教育体系；高等教育；技术教育；为技术培训的产业合作。

教育合作的重点放在：信息、教具和演示材料的交流；在达成一致的领域内计划与项目的共同规划和执行，以及目标活动的联合协调；本科和研究生教育中协作培训、合作研发活动的发展；符合缔约双方共同利益的项目中相关教学人员、行政人员、研究人员和学生的交流；增进对各缔约方的教育系统和政策的理解，包括有关各类学历的解释和评估的信息，由此，在高等教育机构间可能就学分转换和学历互认的可行性进行讨论；合作开发创新的质量保障资源以支持学习和评估，以及教师和培训员在培训领域的专业发展。

四、在劳动、社会保障和环境方面的合作

双方应该通过劳动和社会保障合作谅解备忘录和环境合作协定增强双方在劳动、社会保障和环境方面的交流和合作。

五、在中小企业方面的合作

双方将为中小企业的发展提供一个良好的环境。合作倾向于和中小企业共享信息与良好的实践。这些实践促进下游和上游导向的合作和产业链联结开发，以提高中小企业的生产率，促进生产能力的开发以增加中小企业进入市场的机会，整合劳动力密集程序和人力资源开发的技术以提高中小企业对中国和智利市场的认识。

合作应通过以下活动发展：信息交流；专家会议、论坛、专家对话和培训项目；促进经济工作者之间的联系，鼓励探索产业技术机会。

合作还应包括：设计和开发鼓励合作和生产链联结开发的机制；定义和开发集群发展的方法和战略；增加中小型出口企业获取与强制程序相关以及任何其他相关的信息的渠道；定义技术转让：倾向于向中小型企业转让技术创新和提高他们生产率的项目；增加中小型企业获取技术升级计划、金融支持与鼓励计划的信息的渠道；支持新的出口型中小型企业；识别有可能改进的特定领域。

六、在文化方面的合作

基于现有的关于文化领域合作的协定或安排，促进双方的信息和文化交流。双方鼓励下列活动，并为之提供便利，但不限于这些活动：鼓励就文化政策以及本土文化的改进进行对话；鼓励文化事件的交流，增强艺术品意识；鼓励就国家遗产的保护和修复的经验进行交流；鼓励就管理艺术品的经验进行交流；主要通过视听部门的培训项目和交流方式来鼓励视听领域的合作，包括：共同生产、培训、开发和流通活动；拥有一个两国文化机关间的磋商机制。

七、在知识产权方面的合作

基于现有的、双方都参加的知识产权领域的国际协定的基础，包括 TRIPs 协定，尤其是于 2001 年 11 月 14 日，在卡塔尔多哈举行的第四次 WTO 部长级会议上通过的《TRIPs 协定与公共健康宣言》中提及的原则，和 2003 年 8 月 30 日通过的《关于执行 TRIPs 协定与公共健康多哈宣言第六条的决定》，促进经济和社会发展，尤其是对有利于缔约双方的技术生产者和使用者的新数字经济、技术创新和技术转让与传播；鼓励社会经济福利和贸易的发展；实现关于受保护标的物权利持有者的权利和使用者及社会的合法利益之间的平衡；

在知识产权的保护和执行方面为权利持有者和知识产权的使用者提供确定性；鼓励杜绝和知识产权相关的构成权利滥用、限制竞争或可能阻碍新开发的转让和传播的行为和条件；改进知识产权的有效注册登记。

在双方一致同意和拨定资金允许的条件下，双方通过以下途径进行合作：作为研究和创新工具的知识产权使用的教育和传播计划；为公务员提供的关于知识产权的培训和专业化课程及其他机制；在下列领域进行信息交流：知识产权系统的执行；为提高知识产权及其系统的意识而发起的适当倡议；知识产权政策的发展，这些发展包括，但并不限于下列领域：版权法所规定的恰当的限制和除外的执行，以及和恰当保护数字化权利管理信息相关的措施的实施；在多边或地区论坛中关于知识产权的倡议的政策对话的通知；知识产权执行的联络点的通知；关于发展、提高相关法院判决和在国会中的法案的报告；用于知识产权管理的电子系统的知识的提高；缔约双方可能共同决定的其他活动或倡议。

八、在促进投资方面的合作

在各自的能力范围内，帮助双方促进一个有吸引力和稳定的互惠投资环境。双方应在下列各方面促进信息交流渠道的建立并为全方位的沟通和交流提供便利：在投资政策法律以及经济贸易和商业信息方面的交流；探究建立投资促进机制的可能性；为潜在投资者和投资合作方提供国家信息。

九、在矿业和工业方面的合作

出于双方共同利益考虑并符合各自政策，双方在矿业和工业部门的合作应适当地鼓励各自国家的政府机构、研究机构、大学、私人公司和其他研究组织在本协定框架下达成支持合作活动、计划、项目或合资的直接安排；合作活动的重点是现有缔约双方共同和互补利益的部门；双方间现有的协定和安排，例如政府间的议定书或者是两国的铜公司和企业间的联合协定。

矿业和工业合作包括在以下领域开展工作，但不限于这些领域：生物开采（使用生物技术的开采）；开采技术，尤其是地下开采业和传统冶金术；矿业中的生产率；用于矿业和其他部门应用的工业机器人技术；用于矿业和工业车间生产的信息技术和电信应用；用于矿业和工业应用的软件开发。

双方应适当地鼓励下列活动并为之提供便利，但不限于这些活动：在利益相关领域的信息、文献交流以及机构间的联系；矿业和工业领域的学术、产业和企业网络的互访；与大学及研究中心磋商，确认鼓励联合研究生学习、研究访问和联合研究计划的战略；科学家、研究员和技术专家的交流；为支持创新产品和服务的开发，尤其是和部门活动的生产率相关的创新产品和服务开发，对公共/私人部门间的合作和合资企业的促进；在上述提到的领域中的技术转让；基于公共/私人合作和联合投资的创新技术模式的设计。

小资料：

智利经济贸易概况

智利共和国，简称智利（Chile），位于南美洲，国土面积75.7万平方公里，铜矿储藏量居世界第一位，素有"铜矿之国"的美誉。截至2011年7月1日，智利人口总数约为1 727万人。

智利矿业是国民经济的命脉，其主要出口产品为：矿产品、纸浆、鱼粉、水果、葡萄酒和药品等，主要进口产品为：石化产品、电子设备、工业机械、汽车和天然气等。智利的主要贸易伙伴包括：中国、美国、日本、巴西、韩国等。2009年中国超过美国成为智利第一大贸易伙伴，2010年中国继续保持为智利第一大贸易伙伴。

2010年，智利国内生产总值（GDP）2 034.43亿美元，人均GDP 11 587美元。货物贸易进出口总额为1 299.84亿美元，其中出口额710.28亿美元，进口额589.56亿美元，占全球货物贸易出口总额比重0.47%，进口总额比重0.38%，关税总水平6.0%，是世界货物贸易出口第40位和进口第46位。2010年服务贸易出口额106.85亿美元，服务贸易进口额115.68亿美元，占全球服务贸易出口总额比重0.29%，进口总额比重0.33%，是世界服务贸易出口第50位，进口第50位。2008—2010年，人均贸易额8001美元，贸易占GDP的比例76.1%。2010年中国与智利货物贸易总额258.3亿美元，中国出口额80.3亿美元，中国进口额178.0亿美元。

1995年1月1日，智利加入世界贸易组织。目前，智利已经参加签订的区域贸易协定21个（不含服务贸易协议），协定伙伴115个（含不同协定相同国家），其中包括：跨太平洋战略经济伙伴协定、拉丁美洲一体化协会、全球发展中国家间贸易优惠制、发展中国家间贸易谈判议定书，欧盟、欧洲自由贸易联盟，以及与美国、加拿大、墨西哥、巴拿马、韩国、日本、印度、洪都拉斯、萨尔瓦多、哥斯达黎加、澳大利亚、哥伦比亚、秘鲁、土耳其、中国签订了双边自贸协定。

第十章 中国—新西兰自由贸易协定

　　2008 年 4 月 7 日，中国与新西兰签署《中国—新西兰自由贸易协定》，于 2008 年 10 月 1 日生效。这是中国与发达国家签署的第一个自贸协定，也是中国与其他国家签署的第一个同时涵盖货物贸易、服务贸易、投资等多个领域的自贸协定。

　　《中国—新西兰自由贸易协定》有 14 个附件。附件一：关税减让表（中国关于新西兰原产货物的关税减让表，新西兰关于中国原产货物的关税减让表）；附件二：农产品特殊保障措施；附件三：中期审议机制；附件四：中国羊毛、毛条国别关税配额；附件五：特定原产地规则；附件六：原产地证书；附件七：原产地声明；附件八：服务贸易承诺（中国服务贸易具体承诺减让表，新西兰服务贸易具体承诺减让表）；附件九：第 107 条项下的涵盖部门；附件十：自然人临时入境承诺；附件十一：自然人临时雇佣入境承诺；附件十二：签证便利化；附件十三：征收；附件十四：中国与新西兰关于电子电器产品及其部件合格评定的合作协定。此外，还有相关文件：关于第七章的实施安排——主管机构和卫生与植物卫生联系点；关于第八章的实施安排——技术性贸易壁垒主管机构；关于技术工人换文；关于博士研究生奖学金换文；关于假期工作机制安排换文；关于假期工作机制安排。

第一节　货物贸易规定

　　《中国—新西兰自由贸易协定》共 214 条分为 18 章，内容包括：初始条款、总定义、货物贸易、原产地规则及操作程序、海关程序与合作、贸易救济、卫生与植物卫生措施、技术性贸易壁垒、服务贸易、自然人移动、投资、知识产权、透明度、合作、管理与机制条款、争端解决、例外、最后条款。

一、关税减免规定

(一) 关税减免模式

中国—新西兰自贸协定采取两种模式：第一类产品一次性减免到零关税；其他各类产品在规定的时间表内按规定的税率降税。

(二) 关税减免进程

根据《中国—新西兰自由贸易协定》规定，新西兰将在 2016 年 1 月 1 日前取消全部自中国进口的原产品关税，其中 63.6% 的原产品从协定生效时起即实现零关税；中国将在 2019 年 1 月 1 日前取消 97.2% 自新西兰进口的原产品关税，其中 24.3% 的原产品从协定生效时起即实现零关税。具体降税步骤如下：

1. 新西兰降税进程

(1) 自协定生效时起，新西兰立即取消绝大部分税率不高于 5% 的从中国进口的原产品的关税。

(2) 对于新西兰绝大部分税率在 5% 以上但不高于 12% 的从中国进口的原产品，其关税从 2008 年 10 月 1 日起逐步降低，至 2012 年 1 月 1 日实现零关税。

(3) 对于新西兰绝大部分税率高于 12% 的从中国进口的原产品，其关税于 2008 年 10 月 1 日降至 12%，而后逐步降低，至 2013 年 1 月 1 日实现零关税。

(4) 新西兰从 2008 年 10 月 1 日起逐年降低自中国进口的皮衣、毛织物、针织服装、鞋类等产品的关税，并分别于 2014 年 1 月 1 日、2016 年 1 月 1 日前取消上述原产品的关税。

2. 中国降税进程

(1) 自协定生效时起，双方立即取消绝大部分税率不高于 5% 的从新西兰进口的原产品的关税。

(2) 对于中国绝大部分税率在 5% 以上但不高于 20% 的从新西兰进口的原产品，其关税从 2008 年 10 月 1 日起逐步降低，至 2012 年 1 月 1 日实现零关税。

(3) 对于中国绝大部分税率高于 20% 的从新西兰进口的原产品，其关税于 2008 年 10 月 1 日降至 20%，而后逐步降低，至 2013 年 1 月 1 日实现零关税。

（4）中国从 2008 年 10 月 1 日起逐年降低自新西兰进口的乳制品、牛羊肉、猕猴桃等产品的关税，并将于 2016 年 1 月 1 日前取消牛羊肉、猕猴桃的关税，于 2017 年 1 月 1 日前取消鲜奶及奶油、黄油、奶酪的关税，于 2019 年 1 月 1 日前取消奶粉关税。

（5）自 2009 年起，中国在现有全球羊毛和毛条关税配额总量以外，为自新西兰进口的羊毛和毛条专设一定量的羊毛和毛条国别配额，国别配额内享受零关税待遇。在任何给定日历年中，任何超过当年对应数量的新西兰原产羊毛、毛条进口量应适用最惠国适用税率。除非双方另行决定，2017 年后的国别关税配额（国别配额）数量应维持与 2017 年相同水平。羊毛和毛条各年的配额如下表：

表 10 - 1　中国从新西兰进口羊毛和毛条各年的关税配额表

单位：吨/年

税号	产品描述	2009	2010	2011	2012	2013	2014	2015	2016	2017
5101 1100	未梳的含脂剪羊毛	25 000	26 250	27 563	28 941	30 388	31 907	33 502	35 178	36 936
5101 1900	未梳的其他含脂羊毛									
5101 2100	未梳的脱脂剪羊毛									
5101 2900	未梳的其他脱脂羊毛（未碳化）									
5101 3000	未梳碳化羊毛									
5103 1010	羊毛落毛									
5105 1000	粗梳羊毛	450	473	496	521	547	574	603	633	665
5105 2100	精梳羊毛片毛									
5105 2900	羊毛条及其他精梳羊毛									

二、农产品特殊保障措施

(一) 农产品特殊保障措施

1. 中国可对协定附件二 (农产品特殊保障措施) 表一分类 (11 种农产品分成 4 类) 中所列农产品实施特殊保障措施。

表 10 - 2　　　　中国从新西兰进口 11 种农产品分类

分类	税号	产品描述
1	04012000	脂肪含量 >1% 但≤6% 未浓缩及未加糖的乳及奶油
	04013000	脂肪含量 >6% 未浓缩及未加糖的乳及奶油
2	04021000	脂肪含量≤1.5% 固状乳及奶油
	04022100	脂肪含量 >1.5% 未加糖固状乳及奶油
	04022900	脂肪含量 >1.5% 的加糖固状乳及奶油
	04029100	浓缩但未加糖的非固状乳及奶油
3	04051000	黄油
	04059000	其他从乳中提取的脂和油
4	04061000	鲜乳酪 (未熟化或未固化的)
	04063000	经加工的乳酪，但磨碎或粉化的除外
	04069000	其他乳酪

2. 如在任何给定的日历年中，某种附件二表一中所列的自新西兰原产货物的进口量，超过附件二表二中确定的该产品该日历年的触发水平，中国可通过附加关税的形式对该产品实施特殊保障措施。

表 10 - 3　　　　中国从新西兰进口农产品数量触发水平

单位：吨/年

分类	一	二	三	四
生效时	1 300	95 000	9 400	3 600
2009	1 365	99 750	9 870	3 780
2010	1 433	104 738	10 364	3 969

分类	一	二	三	四
2011	1 505	109 974	10 882	4 167
2012	1 580	115 473	11 426	4 376
2013	1 659	121 247	11 997	4 595
2014	1 742	127 309	12 597	4 824
2015	1 829	133 675	13 227	5 066
2016	1 921	140 358	13 888	5 319
2017	2 017	147 376	14 582	5 585
2018	2 118	154 745	15 312	5 864
2019	2 223	162 482	16 077	6 157
2020	2 335	170 606	16 881	6 465
2021	2 451	179 137	17 725	6 788
2022		188 094		
2023		197 498		

3. 根据以上规定实施的附加关税与任何其他适用于该产品的关税之和，不应超过该特殊保障措施实施之日实施的最惠国适用税率或基准税率，以较低者为准。

4. 中国根据以上规定实施的特殊保障措施仅适用至中国实施该措施的日历年年底。

5. 按照在根据以上规定实施附加关税前签订的合同，已在运往中国途中的所涉产品应当免除此类附加关税，只要在下一日历年中，为了根据以上规定做出决定的目的，所涉产品供应量可计入该产品在该日历年的进口量。

6. 任何特殊保障措施应当以透明的方式实施。中国应当确保通过新西兰易获得的方式定期公布进口量，并在采取措施前尽早以书面形式通知新西兰，通知应当包括相关数据。在任何情况下应当在采取该行动后 10 日内通知。

7. 中国不得对根据 GATT1994 第 19 条及 WTO《保障措施协定》或根据自贸协定中关于贸易救济措施所规定的正在实施或保留措施的同一种产品，同时实施或保留特殊保障措施。

（二）中期审议机制

货物贸易委员会在上述 11 种农产品确定的 2013 年关税减让实施后，2014年关税减让实施前，将根据协定附件三进行中期审议，以确定截至当时，根据协定实施关税减让造成的进口增长是否在总体上对中国奶业造成了负面影响。附件三规定了审议应考虑的 9 项指标，各产品折算成液态奶的折算率，中期审议时，将按照届时中国的牛奶干物质数据，对折算率进行审议。如该委员会认定在总体上造成了负面影响，则第二类产品：04021000、04022100、04022900 及 04029100 税号产品后续年份的关税减让表及特殊保障措施数量触发水平应适用以下规定：提高关税并提高数量触发水平。

表 10 - 4　　　　　　　　第二类产品的关税减让表

单位：%

税号	产品描述	2013	2014	2015	2016	2017	2018	2019	2020
04021000	脂肪含量≤1.5%固状乳及奶油	5	5	4.2	3.3	2.5	1.7	0.8	0
04022100	脂肪含量>1.5%未加糖固状乳及奶油	5	5	4.2	3.3	2.5	1.7	0.8	0
04022900	脂肪含量>1.5%的加糖固状乳及奶油	5	5	4.2	3.3	2.5	1.7	0.8	0
04029100	浓缩但未加糖的非固状乳及奶油	5	5	4.2	3.3	2.5	1.7	0.8	0

表 10 - 5　　　　　　　　第二类产品数量触发水平

单位：吨/年

2013	2014	2015	2016	2017	2018	2019	2020	2021	2022	2023	2024
121 247	121 247	127 309	133 675	140 358	147 376	154 745	162 482	170 606	179 137	188 094	197 498

三、消费者保护

双方确认对在其境内的贸易提供保护的关注，使之免遭欺诈行为或使用虚假和误导性陈述。各方应当为利害关系方提供法律途径，防范在其境内销售根据其法律判定带有虚假、欺诈或误导性标识的产品，或带有可能使人对产品的性质、成分、质量、包括原产国在内的产地产生错误印象的标识的产品。

四、电子电器产品的合格评定

在中国—新西兰自贸区，考虑到双方为保护国民健康、安全和环境而促进产品质量提高的共同承诺，为提供一种已有的方式之外的证明产品符合中国和新西兰对电子电器产品及其部件的强制性要求的可选方式，以便利双方电子电器产品及其部件贸易；双方达成《关于电子电器产品及其部件合格评定的合作协定》（附件十四），适用于针对在双方境内生产或组装的，并在双方之间直运的特指产品进行的监管活动以及合格评定活动。特指产品是指《实施安排一》（附在该合作协定后面）列表 A. 1 或者 A. 2 中列出的电子电器产品及其部件。对特指产品的强制性要求由以下部分组成：1. 产品相关标准；2. CCC（中国强制性产品认证）实施规则；3. 其他任何有关法律法规和行政管理要求。

五、卫生与植物卫生措施

中国—新西兰自贸协定对卫生与植物卫生措施除了与其他中国自贸协定有共同的条款与内容外，在等效性、承认病虫害非疫区和低度流行区、风险分析等内容规定得比较全面具体，而且有些条款是其他中国自贸协定所没有的内容。

（一）实施安排

为实施该协定卫生与植物卫生措施，双方通过达成《实施安排》，规定了实施细则，增强了可操作性。《实施安排》包括：

1. 《关于第七章的实施安排一》：双方主管部门和卫生与植物卫生联系点。

2. 《关于第七章的实施安排二（一）》：风险分析——按优先顺序列出各方市场准入要求。

3. 《关于第七章的实施安排二（二）》：风险分析——制定和实施风险分析完成时限的原则和准则。

4. 《关于第七章的实施安排三（一）》：适应地区条件——确定有害生物或疫病非疫区或低度流行区的原则、标准和程序。

5. 《关于第七章的实施安排三（二）》：适应地区条件——区域流行的具体有害生物或疫病清单，以及确保有效风险管理的卫生或植物卫生措施。

6. 《关于第七章的实施安排四（一）》：等效性的确定——确定等效性的

原则、标准和过程。

7.《关于第七章的实施安排四（二）》：等效性的确定——同意的等效性决定和相关措施。

8.《关于第七章的实施安排五》：验证——开展审核验证程序的条件清单。

9.《关于第七章的实施安排六》：证书——出证的原则和/或准则，以及产品随附的卫生或植物卫生证书样本和产品证明。

10.《关于第七章的实施安排七》：进口检查——进口查验的频次。

11.《关于第七章的实施安排八》：合作——在技术援助和合作项目方面达成的共识。

（二）等效性

1. 双方认识到等效性原则的应用是便利贸易的重要措施。等效性的确定可以是卫生与植物卫生措施和体系的全部等效或部分等效。在确定等效性时，进口方应当对现有的、修改的或建议的措施进行客观的、以风险为基础的评估，立法和行政体系及其他因素，如相关主管部门行使职能情况，以及其他必要的评估或试验，均可作为考虑因素。如果出口方能客观地表明所采取的措施能够达到进口方相应的卫生和植物卫生保护水平，那么进口方应当接受其卫生和植物卫生措施具有等效性。为便利等效性的确定，一方应要求应当告知另一方相关卫生和植物卫生措施的目标。

2. 双方应当共同制定确定等效性的相关原则、标准和程序，并将其记录在《关于第七章的实施安排四（一）》中。在确定等效性过程中，应当遵循本《实施安排》中的原则、标准和程序。

3. 在等效性评估中，双方应当参照相关国际标准组织和 WTO 卫生与植物卫生委员会发布的与具体个案相关的指南，以及已有经验。

4.《关于第七章的实施安排四（二）》记录等效性有关决定，包括适用部分等效性的附加条件。该安排还可记录一方为推进完全等效的进程所需采取的行动。该记录的等效性有关决定应当适用于双边贸易。

5. 当一方就某一具体产品相关措施向另一方申请等效性认可时，另一方不得以进行等效性认可为由，中断或暂停所涉产品自该方的进口。

（三）承认病虫害非疫区和低度流行区

1. 为便利双边贸易，如一方能客观地表明其境内一区域或部分地区为一有害生物或疫病非疫区，或低度流行区，经另一方评估认可后，双方可确认该区域或地区的卫生状况。

2. 双方应当共同制定适应地区条件相关原则、标准和程序，并将其记录在《关于第七章的实施安排三（一）》中。在对一区域或地区卫生状况进行确认时，应当遵循本《实施安排》中的原则、标准和程序。

3. 双方应当通过联合管理委员会确定第一款所指的区域或地区卫生状况，及维持这种卫生状况所应当采取的措施，并可事先制定在卫生状况发生变化时适用于双边贸易的风险管理措施。关于卫生状况和措施的相关决定，应当记录在《关于第七章的实施安排三（二）》中。关于区域化的决定适用于双边贸易。

（四）风险分析

双方认识到风险分析是确保卫生或植物卫生措施以科学为依据的一个重要工具。因此，联合管理委员会将为各方确定对包括进行风险分析在内的对方的市场准入要求进行研究的优先顺序，供另一方考虑。努力加快对来自另一方市场准入要求的研究，特别是应当加快与这些要求相关的风险分析的进程，共同确定制定和实施风险分析完成时限的原则和准则。这些原则和准则应当记录在《关于第七章的实施安排二（二）》中，并得到合理运用。

为便于对市场准入要求和风险分析的考虑：（1）在双方风险分析单位和/或专家之间建立直接的联系，加强对双方工作程序、适用方法和标准的沟通和理解。为促进风险分析进程的完成，双方将借鉴已完成的相关风险分析结果。（2）在风险分析的初始阶段，准入方应当尽最大可能告知申请方需要其协助提供的技术资料。在风险分析过程中确需进一步提供技术资料的，准入方应当尽早明确告知申请方。在申请方准备和递交进一步信息的过程中，风险分析进程应当尽可能继续进行。（3）为加快分析进程，应当充分考虑双方已建立的良好工作关系和对各自卫生与植物卫生体系的互信。

（五）验证

1. 为了确信本章得到有效实施，各方有权对出口方启动审核和验证程序，可包括对主管部门所有控制计划进行全面或部分评估，在适当的情况下，应当包括：（1）审查检验和审核计划；（2）现场检查。审核和验证程序应当根据《关于第七章的实施安排五》进行。

2. 为了实施卫生和植物卫生措施，各方有权根据第84条对进口货物进行进口检查，检查结果作为验证程序的一部分。

3. 一方可以：（1）与非本协定缔约方国家共享审核、验证程序的结果和结论，以及进口检查的结果和结论；或者（2）使用非本协定缔约方国家审核、验证程序的结果和结论，以及进口检查的结果和结论。

4. 出证。如有要求，每一批动物及动物产品、植物及植物产品，以及其他相关货物应当随附相关官方 SPS 证书。证书按《关于第七章的实施安排六》规定的样本签发，且需符合各项《实施安排》的要求。双方可共同确定出证的原则或准则，并将其记录在《关于第七章的实施安排六》中。

（六）进口检查、检验

中国—新西兰自贸协定规定，为便利贸易，应给予进口方进行检查、检验及其他相关程序的机会。包括：对动物、植物及其产品的检验检疫；核查另一缔约方的认证程序、控制和生产工序；核查结果应在合理期限内以书面形式通知另一缔约方，并给予其充分时间以便更正措施的执行。

（七）合作

双方将对共同感兴趣的卫生与植物卫生问题探讨进一步合作的机会，在共同感兴趣的领域，双方同意通过联合管理委员会，通过包括可能的官员交流在内的多种形式，共享认知和经验；协调在区域和国际组织的立场，联合开发、制定并实施相关标准和程序；进行合作研究，共享下列重要领域的研究成果：（1）动植物疫病监测；（2）动植物有害生物和疫病的预防和控制；（3）食品中致病微生物的检测方法；（4）有害物质、农兽药物残留和其他食品安全因素的监测和控制；（5）其他任何关系到共同利益的食品安全、植物卫生和动物卫生事宜。

（八）通知

1. 协定规定，在出现下列情况时，双方应当通过联系点，以适当方式及时通知对方：（1）卫生状况的重大变化，包括《关于第七章的实施安排三（二）》中提及的疫病和有害生物的分布和宿主倾向，以确保对通知方防止疫病或有害生物可能传播到另一方的风险控制能力保持信心。（2）《关于第七章的实施安排三（二）》中没有提及的疫病或有害生物的重大科学发现或新疫病或有害生物；（3）超越卫生或植物卫生措施基本要求的，用于控制或根除疫病或有害生物以保护人类健康的任何其他措施，以及包括免疫政策在内的防疫政策上的任何变化。

2. 如出现涉及人类、动植物生命或健康的严重和紧急情况时，应当迅速以口头方式通知联系点，并在 24 小时内书面确认。

3. 如一方对涉及人类、动植物生命或健康的风险严重关注时，应要求，应当尽快举行磋商。除非双方另行商定，该磋商应当在 14 日内进行。在此情况下，各方应当尽力提供所有必要信息以避免影响贸易，并达成共同接受的方案。

4. 如出现进口产品不符合卫生或植物卫生措施要求的情况，进口方应当尽快通知出口方。

5. 当存在严重影响人类、动植物生命或健康的风险时，一方可采取必要的临时措施，保护人类、动植物生命或健康。除非双方另行商定，此类措施应当在 24 小时内书面通知另一方，且应要求，应当在 8 日内举行磋商。双方应当充分考虑通过磋商获得的有关信息。

（九）信息交换

1. 双方将通过联系点，统一、系统化地交换与卫生和植物卫生实施有关的信息，以提供实施保证，相互给予信心，并显示控制计划的效果。在适当的情况下，可以互换官员，以推进目标的实现。

2. 关于卫生和植物卫生措施修改和其他相关信息的交换应当包括：（1）对于所建议的可能影响本章内容的法规标准或者要求的变化，在其最终确定之前，应当给予考虑的机会；（2）影响贸易情况的最新简述；（3）关于验证程序结果的信息；（4）主管部门相关卫生与植物卫生出版物。

3. 各方在其相关科技论坛中应创造条件，方便另一方提交科学文献和数据，充实其观点或主张。相关技术论坛应当及时评估这些资料，并使双方可获得其评估结果。

六、技术性贸易壁垒

中国—新西兰自贸协定在技术性贸易壁垒措施方面，除了与其他中国自贸协定有共同的条款与内容外，在合格评定程序等内容规定得比较全面具体，而且有些条款是其他中国自贸协定所没有的内容。

（一）合格评定程序

1. 双方将通过建立适当范围的机制，寻求提高效率、避免重复、确保成本效率。这些机制包括但不限于：（1）便利认可双方境内认可机构之间的合作安排；（2）一方单方面承认在另一方境内进行的合格评定结果；（3）相互认可双方各自境内机构的合格评定程序；（4）承认对合格评定机构的认可程序；（5）支持政府对合格评定机构的认可；（6）在适当的情况下，接受供应商合格声明。

2. 双方将努力确保适用于彼此间的合格评定程序便利贸易，在考虑产品不合格可能产生风险的同时，应当确保合格评定程序不超过使进口方确信产品符合相应技术法规的必要限度。双方在本协定项下达成的任何关于合格评定互认的协定和安排，应当根据协定第102条规定纳入本章的附件和《实施安排》中。

3. 在接受对方的合格评定结果之前，双方可以酌情就涉及的合格评定机构的技术能力等事务进行咨询，以增加对对方合格评定结果的持续可靠性的信心。

4. 应另一方要求，一方应当解释不接受另一方境内合格评定程序结果的原因。

5. 各方应当以不高于对其境内合格评定机构的条件，认可或以其他方式承认另一方境内的合格评定机构。

6. 如果一方认可或以其他方式承认一个合格评定机构依据某一特定技术法规或标准进行合格评定，而拒绝认可或以其他方式承认另一方的合格评定机构依据该技术法规或标准进行合格评定，应要求，其应当解释拒绝的原因。

7. 双方应当在协调产品的批准程序，或以其他方式认可符合强制性要求方面寻求合作，以减少符合性成本和行政成本，并对符合合法的立法目的进行有效监督。

8. 如一方拒绝另一方提出就便利对其机构进行的合格评定程序结果的认可进行谈判的要求，应请求，应当解释原因。

9. 双方应当确保对于源自另一方境内的产品，其合格评定的任何费用与本国或其他国家的类似产品所征收的费用相比是公平的，同时应当考虑因申请人与合格评定机构所在地的不同所导致的通信、交通和其他费用。

10. 应请求，双方应当相互通知：（1）强制性合格评定收取的费用；（2）强制性合格评定预期完成时间。

（二）规章合作

中国—新西兰自贸协定规定，良好规章手段与贸易便利化之间的重要联系，双方同意在标准、技术法规和合格评定领域寻求合作，从而：促进基于风险管理原则的良好规章手段；提高双方技术法规的质量和有效性；在双方

认为适当的情况下，制定有关健康、安全、环境和欺诈行为风险管理的共同
倡议；加强相互理解和能力建设，以更好地遵守规章。双方将交换下列信息：
规章制定体系、事件分析、风险预警、产品禁令和召回、产品监督的国内惯
例和计划、应要求，适当的市场信息材料；以及对技术法规及其实施的审议。
开展下列合作：良好规章手段，风险管理原则的制定和实施，包括产品监督、
安全、守法和执法手段。对于本章附件或《实施安排》涉及的货物，如一方
认为这些货物对健康、安全或者环境可能构成必须立即处理的问题而采取措
施，其应当在附件或《实施安排》规定的时间内，通过协定第 100 条规定的
联系点，将其所采取的措施和实施该措施的原因通知另一方。

（三）技术援助

中国—新西兰自贸协定第 99 条规定：1. 认识到《TBT 协定》中关于技
术援助的权利和义务，尤其是对发展中国家成员的技术援助，为实施本章之
目的，各方应当通过根据第 100 条建立的 TBT 联合委员会，共同决定在技术
性贸易壁垒领域的技术援助项目。此类技术援助项目包括但不限于：（1）政
府官员培训；（2）技术人员培训，包括但不限于检验检测技术人员和标准化
工作人员；（3）在技术法规和合格评定程序的制定和改进方面提供技术援助；
（4）协助设计与实施项目，从而实质性地提高一方参与国际标准化活动和合
格评定国际组织活动的能力；（5）双方共同决定的其他形式的技术援助。
2. 具体技术援助项目的细节由《关于第八章的实施安排三》规定。

（四）技术磋商

1. 双方可根据第 100 条第 2 款第（六）项要求进行技术磋商，除非另行
商定，应当自技术磋商要求提出起 60 日内，通过电子邮件、电话会议、电视
会议或双方共同决定的其他方式开展技术磋商。

2. 只要一方就技术法规的适用、标准或合格评定程序的应用提出技术磋
商，另一方应当对导致磋商请求的问题进行调查，解决实施技术法规或合格
评定程序中存在的违规行为，并向另一方反馈调查结果及原因。

3. 根据本条规定进行的技术磋商不影响双方在协定争端解决项下的权利
和义务。

（五）实施安排

此外，双方还制定了技术性贸易壁垒措施的实施安排：

1．双方可以通过达成技术性贸易壁垒措施的附件，规定与适用于双边货物贸易的技术法规和合格评定有关的原则和程序。

2．双方可通过 TBT 联合委员会达成《实施安排》，包括：（1）实施本章附件的细则；（2）根据第 98 条达成的关于信息交换的安排；（3）根据第 99 条达成的关于技术援助的安排；（4）根据第 100 条制订的工作计划进行的安排。

3．根据本章达成的附件和《实施安排》可采用多种机制形式，包括在适当时采取不对称的方式。对根据本章达成的附件和《实施安排》保持持续性审议和改进。

七、海关程序与合作

（一）海关程序合作与通关便利化

为了简化和协调双方的海关程序，确保双方海关法及行政程序实施的可预见性、一致性和透明度，确保货物和运输工具的高效快捷通关，便利双边贸易，促进双方海关当局的合作，中国—新西兰双方在海关管理方面开展合作。

各方应当确保其海关程序和实践具有可预见性、一致性、透明度，并便利贸易。各方的海关程序应当在可能且其海关法允许的范围内，与包括《关于简化和协调海关程序的国际公约》（《京都公约》修订版）在内的，其参加的世界海关组织（WCO）有关贸易条约相一致。

双方海关当局应当实施便利货物通关的海关程序。双方海关当局应当尽力设置电子或者其他方式的集中受理点，使贸易商可借此提交货物通关所需的法规要求的全部信息。

（二）复议诉讼

1．各方的立法应当赋予进口商、出口商或任何受海关行政裁定、裁决或决定影响的人，对海关做出的行政裁定、裁决或决定申请复议而不受处罚的权利。

2．上述规定的初始复议诉讼权包括向海关内部机构或独立机构申请复议，但各方立法还应当规定其有权向司法机关提起诉讼而不受处罚。

3．关于复议诉讼结果的通知应当送达当事人，并应当以书面形式表明其理由。

除上述规定外，在海关程序和合作方面，还规定了海关估价和税则归类、预裁定、无纸贸易环境下自动化系统的应用、风险管理、公布和咨询点、快件、海关程序的审议、磋商等内容。

八、原产地规则

（一）原产地规则的特点

《中国—新西兰自由贸易协定》原产地规则，虽然在条款的格式与含义上与其他几个自贸区原产地规则基本一致，如"完全获得产品"，"中性成分"、"微小含量"、"可互换材料"等的含义。但是《中国—新西兰自由贸易协定》制定了以税则归类改变标准为主、区域价值含量标准及其他标准为辅的货物原产地判定标准，而且没有一般的增值百分比标准，而把含有非中国—新西兰自贸区原产货物都列入产品特定原产地规则。即分成两大类：一是完全原产货物的标准；二是产品特定原产地标准。

（二）产品特定原产地规则

《中国—新西兰自由贸易协定》产品特定原产地规则是目前中国自贸区最为复杂的，有十几种判定标准，因此，企业在填制申领原产地证书时要对产品逐一核对。归纳起来，主要有：

1. 完全区域内原产

在成员方（双方）获得的货物；本品目货物应以其自然或未经加工状态在成员方获得；原产国应为获得本品目货物的国家。

2. 税则改变标准

（1）从任何其他章改变到特定品目。

（2）从任何其他章改变到特定子目。

（3）从特定章原产货物改变至特定品目。

（4）从特定章子目之外任何其他子目改变到特定子目。

（5）从任何其他子目改变到特定子目；从特定子目或品目之外的任何其他品目改变到特定品目、子目。

3. 税则改变与加工工序混合标准

（1）从任何其他章改变到特定章（第61、62、63章）特定品目，但产品的裁剪（或缝制成形）及车缝或其他缝制工序需在一方或双方境内完成。

（2）从任何其他品目改变到特定品目、子目；特定产品或/及其制品：从任何其他品目改变到特定品目；废碎料：原产国应为获得本品目货物的国家；从任何其他品目改变到特定品目，如果成品涂有感光乳剂或其他涂层溶剂，则该感光乳剂或其他涂层溶剂须在成员方生产，如果需要干燥、涂层、剪切及包装工序，则上述工序也应在成员方内完成；从任何其他品目改变到特定品目，但从特定品目、子目的粉末改变的除外。

4. 区域价值成分标准

区域价值成分不少于30%、50%。

5. 税则改变与区域价值成分混合标准

税则归类改变加区域价值成分，税则改变有的要求品目（4位数），有的要求子目（6位数）；区域价值成分，要求30%、35%、40%、45%、50%不等，例如，从任何其他品目改变到特定品目，且区域价值成分不能低于40%。

6. 特定章的标准

特定章的特定原产地规则要求主要包括：

（1）化学反应原产地规则。如经化学反应得到HS编码第28～38章的产品（品目3823除外），且该化学反应发生在双方境内，则该产品应视为原产。除各税号对应的特定原产地标准外，"化学反应"规则也适用于归入上述章节的所有产品。

（2）提纯原产地规则。对于HS编码第28～35章及第38章的产品，如提纯工序满足规定的标准之一，则该工序可以赋予上述产品原产地。

（3）混合加工工序原产地规则。对于HS编码第30、31章、品目3302、子目3502.20、品目3506至3507及品目3707的产品，根据预定的要求，将数种材料有目的地按比例控制进行混合（包括分散），使产品具有一定的目的或用途，且不同于初始投料的物理或化学特性，这样的混合加工工序可赋予产品原产地。

（4）改变颗粒尺寸原产地规则。对于HS编码第30、31章的产品：①有目的地控制性减小货品的颗粒尺寸，不包括简单破碎（或挤压），使货品具有规定的颗粒尺寸、规定的颗粒尺寸分布或规定的表面积，并使之具有相应的目的及与初始投料不同的物理或化学特性，这样的改变可赋予产品原产地；②有目的地控制性改变货品的颗粒尺寸，不包括简单破碎（或挤压），使货品具有规定的颗粒尺寸、规定的颗粒尺寸分布或规定的表面积，并使之具有相应的目的及与初始投料不同的物理或化学特性，这样的改变可赋予产品原产地。

（5）标准物质原产地规则。对于HS编码第28～32章、第35章及第38章的产品，标准物质的生产可赋予上述产品的原产地。本标准物质（包括标准溶液）规则是指适用于分析、校准或参照的配制品，并具有制造商认定的精确的纯度或配比。

（6）异构体分离原产地规则。对于 HS 编码第 28～32 章及第 35 章的产品，从异构体的混合物中离析或分离异构体，可赋予上述产品的原产地。

（7）分离限制。仅仅由于从人造混合物中分离出单独的材料（或成分），导致非原产材料（或成分）的税则归类发生改变，这样的非原产材料（或成分）不能视为符合相应的原产地标准，但如果分离出的材料或者成分自身发生了化学反应，则可视为符合原产地标准。

（8）例外限制。从任何其他子目改变到特定子目标准物质原产地规则不赋予本子目货物原产地；从任何其他子目改变到特定子目提纯原产地规则不赋予本子目货物原产地；从任何其他品目、子目改变到特定品目、子目化学章注不赋予本品目产品原产地；从任何其他品目改变到特定子目改变颗粒尺寸原产地规则不赋予本子目货物原产地；从任何其他品目改变到特定品目化学章注不赋予特定子目货物原产地。

（9）从特定品目（4 位数）之外任何其他子目改变到特定子目，标准物质原产地规则不赋予本子目货物原产地。

（10）区域价值成分不少于 40%、50%，化学章注不赋予本子目货物原产地。

第二节　服务贸易规定

中国—新西兰服务贸易协议包括"服务贸易"和"自然人流动" 2 章共 32 个条款。"服务贸易"章主要条款是：定义、目标、范围、国民待遇、最惠国待遇、市场准入、具体承诺、国内规制、资格承认及合作、支付与转移、利益的拒绝给予、补贴、保障措施、垄断和专营服务提供者、审议等。

一、中国—新西兰服务贸易协议的特别规定

中国—新西兰服务贸易协议除了有与其他中国服务贸易协议相似的内容外，还有一些特别的条款：

（一）合作

中国与新西兰强调双方就服务部门加强合作，包括现有合作安排未涵盖

的部门，如人力资源、数据研究和分享及能力建设等，以提高双方的能力、效率与竞争力。双方认识到中国作为发展中国家的情况，并承诺共同努力，探索与双方不同发展状况相适应的扩大服务贸易的途径。

（二）审议

双方应当在本协定生效 2 年之内，此后至少每 3 年或另行商定的时间举行磋商，审议本章的执行情况，并考虑双方共同感兴趣的其他服务贸易事项，包括将最惠国待遇扩展至未列在附件九中的其他服务部门，以期在互利的基础上推进双方服务贸易逐步自由化。

（三）减让表的修改

1. 一方（"修改方"）可在减让表中承诺生效 3 年后修改或撤销该承诺，只要：（1）在不迟于修改或撤销的预定实施日前 3 个月将其修改或撤销某一承诺的意向通知另一方（"受影响方"）；并且（2）该方在通知此种修改意向后，双方应当展开磋商，以期就适当的补偿性调整达成一致。

2. 为达成补偿性调整，双方应当努力保持互利的总体承诺水平不低于在补偿谈判之前具体承诺减让表中规定的贸易减让水平。

3. 如果修改方和受影响方在 3 个月内无法在前述 1 第（2）项下达成协议，受影响方可根据本协定第 16 章（争端解决）规定的程序提交仲裁。

4. 修改方在根据仲裁结果做出必要调整前，不得修改或撤销其承诺，该仲裁结果应当说明按照前述 3 的规定，前述 1 第（2）项是否得以满足的问题。

（四）自然人流动规定

中国—新西兰自贸协定第十章"自然人流动"规定，对于人员流动，双方承诺将进一步便利两国人员往来。中国与新西兰在承认有必要保证边界安全和保护国内劳动力的同时，为临时入境和临时雇佣入境建立透明的标准和简化的程序，以体现双方优惠贸易关系，便利自然人临时入境和临时雇佣入境的共同愿望。任何规定不得阻碍一方对另一方自然人进入或在其境内临时居留采取任何管理措施，包括为保护其领土完整及为确保自然人跨境有序流动而采取的必要措施，只要此类措施的实施并未致使另一方在《中国—新西兰自由贸易协定》项下获得的利益丧失或减损。要求一方自然人持有签证而不要求非缔约方的自然人持有不应单独被视为对《中国—新西兰自由贸易协定》项下货物贸易、服务贸易或投资活动的利益丧失或减损。

1. 临时入境的准予

中国与新西兰就自然人临时入境做出了具体承诺，见协定附件十《自然人临时入境承诺》。

中国承诺的自然人服务提供者主要包括：在服务贸易具体承诺表中规定的，提供医疗和牙医服务、计算机及其相关服务、笔译和口译服务、教育服务、饭店（包括公寓楼）和餐馆服务、国际运输（货运和客运）服务的自然人；商务访问者、公司内部流动人员、机器设备配套维修和安装人员。对各类自然人临时入境规定了条件。

新西兰承诺的自然人服务提供者主要包括：在服务贸易具体承诺表中规定的，提供计算机在内的办公机械和设备保养和维修服务、其他计算机服务、摄影服务、复制服务、建筑及相关工程服务、其他教育服务和环境服务的自然人；商务访问者、公司内部流动人员、机器设备配套维修和安装人员。对各类自然人临时入境规定了条件。

对于临时入境的承诺，除非列明，任何一方不得：要求劳动力测试证明和其他有类似作用的程序要求；对临时入境设置或维持任何数量限制；要求将劳动力市场测试、经济需求测试或其他有类似作用的程序作为临时入境的条件。

对于一方做出的承诺，只要该自然人符合其他所有相关的移民措施，该方应当在承诺程度内准予其临时入境。各方应当限制受理自然人临时入境申请所收费用。准予的临时入境，不能取代准予临时入境一方境内有效的特定法律、法规对从事职业或活动所需要求的规定。

2. 临时雇佣入境的准予

中国与新西兰双方就自然人临时雇佣（即短期就业）入境做出了具体承诺，新西兰承诺见协定附件十一《自然人临时雇佣入境承诺》。内容包括：可以临时雇佣入境的职业和条件（包括数量、居留时间和其他要求）。新西兰将为中国的中医、中餐厨师、中文教师、武术教练、中文导游等5类职业每年提供800个工作许可，并承认中国学历及相关执业经历，出具相应的中国资格证书，其资质即可得到新西兰的认可。将确保从事特定技术职业的技术工人，如计算机应用工程师、高级测试分析师、结构工程师、兽医、装配工及车工、注册护士、焊工、高等教育讲师、幼教教师、电器/产品设计工程师、审计师、电子技师、临床放射诊断医师及临床放射治疗师和核医学技术人员、船体制造工、电影动画师、电工、管道工、汽车电工、柴油机修理工、汽车修理工等20类职业的中国人员得到每年至少1 000个工作许可。在新西兰的工作居留时间依雇佣合同而定，最长为 3 年，满 3 年后不可延期。

对于新西兰做出的承诺，新西兰将在承诺程度内准予临时雇佣入境，只要该自然人：符合其他所有相关的移民措施；已获得该方雇主的真实聘请；并不得要求进行劳动力市场测试、经济需求测试或其他有类似作用的程序，限制受理自然人临时雇佣入境申请所收费用。

3. 赴新西兰求学与勤工俭学

在中国—新西兰自贸区，中国—新西兰双方将互设"中国—新西兰博士研究生奖学金"，每年资助 10 名来自对方国家的学生攻读博士学位。

两国达成了《假期工作机制安排》。新西兰每年将为 1 000 名 18 ~ 30 岁的中国青年提供为期 1 年的赴新西兰勤工俭学的机会。规定了赴新西兰工作签证或许可的申请人需满足条件。

4. 透明度的规定

中国与新西兰双方将向对方提供信息，使其了解该方相关的措施；并就临时入境和临时雇佣入境要求发布一份解释性的完整文件，并使文件在双方境内均可获得，以使另一方自然人得以了解；在调整或修改影响自然人临时入境和临时雇佣入境的移民措施时，确保该调整或修改及时公布并可以获得，使另一方自然人得以了解。

新西兰移民部门已在其网站开设专区，为希望按照《中国特色职业政策》和《中国技术工人政策》申请赴新西兰就业的中国人提供尽可能多的信息，包括已利用这些政策赴新西兰就业的人员数量等。这些数据将按月更新。

此外，各方应当指定联系点，以便就自然人流动项下的事项进行沟通，促进协议的有效实施。联系点应当负责答复另一方关于自然人流动相关规章的咨询，并提供该联系点的详细信息。双方应当相互及时通知联系点任何变更的详细信息。联系点应当确定并建议双方可进一步合作的领域和方式。

5. 快速申请程序

各方应当快速处理另一方自然人的移民手续申请，包括进一步的移民手续要求或相关的延期，以避免不当影响或延误《中国—新西兰自由贸易协定》项下货物贸易、服务贸易或投资活动的开展。各方应当直接通知或通过申请人授权的代表或预期雇主通知申请人临时入境和临时雇佣入境的申请审批结果，包括居留时间和其他条件信息。

对于依照国内法律、法规，提交的完整临时入境和临时雇佣入境申请，应当在提交后的 10 个工作日内，通知申请人对该申请的决定，或告知申请人何时做出决定。应申请人的要求，该方应当提供有关申请审批进展状况的信息，不得有不当延误。

双方重申其在《APEC 商务旅行卡实施框架》项下的承诺。此外，受理移民手续的费用不应超过受理服务所需的成本水平。

二、中国对新西兰服务贸易的具体承诺

《中国—新西兰自由贸易协定》承诺相互给予最惠国待遇，以保障对方的服务和服务提供者享受到不低于第三国同类服务和服务提供者所享受的待遇。中国在商务服务等 10 大类对新西兰承诺开放 118 项，新西兰在商务服务等 9 大类对中国承诺开放 101 项。

中国加入 WTO 承诺的 9 大类的部门与分部门，在自贸协定中全部都向新西兰开放，同时做出了超过对 WTO 承诺的部门与分部门的承诺。

（一）中国对新西兰开放超过对 WTO 承诺的大类与部门

1. 大类：娱乐、文化和体育服务（视听服务除外），在该大类中承诺开放体育赛事推广服务、体育赛事组织工作服务、体育场馆运营服务（不包括高尔夫）。

2. 部门与分部门：商务服务大类中的"有关管理的咨询服务"中的除建筑外的项目管理服务；运输服务大类的公路服务中的机动车的维修和保养服务。

3. 在服务提供方式上，自贸协定允许新西兰服务提供者设立外商投资企业提供环境服务、体育娱乐服务，允许设立中外合资企业提供空运服务的计算机订座系统服务等，比中国对 WTO 承诺要优惠。

（二）中国单方面对新西兰开放的部门与分部门

商务服务大类中的：集中工程服务、城市规划和园林建筑服务、医疗和牙医服务，不配备技师的机械和设备的租赁或出租服务，个人和家用物品的租赁或出租服务，管理咨询服务，除建筑外的项目管理服务，技术测试和分析服务，与渔业有关的服务，相关科学和技术咨询服务（近海石油服务：地质、地球物理和其他科学勘探服务，陆上石油服务），个人和家用物品修理服务、汽车的保养和修理服务、摩托车和雪地用汽车的保养和修理服务，从属金属制品、机械和设备的修理服务，包装服务，会议服务。

电讯服务大类中的速递服务。

分销服务大类中的特许经营服务，无固定地点的批发或零售服务。

教育服务大类中的成人教育服务。

金融服务中的非银行金融机构从事汽车消费信贷。

娱乐、文化和体育服务（视听服务除外）大类中的体育赛事推广服务、体育赛事组织工作服务、体育场馆运营服务（不包括高尔夫）。

运输服务大类中的：内水运输服务的货运服务，空运服务中飞机的维修和保养服务、计算机订座服务，海运装卸/理货服务，其他辅助运输服务：货物检验（不含法定检验）、海运报关服务、集装箱堆场服务等。

三、新西兰对中国服务贸易的具体承诺

（一）新西兰对中国开放服务贸易的水平承诺

新西兰的水平承诺只在"国民待遇方面"栏提出了要求。

1. 对于商业存在

根据《1973年海外投资法》颁布的《1985年海外投资条例》，由"海外人士"进行的下列投资需要海外投资委员会的批准：（1）收购或控制的公司股份，或掌握的表决权达到或超过25%，且该公司资产或转移的资金超过1 000万新西兰元；（2）在新西兰设立新公司，且总开支超过1 000万新西兰元；（3）支付或应付的资产总额超过1 000万新西兰元的公司资产收购行为；（4）因发行或配发股份造成股权已经或即将超过25%，且支付或应付的总额超过1 000万新西兰元的股份发行或配发行为。

收购农业用地，不管投资额大小都须得到海外投资委员会批准。依据《促进土地定居和获得法》，某些类别的土地购买也须得到批准。

对现有的国有企业不做承诺。

2. 关于毛利人的特殊规定

在跨境交付、境外消费、商业存在的提供模式方面，对国家和地方政府给予毛利人或组织更加优惠待遇相关的收购、设立或经营工商企事业的现有和将来的措施不做承诺。

（二）新西兰对中国服务贸易的部门承诺

1. 新西兰对中国单方面开放的部门与分部门

中国和新西兰服务贸易的大部分部门均相互向对方开放，并且中国承诺比较多，但也有些是新西兰单方面向中国开放的，如：

商务服务大类中的：兽医服务；数据库服务、其他计算机服务；建筑物清洁服务；复制服务。

电讯服务大类中的：电影和录像的制作和发行服务，广播和电视服务、广播和有线电视服务、节目传播服务，作家、作曲家、雕刻家、艺人和其他个人艺术家提供的服务。

建筑服务大类中的固定结构的护理和维修。

金融服务大类中的资产管理（如现金或资产组合管理、各种形式的集体投资管理、养老基金管理、保管和信托服务），金融资产的结算和清算（包括证券、衍生产品和其他可转让票据）。

旅游服务大类中的导游服务。

运输服务大类中的航空运输服务的销售与营销，管道运输。

2. 在提供模式上优惠

新西兰允许中国服务提供者提供跨境建筑咨询服务，在新西兰设立汉语培训机构、开展汉语语言测试、提供中小学课外辅导服务等。

3. 新西兰在金融服务承诺中的特别规定

在金融服务中，新西兰特别明确：

A. 新西兰根据 WTO《GATS 关于金融服务承诺的谅解》承担其金融服务具体承诺。

B. 这些金融服务的承诺受制于本减让表水平承诺中的一般限制。

C. 模式（1）和（2）的市场准入和国民待遇承诺仅对"谅解"中段落 B. 3 和 B. 4 所列义务做承诺。

D. 新的金融服务或产品进入市场可能会受现有的、符合旨在达成《GATS 金融服务附件》第 2 条（a）款目标的法规监管体系的制约。

E. 模式 3 的承诺受《1993 年财务报告法》和《1993 年公司法》的条款制约。

这些法规要求海外公司提供包括资产负债表、损益表和（如果会计准则委员会批准的所适用的财务报告标准要求提供）现金流量表在内的年度财务报表。法案同时要求海外公司提供其新西兰业务的上述财务报表，要求以下公司向公司注册处提供经过审计的年度财务报告以进行登记：（a）发行人（即向公众筹资的人）；（b）海外公司；（c）在新西兰境外设立的子公司或法人团体；（d）拥有或控制公司 25% 或以上股权的：在新西兰以外成立的公司或实体的子公司，或者子公司的附属公司；在新西兰以外成立的公司或实体；或非新西兰普通居民。

（中新双方服务贸易部门承诺详见附录 4.《中国入世、中国—新西兰服务贸易承诺对照表》）

第三节　投 资 措 施

中国—新西兰自贸协定对投资规定的内容包括：定义、目标、范围、国民待遇与最惠国待遇、业绩要求与不符措施、转移、公平和公正待遇、损失补偿、征收、透明度、联系点、代位、利益的拒绝给予、投资委员会、投资促进与便利化、投资者与缔约一方争议解决等内容。中国—新西兰投资协议除了与其他自贸协定投资措施相类似的条款外，也有些条款的内容不完全相同，如：最惠国待遇、征收等条款。

协议明确，投资是指一方投资者在另一方境内直接或间接投入的各种资产，包括但不限于：（1）动产、不动产及抵押、质押等其他财产权利；（2）股份、债券、股票及其他类型的公司参股；（3）与投资有关的金钱请求权或其他任何具有经济价值合同行为的给付请求权；（4）知识产权，特别是版权、专利权和工业设计、商标、商名、工艺流程、贸易和商业秘密、专有技术及商誉；（5）法律或法律允许依合同授予的特许经营权，包括自然资源的勘探、种植、开采或开发的特许权；（6）包括政府发行的债券在内的债券、信用债券、贷款及其他形式的债（在一方主管部门登记的贷款及其他形式的债，不包括在按时偿还无罚息的情况下无利息收益的贸易之债）以及由此衍生出的权利；（7）法律或合同授予的权利，以及依据法律特许及许可授予的权利。投入资产发生任何形式上的变化，不影响其作为投资的性质。

协议规定，投资包括由一方投资者拥有或控制的第三国法人，在另一方境内已设立的投资。本协定的相关规定仅适用于此类投资被另一方征收，而该第三国没有或放弃赔偿请求权的情况。

一、投资协议的目标和适用范围

（一）投资协议的目标

中国与新西兰双方期望通过签订投资协议，在互利的基础上，鼓励和促进双边投资流动及双方在投资相关问题上的合作；建立一个对双方间日益增长的投资流动有益的规则框架，并确保在各方境内对另一方的投资提供保护与安全；在互利的基础上，促进一方与在其境内另一方投资者之间的合作。

（二）适用范围

投资协议适用于一缔约方采取或维持与另一缔约方投资者及投资相关的措施；投资协议的转移（关于设立或扩大投资所需款项的规定仅在该部门有服务市场准入承诺的情况下，才适用于服务提供的商业存在模式）、公平和公正待遇、损失补偿、征收、代位条款适用于影响一缔约方服务提供者在另一缔约方境内以商业存在形式提供服务的任何措施；对于以商业存在形式提供服务的情形，投资者—东道国争端解决条款适用前述相关条款。

投资协议进一步明确，适用于一方投资者在另一方境内设立的所有投资，无论其设立于本协定生效前或生效后，但对任何一方在自贸协定生效之日前发生的行为或事实，或者已不存在的情况不具有约束力；投资者—国家争端解决条款不适用于任何在本协定生效前已经进入司法或仲裁程序的与投资相关的争端或请求。

投资协议不适用于：一方提供的补贴或补助；或者规范政府机构为政府目的进行货物或服务采购的法律、法规、政策或普遍适用的程序，只要该采购不以商业转售或为商业销售生产货物或提供服务为目的。

二、投资的待遇

（一）最惠国待遇

中国—新西兰投资协议规定，各方在准入、扩大、管理、经营、运营、维护、使用、收益或处置方面，应当给予另一方投资者、投资者的投资及与该投资相关的活动，不低于其在同等条件下给予任何第三国投资者的投资及相关活动的待遇。但不包含要求给予另一方投资者除投资协议规定内容以外的争端解决程序。

对于在自贸协定生效之日前签署或生效的自由贸易协定或多边国际协定，双方有权保留采取或维持任何措施，给予相关协定成员第三国差别待遇的权利。就有关货物贸易、服务贸易或投资的自由化协定而言，还包括相关协定缔约方之间为实现更广泛经济一体化或进一步贸易自由化而采取的任何措施。双方保留根据自贸协定生效之日后签署或生效的国际协定，对涉及下列领域所采取或维持的措施，给予第三国差别待遇的权利：渔业，以及海事。

（二）国民待遇

各方在管理、经营、运营、维护、使用、收益或处置方面，应当给予另一方投资者的投资及与该投资相关的活动，不低于其在同等条件下给予其本国投资者的投资及相关活动的待遇。

（三）公平和公正待遇

协议规定，按照普遍接受的国际法规则，始终给予各方投资者在另一方境内投资公平和公正待遇，提供全面保护与安全。公平和公正待遇包括基于一般法律原则，确保投资者不会在任何与投资者投资相关的法律或行政程序中被拒绝公正对待，或受到不公平或不公正对待的义务。全面保护与安全要求各方在履行确保投资保护与安全职责时，采取合理的必要措施。任何一方不得对另一方投资者对投资的管理、维护、使用、收益或处置采取不合理或歧视性措施。

三、投资保护措施

（一）与国民待遇不符措施的处理

投资协议的国民待遇的条款不适用于任何在其境内现存不符措施以及该不符措施的延续、修改，只要与修改前的义务相比，该修改未增加该措施的不符之处；应当尽力逐步消除不符措施；不适用于任何不在其现存双边投资协议国民待遇义务范围内的措施。

有关业绩要求，双方同意，将WTO《与贸易有关的投资措施协定》经必要修改后并入本协定，并适用于本章范围内的所有投资。

（二）投资和收益的转移

1. 可转移的投资和收益

协议规定，除非出现自贸协定第202条保障国际收支平衡的措施设定的情况，各方应当允许另一方投资者自由转移与投资相关的所有支付，特别是包括：（1）设立、维护或扩大投资所需款项（仅在成功完成引进外资批准程序后才可适用）；（2）投资收益，包括利润、股息、利息及其他收入；（3）专利使用费、管理费及技术援助和其他费用；（4）投资的全部或部分销售或清算所得款项，或减少投资资本所得款项；（5）与投资有关的贷款协议的支付；（6）根据合同需支付的款项，包括偿还贷款、专利使用费及其他因许可、特许、特许经营及其他类似权利产生的支付；（7）与该投资有关的外国员工的收入和其他报酬；（8）根据第144条"损失补偿"及第145条"征收"进行的支付；以及因争端解决产生的支付。上述转移，应当以可自由兑换货币，按照转移当日接受投资一方主要市场汇率进行，不得迟延。若不存在市场汇率，则应当按照支付时国际货币基金组织有关特别提款权的货币汇率折算得出的交叉汇率进行。

2. 对中国的特别规定

鉴于中国货币尚不能自由兑换，因此，协议规定，就中方而言，只有遵循中国现行法律及规章关于外汇管理相关手续有关规定的转移，上述规定的义务才适用，只要：（1）这些手续没有被用作规避中国在投资协议中的承诺或义务。（2）在此方面，中国给予新西兰投资者的待遇不得低于其给予任何第三国投资者的待遇。（3）手续应当在转移通常所需期限内完成。该期限从向外汇管理部门提交申请之日起计算，不得超过60日。申请应当包括完整、真实的材料和信息。（4）在任何情况下，与投资有关的转移手续不应比初始投资设立时要求的手续更为严格；并且当中国法律不再要求这些手续时，转移应当不再有任何限制。

但此规定不应影响根据第144条"损失补偿"及第145条"征收"规定所支付的补偿款项的自由转移。

3. 禁止转移的条件

协议规定，一方在公平、非歧视和善意实施其与下列内容相关的法律基础上，可以禁止转移：（1）破产、倒闭或保护债权人权利。（2）证券、期货或衍生物的发行、销售或交易。（3）刑事犯罪。（4）必要时用于协助执法或金融管理机构的财务报告或转移备案记录；或者确保遵守司法或行政程序中做出的法令或裁决。

4. 投资者转移的自由

任何一方不得要求其投资者转移在另一方境内投资产生的收入、所得、利润或其他款项，或处罚未转移此类款项的投资者。但就中方而言，此义务仅在中国关于外汇管理的法律及规章允许的范围内适用。但当根据中国法律，这些法律及规章不再适用时，应当不再有任何限制。

（三）投资损害和损失的补偿

协议规定，一方投资者在另一方境内的投资，如果因另一方境内战争或其他武装冲突、全国紧急状态、起义、骚乱或其他相似情形而遭受损失，则另一方在恢复原状、赔偿、补偿和其他解决措施方面给予该投资者的待遇不应低于其给予本国或任何第三国投资者的待遇，并从优适用。

（四）投资的征收

协议规定，任何一方不得对另一方投资者在其境内的投资实施征收、国有化或采取其他等同措施，除非征收是：（1）为公共目的；（2）符合可适用的国内法；（3）以非歧视的方式实施；（4）不违背一方已给予的保证，以及给予补偿。

补偿应当等于投资被征收前当时的公平市场价值。公平市场价值不应因征收事先被公众所知而发生任何价值上的变化。该补偿应当包括按主要商业利率计算的从征收发生日起到支付日之间的利息。补偿的支付不应迟延，并应当可有效兑换和自由转移。补偿应当以受影响投资者的国家货币或受影响投资者接受的任何可自由兑换货币支付。

如果公平市场价值是以可自由兑换货币表示，则支付的补偿不应低于征收之日的公平市场价值，加上按该货币合理的商业利率计算的，从征收发生日起到支付日之间的利息。

如果公平市场价值是以不可自由兑换货币表示，则支付的补偿，按照支付日主要市场汇率兑换为所支付的货币，不应低于征收之日按照当日主要市场汇率兑换为可自由兑换货币的公平市场价值，加上按该可自由兑换货币合理的商业利率计算的，从征收发生日起到支付日之间的利息。

征收适用于根据 WTO《与贸易有关的知识产权协定》给予的，与知识产权相关的强制许可。

有关投资的征收，除了与其他中国投资协议相同的规定外，还专门签订了附件十三"征收"。规定了构成征收实质条件："一方采取的一项或一系列举措干涉到投资的有形或无形财产权利或财产利益"，否则不构成征收；并阐述了政府直接征收和间接征收的含义：直接征收发生在政府完全取得投资者财产的情况下，包括通过国有化、法律强制或没收等手段。间接征收发生在政府通过等同于直接征收的方式取得投资者财产的情况下，此时，尽管其举措不构成直接征收的情况，但政府实质上剥夺了投资者对其财产的使用权。

构成间接征收，政府剥夺投资者财产的行为必须为：严重的或无限期的；并且与公共目的不相称。在以下情况下，对财产的剥夺应被认为构成间接征收：（1）效果上是歧视性的，既可能是针对特定投资者的，也可能是针对投资者所属的一个类别的；（2）违反政府对事前向投资者所做的具有约束力的书面承诺，无论此种承诺是通过协议、许可还是其他法律文件做出的。除符合上述极少数情况外，政府为履行管理权而采取的、可被合理地判定为基于保护包括公共健康、安全及环境在内的公共利益的目的而采取的措施，不应构成间接征收。

（五）投资担保或保险合同的代位

协议规定，如果一方或其指定的代理机构依照对投资的非商业风险所做的保证、担保或保险合同向投资者进行了支付，另一方应当承认该投资者的任何权利和请求转让给了该支付方或其指定的代理机构，并应当承认该支付方或其指定的代理机构有权在与投资者同等的范围内，根据代位履行与投资相关的义务。如一方（或其指定的任何代理、机构、法定部门或公司）已向其投资者进行了支付，并已接管该投资者的权利及请求，则该投资者不得向另一方主张这些权利或请求，除非其得到授权，代表该方或进行支付的代理机构采取行动。

（六）利益的拒绝给予

协议规定，经事先通知及磋商，一方可拒绝将投资协议的利益给予：另一方投资者，如果该投资是由非缔约方的人拥有或控制的企业进行的，且该企业在另一方境内未从事实质性商业经营；或者另一方投资者，如果该投资是由拒绝给予利益一方的人拥有或控制的企业进行的，且该企业在另一方境内未从事实质性商业经营。

四、投资促进与便利化

双方确认将通过包括以下方式在内的途径，实现便利双边投资的愿望：以改善双向投资环境为目的进行合作和信息交流；为促进双边投资，在中方与新方的机构间建立联系。

五、其他规定

关于透明度，各方应当公布其参加的与投资有关的国际协定。

各方应当指定一个或多个联系点，便利就本章所涉任何问题进行沟通，并应当将该联系点的详细信息提供给另一方。双方应将联系点详细信息的修改情况及时通知对方。此外，还规定，设立投资委员会。

第四节　知识产权保护与合作

一、知识产权保护

（一）知识产权

双方认识到知识产权在促进经济与社会发展，特别是在新数字经济、技术创新和贸易方面的重要性，需要在权利人权利与被保护标的相关用户及群体的合法权益之间实现平衡。

各方应当建立和维持透明的知识产权体制与体系，以便为知识产权保护和执法带来确定性；使商业合规成本最小化；通过传播思想、技术和创造性的工艺便利国际贸易。各方重申对《与贸易有关的知识产权协定》及双方参加的与知识产权相关的其他多边协定的承诺。

双方同意要加强知识产权方面的通知和信息交流、合作及能力建设，一方可随时要求与另一方举行磋商，以期就范围内的任何知识产权问题寻求及时、双方满意的解决方案。

（二）遗传资源、传统知识及民间传说

各方可根据其国际义务，采取适当的措施保护遗传资源、传统知识和民间传说。

二、合作

为了便于建立紧密的合作关系，加强和巩固双方现已存在的合作关系；创造新的贸易和投资机会；创造新的机会，以促进中小型企业的商业发展和管理进步；支持私营部门在推进和建立战略联盟方面发挥重要作用，以促进相互经济增长与发展；鼓励双方及其货物和服务在相应的亚洲及太平洋市场的存在；以及提高双方在有共同利益领域的合作水平并深化合作活动。中国—新西兰双方决定在其他方面开展合作。

双方确认各种形式的合作在促进实现协定目标和原则方面的重要性，双方的合作将对协定其他章节规定的双方的合作及合作活动形成补充。

（一）在经济方面的合作

经济合作旨在：巩固现已存在的贸易经济合作协定或安排，包括在《中华人民共和国与新西兰贸易与经济合作框架》下达成的协定或安排；以及推进并加强双方的贸易经济关系。双方将在适当的情况下，鼓励并便利以下活动，包括但不限于：就促进及扩大双边贸易投资的方式进行政策对话和定期的信息及意见交流；相互通报重要经济贸易问题，以及任何妨碍双方推进经济合作的障碍；通过相关部门提供信息和支持，以协助和便利一方商人和贸易团体访问对方国家；支持双方相应工商业界之间的对话和经验交流；鼓励及便利公共和/或私营部门在存在经济利益的领域开展活动。

（二）在中小型企业方面的合作

在中小企业方面的合作旨在：巩固现已存在的贸易经济合作协定或安排；为中小企业发展提供有利的贸易环境；以及开展旨在提高中小企业贸易效率的能力建设。

双方将在适当的情况下，特别鼓励并便利以下活动：促进政府机构、商业团体及产业协会间的合作与信息交流；共同为中小企业的发展探索有效的战略和扶持政策，包括财政支持及中介服务；举办贸易博览会、投资洽谈会，并推广双方中小企业共同参与的其他货物和服务交流机制；推动双方中小企业、相关商业顾问及产业协会之间的培训和人员交流。合作活动包括通过对双方规章体制、本地市场及区域和国家经济情况开展信息交流，致力于提高中小企业的知识水平，推广良好实践，便利中小企业间的双向贸易。

（三）在劳动与环境方面的合作

双方将通过《劳动合作谅解备忘录》和《环境合作协定》，加强双方在劳动和环境问题上的交流与合作。

三、新西兰《怀唐伊条约》

《怀唐伊条约》（Treaty of Waitangi），是 1840 年 2 月 6 日英国王室与毛利人在新西兰北岛的怀唐伊镇签署的一项协议。这也是新西兰签署自贸协定的特别条款，允许新西兰认为有必要时保有对毛利人采取优惠待遇的权利，包括《怀唐伊条约》里的义务。

《中国—新西兰自由贸易协定》第 205 条是对《怀唐伊条约》的专条规

定："1．在该措施不被用作针对另一方人的恣意或不合理歧视手段，且不对货物及服务贸易构成变相限制的前提下，本协定的任何规定不得阻止新西兰采取其认为必要的措施，就本协定涵盖的问题给予毛利人更优惠的待遇，包括履行其在《怀唐伊条约》项下的义务。2．双方同意，对《怀唐伊条约》的解释，包括有关其权利义务性质的解释，不适用本协定的争端解决规定。在其他方面，第 16 章（争端解决）应当适用本条。中国仅可要求根据第 188 条设立的仲裁庭决定第 1 款所指措施是否与其在本协定项下的权利相一致。"

小资料：

新西兰经济贸易概况

新西兰（New Zealand），位于大洋洲，国土面积约 27.1 万平方公里，是一个以畜牧业出口闻名的经济发达国家，也是世界上按人口平均养羊、养牛头数最多的国家。新西兰渔业、林业资源丰富，200 海里经济区内捕鱼潜力每年约 50 万吨；森林面积 729 万公顷，约占国土面积的 27%，其中具有经济价值的木材林约 200 万公顷，每年种植人造林 4 万公顷。截至 2011 年 7 月 1 日，新西兰人口总数约为 441 万人。

新西兰主要出口商品为：乳制品、肉及可食用内脏、木材、原油及机械设备。主要出口地为：澳大利亚、美国、中国、日本、英国、韩国、新加坡、印度尼西亚、中国香港、中国台湾。主要进口地为：澳大利亚、中国、美国、日本、德国、新加坡、马来西亚、韩国、泰国、英国。畜牧业是新西兰国民经济的基础，农牧产品出口量占其出口总量的 50%，全国的牧场超过 1.2 万个，从事畜牧业的人口约占农业人口的 80%，新西兰羊肉、奶制品和粗羊毛的出口量均居世界第一位，同时还是世界上最大的鹿茸生产国和出口国，产量占世界总产量的 30%。

2010 年，新西兰国内生产总值（GDP）1 266.79 亿美元，人均 GDP 31 588 美元，货物贸易进出口总额 620.13 亿美元，其中出口额 313.96 亿美元，进口额 306.17 亿美元，占全球货物贸易出口总额比重 0.21%，进口总额比重 0.20%，关税总水平 2.1%，是世界货物贸易出口第 60 位和进口第 58 位。2010 年服务贸易出口额 85.94 亿美元，服务贸易进口额 90.21 亿美元，占全球服务贸易出口总额比重 0.23%，进口总额比重 0.26%，是世界服务贸易出口第 53 位，进口第 57 位。2008—2010 年，人均贸易额 17 507 美元，贸易占 GDP 的比例 58.1%。2010 年中国与新西兰货物贸易总额 65.24 亿美元，中国出口额 27.65 亿美元，中国进口额 37.59 亿美元。

1995 年 1 月 1 日，新西兰加入世界贸易组织。目前，新西兰参加的区域贸易协定 8 个（不含服务贸易协议），协定伙伴达 34 个（含不同协定相同国家、地区），其中包括：南太平洋区域贸易和经济合作协定、跨太平洋战略经济伙伴协定、澳大利亚—新西兰—东盟自贸区，以及与澳大利亚、新加坡、泰国、中国、香港签订的双边自贸协定。

第十一章　中国—新加坡自由贸易协定

2004 年和 2007 年中国与东盟签订自贸区货物贸易协定和服务贸易协定后，2008 年 10 月 23 日，中国和新加坡签署了《中国—新加坡自由贸易协定》，2009 年 1 月 1 日生效。该协定实施 2 年后，两国又于 2011 年 7 月 27 日签订关于修改《中国—新加坡自由贸易协定》的议定书，扩大或修改了协定的部分内容（主要是货物原产地规则和服务贸易具体承诺）。中国—新加坡自贸协定的投资优惠政策与中国—东盟自贸协定相同，但在货物贸易、服务贸易等方面的待遇比中国—东盟自贸协定更加优惠。这是中国商签的第一个重叠的自贸协定，两国的自贸协定自由化程度比中国—东盟自贸协定更高、范围更广，是中国—东盟自贸协定的进一步深化和发展。

《中国—新加坡自由贸易协定》有七个附件。附件一：关税减让表（中国减税表、新加坡减税表）；附件二：产品特定原产地规则；附件三：原产地证书格式；附件四：技术性贸易壁垒和卫生与植物卫生措施联系点；附件五：服务贸易具体承诺减让表（中国服务贸易承诺减让表、新加坡服务贸易承诺减让表）；附件六：自然人临时入境承诺；附件七：仲裁程序的规则和程序。此外，还有：中国关于需求测试的换文，新加坡关于需求测试的换文；新加坡关于学历的换文，中国关于学历的换文。

第一节　货物贸易规定

一、关税减免规定

中国和新加坡两国在中国—东盟自贸区《货物贸易协定》的基础上，加快了货物贸易自由化进程。中国与新加坡对中国—东盟自贸区《货物贸易协定》规定的"正常产品"一次性减免，而对敏感产品均仍受该协定的支配。

（一）中国—新加坡自贸协定减免税模式

中国—新加坡自贸协定采取分两次减免到零关税的模式。

1. 新加坡取消所有自中国进口产品的关税

中国产品出口到新加坡全部免税，根据《中国—新加坡自由贸易协定》规定，新加坡从 2009 年 1 月 1 日起，取消所有符合中国—新加坡自贸协定原产地规则的自中国进口在中国—东盟自贸区《货物贸易协定》规定的正常产品的关税。

2. 中国从新加坡进口商品关税的减免

在中国—东盟自贸协定规定的"正常产品"降免税的基础上，2009 年，中国对从新加坡进口的 695 种商品的关税由最惠国税率降到零；并有 2006 种进口商品进口关税由最惠国税率降到 5%。2010 年 1 月 1 日起，这 2006 种进口商品降到零关税。截至 2010 年中国共取消 97.1% 自新加坡进口产品的关税。对这部分产品，在符合《中国—新加坡自由贸易协定》原产地规则的情况下，应选用《中国—新加坡自贸区原产地证书》，以享受比中国—东盟自贸区更优惠的待遇。例如，税则号 20056090 的芦笋，在《中国—东盟自由贸易协定》减税表上，2010 年进口关税为 5%，而在《中国—新加坡自由贸易协定》减税表上，2010 年进口关税为零。出口也存在同样的情况。

（二）国营贸易企业

双方同意，协定的任何规定不得阻碍一方根据 GATT1994 第 17 条维持或建立一个国营贸易企业。

二、原产地规则

（一）原产地规则的特点

《中国—新加坡自由贸易协定》规定了以区域价值含量增值 40% 为基本标准的优惠原产地规则。《中国—新加坡自由贸易协定》和《中国—东盟自由贸易协定》两个协定中的原产地规则除了涉及的区域成分的累积规则不同之外，没有大的区别。即在《中国—东盟自由贸易协定》中，允许累积东盟 10 国以及中国的原产地成分；但《中国—新加坡自由贸易协定》只能累积中国和新加坡 2 国的原产地成分。在实践中，如果某些产品中含有中国和新加坡的累计原产地成分不到 40%，但含有东盟其他国家（如菲律宾、马来西亚等）的成分达到 40%，只能享受《中国—东盟自由贸易协定》的优惠关税，而不能享受新加坡的更优惠的关税待遇。在此情况下，应申领《中国—东盟自贸区原产地证书》；如果中国和新加坡的原产地成分达到 40%，则应申领《中国—新加坡自贸区原产地证书》，因为是免税。

（二）产品特定原产地规则

《中国—新加坡自贸区原产地规则》对特定产品规定了 2 个判定标准：唯一标准和选择性标准。共有 527 个产品列入产品特定原产地规则。

1. 唯一标准。有 6 个产品只能采用产品特定标准。

2. 选择性标准。出口商既可采用区域价值成分不低于 40%，也可采用下列选择性规则。包括：税则归类改变，纺织原料及纺织制品的加工工序标准。其中，可选择税则归类改变的有 123 种产品；选择加工工序标准的有 404 种产品。

纺织原料及纺织制品的加工工序标准，要求非原产材料需经过规定的加工工序才能赋予产品原产资格，具体又分为：（1）纤维及纱线，要求从规定的任何一种或几种材料经过纤维制造（聚合、缩聚及挤压）、纺纱、捻线、卷曲或编织工序制得，它们是 HS 编码第 52 章的 58 种产品。（2）织物/地毯及纺织材料的其他铺地制品；特种纱线、线、绳、索、缆及其制品，要求从规定的材料经过规定的任一实质性改变加工工序制得，它们是 HS 编码第 52 章和第 60 章的 77 个商品。（3）针织或钩编的服装及制成的其他纺织品，要求用规定的材料经过裁剪和部件缝制工序制成的成品（服装及帐篷），以及结合刺绣、修饰或印花工序制成的成品（制成的纺织品），它们是 HS 编码第 61~63 章的 269 个 6 位数的商品。

（三）修订的原产地规则内容

修订议定书规定，中国—新加坡自贸协定第 21 条由以下内容取代："第 21 条可互换产品和材料，在确定货物是否为原产货物时，任何可互换货物或材料应通过下列方法加以区分：（一）货物或材料的物理分离；或者（二）出口缔约方普遍接受的会计原则承认的库存管理方法。"以及第 27 条第 5 段由以下内容取代："五、由于非故意的过错或疏忽或其他合理原因，没有在货物出口时或者在货物装运后三（3）天内签发原产地证书，原产地证书可以在货物装运之日起一（1）年内补发，并注明'补发'字样。"

三、卫生与植物卫生措施和技术性贸易壁垒

中国—新加坡自贸协定把卫生与植物卫生措施和技术性贸易壁垒合并在一起规定。在这两方面，除了与其他中国自贸协调共同内容外，还规定了以下特别条款：

（一）区域化

1. 双方同意按照 SPS 协定第 6 条要求，积极、妥善地解决两国关注的进出口农产品检疫问题。

2. 出口缔约方可以要求进口缔约方对其国内部分地区或全部地区作为有害生物或疫病非疫区进行认可。进口缔约方应积极考虑出口缔约方的请求，在进行评估后，可同意依据前述 1 规定对出口缔约方的有害生物或疫病非疫区进行承认。确定为有害生物或疫病非疫区后，进口缔约方应允许来自出口缔约方有害生物或疫病非疫区的农产品根据其 SPS 要求进入其市场。

3. 如果进口缔约方认为出口缔约方境内生产向其出口农产品的非疫区存在某一疫病或有害生物爆发的风险时，可对该非疫区的地位提出重新确认要求。进口缔约方也可要求出口缔约方采取具体的根除与控制措施来保持非疫区地位，确保出口缔约方动植物及其产品满足进口缔约方 SPS 要求。

4. 双方在本协定下达成的关于区域化的任何协议或安排应按协定第 58 条（关于附件的最终条款）的要求列入附件。

（二）信息交流与合作

中国—新加坡自贸协定第 50 条规定，1. 双方应在有共同利益的 SPS 与 TBT 相关领域加强信息交流与合作，如：（1）动植物及其产品的检验检疫；（2）产品质量与安全的控制；（3）农产品食品企业注册批准程序与时限；（4）技术法规、标准与合格评定程序；（5）分享 SPS 与 TBT 咨询点实施透明度原则的经验。2. 应要求，各方应积极考虑另一方提出的对现有标准、技术法规用合格评定程序合作内容进行补充的提议。此类合作应以双方同意的条款和条件为基础，包括但不限于与标准、技术法规及合格评定程序的制定或适用有关的建议与技术合作。3. 在采取对双方产生影响的 SPS 和 TBT 措施时，双方应加强在经验和专业知识方面的合作和沟通。

（三）保密

1. 在一方根据本协定向另一方提供信息，并将该信息指定为机密的情况下，另一方应当对该信息保密。这些信息只能被用于规定的目的，且在没有信息提供方的特别准许时，不得对外披露。

2. 本章不应被理解为要求任何一方提供或者允许获取可导致以下情形的信息：（1）与核心安全利益相冲突；（2）与国内法律、法规和管理条例决定的公共利益相对立；（3）违背包括但不限于有关保护个人隐私或者金融机构金融事务和个人客户账户的任何国内法律、法规与管理规定；（4）阻碍法律的实施；（5）损害特定的公有或私有企业的合法商业利益。

（四）管理职权的保留

1. 任何一方保留在其法律下解释和执行其技术法规和 SPS 措施的所有权力。

2. 本章（技术性贸易壁垒，卫生与植物卫生措施）不应：（1）阻止一方根据其国际权利和义务采取或者维持技术法规和 SPS 措施，以适应本国特殊国情。（2）阻止一方采取技术法规和 SPS 措施，以确保其进出口产品质量，或保护人类、动物或植物的生命或健康，保护环境，防止欺诈行为或者其他合法目标。（3）限制一方当认为某产品不符合其技术法规和 SPS 措施时采取所有适当措施的权力。这些措施包括从市场收回产品，禁止投放市场，限制自由流通，进行产品召回，启动法律程序，或其他包括通过禁止进口防止类似问题再次发生的措施。如果一方采取这种措施，应在 15 个工作日内通知对方，并说明理由。（4）迫使一方等效认可另一方的标准、技术法规或者 SPS 措施；（5）影响任一方作为 TBT 协定或者 SPS 协定成员的权利和义务。

（五）关于附件的最终条款

1. 应一方要求，双方可在签署本协定后着手商讨制定符合双方利益的附件的可能性。

2. 当一方出现或可能出现安全、健康、消费者或环境保护或国家安全的紧急问题时，可以立即全部或者部分暂停任何附件的实施。在这种情况下，该方应当立即将紧急情况的性质、涵盖的产品、暂停的目的和原因告知对方。

第二节　服务贸易规定

中国—新加坡自贸协定有关服务贸易的条款，除了正文和附件五《服务贸易具体承诺减让表》外，还有附件六《自然人临时入境承诺》以及双方关于需求测试的换文和关于学历的换文。

中国与新加坡互有三个服务贸易具体承诺减让表：一是在 WTO，二是在中国—东盟自贸协定（不含已过时的），三是在中国—新加坡自贸协定（不含已过时的）。2011 年的修改议定书有关中国和新加坡服务贸易具体承诺减让表更新了 2008 年的承诺表，主要是中国增加了部分承诺。本节阐述的部门承诺为 2011 年的中新服务贸易承诺表。

一、中国—新加坡服务贸易的特别规定

（一）为商务人员临时入境提供方便

在商务人员入境方面，双方在自贸协定中设立了自然人移动章节及附件六《自然人临时入境承诺》，明确了商务人员临时入境的纪律和准则，并就居留时间和条件做出了具体承诺，将进一步便利两国人员往来，为自然人临时入境建立透明的标准和简化的程序。与《中国—新加坡自由贸易协定》同时签署的《劳务合作谅解备忘录》，也将对中国赴新加坡劳务人员的管理和维护中国在新加坡劳务人员的权益，产生积极效果。

（二）附加承诺

中国与新加坡同意，对于没有列入协定服务贸易市场准入和国民待遇条款下减让表的影响服务贸易的措施，可包括但不限于资格、标准或许可事项的措施，双方可进行承诺谈判，并将承诺纳入减让表。

当中国和东盟之间达成服务贸易第二批具体承诺后，双方应将该承诺纳入双边自贸协定，并对双方生效。

（三）资格承认合作

双方将确保其相关主管机构尽快启动下列领域的等效性互认谈判：（1）会

计工作经验和资格；（2）审计工作经验和资格；（3）会计和审计准则。

在协定生效后，双方将启动建筑师互认安排的谈判，以承认获得的资格或经历、要求、或授予的许可或证书，以尽快达成此项安排，并探索将互认扩展到其他建筑和工程领域的可能性。

为此，双方同意设立承认合作联合委员会，包括建立一个会计和审计工作小组。委员会的职能是：（1）审议和讨论有效实施承认合作的事项；（2）确定并推荐促进双方合作的领域和方式；（3）讨论与实施承认合作有关的其他事项。

二、中国对新加坡服务贸易的具体承诺

中国加入 WTO 承诺的所有大类、部门与分部门及子部门均向新加坡开放，而且超过了中国加入 WTO 承诺，共 132 项，其中 3 项是 2011 年 7 月 27 日修改时增加的，是在中国—东盟自贸协定第一批承诺 43 项的 3 倍多，是中国对外承诺最多、最全面的。

（一）中国对新加坡开放超过加入 WTO 的承诺

1. 中国对新加坡开放超过加入 WTO 承诺的大类

有关健康和社会服务大类，该大类的医院服务对新加坡开放（新加坡在华设立股比不超过 70% 的外资医院）；娱乐、文化和体育服务大类，该大类的体育和其他娱乐服务对新加坡开放：体育赛事推广服务、体育赛事组织工作服务、体育场馆运营服务（不包括高尔夫）。

2. 中国对新加坡开放超过加入 WTO 承诺的部门和分部门

商务服务大类中的：市场调研服务，除建筑外的项目管理服务，安排和提供人员服务，建筑物清洁服务，包装装潢印刷服务。

运输服务大类中的：公路运输服务的城市间定期旅客运输，城市与郊区间定期运输、城市与郊区间专线运输、城市间专线运输等。

中国承诺：认可新加坡两所大学的医学学历。

（二）中国单方面对新加坡开放的承诺

商务服务大类中的法律服务，与计算机硬件安装相关的咨询服务，软件实施服务，涉及自有或租赁房地产的服务，包装装潢印刷服务。W 环境服务大类中的污水处理服务，废物处理服务，自然风景保护服务，其他环境保护服务。W 运输服务大类中的飞机的维修保养服务，计算机订座服务，铁路运

输服务的货运服务，公路运输服务，内水运输的货运服务，装卸服务，海关报关服务，集装箱堆场与装卸服务等。

二、新加坡对中国服务贸易的具体承诺

新加坡在中国—东盟自贸协定（第一批）对中国承诺 90 项的基础上，进一步扩大对中国的开放，达到 141 项。根据协定第 64 条的规定，中国和东盟之间达成服务贸易第二批具体承诺，双方应将承诺纳入双边自贸协定，并对双方生效。中国和东盟服务贸易第二批具体承诺纳入后，新加坡对中国承诺达到 12 大类 151 项。新加坡是自贸协定伙伴中对中国最开放的国家。

（一）新加坡对中国开放服务贸易的水平承诺

1. 市场准入限制

自然人流动，除协定第九章（自然人的流动）规定外，在自然人流动方面不做承诺。

任何部门或分部门的市场准入具体承诺，无论以何种服务模式提供，都不能逾越金融服务部门所设立的限制性规定。

2. 在国民待遇限制

自然人的流动不做承诺。

商业存在、法人的建立与变更应遵守下列规定：

（1）外国人注册公司必须有一名本地经理，该经理应是新加坡公民、新加坡永久居民或新加坡就业准证（Employment Pass）持有者（但是，如果这个外国人本人是新加坡永久居民或新加坡就业准证持有者，则无需雇佣本地经理）；

（2）公司至少有一名董事在本地居住，所有在新注册的外国公司的分支机构必须雇佣至少两名在本地居住的代理人（为符合"在本地居住"的要求，某人应是新加坡公民、新加坡永久居民或新加坡就业准证持有者）。

新加坡在中国—东盟自贸协定中，对水平承诺阐述得比中国—新加坡自贸协定更全面。

（二）新加坡对中国的服务贸易部门承诺

在中国—新加坡自贸协定中，新加坡给予中国的优惠待遇主要体现在服务贸易的开放上。新加坡在其中国—东盟自贸协定承诺的基础上，不仅在市场准入，而且对中国企业开放了更多的服务部门，在跨境交付、境外消费、商业存在的开放涉及了 WTO 服务贸易分类的 12 个大类众多的部门和分部门。

新加坡对中国的具体承诺高于其在 WTO 服务贸易承诺表和中国—东盟自贸区《服务贸易协议》市场准入承诺清单的承诺，包括：承认中国两所中医大学学历；允许中国在新加坡设立中医大学和中医培训机构；允许在新加坡开展中文高等教育、中文成人教育和中文培训；允许中国在新加坡开办独资医院；同意与中国尽快启动会计审计准则的认可谈判。

1. 新加坡单方面对中国的承诺

在商务服务大类中的：兽医服务，数据库服务，生物技术服务和工业研究，经济和行为学研究，由教育机构承办的跨学科研发服务项目，船舶租赁，航空器租赁，与采矿业有关的服务，与制造业有关的服务，调查与保安服务，室内设计服务（不包括建筑设计）。

金融服务大类中的：资产管理（如现金或资产组合管理、各种形式的集体投资管理、养老基金管理、保管和信托服务），货币经纪，金融资产的结算和清算（包括证券、衍生产品和其他可转让票据）。

健康和社会服务大类中的：其他人类健康服务中的由《私人医院和医疗诊所法案》定义的、实行商业运行的急诊医院、护理，中心和康复医院；社会服务的由住宿机构提供的针对老年人和残疾人的社会服务，由住宿机构提供的针对儿童和其他客户的社会服务，日间儿童看护服务，包括残疾人的日间看护服务，别处未列明的儿童指导和咨询服务，非通过住宿机构提供的福利服务，职业康复服务，其他不包住宿的社会服务。

旅游服务大类中的导游服务。

文化娱乐和体育服务大类中的：文娱服务（包括剧场、现场乐队与马戏团表演等），图书馆、档案馆、博物馆和其他文化服务，公园服务。

运输服务大类中的：航空运输服务的销售和营销；公路运输服务的配驾驶员的小客车出租服务，配驾驶员的公共汽车和大客车的出租服务，配驾驶员的商业货运车辆的出租服务，机动车零件的维护和修理服务，停车服务；管道运输的燃料运输；辅助服务的船务代理服务、船务经纪服务、国际拖驳，船级社服务（但不包括对悬挂新加坡国旗船舶的法定服务）。

其他未包括的服务：洗涤、清洗和染色服务，美发和其他美容服务，丧葬、火葬和殡仪服务（不包括墓地维护、照看墓穴和墓地服务）3 个分部门的跨境交付不做承诺，境外消费与商业存在没有限制。

2. 有关通讯服务承诺

新加坡在通讯服务大类的电信服务的承诺采取不同于中国的部门与分部门的方式，而是规定了一般条款和 4 个部门的承诺。因无法对应比较，视同与中国的电信服务全部承诺。

一般条款。本部门的承诺需符合以下规定：由于路权和无线电频率等资源的稀缺，许可证的数量可能受到限制；电信服务不包括新加坡《广播法》所规制的服务。

（1）基础电信服务（基于设施）：公共交换服务（包括语音、数据和传真服务）（本地和国际）；电路租用服务（本地和国际）。

（2）移动服务（不包括公共移动宽带多媒体服务和公共固定无线宽带多媒体服务）：公共移动数据服务，公共集群无线电服务，公共无线电寻呼服务，公共蜂窝移动电话服务。

（3）基于转售：公共交换服务（本地和国际）（不包括使用接入公共交换网的租用网络）；电路租用服务（本地与国际，不接入公共交换网）；公共蜂窝移动电话服务；公共无线电寻呼服务。

（4）增值网络服务：包括电子邮件、语音邮件、在线信息和数据库检索、电子数据交换、在线信息和/或数据处理、存储转发、存储检索。

3. 新加坡在双边协定中的承诺超过其在中国－东盟自贸协定中的承诺的部门

商务服务大类中的与制造业有关的服务。

分销服务大类中的食品、饮料的零售服务、车辆及零配件的销售服务、机动车燃料的零售服务。

教育服务大类的高等教育服务。

有关健康和社会服务大类中的医院服务。

旅游服务大类中的饭店和餐饮服务。

运输服务大类中的燃料运输服务。

4. 新加坡在双边协定中的承诺低于其中中国东盟自贸协定中的承诺的部门

商务服务大类中的集中工程服务，以及一些子部门。

（中新双方服务贸易部门承诺详见附录 5，《中国入世、中国—新加坡服务贸易承诺对照表》）。

第三节　合　作

协定强调，鉴于近来区域和国际的发展趋势，应进一步加强中新双边合作，重申双边合作中已有的安排，探索双方之间新的合作领域。

一、贸易投资促进

双方将寻求加强在贸易和投资促进方面的合作，鼓励和便利包括以下内容在内的行动：（1）促进和扩展双方贸易投资的政策对话；（2）就重要的经贸问题交换观点，就解决与双方贸易投资有关的共同问题举行磋商；（3）根据双方的互补优势共同确定极具合作潜力的优先领域，并且探索在这些领域的合作方式；（4）支持两国工商界之间的交流和对话；（5）加强双方之间的经济合作，包括在第三国的经济合作。

双方将通过现有的国家层面的机制，包括双边合作联合委员会、投资促进委员会、中国商务部与新加坡贸工部对话和省级工商理事会，引导和协调在贸易和投资促进方面的合作。双方应不断加强政府间的机制，并为此探索新的合作形式。

双方将尽可能支持半官方和非官方组织参与贸易投资促进活动。将鼓励双方工商界在更广领域开展交流和合作，鼓励商业促进行为，加强双方相关企业间的交流和联系。

二、新加坡参与中国的区域发展

双方认识到参与中国的区域发展是双边合作的重要支柱之一，以旗舰项目苏州工业园区为范例，双方将继续紧密工作，拓展和深化在该领域的合作。

双方注意到中国—新加坡天津生态城重点项目是双边区域发展合作中的另一重要举措，双方同意紧密合作，争取将其建设成为可持续发展的典型，同时加强在环境保护和资源能源节约等领域的合作。

双方重申双边省级工商理事会是支持中国区域发展的重要机制。双方同意加强现有合作，通过这些理事会寻找新的合作领域。

双方还将与在中国和新加坡的各商会一起努力，鼓励更多企业参与中国的区域贸易展会。

双方原则同意任何商业合作都应以商业利益为主导，政府只应发挥促进作用。

三、旅游合作

加强旅游和人员流动对各自经济的发展具有重要性，双方将通过诸如中国国家旅游局和新加坡旅游局高级别双边会议等论坛和例行对话机制，探讨加强旅游促进和交流方面的合作。双方将继续加强在旅游领域的合作，特别是促进教育旅游和学生交流。双方将真诚合作，通过探索为旅游者提供更多便利的方法和措施来发展旅游业。这将进一步加深双方人民之间的相互理解和友好交流。

四、人力资源开发合作

双方认识到人力资源发展是双边关系的重要支柱之一，注意到人力资源开发是一种双向交流。根据 2005 年 9 月在第二次中新经贸合作联合委员会上签署的《面向 21 世纪的中国—新加坡人力资源合作伙伴关系谅解备忘录》，双方应根据如下原则，加强和探索在该领域新的合作方式：（1）增加交流，让官员了解在彼此国家发生的变化以及正在形成的良好经验；（2）考虑彼此的现实需要，扩展交流的形式和领域；（3）探索共同向第三国提供技术支持的合作。

五、促进中国企业"走出去"

认识到促进中国企业"走出去"是双边合作的重要支柱之一，双方应加强在该领域的合作，将寻找更多促进工商业交流的方式，提高中国企业利用新加坡作为有效区域平台优势的意识，并发掘在第三国市场的合作机会。双方同意任何商业合作都应以商业利益为主导，政府的角色是提高企业利用这些机会的能力，提供商业研讨和网络会议以便利交流。双方应不断通过中国商务部和新加坡贸工部对话、投资促进委员会和双边合作联合委员会等平台寻找新的合作途径。

小资料：

新加坡经济贸易概况

新加坡共和国，简称新加坡（Singapore），位于亚洲，国土面积 647 平方公里，是亚洲金融中心之一，世界闻名的旅游国家，东南亚最大的海港。截至 2011 年 7 月 1 日，新加坡人口总数约为 519 万人。

新加坡直接出口占 51.9%，转口出口占 48.1%，直接出口的主要商品为：机械设备及运输设备（包括电子设备及零件、办公设备、通讯器材、发电机、船舶等）。新加坡主要进口商品为：机械设备化学品、石油类产品、食品等。2010 年新加坡前 10 大贸易伙伴为：欧盟、马来西亚、中国、美国、印度尼西亚、中国香港、日本、韩国、中国台湾、泰国。新加坡地理位置在政治、经济贸易、运输中十分重要，是世界第二大自由港，第三大炼油中心，重要的商业城市和转口贸易中心，也是国际金融和亚、欧、大洋洲重要的国际航空中心。

2010年，新加坡国内生产总值（GDP）2 226.99亿美元，人均GDP 42 653美元，货物贸易进出口总额为6 626.58亿美元，其中出口额3 518.67亿美元，进口额3 107.91亿美元，占全球货物贸易出口总额比重2.31%，进口总额比重2.02%，关税总水平为0，是世界货物贸易出口第14位和进口第15位。2010年服务贸易出口1 119.12亿美元，服务贸易进口额961.05亿美元，占全球服务贸易出口总额比重3.03%，进口总额比重2.74%，是世界服务贸易出口第10位，进口第11位。2008—2010年，人均贸易额161 763美元，贸易占GDP的比例404.9%。2010年中国与新加坡货物贸易总额570.6亿美元，中国出口额323.5亿美元，中国进口额247.1亿美元。

1995年1月1日，新加坡加入世界贸易组织。目前，新加坡参加的区域贸易协定19个（不含服务贸易协议），协定伙伴70个（含不同协定相同国家），包括：全球发展中国家间贸易优惠制、跨太平洋战略经济伙伴协定、东盟自贸协定、中国—东盟自贸协定、日本—东盟自贸协定、韩国—东盟自贸协定、澳大利亚—新西兰—东盟自贸协定、印度—东盟自贸协定，并与欧洲自由贸易联盟，以及与中国、印度、日本、约旦、韩国、新西兰、巴拿马、澳大利亚、美国、秘鲁签订的双边自贸协定。正在与之谈判的有哥斯达黎加、加拿大、乌克兰等国。

第十二章 中国—秘鲁自由贸易协定

2007 年 9 月 7 日，中国和秘鲁启动自贸协定谈判，2009 年 4 月 29 日，中国和秘鲁两国政府签署了《中国—秘鲁自由贸易协定》，于 2010 年 3 月 1 日生效。协定内容涵盖货物贸易、原产地规则及与原产地相关的操作程序、海关程序及贸易便利化、贸易救济、卫生和植物卫生措施、技术性贸易壁垒、服务贸易与商务人员临时入境、投资、知识产权、合作、透明度、争端解决、例外等，共 17 章 201 条。这是中国与拉美国家达成的一个开放水平高、覆盖范围广、互利双赢的首个一揽子自贸协定。

《中国—秘鲁自由贸易协定》除正文外，有十二个附件。附件一：国民待遇的例外和进出口限制；附件二：关税减让表（中国关税减让表，秘鲁关税减让表）；附件三：滑准税制度；附件四：产品特定原产地规则（包括产品特定原产地规则表）；附件五：原产地证书和原产地声明；附件六：服务贸易承诺表（中国服务贸易承诺表，秘鲁服务贸易承诺表）；附件七：商务人员临时入境承诺；附件八：公债；附件九：征收；附件十：地理标志清单；附件十一：自由贸易委员会成员名单；附件十二：示范程序规则。

第一节 货物贸易规定

一、关税减免规定

（一）商品分类与降税模式

中国—秘鲁自贸协定对不同类型的产品使用不同的降税模式，采取将一次性减免到零关税、线性降税模式、在规定的时间表内按规定的幅度减免、在规定的时间内按规定的税率降税相结合的混合模式。

《中国—秘鲁自由贸易协定》把双方降税商品分为 14 类（其中，中方 7 758 种商品分成 11 类，秘鲁 7 337 种商品分成 10 类）分阶段按不同模式减让关税：

表 12 - 1 中国—秘鲁商品分类

类别	A	B	C	D	E	F	G	H	I	J1	J2	J3	K	L
中国	4747	908	1604	422	5	14	24	12	20	0	0	0	1	1
秘鲁	4609	947	1409	592	87	0	5	19	0	4	3	22	0	0

1. 双方降税种类中的 A 类规定的原产货物在本协定生效之日起即实现零关税；分别约占中、秘税目总数的 61. 19% 和 62. 71% 。

2. 双方降税种类中的 B 类规定的原产货物的关税从协定生效之日起 5 年内按等比例减让，该类产品在协定生效第 5 年的 1 月 1 日实现零关税；分别约占中、秘税目总数的 11. 70% 和 12. 94% 。

3. 双方降税种类中的 C 类规定的原产货物的关税在协定生效之日起 10 年内按等比例减让，该类产品在协定生效第 10 年的 1 月 1 日实现零关税；分别约占中、秘税目总数的 20. 68% 和 14. 35% 。

4. 双方降税种类中的 D 类规定的原产货物是关税减让的例外，即不削减。

5. 双方降税种类中的 E 类规定的原产货物的关税减让如下表：

表 12 - 2 E 类原产货物的关税减让进程表

单位：%

年　份	降税幅度
第 1 年	3. 00
第 2 年	3. 00
第 3 年	5. 00
第 4 年	7. 00
第 5 年	7. 00
第 6 年	5. 00
第 7 年	7. 00
第 8 年	7. 00
第 9 年	7. 00
第 10 年	7. 00
第 11 年	7. 00
第 12 年	7. 00

续 表

年　份	降税幅度
第 13 年	7.00
第 14 年	7.00
第 15 年	7.00
第 16 年	7.00

6. 中方降税种类中的 F 类规定的原产货物的关税在协定生效之日起 8 年内按等比例减让，该类产品在协定生效第 8 年的 1 月 1 日实现零关税。

7. 双方降税种类中的 G 类规定的原产货物的关税在协定生效之日起 12 年内按等比例减让，该类产品在协定生效第 12 年的 1 月 1 日实现零关税。

8. 双方降税种类中的 H 类规定的原产货物的关税在协定生效之日起 15 年内按等比例减让，该类产品在协定生效第 15 年的 1 月 1 日实现零关税。

9. 中方降税种类中的 I 类规定的原产货物的关税在协定生效之日起 17 年内按等比例减让，该类产品在协定生效第 17 年的 1 月 1 日实现零关税。

10. 秘方降税种类中的 J1 类规定的原产货物的关税在协定生效之日起第 1~4 年内保持基准税率不变；从第 5 年 1 月 1 日起，关税在 13 年内按等比例减让；该类产品应在协定生效第 17 年的 1 月 1 日实现零关税。

11. 秘方降税种类中的 J2 类规定的原产货物的关税在协定生效之日起第 1~8 年内保持基准税率不变；从第 9 年 1 月 1 日起，关税在 9 年内按等比例减让，该类产品应协定生效第 17 年的 1 月 1 日实现零关税。

12. 秘方降税种类中的 J3 类规定的原产货物的关税在协定生效之日起第 1~10 年内保持基准税率不变；从第 11 年 1 月 1 日起，关税在 7 年内按等比例减让；该类产品应在协定生效第 17 年的 1 月 1 日实现零关税。

13. 中方降税种类中的 K 类规定的原产货物的关税从协定生效之日起减让进程如下表 12-3，该类产品在 2015 年 1 月 1 日实现零关税。

表 12-3　　　　中方 K 类原产货物关税减让进程表

单位：%

降税时间	2009 年 1 月 1 日	2010 年 1 月 1 日	2011 年 1 月 1 日	2012 年 1 月 1 日	2013 年 1 月 1 日	2014 年 1 月 1 日	2015 年 1 月 1 日
适用关税	7.80	6.50	5.20	3.90	2.60	1.30	0.00

14. 中方降税种类中的 L 类规定的原产货物的关税从协定生效之日起减让进程如下表 12 - 4，该类产品在 2015 年 1 月 1 日实现零关税。

表 12 - 4   中方 L 类规定原产货物关税减让进程

单位：%

降税时间	2009 年 1 月 1 日	2010 年 1 月 1 日	2011 年 1 月 1 日	2012 年 1 月 1 日	2013 年 1 月 1 日	2014 年 1 月 1 日	2015 年 1 月 1 日
适用关税	1.20	1.00	0.80	0.60	0.40	0.20	0

根据协定规定，自协定实施起，秘鲁将逐步降低 92% 的从中国进口产品的关税，其中 90% 将在 10 年内降为零，2% 将分别在 12、15、16.17 年内降为零；中国将逐步降低 94.6% 的从秘鲁进口产品的关税，其中 93% 将在 10 年内降为零，0.8% 将分别在 12、15、16、17 年内降为零。因此，秘鲁的鱼粉、矿产品、水果、鱼类等产品和中国的轻工、电子、家电、机械、汽车、化工、蔬菜、水果等产品将从中获益。中秘互补性强的贸易结构和潜力巨大的市场容量，为双方加强今后的贸易往来提供了广阔的商机。

（二）关税减让不适用于旧货

《中国—秘鲁自由贸易协定》特别规定，关税减让不适用于旧货，包括协调制度中品目和子目所列的旧货。已使用货物也包括重建、修复、重制的货物，或其他被使用后经过某种过程重新恢复原本属性、规格或恢复使用前所具功能的、且具有任何类似名称的货物。

（三）不得使用与某种实绩要求相联系的关税豁免

任一缔约方不得实施任何新的关税豁免，或对现有接受方扩大豁免范围或将现有关税豁免提供给新的接受方，如该关税豁免明确地或隐含地以满足某种实绩要求为前提。任一缔约方不得明确地或隐含地将满足某种实绩要求作为延长任何现有关税豁免的前提条件。这个条款主要是针对投资的。

（四）滑准税制度

秘鲁实行滑准税制度，因此，协定规定："对适用于滑准税以及附件三（滑准税制度）中所列的货物（47 种），秘鲁可保留基于 No. 115-2001-EF 号最高法令及其修正案而设立的滑准税制度。"

　　滑准税指的是在商品进口环节对进口的商品依据价格高的实行低税率，价格低的实行高税率，以确保国内价格的基本稳定而实行的一种税率制度安排。滑准税的特点是价格越高，税率越低，税率为比例税率。

　　（五）货物的临时准入

　　1. 临时免税准入的货物。协定规定，无论其原产地，任一缔约方应给予下述货物以临时免税准入：（1）专业设备，例如根据进口方有关法律规定有资格临时入境的人用于科学研究、教学或医疗活动，新闻出版或电视以及电影所需的；（2）在展览会、交易会、会议或类似活动上陈列或展示的货物；（3）商业样品；（4）被认可用于体育活动的货物。

　　2. 临时许可时限的延长。应相关人要求且基于其海关认定的合法原因，一缔约方应延长原先根据其国内法律确定的临时许可时限。

　　3. 禁止对临时免税准入的货物施加条件。任一缔约方不得对前述货物的临时免税准入施加条件，除非要求该货物：（1）仅限于另一缔约方的国民或居民使用于或在其个人监督之下用于该人的商业、贸易、专业或体育活动；（2）不在该方境内出售或租赁；（3）同时抵押金额不超过引进或最终进口所需缴纳费用的债券或保证金，并在该货物出口时返还；（4）出口时可识别；（5）在（1）中提及的国民或居民离境的同时出口，或除延期外，在该方就临时许可设定的期限内或 6 个月内出口；（6）许可进口量不超过该计划用途相应的适当数量；（7）根据该方法律许可进入该方境内。

　　4. 如不满足一缔约方基于前述所设定的任何条件，该方可对货物征收关税和其他正常进口所需费用以及其法律所规定的任何其他费用或罚金。

　　5. 各方应允许临时许可进口的货物从与进口海关港口不同的港口出口。

　　6. 各方应规定其海关或其他主管部门免除该进口者或该货物许可进口的其他责任人的任何产品无法再出口的责任，若提交的该货物由于不可抗力原因损坏损毁证明得到而无法提出进口方海关认可。

二、国民待遇的例外和进出口限制

　　协定附件一规定，中国—秘鲁自贸协定不适用于以下措施，包括下述措施的延续、即刻更新和修正。（1）秘方对以下相关进口产品所采取的措施：旧服装和鞋；旧车辆和旧发动机、部件、配件；旧轮胎；使用放射性源的旧货物、机器和设备。（2）世界贸易组织争端解决机构授权的行为。

三、非关税措施

（一）进出口限制

《中国—秘鲁自由贸易协定》具体规定了非关税措施的限制，要求按GATT1994的权利和义务禁止一缔约方在任何其他形式限制被禁止的情况下实施或保持。（1）进出口价格要求，除非执行反补贴和反倾销税指令或任务所允许；（2）根据WTO《补贴与反补贴措施协定》第18条和《反倾销协定》第8.1条规定，不符合GATT1994第6条规定的自愿出口限制。

（二）进口许可

1. 任一缔约方不得实施或保持与WTO进口许可协定相悖的措施。

2. 任一缔约方应在协定生效前向另一缔约方通报任何现有进口许可程序。

3. 各方应于规定生效前21日，在任何情况下不晚于生效日，公布任何新的进口许可程序和对任何现有进口许可程序或产品清单（视实际情况而定）的变更。

4. 缔约双方应在任何其他新进口许可程序和对现有进口许可程序的任何修改发布60日内通知另一缔约方。上述发布应与WTO进口许可程序协定中规定的程序相一致。

四、农产品出口补贴

1. 缔约双方均认同在多边框架下取消农产品出口补贴的目标，并应为在WTO达成取消这些补贴的协议而共同努力，并避免再以任何形式重新实施此类补贴。

2. 任一缔约方不得对向另一缔约方境内出口的任何农产品维持、实施或重新实施维持任何出口补贴。

3. 如一缔约方认为另一缔约方没有履行中国—秘鲁自贸协定的义务而维持、实施或重新实施出口补贴，该缔约方可根据协定第十五章（争端解决）要求与另一缔约方磋商，以达成令双方满意的解决办法。

4. 农产品的国内支持措施。为了建立一个公平的、以市场为导向的农产品贸易体制，缔约双方同意在WTO关于国内支持措施的谈判中合作，以逐步对农业支持和保护进行实质性削减，从而纠正和防止世界农产品市场的限制和扭曲。

五、原产地规则

(一)《中国—秘鲁自由贸易协定》原产地规则的特点

《中国—秘鲁自由贸易协定》原产地规则,在条款的格式与含义上虽然与其他几个自贸区原产地规则基本一致,如"完全获得产品","中性成分"、"微小含量"、"可互换材料"等的含义。但《中国—秘鲁自由贸易协定》制定了以税则归类改变标准为主、区域价值含量标准为辅的货物原产地判定标准,而且没有一般的增值百分比标准,而把含有非中国—秘鲁自贸区原产货物都列入产品特定原产地规则。即分成两大类:一是完全原产货物的标准;二是产品特定原产地标准。

《中国—秘鲁自由贸易协定》原产地规则与其他协定不同的地方主要有:

1. 简单加工

在简单加工方面规定得比较概括,只有4项:(1)为确保货物在运输或贮存期间的保藏处于良好状态而进行的操作;(2)托运货物的拆解或组装;(3)以零售为目的的包装、拆包或重新打包的操作;(4)动物屠宰。

2. 增加了"成套货物"、"展览"的条款。

(二)产品特定原产地规则

《中国—秘鲁自由贸易》协定原产地规则的产品特定原产地规则,分成4类,有8种规定方式,

1. 完全区域内原产

要求完全区域内原产:如果动物在中国或秘鲁境内出生并饲养,可赋予原产地。或"本子目下的货物应在中国或秘鲁境内收获、采摘或收集"。

2. 税则改变标准

(1)要求改变章:从任何其他章改变至此。

(2)要求改变品目、子目:从任何其他品目改变至此;或从任何其他子目改变至此。

(3)要求改变章,但特定章或品目改变除外:从任何其他章改变至此,由XX章改变至此除外;或从任何其他章改变至此,由品目XX改变至此除外。

3. 区域价值成分标准

只要达到区域成分标准即可:不要求税则归类改变,只要其区域价值成

分不少于 40% 、45% 、50% 。

　　4. 税则改变与区域价值混合标准

　　（1）在本章内实质改变，但必须达到区域成分标准：从任何其他品目改变至此，只要其区域价值成分不少于 40% ，或从任何其他品目改变至此，只要其区域价值成分不少于 45% 。或从任何其他品目改变至此，只要其区域价值成分不少于 50% 。

　　（2）选择品目、子目改变或达到区域成分标准：从任何其他品目改变至此；或不要求税则归类改变，只要其区域价值成分不少于 40% 。或从任何其他品目改变至此；或不要求税则归类改变，只要其区域价值成分不少于 50% 。从任何其他子目改变至此；或不要求税则归类改变，只要其区域价值成分不少于 40% 。或从任何其他子目改变至此；或不要求税则归类改变，只要其区域价值成分不少于 45% 。从任何其他子目改变至此；或不要求税则归类改变，只要其区域价值成分不少于 50% 。

　　（3）选择章改变或达到区域成分标准：从任何其他章改变至此；或不要求税则归类改变，只要其区域价值成分不少于 40% 。或从任何其他章改变至此；或不要求税则归类改变，只要其区域价值成分不少于 50% 。

　　（三）证明原产货物的文件

　　中国—秘鲁自贸区原产地规则要求企业提供用于证明原产地证书所列货物为原产货物、并且符合原产地规则其他要求的文件应当包括但不限于：

　　1. 出口商或供应商加工获得有关货物的直接证据，例如，其账目或内部簿记；

　　2. 所用原料原产资格的证明文件，但这些文件必须依照国内的法律规定使用；

　　3. 原料生产和加工的证明文件，但这些文件必须依照国内的法律规定使用；

　　4. 能够证明所用原料原产资格的原产地证书。

第二节　服务贸易规定

　　在服务贸易方面，中秘双方在各自对 WTO 承诺的基础上，中国在商务服务等 10 大类中向秘鲁承诺开放 123 项；秘鲁在商务服务等 10 大类中对中国承诺 125 项。同时，为进一步便利两国人员来往，《中国—秘鲁自由贸易协定》

为商务人员临时入境建立了透明的标准和简化的程序。

一、中国对秘鲁服务贸易的具体承诺

（一）中国对秘鲁开放超过加入 WTO 的具体承诺

除了通讯服务大类的录音制品分销服务子部门外，中国加入 WTO 承诺的大类及部门均对秘鲁开放。

1. 中国对秘鲁开放超过加入 WTO 承诺的大类

娱乐、文化和体育服务（视听服务除外）大类，开放该大类中的体育赛事推广服务、体育赛事组织工作服务、体育场馆运营服务（不包括高尔夫）、其他体育服务。

2. 中国对秘鲁开放超过加入 WTO 承诺的部门与分部门

商务服务大类中的自然科学的研究和开发服务、与采矿业有关的服务（石油与天然气）、除建筑外的项目管理服务、安排和提供人员服务、建筑物清洁服务、包装印刷；运输服务大类中的公路运输的城市间定期旅客运输。

（二）中国单方面对秘鲁开放的部门与分部门

商务服务大类中的医疗和牙医服务、相关科学和技术咨询服务、笔译和口译服务。

通讯服务大类中的视听服务。

分销服务大类中的无固定地点的批发或零售服务。

环境服务大类中的环境卫生及类似服务、废气清理服务、降低噪音服务、自然和风景保护服务、其他环境保护服务。

金融服务大类中的保险辅助服务（包括保险经纪、保险代理服务）、非银行金融机构从事汽车消费信贷。

运输服务大类中的飞机的维修和保养服务、城市间定期旅客运输、公路卡车和汽车货运、其他辅助运输服务（不含货物检验）、海运报关服务、集装箱堆场服务。

二、秘鲁对中国服务贸易的具体承诺

（一）秘鲁对中国服务贸易的水平承诺

关于所有权问题，秘鲁政治宪法规定，任何外国国民或由外国国民全部或部分、直接或间接拥有的实体不得以任何形式直接或间接拥有在秘鲁边界50公里内的煤矿、土地、森林、水、燃料或能源，此权利将被秘鲁国家罚没。

秘鲁保留采取或维持任何措施的权利，以给予社会或经济上处于不利地位的少数群体和少数民族以权利和优惠。此处少数民族指的是土著和本土群体；少数群体包括农民群体。

秘鲁的有关执法和惩教服务，以及下列为公共目的所设立或维持的社会服务：收入保障和保险，社会保障，社会福利，公共教育，公共培训，卫生和儿童保育方面，保留采取或维持任何措施的权利。

对自然人流动，不做承诺，《商业人员临时流动》一章里包含的自然人的入境和临时居留有关的措施除外，但须符合下列要求：

（1）工人获得入境批准的条件是，必须有一份书面劳动合同写明入境时段，且合同必须经劳工部批准。

（2）合同最长时限为3年，但可后续延长。

（3）承诺在同一职业培训国内人员。

（4）所有在秘鲁的雇主，无论其活动或国籍，在招聘员工时应给予秘鲁国民以优惠待遇。

（5）外国自然人比例不得超过企业总雇员人数的20%，其工资不得超过企业总工资和薪金的30%。但这些百分比将不适用于下列情况：①如果外国服务提供者是秘鲁国民的配偶、父母、儿女或兄弟姐妹；②为悬挂外国国旗并注册，提供国际陆地、航空和水路运输的外国公司工作的外国雇员；③根据管理特别案例有关法律，跨国服务公司或银行的外国雇员；④其在秘鲁投资在合同期内永久性维持至少5个附属纳税实体的外国投资者；⑤在秘鲁境内的艺术家、运动员或其他公共表演类服务提供者，一年最多为3个月。

在以下情况下，雇主可要求豁免外国雇员人数比例和占公司薪金比例等规定：a. 新立或转型商业的专家或技术人员，经理或管理人员；高中教育、外国私立中小学、或者在当地私立学校的外语教学或专业语言中心雇佣的教师。b. 为与公共机构有合同的私人或公共公司服务的人员，其他由最高法令根据专业、资格和履历标准判定的任何情形。

（二）秘鲁对中国服务贸易的部门承诺

秘鲁单方面向中国开放的部门和分部门中许多是其他中国自贸协定所没有开放的，主要有：

1. 商务服务大类中的：兽医服务，助产士、护士、理疗医师和护理员提供的服务，船舶租赁，航空器租赁，其他运输设备租赁，调查与保安服务。

2. 通讯服务大类中的邮政服务。

3. 金融服务大类中的货币经纪，资产管理（例如现金或证券管理，各种形式的集体投资管理，养老基金管理，托管、托存和信托服务），对金融资产的交收和结算（包括有价证券、衍生产品和其他票据）。

4. 娱乐文化和体育服务大类中的：文娱服务（包括剧场、现场乐队与马戏团表演等），新闻机构服务，图书馆、档案馆、博物馆和其他文化服务。

5. 运输服务大类中的：海运服务中的配船员的船舶租赁，船舶维修和保养，拖驳服务，海运支持服务；内水运输服务的客运服务，配船员的船舶租赁，船舶维修和保养，拖驳服务，内水运输支持服务；空运服务的销售和营销；客运、推拖服务、铁路运输设备修理服务、铁路运输支持服务；空间服务。

（中秘双方的服务贸易部门承诺详见附录6.《中国入世、中国—秘鲁服务贸易承诺对照表》）

第三节 投资措施

中国—秘鲁自由贸易协定有关投资的规定，包括：定义、适用范围、投资促进和保护、国民待遇、不符措施、最惠国待遇、公平公正待遇和完全的保护和安全、征收、损失的补偿、转移、代位、利益的拒绝给予、缔约双方间的争端解决、投资者—东道国争端解决、磋商、重大安全、税收措施以及其他义务等条款。

协议明确，投资是指一缔约方投资者依照另一缔约方的法律和法规在另一缔约方领土内所投入的各种财产，具体包括但不限于：（1）动产、不动产及抵押、质押等其他财产权利及类似权利；（2）公司的股份、债券、股票或其他形式的参股；（3）金钱请求权或任何其他与投资相关的具有经济价值的履行请求权（投资不包括缔约一方向缔约另一方的贷款）；（4）知识产权，特别是版权、专利、商标、商号、专有技术和工艺流程，以及商誉；（5）依法律或合同授予的商业特许权，包括勘探、耕作、提炼或开发自然资源的特许权。

投资者，在中国方面，是指在另一缔约方境内投资的：（1）依据中国法律拥有其国籍的自然人；（2）依据中国法律设立，其住所在中国境内的经济组织；以及虽非依中国法律设立，但被前述的自然人或经济组织实际控制的法律实体。在秘鲁方面，是指在另一缔约方境内投资的：（1）依照秘鲁法律拥有其国籍的自然人；（2）依照秘鲁法律成立的所有法律实体，包括直接或间接由秘鲁国民控制的，从事投资协议规定范围内的经济活动的，民事和商事的公司以及其他具有或不具有法律实体的组织。

一、投资协议的适用范围

投资协议适用于一缔约方采取或维持与另一缔约方投资者及投资相关的措施；投资协议中的公平公正待遇和完全的保护和安全、征收、损失的补偿、转移、代位、利益的拒绝给予的条款适用于影响一缔约方服务提供者在另一缔约方境内以商业存在形式提供服务的任何措施；对于以商业存在形式提供服务的情形，投资者—东道国争端解决条款适用于因前述相关（除"利益的拒绝给予"）条款。

投资协议进一步明确，适用于一方投资者在另一方境内设立的所有投资，无论其设立于本协定生效前或生效后，但对任何一方在自贸协定生效之日前发生的行为或事实，或者已不存在的情况不具有约束力；投资者—国家争端解决条款不适用于任何在本协定生效前已经进入司法或仲裁程序的与投资相关的争端或请求。

投资协议不适用于规范政府机构为政府目的进行货物或服务采购的法律、法规、政策或普遍适用的程序，只要该采购不以商业转售或者为商业销售生产货物或提供服务为目的。但协议中的公平公正待遇和完全的保护和安全、征收、损失的补偿、转移、代位、利益的拒绝给予以及投资者—东道国争端解决的条款应适用于前述的法律、法规、政策或程序。

二、投资的待遇

（一）最惠国待遇

各缔约方应在投资的设立、并购、扩大、管理、经营、运营、出售或其他处分方面，给予另一缔约方投资者的投资不低于在类似情况下给予第三方投资者在其境内的待遇（和投资的待遇），但不包括争端解决方面的待遇。缔约双方保留在下述领域采取或维持任何给予区别待遇措施的权利：（1）对在社会和经济方面处于不利地位的少数群体和民族群体；（2）涉及与书籍、杂志、期刊或者纸面或电子报纸和乐谱的生产有关的文化行业。

给予投资者的投资的待遇和保护不包括另一方根据自由贸易协定、自贸区、关税同盟、经济联盟、避免双重征税协定或便利边境贸易的协定，给予第三国投资者的投资的优惠待遇。

（二）国民待遇

协议规定，各缔约方都应在投资的管理、经营、运营、出售或处分方面，给予另一缔约方投资者及其投资不低于在类似情况下给予其本国投资者及其投资在其境内的待遇。但缔约双方保留对在社会和经济方面处于不利地位的少数群体和民族群体，采取或维持任何措施给予区别待遇的权利。

（三）公平公正待遇和完全的保护和安全

各缔约方都应根据习惯国际法给予另一缔约方的投资者在其领土内的投资以公平公正待遇和全面的保护和安全。

但"公平公正待遇"和"全面的保护和安全"的概念并不要求给予超出根据习惯国际法标准，给予外国人的最低待遇标准所要求之外的待遇；违反了本协定的其他条款或其他国际协定，并不意味着违反外国人最低待遇标准；"公平公正待遇"包括根据普遍接受的习惯国际法原则禁止在刑事、民事或行政程序中拒绝司法。"全面的保护和安全"标准在任何情况下都不意味着给予投资者比投资所在缔约方国民更好的待遇。

此外，自贸协定第143条"其他义务"规定，如果一缔约方的立法或缔约双方之间现存或其后设立的国际义务使一缔约方投资者的投资享受比本协定规定的更优惠待遇的地位，该地位不受本协定的影响。

三、投资保护措施

（一）与国民待遇不符措施的处理

投资协议的国民待遇条款不适用于在其境内现存的任何不符措施及其延续、修改，只要与修改前的义务相比，该修改未增加该措施的不符之处；缔约双方应当尽力逐步消除不符措施。

（二）投资和收益的转移

1. 可转移的投资和收益

协议规定，各缔约方应当保证另一缔约方投资者转移在其领土内的投资和收益，包括：（1）利润、股息、利息及其他合法收入；（2）全部或部分投资清算获得的款项；（3）与投资有关的贷款协议的支付款项；（4）提成费；（5）技术援助款项或技术服务费、管理费的支付；（6）与投资有关的承包工程的支付；（7）在一缔约方的领土内从事与投资有关工作的另一缔约方国民的收入；（8）征收和损失的补偿条款中规定的补偿及其他支付的自由转移。上述转移，应当以一种自由使用的货币按照转移当日接受投资一方主要市场汇率进行。

2. 阻止转移的条件

协议规定，一缔约方在公平、非歧视和善意实施其与下列内容相关的法律的基础上，可以阻止转移：（1）破产、资不抵债或保护债权人权利；（2）证券、期货、期权或金融衍生品的发行、销售或交易；（3）犯罪或刑事违法；（4）确保遵守司法或行政程序中做出的判决或裁决。

（三）投资损失的补偿

一缔约方的投资者在另一缔约方境内的投资，如果由于战争、全国紧急状态、起义、暴乱或其他类似事件，另一缔约方给予其在恢复原状、赔偿、补偿或其他处理方面的待遇，不应低于其给予本国或任何第三国投资者的待遇中较优者。

（四）投资的征收

投资协议规定，除非同时满足下述条件：为了公共利益、依照国内法律程序、无歧视及给予补偿，任何缔约方不得直接地，或者通过与征收、国有化相当的措施间接地，征收或国有化另一缔约方投资者在其领土内的投资。补偿额应相当于被征收投资在征收前一刻（"征收日"）的公平市场价值，并且是可兑换和自由汇出的货币。补偿的支付不得被不合理拖延。

有关投资的征收，还专门制定了附件九"征收"。规定了构成征收实质条件："除非一缔约方采取的一项或一系列措施干涉到投资的有形或无形财产权利或财产利益，否则不构成征收。"阐述了政府直接和间接征收的含义：直接征收发生在政府完全取得投资者财产的情况下，包括通过国有化、法律强制或没收等手段；间接征收发生在政府采取的一项或一系列措施效果等同于直接征收的情况下，此时，尽管其举措不属直接征收所列情况，但政府实质上剥夺了投资者对其财产的使用权。

构成间接征收，该一项或一系列措施必须为：严重的或无确定限期的；并且与公共利益不相称。对一缔约方的一项或一系列措施在具体情况下是否构成间接征收的确定，需要在事实的基础上针对个案进行调查，需要考虑政府行为的经济影响，即使一缔约方的一项或一系列措施对投资的经济价值有负面影响，其本身并不表明间接征收成立。

在以下情况下，对财产的剥夺应被认为构成间接征收：（1）效果上是歧视性的，既可能是针对特定投资者的，也可能是针对投资者所属的一个类别的；或者（2）违反政府对事前向投资者所做的具有约束力的书面承诺，无论此种承诺是通过协议、许可还是其他法律文件做出的。除符合上述的极少数情况外，政府为履行管理权而采取的、可被合理地判定为基于保护包括公共健康、安全及环境在内的公共利益的目的而采取的措施，不应构成间接征收。

（五）投资担保或保险合同的代位

协议规定，如果一缔约方或其指定的机构，根据其对非商业风险的一项担保或保险合同，就在另一缔约方领土内的某项投资向投资者作了支付，另一缔约方应认可：（1）该投资者的权利或请求权依照前一缔约方的法律或法律程序，转让给了前一缔约方或其指定机构；（2）前一缔约方或其指定机构在与投资者同等的范围内，代位行使该投资者的权利和执行该投资者的请求权，并承担其与投资相关的义务。

（六）利益的拒绝给予

协议规定，经事先通知及磋商，一缔约方可拒绝将投资协议的利益给予：另一缔约方投资者，如果该投资是由非缔约方的人拥有或控制的企业进行的，且该企业在另一缔约方境内未从事实质性商业经营；或者另一缔约方投资者，如果该投资是由拒绝给予利益缔约方的人拥有或控制的企业进行的。

四、投资促进和保护

协议要求，一缔约方应鼓励另一缔约方的投资者在其境内投资，并依照其法律和法规接受这种投资。一缔约方应依据其法律和法规，对在其境内从事与投资有关活动的另一缔约方国民获得签证和工作许可的申请提供便利并给予帮助。

五、税收措施

协议明确，自贸协定的规定一般不适用于成员的税收措施，但征收的规定适用于被指构成征收的税收措施，如果引起的争端，应适用于"投资者—

东道国争端解决"条款的规定。提请仲裁请求的依据，应适用下述程序：该
投资者在根据第 139 条（投资者—东道国争端解决）做出书面意向通知时，
必须首先将相关的该税收措施是否与征收有关的问题提交缔约双方的税收主
管机关。提交后，缔约双方的税收主管机关应进行磋商。只有在自提交起 6
个月后，双方税收主管机关不能达成一致协议认定该措施与征收无关，或双
方的税收机关没能举行相互磋商的情况下，该投资者才可以根据投资者—东
道国争端解决的规定提出仲裁请求。

本协定的规定不影响缔约方在任何税收协定（避免双重征税为目的的税
收协定或其他国际安排）下的权利和义务。当本协定的规定与任何税收协定
不一致时，在不一致的范围内适用该税收协定的规定。

六、其他规定

投资协议还规定，为审查投资协议的执行情况、交流法律信息和投资机
会、提出促进投资的建议、研究与投资有关的其他事宜，应不时进行磋商。

协议还规定了"重大安全"的条款，本协议不应被解释为：（1）要求一
缔约方提供或允许获得信息，该缔约方认为该信息的披露有可能与其实质安
全利益相违背的；或（2）阻止一缔约方实施其认为是履行《联合国宪章》
关于维持或恢复国际和平与安全的义务，或者保护其自身重大安全利益的必
要的措施。如果一缔约方在根据投资协议启动的仲裁程序中援引"重大安全"
条款，应由审理该问题的仲裁庭来裁定该例外能否适用。

此外，对投资者购买公债，协议制定了附件八，对涉及征收、重组以及
争端解决做了规定，包括提交仲裁、裁决，提交仲裁的时间。

第四节　知识产权保护

中国和秘鲁都是具有悠久历史和民间传统的国家。《中国—秘鲁自由贸易协
定》是在中国签署的自贸协定中涉及知识产权保护比较全面的协定。在协定中，
双方同意在各自法律法规框架内，开展与知识产权保护有关的交流与合作。

一、知识产权保护

关于知识产权保护，双方将遵守双方共同参加的、包括 WTO《与贸易有关
的知识产权协定》（TRIPs）在内的与知识产权有关的国际协定中的承诺，以及

2001 年 11 月 14 日在卡塔尔多哈举行的 WTO 第四次部长级会议通过的《TRIPs 协定与公共健康宣言》和 2003 年 8 月 30 日通过的《总理事会关于执行〈TRIPs 协定与公共健康多哈宣言〉第六段的决议》确立的原则。并认为，应在权利人与使用人及社会的合法权益间实现平衡，防止权利人滥用知识产权、不合理地限制竞争、限制技术转让或者对技术转让造成不利影响的行为。建立和维护透明的知识产权制度，以便为知识产权保护和执法提供确定性。

二、遗传资源、传统知识和民间文艺保护

对遗传资源、传统知识和民间文艺，中秘双方确认按照 1992 年 6 月 5 日通过的《生物多样性公约》确立的原则和规定的国际义务和国内立法，采取适当的措施进行保护，并鼓励建立 TRIPs 协定与《生物多样性公约》之间相互支持关系的努力。

三、地理标志保护

在地理标志保护方面，秘鲁将对中国 22 种产品提供地理标志保护，分别是：安溪铁观音、绍兴酒、涪陵榨菜、宁夏枸杞、景德镇瓷器、镇江香醋、普洱茶、西湖龙井茶、金华火腿、山西老陈醋、宣威火腿、龙泉青瓷、宜兴紫砂、库尔勒香梨、岷县当归、文山三七、五常大米、通江银耳、巴马香猪、泰和乌鸡、福鼎四季柚、南京云锦。中国将对秘鲁的皮斯科酒、楚鲁卡纳斯陶瓷、库斯科大粒白玉米和伊卡帕拉莱豆等 4 种产品提供地理标志保护。

协定规定，这些地理标志将在中国和秘鲁境内按照各自的国内法律、法规的规定，以与 TRIPs 协定规定一致的方式作为地理标志受到保护。这将进一步确保地理标志产品的品质和特色，提升其市场竞争力。

此外，经协商并获得缔约双方同意，双方可以扩展对地理标志产品的保护范围。

第五节 合 作

《中国—秘鲁自由贸易协定》对合作涉及的领域相当广泛，包括经济、贸易、金融、技术、教育和文化等方面。缔约双方将鼓励利用合作机制以加强经济一体化进程和商业交流，以巩固业已存在的贸易经济合作协定和安排，提升并加强双边的贸易和经济关系。

一、经济合作

协定规定，缔约双方在适当的情况下，鼓励和推动以下活动，包括但不限于：

1. 就促进和扩大双边货物和服务贸易方式进行政策对话和定期信息及意见交流。

2. 双方根据经济发展需求开展联合研究和技术合作项目。

3. 相互通报重要经济贸易问题，以及任何桎梏双方推进经济合作的障碍。

4. 通过相关部门提供信息和支持，以协助和便利一方商人和贸易团体访问对方国家。

5. 支持双方相应的工商业界之间开展对话和经验交流。

6. 建立发展信息和机会共享机制，便于商务、货物和服务贸易、投资及政府采购等活动的开展。

7. 鼓励及便利公共和/或私营部门在有经济利益的领域开展活动。

二、科研和技术合作

在中秘自贸区，科研和技术合作将在符合缔约双方利益和各自政策的基础上在以下领域开展：

1. 巩固业已存在的科研、技术合作协定；以适当的方式鼓励双方的政府部门、研究机构、大学、私营企业和其他研究单位直接联系，以支持本协定框架下，特别是与贸易和商务有关的合作和项目活动。

2. 合作重点是双方感兴趣及互补的领域，特别是在信息、传播、软件开发方面以促进双方之间的贸易往来。缔约双方将以适当的方式鼓励和促进包括但不限于以下活动：

（1）大学和研究机构协商并制定政策和措施以鼓励联合研究生计划和科研互访；

（2）交流技术和科研人员以开展培训，并提高双方研究机构、大学、厂家和其他相关部门的技术水平；

（3）双方专家互访以促进技术诀窍的交流并在其他相关的科技领域提供服务；

（4）交流和提供非机密的科技数据以及科研样品；

（5）促进先进科学和技术研究和项目开发以实现双方长期可持续发展；

（6）促进公/私营部门建立伙伴关系，以开发创新产品和服务共同开拓新市场。

三、信息技术合作

在中秘自贸区，开展信息技术领域的合作要符合缔约双方的共同利益，遵守双方的政策规定，其宗旨是：在信息技术领域开展符合双方互补利益的合作活动；巩固双方业已存在的协定和安排。

信息技术合作包括但不限于：双方在软件工业方面的科技合作；促进在信息技术领域的学术、工艺和企业家联络；鼓励交流在信息技术园区的管理和研发方面的经验；研究和开发信息技术产品和服务，使电视、多媒体和无线实现互联；鼓励在网络、电信研发领域的经验交流。

四、中小型企业合作

双方在加强相关私营和政府部门关系的基础上，将创造一个有利于中小型企业发展的环境，并与中小型企业相互交流经验及良好做法。

合作内容包括以下范围：设计和开发鼓励合作和产业链联动发展的机制；提高劳动力资源和管理技能，增进对秘鲁和中国市场的了解；界定和开发集群发展的方法和策略；增加中小型出口企业获取关于法定程序的信息及其他任何相关信息的渠道；界定技术转让，倾向于向中小型企业转让创新技术和提高他们生产率的项目；增加中小型企业获取技术升级、财政扶持和奖励机制的信息渠道；扶持新的出口型中小企业（包括赞助、信贷和担保、种子资金等方面）；鼓励为中小型企业融资机构（借贷、银行、担保人组织、风险资本公司）建立伙伴关系和信息交流。

合作还应通过以下途径开展其他活动：信息交流；座谈会、研讨班、专家对话和专家培训计划；及促进经济从业者之间的联系，鼓励有工业、技术前景的合作机会。

五、矿业和工业合作

双方在矿业和工业方面合作可以包括但不限于在以下领域开展工作：生物矿业开采（用于生物技术程序的矿业开采）；采矿技术，尤其是地下采矿和常规冶金学；提高矿业生产率；用于矿业和其他应用部门的工业机器人技术；在矿业和工厂生产中的信息和电信应用；及用于矿业和工业应用的软件开发。

双方将鼓励但不限于以下活动，并为其提供便利：在利益相关领域的信息、文献以及机构间的联系与交流；在矿业和工业领域相互使用学术、工业和企业的网络信息；与大学及研究中心磋商，确认鼓励联合研究生学习、研究访问和联合研究计划的战略；科学家、研究员和技术专家的交流；促进公、私部门间的合作、合资，以支持创新产品和服务的开发，尤其是与部门活动生产率有关的产品创新和服务开发；技术转让；基于公私合作和关联企业的创新技术模式的设计；及在矿业环境课题中的信息和经验交流。

六、林业和环境保护合作

林业和环境保护合作的宗旨如下述但不限于：在林业部门建立双边合作关系；开发对森林资源可持续性管理的培训计划和研究；提高森林恢复和可持续管理，旨在亚太地区增加碳汇和减少气候变化的影响；国家项目的执行合作，目标是从加强林区管理转为工业用途和环境保护的人工林管理；对木材可持续性利用的详尽研究；开发用于转化加工木材和非木材产品的新技术；加强农林技术合作。

双方将重点通过合作、磋商的方式就林业合作达成双边协定，这种合作如下所述：相互交流森林资源可持续利用相关的科学、技术、政策和法律；开展培训计划、实习、专家交流和项目咨询合作；在森林资源可持续利用和环境保护方面对缔约双方的公共机构、组织提供建议和技术援助；在第15届APEC会议倡议的亚太可持续管理网络下促进森林政策对话和技术合作；鼓励共同研究、工作访问、经验交流等其他活动；及双方认可的其他活动。

七、渔业合作

渔业合作的宗旨是：加强水生物和水产品加工的生产和研究能力，其目的是提高人们直接消费，以及促进信息交流和自然资源养护，并按规定开展有责任的渔业捕捞。双方将通过以下方式发展渔业：加强与渔业和水产业发展相关的公私机构的合作；提高各自国家对主要水生物资源的消费；坚决对抗非法、地下和无约束的捕捞活动。

八、农业合作

农业合作的宗旨是：在相互感兴趣的领域促进经验交流，建立新一代的伙伴关系和进行项目合作，这些领域包括：为农业经济发展进行农业革新和技术转化，农业用水资源的保护和管理等，推广先进的农业和农转工技术，包括政策制定中的性别平等；促进两国农业市场出口方面的信息交流；为新技术的应用，主导生产、技术、专项开发的人员制定一项培训计划，以提高和改善农业和畜牧业的生产力和竞争力，特别是净增值产品。

九、旅游业合作

双方合作的宗旨是：挖掘两国游客的潜力，以及为信息交流、自然和文化景点的保护提供便利，将通过以下途径发展旅游业：加强与发展旅游业相关的公共和私营部门的联系；加大各国主要游客目的地的宣传。

十、传统医学合作

双方将适当鼓励但不限于以下活动，并为其提供便利：鼓励在传统医学政策方面的对话和相关传统医学的推动；提高对传统医学积极影响的认识；鼓励在传统医学保护和恢复方面的经验交流；鼓励传统医学经营管理、研发经验的交流；鼓励传统医学教育领域的合作，主要通过培训项目和各种形式的沟通交流；在两国的传统医学当局建立磋商机制；鼓励在传统医学的治疗服务和产品制造方面的合作；鼓励在传统医学领域的合作研究，以保证在卫生健康领域使用天然资源和产品的效力和安全评估。

十一、教育合作

中秘双方将鼓励各自教育相关机构、学院和组织在以下领域进行相互间和内部的交流，并适当地提供便利条件：教育质量保障进程；学前、初级和中级教育体系；高等教育；技术教育；为技术培训的产业合作。

双方将重点鼓励：信息、教具和演示材料的交流；在双方认可的领域内共同设计和执行项目，并在共识的领域协调项目活动；本科和研究生教育中协作培训、合作研发活动的发展；双方高等教育学院机构教学人员、研究员和学生之间在学术项目之间的交流合作；增进对各缔约方的教育系统和政策更好地理解，包括资格评估方面的信息；开发创新的质量保障资源；支持研究和评估的方式、方法，以及教师或培训人员的职业发展；加强高等教育机构与其事业单位的合作，提高劳动力市场所需的专业知识和技能水平；教育统计方面信息系统的发展。

十二、文化合作

双方将适当鼓励但不限于以下活动，并为其提供便利：进行文化政策、地方文化宣传的对话；交流文化活动及提升对艺术品的鉴赏力；交流国家文化遗产的保护和复原经验；交流艺术管理经验；保护古迹和文化遗产；在两国文化部门之间建立磋商机制；视听领域的合作，主要是这一领域的共同制作和培训项目，以及各种沟通方式，包括培训、开发和流通活动。

十三、劳务合作

缔约双方应当在《中国政府与秘鲁政府间劳务合作谅解备忘录》框架下，促进在劳务、社会安全以及环境问题方面的沟通与合作。

这些合作领域仍是个合作框架或意向，仍需双方政府主管部门通过建立合作机制，进行沟通，继续谈判，逐步推进。

小资料：

秘鲁经济贸易概况

秘鲁共和国，简称秘鲁（Peru），位于南美洲，国土面积 128.5 万平方公里，是矿产资源丰富的国家，经济以传统农矿业为主。截至 2011 年 7 月 1 日，秘鲁人口总数约为 2 940 万人。

秘鲁出口产品结构主要分为：传统产品和非传统产品两大类。传统产品包括：农产品（棉花、糖、咖啡等），渔业产品（鱼粉和鱼油等），矿产品（铜、锡、铁、金、银、铅、锌等），能源产品（原油和原油衍生品等）。非传统产品包括：农业产品（蔬菜、水果等），海产品（冷冻和其他经过加工的鱼、扇贝等），纺织产品（服装、纱线、纺物和纤维等），木材产品（板材、家具、纸、纸板等），有机和无机化工产品（塑料、橡胶等），非金属矿产品（水泥、肥料、玻璃和陶器等），冶金机械产品等（汽车零件、机械、工业设备、办公设备、家用五金等）。秘鲁进口产品主要有：资本货物、原材料、消费品、原油等。秘鲁的主要贸易伙伴为：美国、中国、瑞士、加拿大、智利、日本、德国、巴西、意大利和西班牙。秘鲁与这些国家的贸易额占其贸易总额的 80% 左右。

2010 年，秘鲁国内生产总值（GDP）1 538.45 亿美元，人均 GDP 5 196 美元，货物贸易进出口总额为 656.91 亿美元，其中出口额 355.65 亿美元，进口额 301.26 亿美元，占全球货物贸易出口总额比重 0.23%，进口总额比重 0.20%，关税总水平 5.4%，是世界货物贸易出口第 59 位和进口第 59 位。2010 年服务贸易出口额 38.35 亿美元，服务贸易进口额 57.95 亿美元，占全球服务贸易出口总额比重 0.10%，进口总额比重 0.17%，是世界服务贸易出口第 73 位，进口第 64 位。2008—2010 年，人均贸易额 2 305 美元，贸易占 GDP 的比例 48.8%。2010 年中国与秘鲁货物贸易总额 96.68 亿美元，中国出口额 61.15 亿美元，中国进口额 35.53 亿美元。

1995 年 1 月 1 日，秘鲁加入世界贸易组织。目前，秘鲁参加的区域贸易协定 11 个（不含服务贸易协议），协定伙伴达 81 个（含不同协定相同国家），包括：安第斯共同体、拉美一体化协会、全球发展中国家间贸易优惠制、发展中国家间贸易谈判议定书，并与欧洲自由贸易联盟、美国、加拿大、智利、韩国、新加坡、中国签署了双边自贸协定；正在与之谈判的有哥斯达黎加、巴拿马、日本等国。

第十三章　中国—哥斯达黎加
自由贸易协定

　　2010 年 4 月 8 日，中国和哥斯达黎加两国政府签署了《中国—哥斯达黎加自由贸易协定》，于 2011 年 8 月 1 日起生效。协定涵盖货物贸易、服务贸易、原产地规则、海关程序、技术性贸易壁垒、卫生和植物卫生措施、贸易救济、知识产权、合作等内容。协定中有关投资的规定是"缔约双方再次确认其在《中华人民共和国政府和哥斯达黎加共和国政府投资促进和保护协定》中的承诺，该协定于 2007 年 10 月 24 日在京签署。"该协定尚未生效。

　　《中国—哥斯达黎加自由贸易协定》除正文外有十三个附件。附件一：国民待遇和进出口限制；附件二：关税减让表（中国关税减让表，哥斯达黎加关税减让表，哥斯达黎加关税减让表的一般性解释）；附件三：产品特定原产地规则；附件四：原产地证书；附件五：卫生与植物卫生事务联系点；附件六：技术性贸易壁垒联系点；附件七：服务贸易承诺表（中国服务部门承诺表，哥斯达黎加服务部门承诺表）；附件八：商务人员临时入境工作组；附件九：第 116 条第 1 款提及的地理标志（中国地理标志）；附件十：第 116 条第 2 款提及的地理标志（哥斯达黎加地理标志）；附件十一：自由贸易委员会；附件十二：执行自由贸易委员会批准的修改；附件十三：自由贸易协定协调员。

第一节　货物贸易规定

一、关税减免规定

　　在货物贸易方面，中哥双方将对各自 90% 以上的产品分阶段实施零关税。中国对从哥斯达黎加进口的全部货物产品分为 5 类，哥斯达黎加把从中国进口的商品分为 7 类，双方前 4 类产品按不同的时期实施关税减让；第 5 类为例外，继续按最惠国待遇税率征收；第 6、7 类为哥斯达黎加的关税配额产品，中方无关税配额产品。

（一）关税减让的模式与进程

中国—哥斯达黎加货物贸易协议采取 2 种关税减让模式：第一类产品一次性减免到零关税；其他类采用在基数年最惠国税率的基础上在规定的时间表内等比例幅度削减（线性降税模式），分别在 2 年、5 年、10 年或 15 年内降至零关税。

1. 双方列入降税种类中 A 类产品的关税，在协定生效之日起实现零关税；分别约占中、哥税目总数的 65.3% 和 62.9%。

2. 双方列入降税种类中 B 类产品的关税，从协定生效之日起 5 年内按等比例减让，该类产品应在协定生效第 5 年的 1 月 1 日实现零关税；分别约占中、哥税目总数的 28.7% 和 4.0%。

3. 双方列入降税种类中 C 类产品的关税，从协定生效之日起 10 年内按等比例减让，该类产品应在协定生效第 10 年的 1 月 1 日实现零关税；分别约占中、哥税目总数的 1.8% 和 21.5%。

4. 双方列入降税种类中 D 类产品的关税，从协定生效之日起 15 年内按等比例减让，该类产品应在协定生效第 15 年的 1 月 1 日实现零关税；分别约占中、哥税目总数的 0.9% 和 2.5%。

5. 双方列入降税种类中 E 类规定的货物是关税减让的例外产品，不做关税减让，保持最惠国关税，分别约占中、哥税目总数的 3.3% 和 8.9%。

6. 哥斯达黎加承诺表中 F 类规定的货物是关税配额产品，配额内实施零关税，哥实施配额管理的产品共 4 个，应继续给予最惠国待遇。哥斯达黎加同意根据其减让表的一般解释性说明第 1 条和第 1 条确定的数量给予中国配额内零关税。

7. 哥斯达黎加减让表 G 类中的税号 85166000，继续给予最惠国待遇，除列入 10 位税号 8516600099 的电子电热板和烧烤炉在本协定生效之日起即实现零关税外。

协定实施后，中国的纺织原料及制品、轻工、机械、电器设备、蔬菜、水果、汽车、化工、生毛皮及皮革等产品和哥斯达黎加的咖啡、牛肉、猪肉、菠萝汁、冷冻橙汁、果酱、鱼粉、矿产品、生皮等产品将从降税安排中获益。

（二）关税的恢复与提高

双方承诺表中所列的各自 2009 年 1 月 1 日的实施税率为降税的基准税率，

除非协定另有规定，任一缔约方不得对另一缔约方的原产货物提高任何现存海关关税，或加征任何新的海关关税。但在下列 2 种情况下，关税可以恢复与提高。

1. 一缔约方可以在单方面减让关税后，将某货物关税重新提高至附件二（关税减让）列表中规定的当年水平。

2. 经 WTO 争端解决机构授权或根据协定第十四章（争端解决）相关条款授权，保持或提高关税。

（三）关税减让与国民待遇的例外

1. 关税减让例外

协定规定，协定附件二（关税减让）所规定的关税减让表不适用于旧货，包括协调制度中品目和子目所列的旧货。已使用货物也包括重建、修复、重制的货物，或其他被使用后经过某种过程重新恢复原本属性、规格或恢复使用前所具功能的、且具有任何类似名称的货物。

2. 国民待遇的例外

协定附件一（国民待遇和进出口限制）规定：

允许哥斯达黎加的例外，协定第 8 条（国民待遇）和第 11 条（进出口限制）应不适用于：（1）根据 1993 年 9 月 6 日第 7356 号法律，控制原油、燃料、派生物、沥青和汽油的进口；（2）根据 1996 年 4 月 16 日第 7575 号法律，控制原木、源于森林的木板的出口；（3）根据 1994 年 5 月 3 日第 7399 号法律，控制烃的出口；（4）根据 1961 年 6 月 21 日第 2762 号法律，控制咖啡的出口；（5）根据 1885 年 10 月 31 日第 8 号法律，控制酒精和天然朗姆酒的进出口；（6）根据 1995 年 1 月 19 日第 7472 号法律，控制设定香蕉出口最低价格；（7）根据适用的国内法和本协定第 159 条（一般例外）相关规定，与保护环境和自然资源相关的措施；（8）世界贸易组织争端解决机构授权的行动。

允许中国的例外：协定第 8 条（国民待遇）和第 11 条（进出口限制）应不适用于：1. 根据适用的国内法和本协定第 159 条（一般例外）相关规定，与保护环境和自然资源相关的措施；2. 世界贸易组织争端解决机构授权的行动。

二、货物的临时准入

1. 临时免税准入的货物。协定第 10 条规定，无论其原产地，任一缔约方应给予下述货物以临时免税准入：（1）专业设备，例如根据进口方有关法律规定有资格临时入境的人用于科学研究、教学或医疗活动，新闻出版或电视以及电影所需的设备；（2）在展览会、交易会、会议或类似活动上陈列或展示的货物；（3）商业样品；（4）被认可用于体育活动的货物。

2. 临时许可时限的延长。应相关人要求且基于其海关认定的合法原因，一缔约方应延长原先根据其国内法律确定的临时许可时限。

3. 禁止对临时免税准入的货物施加条件。任一缔约方不得对上述货物的临时免税准入施加条件，除非要求该货物：（1）仅限于另一缔约方的国民或居民使用于或在其个人监督之下用于该人的商业、贸易、专业或体育活动；（2）不在该方境内出售或租赁；（3）同时抵押金额不超过引进或最终进口所需缴纳费用的债券或保证金，并在该货物出口时返还；（4）出口时可识别；（5）在（1）项中提及的国民或居民离境同时出口，或除延期外，在该方就临时许可目的设定的期限内或6个月内出口；（6）许可进口量不超过该计划用途相应的适当数量；（7）根据该方法律许可进入该方境内。

4. 如不满足一缔约方基于上述所设定的任何条件，该方可对货物征收关税和其他正常进口所需费用以及其法律所规定的任何其他费用或罚金。

5. 各方应允许在该条款项下临时许可进口的货物从与进口海关港口不同的港口出口。

6. 各方应规定其海关或其他主管部门免除该进口者或该货物在该条款项下许可进口的其他责任人的任何产品无法再出口的责任，若提交的该货物由于不可抗力原因损坏损毁证明得到而无法提出进口方海关认可。

三、农产品规定

（一）农产品补贴

缔约双方均认同在多边框架下取消农产品出口补贴的目标，并应为在WTO达成取消这些补贴的协议而共同努力，并避免再以任何形式重新实施此类补贴。任一缔约方不得对向另一缔约方境内出口的任何农产品维持、实施或重新实施任何出口补贴。如一缔约方认为另一缔约方没有履行本协定的义务而维持、实施或重新实施出口补贴，该缔约方可根据协定争端解决条款要求与另一缔约方磋商，以达成令双方满意的解决办法。

（二）农产品的国内支持措施

为了建立一个公平的、以市场为导向的农产品贸易体制，缔约双方同意在 WTO 关于国内支持措施的谈判中合作，以逐步对扭曲贸易的农业支持进行实质性削减。

四、地理标志规定

协定确认，列入附件九和附件十的中国与哥斯达黎加地理标志将在双方的领土内按照各自国内法律法规的规定，以与 WTO 的《与贸易有关的知识产权协定》（TRIPs）规定一致的方式作为地理标志而受到保护。经协商并获得缔约双方同意，双方可以将本协定给予地理标志产品的保护扩展至双方的其他地理标志产品。

目前，哥斯达黎加地理标志产品是：哥斯达黎加香蕉、哥斯达黎加咖啡、瓜纳卡斯特（木材）、奥罗西（咖啡）、德雷斯里奥斯（咖啡）、图里阿尔瓦（咖啡）、西部谷地（咖啡）、布伦卡（咖啡）、中央谷地（咖啡）、瓜纳卡斯特（咖啡）等 10 个。

中方地理标志清单将在自由贸易委员会协商一致后列入。

五、原产地规则

（一）原产地规则的特点

《中国—哥斯达黎加自由贸易协定》原产地规则，在条款的格式与含义上虽然与其他几个自贸区原产地规则基本一致，如"完全获得产品"，"中性成分"、"微小含量"、"可互换材料"等的含义。但《中国—哥斯达黎加自由贸易协定》制定了以税则归类改变标准作为原产地判定的基本标准，将区域价值成分标准和加工工序标准作为辅助标准。双方据此制定了所有税号产品的原产地规则清单，把含有非中国—秘鲁自贸区原产货物都列入产品特定原产地规则。即分成 2 大类：一是完全原产货物的标准；二是产品特定原产地标准涵括 5052 个六位子目。

（二）产品特定原产地规则

《中国—哥斯达黎加自由贸易协定原产地规则》的产品特定原产地规则，

分成 7 类，有 10 多种规定方式：

1. 税则改变标准

（1）要求改变章：从任何其他章改变至此。

（2）要求改变章，特定章或品目改变除外：从任何其他章改变至此，由 XX 章改变至此除外；或从任何其他章改变至此，由品目××改变至此除外。

（3）要求改变品目、子目：从任何其他品目改变至此；或从任何其他子目改变至此。

2. 区域价值成分标准

只要达到区域成分标准即可，不要求税则归类改变，只要其区域价值成分不少于 35%、40%、50%、60%。

3. 税则改变或区域价值成分选择性标准

要求章改变，或达到规定的区域成分标准：从任何其他章改变到特定品目；或不要求税则归类改变，只要其区域价值成分不少于 40%、50%、60%。

4. 税则改变与加工工序混合标准

有些章要求货物达到税则改变与加工工序在成员国内完成的双重标准，例如第 37 章，要求：从任何其他品目改变到特定品目，如果成品涂有感光乳剂或其他涂层溶剂，则该感光乳剂或其他涂层溶剂须在缔约方生产；如果需要干燥、涂层、剪切及包装工序，则上述工序也应在缔约方完成。

5. 税则改变与区域价值成分混合标准

在本章内实质改变，且必须达到区域成分标准：从任何其他品目改变至此，且区域价值成分不少于 40%、45%、50%。

6. 主规则与选择性规则

对第 27 ～ 40 章的产品，确定原产地的主规则为"税则归类改变"，不能适用"税则归类改变"的，应当依次适用下列选择性规则：（1）化学反应；（2）混合；（3）提纯；（4）改变颗粒尺寸；（5）标准物质；（6）异构体分离。

此外，对于各类非原产材料产生的废弃物应来自：（1）在中国或哥斯达黎加境内的制造过程，且该货物仅适用于原材料的回收；或者（2）在中国或哥斯达黎加境内收集的旧货，且该货物仅适用于原材料回收。

协定还就原产地证书、享受优惠关税货物通关要求、原产地核查等做了规定。

第二节　服务贸易规定

一、中国对哥斯达黎加服务贸易的具体承诺

中国在商业服务、通讯服务、建筑及相关工程服务、分销服务、教育服务、环境服务、旅游及与旅行相关的服务、娱乐文化和体育服务、运输服务 9 大类对哥斯达黎加开放，共承诺 104 项。

（一）中国对哥斯达黎加承诺超过加入 WTO 的承诺

1. 中国对哥斯达黎加开放超过加入 WTO 承诺的大类

娱乐、文化和体育服务（视听服务除外）。在该大类中开放体育赛事推广服务、体育赛事组织工作服务、体育场馆运营服务（不包括高尔夫）、其他体育服务。

2. 中国对哥斯达黎加开放超过加入 WTO 承诺的部门与分部门

市场调研，与采矿业有关的服务（石油与天然气）。

（二）中国对哥斯达黎加开放低于加入 WTO 的承诺

中国没有对哥斯达黎加开放的大类是金融服务。

（三）中国单方面向哥斯达黎加开放的部门与分部门

中国单方面向哥斯达黎加开放的部门是：商务服务大类中的不配备技师的机械和设备的租赁或出租服务，办公用机械和设备包括计算机的保养和修理服务；电讯服务大类中的视听服务；分销服务大类中的无固定地点的批发或零售服务。

二、哥斯达黎加对中国服务贸易的具体承诺

（一）哥斯达黎加对中国开放服务贸易的水平承诺

1. 根据哥斯达黎加法律设立、在哥斯达黎加境内拥有注册办公地点、集中管理或主要业务办公场所的中国法人的子公司所享有的待遇不延及该法人在哥斯达黎加境内设立的分公司、代理机构或代表处。根据哥斯达黎加法律

设立的中国法人的子公司，若仅在哥斯达黎加境内拥有注册办公地点或集中管理地点将可能不能享受同等的优惠待遇，除非该法人可以证明其子公司在哥境内拥有实质性的业务经营。

2. 位于哥斯达黎加境外欲在哥斯达黎加开展业务的协会，以及已在或欲在哥斯达黎加境内设立分支机构的外国法人，应当在哥斯达黎加国内为其业务分支设置并维持一定数量的律师。

3. 根据哥斯达黎加法律规定的关于公共工厂采购权合同和提供公共服务的公共工厂采购权合同，当根据标书规则进行的投票选举出现平局时，哥斯达黎加人应优先于外国人拥有合同。评审员有义务组成一个国家匿名小组，并在该小组的参与下完成合同。该评审员也应对该匿名小组负有共同责任。

4. 依据哥斯达黎加法律定义的海洋—陆地区域的公共区域不应发展任何商业活动。让渡权仅限于限制性区域，否则让渡权不应授予：（1）在哥斯达黎加国内居住未满至少 5 年的外国人；（2）不记名股票的企业；（3）设立于国外的企业；（4）在哥境内设立的由外国人全资拥有的企业；（5）50% 以上的资金或者股票由外国人持有的企业。

拥有让渡权的实体或其合伙人均不应将其配额或股份让渡与外国人。

拥有让渡权的哥斯达黎加自然人或法人，只可涉及或参与海洋—陆地领域的旅游开发。同样的，外国从事旅游业的企业，只要其 50% 以上的开发资本属于哥斯达黎加，亦可涉及旅游开发业务。

5. 在哥斯达黎加自由园区机制下的企业，不可将超过 25% 的总产品销售或者超过 50% 的总服务销售输入哥斯达黎加关税领土。若上述同类企业仅从事商品的处理、再包装或再分销，将不被允许将产品输入哥斯达黎加关税领土。

6. 自然人流动，除与下列类别的商务人员临时入境有关的措施外，不做承诺：（1）协定第三部分第 108 条（定义）规定的公司内部经理、高级管理者和专家的流动可被允许临时入境最多 2 年；（2）商务代理可被允许临时入境 1 年。（1）和（2）规定取决于数量测试和经济需求测试。

7. 根据哥斯达黎加法律，私人资本禁止投资国家保留的经济行为或服务。如果上述法律修改为允许私人资本涉及上述经济行为或服务，哥斯达黎加保留对外国投资在国民待遇或市场准入方面采取或保持限制的权利。

8. 国家所有权不应被永久剥夺，包括可从国家境内的公共水域；煤、油井藏量、油及其他碳氢化合物藏量及国家境内现存放射性矿藏量；无线服务中获得的权利。上述资源仅可由公共当局或者私人团体根据法律或者在限定的时间和由立法大会确立的条件和约束基础上开发。

9. 国有铁路、船坞和机场（后者应当在使用）不允许直接或间接出售、出租或用于抵债，或者脱离国有产权和控制。新建或已有的铁路、船坞和国际机场，以及其提供的服务，应当通过国家法律规定的约束程序获得相应授权。关于利蒙、莫因、卡尔德拉和蓬塔雷纳斯船坞，仅允许对正在建的新的或附属的拥有所有权，而不是已存在的。所有拥有铁路、船坞或机场所有权的企业应当根据哥斯达黎加法律设立并在哥境内运营。

10. 被视为公共服务的服务可能面临公共垄断或者专有经营权被授予公共或私有自然人或法人的情况。成为公共服务提供者需获得主管公共当局的授权或许可。获得法律授权提供上述任何服务的机构或者公共企业可免除上述义务。服务提供者不应对其从事的某公共服务实施垄断，且应遵守法律规定的限制和改变。新的让渡权、许可或授权应当视服务的需要而授予，除非该服务可以在更好的条件下提供给用户。提供上述服务的让渡权获得者应当享有优先权。因法律或管理而产生的国有垄断不受上述约束。

11. 只有加入哥斯达黎加相应协会的专业服务提供者可在哥斯达黎加境内提供专业服务，包括咨询服务。外国专业服务提供者应当加入相应的专业协会，而且应当满足但不限于在国民要求、住所、组织测试、授权、经验、社会服务或者估价等方面的要求。在社会服务要求方面，哥斯达黎加专业服务提供者享有优先权。要加入哥斯达黎加某些专业协会，外国专业服务提供者需证明其在本国获得授权所提供的专业服务，哥斯达黎加的专业服务提供者在相同的条件下亦可提供。某些情况下，当没有哥斯达黎加专业服务提供者愿意在要求的条件下提供服务，才可代表国家或者私人机构雇佣外国专业服务提供者。

12. 哥斯达黎加保留采取和维持以下措施的权利：（1）给予处于劣势的社会或经济团体以及土著团体特定权利或优先权。（2）对于法律执行和修正规定服务，以下服务为某公共目的设立或维持：收入保障或保险，社会保障或保险，社会福利，公共教育，公共培训，健康，儿童福利，公共排污服务和供水服务等。（3）与土地规划和开发相关，包括土地区划、土地使用和城市规划。

13. 对本承诺表包括的所有部门，任何地方政府层面保有的市场准入和国民待遇方面的限制均被确认；否则上述限制不会列入本表。

（二）哥斯达黎加对中国服务贸易的部门承诺

哥斯达黎加对中国开放商业服务、通讯服务、建筑及相关工程服务、分销服务、教育服务、环境服务、旅游及与旅行相关的服务、娱乐文化和体育服务、运输服务 9 大类，共承诺 83 项。哥斯达黎加在商务服务大类的"计算机及相关服务"，在通讯服务大类的"电信服务"和娱乐文化和体育服务大类的"体育和其他娱乐服务"部门承诺，其所属分部门相对应中国的同部门实际也承诺了，因此总承诺应是达到 107 项。

哥斯达黎加单方面向中国承诺的有：商业服务大类中的无操作人员的租赁服务中的船舶租赁、飞机租赁、其他运输设备租赁，其他机械设备租赁；有关管理的咨询服务；旅游及旅行相关服务大类中的导游服务。

（中哥双方服务贸易部门承诺详见附录 7.《中国入世、中国—哥斯达黎加服务贸易承诺对照表》）

第三节　合　作

中国—哥斯达黎加自贸协定第十一章为"合作、贸易关系促进与提升"。两国经济合作的总目标是，建立缔约双方间目前及未来合作关系发展的框架和机制，在不影响在其他领域扩大合作可能性的情况下，将在以下领域密切合作：（1）促进经济和社会发展；（2）加强缔约方的能力和竞争力，以扩大从本协定中产生的机会和利益；（3）在缔约方相互感兴趣的领域，特别是在经济、贸易、金融、技术、教育和文化领域，扩大合作活动和良好实践的水平与深度；（4）鼓励缔约方的货物和服务出现在亚洲、太平洋和拉美市场；（5）促进生产协调，为贸易和投资创造新机会并促进竞争力和创新；（6）在科学和技术知识转让、研发、创新和企业家方面产生更多影响；（7）提高中小企业的出口能力；（8）扩大更广和更深水平的供应链；（9）通过合作机制和技术援助促进竞争实践，以促进防止和/或消除反竞争实践。

一、中小型企业合作

为加强中小企业生产能力，缔约方应支持中小企业提升竞争力和参与国际市场。合作应主要包括但不限于以下活动：

1. 设计和执行关于鼓励建立伙伴和发展生产链的机制。
2. 发展人力资源和增加对中国和哥斯达黎加市场了解的管理能力。
3. 制定并发展集群进步的方法和战略。
4. 加强获得关于中小企业促进政策和金融支持的信息。

5. 促进研发、技术转让和创新。

6. 通过各种方式支持中小企业出口。

7. 为支持中小企业，鼓励在金融机构（信贷、银行、保险机构、天使网络和风险投资公司）间建立伙伴和交换信息。

8. 加强创立和运营中小企业的机构框架。

9. 支持中小企业参加展览、商业和贸易活动及其他促进机构。

10. 加强中小企业和企业家商业管理能力。

二、促进创新、科学和技术合作

促进创新、科学和技术方面的合作，以实现更大的社会和经济发展。合作应主要包括但不限于以下活动：

1. 支持公立、私立和社会组织，包括学院、致力于研发的机构和非政府组织参与在科技、创新方面有关活动的执行。

2. 促进专家、研究人员和教授的交流，以传播科技知识并提供科技和创新等领域的服务。

3. 实施联合或协作的研究及/或技术发展活动。

4. 交换科技研究信息。

5. 如缔约方同意，发展在第三国的共同合作活动。

6. 交换或共享设备和材料。

7. 培训科学家和技术专家。

8. 组织研讨会、培训班和会议。

9. 促进公立/私立部门合作伙伴，以支持创新产品和服务的发展、共同努力进入新市场的研究、将科技成果向国家生产系统的转化。

10. 促进学院网络间的合作。

11. 促进在有共同或互补兴趣的信息和通讯技术领域的互助和信息经验交流。

三、促进出口和吸引投资合作

支持与出口和投资促进有关的现有项目，以及为提升双方投资环境启动新项目的重要性。合作应主要包括但不限于以下活动：

1. 通过培训和技术援助项目加强出口能力。

2. 建立和发展与市场调研有关的机制，主要包括交换信息和获得国际数据库。

3. 创立出口商交流项目，以提供中国或哥斯达黎加市场知识。

4. 通过生产链与出口活动的提升，促进国内生产商与国际市场的联系。

5. 促进中小企业更多参与出口。

6. 支持缔约方间出口和投资促进。

7. 加强出口和投资物流。

8. 支持企业家活动，并作为加强出口能力和促进投资的手段。

9. 促进研发、科技和创新项目的实施，以增加出口供应和鼓励投资。

10. 促进合资机制。

11. 促进简化行政程序。

四、文化、体育和娱乐领域合作

在文化、体育和娱乐领域，双方将在以下领域开展合作，以提升互相理解，并促进在个人及代表民间社会的机构和组织间的交流及活动。合作应主要包括但不限于以下活动：

1. 促进文化和信息交流。

2. 鼓励文化、娱乐和体育活动。

3. 在两国体育、文化和娱乐机构和组织间建立合作。

4. 促进文化、体育和娱乐活动的宣传。

5. 促进与文化、体育和娱乐活动相关的货物和服务的交流。

6. 提供运动员在另一国境内旅行、训练和比赛的平台。

7. 支持增加了解艺术工作的活动。

8. 促进保存和修复国家遗产、古迹和文化遗产保护的经验交流。

9. 鼓励专业人员和工程师的交流与培训，包括教练、运动员、体育医学人员和特殊需要的体育专业人士。

10. 交流访问，就体育、文化和娱乐设施进行审查并就设施的建立、发展、维护和运行交流经验。

11. 就各种体育规则的管理交流经验。

12. 通过视听发展、生产和分销联合培训项目的方式，促进视听和媒体部门的合作，包括教育和文化领域。

五、农业合作

在农业合作方面，双方将根据各自法律、法规和有关程序主要开展但不限于以下活动：

1. 在科学调查和技术转移验证领域，包括但不限于：土壤管理和培肥、灌溉和排水，动物营养、在受保护环境下的园艺、加强政府机构、研究机构、院校和商业机构的机构能力建设，溯源性和安全及生物燃油。

2. 在互补和相互有兴趣，以及与农业和畜牧业有关的院校和商业网络领域管理联合研究项目。

3. 发展并转化用于提高农业和畜牧业生产质量并降低环境影响的技术。

4. 促进有效的农业商业链的风险管理，以采取适应和减轻气候变化和变异的措施。

5. 应对水文气象现象的可持续的土地管理和风险管理的知识转移、技术、技术援助和信息服务。

6. 创建激励措施并提供有关信息，以允许农、畜、水产品生产商通过用农业产业链中更清洁工序生产的产品的市场开发。

7. 促进公立、私立和学院部门间的伙伴关系，以支持创新产品和服务的发展，特别是与提升生产力和竞争力相关的，并支持建立伙伴关系以从不同的农业和畜牧业生产链中的贸易机会中获益。

8. 鼓励农业和畜牧业生物技术和生物安全的能力建设、技术转移和研发。

9. 加强植物遗传资源方面的能力。

10. 支持通过市场准入生产含高水平生物多样性成分的非传统作物。

11. 加强种子技术能力。

12. 加强公立、私立和学院在渔业和水产品系统方面的可持续管理能力。

13. 加强双边相关部门在卫生和植物卫生措施方面的合作，以便利相互市场准入。

14. 促进和管理关于农、畜、水产品和农业原产的加工产品的商业化、物流和营销的服务。

15. 促进关于农业和畜牧的公有和私有组织现代化的通讯和信息技术的管理和使用。

16. 鼓励关于促进研究生和本科学历、特殊培训、研究和培训访问的战略及科学家、研究者和技术专家间的经验交流。

六、自然灾害的管理合作

在自然灾害的管理方面的合作应包括但不限于以下活动：

1. 自然灾害的监测（包括方法论、脆弱性和风险指标、早期预警）、预防、缓解、应对和重建能力。

2. 应对自然灾害和紧急情况。

3. 在管理自然灾害方面推广最佳实践，交流经验及培训。

4. 改善所有国内政策中关于减少灾害风险的内容，包括灾后修复和重建。

七、其他领域的合作

协定还规定了私人争端解决、竞争方面的合作（参见第四章）。此外，双方同意可在其他相互感兴趣的领域开展合作，如教育、卫生、传统医学和基础设施等。上述领域的合作应在缔约各方有关机构同意的情况下开展。

小资料：

哥斯达黎加经济贸易概况

哥斯达黎加共和国，简称哥斯达黎加（Costa Rica），位于北美洲，国土面积5.1万平方公里。截至2011年7月1日，哥斯达黎加人口总数约为473万人。

哥斯达黎加进口产品主要为：石油、食品及原材料等。出口商品主要为：加工制造产品、高科技产品、食品、塑料化工产品、植物花卉、咖啡、香蕉和菠萝等农产品。主要出口国有：美国、巴拿马、尼加拉瓜、比利时、卢森堡、危地马拉、荷兰等。主要进口国有：美国、中国、墨西哥、哥伦比亚、日本、危地马拉、巴西等国家。

2010年，哥斯达黎加国内生产总值（GDP）345.64亿美元，人均GDP 7 350美元。货物贸易进出口总额为229.55亿美元，其中出口额93.85亿美元，进口额135.70亿美元，占全球货物贸易出口总额比重0.06%，进口总额比重0.09%，关税总水平5.4%，是世界货物贸易出口第85位和进口第85位。2010年服务贸易出口额43.95亿美元，服务贸易进口额17.78亿美元，占全球服务贸易出口总额比重0.12%，进口总额比重0.05%，是世界服务贸易出口第68位，进口第107位。2008—2010年，人均贸易额6063美元，贸易占GDP的比例89.3%。2010年中国与哥斯达黎加货物贸易总额37.95亿美元，中国出口额6.88亿美元，中国进口额31.07亿美元。

1995年1月1日，哥斯达黎加加入世界贸易组织。目前，哥斯达黎加签订的区域贸易协定7个（不含服务贸易协议），协定伙伴达21个（含不同协定相同国家），包括：中美洲共同市场、多米尼加—中美洲—美国自贸协定，以及与加拿大、智利、墨西哥、巴拿马、中国签订了双边自贸协定。正在与之谈判的有秘鲁、新加坡等国。

第十四章　中国内地与香港更紧密经贸关系安排

2003 年 6 月 29 日，中国内地与中国香港特别行政区在香港签署了《内地与香港关于建立更紧密经贸关系的安排》，简称《安排》，英文全称：Mainland and Hong Kong Closer Economic Partnership Arrangement，即"CEPA"。自 2004 年以来，双方又签署了 8 个补充协议。本章阐述的是经 8 个补充协议修正和补充后的内容。各个补充协议规定，经补充协议修正和补充后的内容与前者条款产生抵触时，以后者为准。

中国内地与香港的 CEPA 是"一国两制"原则的成功实践，是经贸交流与合作的重要里程碑，是中国国家主体与香港单独关税区之间签署的自由贸易协议，也是中国内地第一个全面实施的自由贸易协议。

第一节　中国内地与香港 CEPA 概述

中国内地与香港签署 CEPA 的目标是促进双方的共同发展：逐步减少或取消双方之间实质上所有货物贸易的关税和非关税壁垒；逐步实现服务贸易自由化，减少或取消双方之间实质上所有歧视性措施；促进贸易投资便利化。

CEPA 以及补充协议的达成、实施以及修正遵照以下原则：遵循"一国两制"的方针；符合世界贸易组织的规则；顺应双方产业结构调整和升级的需要，促进稳定和可持续发展；实现互惠互利、优势互补、共同繁荣；先易后难，逐步推进。双方通过不断扩大相互之间的开放，增加和充实 CEPA 的内容。

此外，CEPA 规定，《中国加入世界贸易组织议定书》第 15 条和第 16 条，以及《中国加入世界贸易组织工作组报告书》第 242 段的内容不适用于内地与香港之间的贸易。

一、中国内地与香港 CEPA 的主要内容

双方签署 CEPA 后，同年 9 月 29 日，双方签署 CEPA 的六个附件。附件一：关于货物贸易零关税的实施及表1. 内地对原产香港的进口货物实施零关税的产品清单；附件二：关于货物贸易的原产地规则及表1. 享受货物贸易优惠措施的香港货物原产地标准表；附件三：关于原产地证书的签发和核查程序，原产地证书格式；附件四：关于开放服务贸易领域的具体承诺及表1. 内地向香港开放服务贸易的具体承诺，表2. 香港向内地开放服务贸易的具体承诺；附件五：关于"服务提供者"定义及相关规定；附件六：关于贸易投资便利化。CEPA 及其附件于 2004 年 1 月 1 日起正式实施。

CEPA 的主要内容包括内地与香港逐步实现货物贸易自由化、服务贸易自由化和贸易投资便利化的各项措施。

（一）货物贸易

在货物贸易自由化方面，内地从 2004 年 1 月 1 日开始，将对香港有较大实际利益的 273 个税目的商品实行零关税，其中包括部分化工产品、纸制品、纺织服装、首饰制品、电子及电气产品、钟表和电器等。其次，不迟于 2006 年 1 月 1 日，对 273 个税目以外的港产品实行零关税。自 2006 年 1 月 1 日起，内地对原产于香港的产品全面实行"零关税"。另外，以加工贸易方式进口的港产品仍按现行办法实行保税监管，不征收进口关税和进口环节的增值税。内地还于 2004 年 1 月 1 日起取消对香港产品的非关税措施（进口配额、许可证）和关税配额。内地与香港之间不采用反倾销和反补贴措施。

（二）服务贸易

在服务贸易自由化方面，在管理咨询、会议展览、广告、会计、法律、医疗及牙医、物流、货运代理、仓储、分销、运输、旅游、建筑、视听、银行、保险、证券、电信等 18 个行业对香港提前实施中国对 WTO 的部分开放承诺，许多行业对港资企业取消了股权限制，降低了对港资企业的注册资本、资质条件等门槛，放宽地域和经营范围的限制。一些对 WTO 没有承诺的领域也对香港开放。

（三）贸易投资便利化

在贸易投资便利化方面，加强内地与香港在贸易投资促进、通关便利化、

中小企业合作、中医药产业合作、电子商务、法律法规透明度、商品检验检疫及质量标准等 7 个领域的合作。另外，双方将加强金融和旅游领域以及专业人员资格互认的合作，包括支持国有独资商业银行和部分股份制商业银行将国际资金外汇交易中心移至香港，支持内地银行在香港扩大业务活动，支持符合条件的内地企业包括保险企业和民营企业到香港上市；允许广东省和北京、上海的居民个人赴港旅游；鼓励双方专业人员资格的相互承认，推动彼此间的技术和人才的交流。

二、CEPA 补充协议的主要内容

CEPA 的补充协议对 CEPA 修正和补充的主要内容，在货物贸易方面主要是扩大并最终对原产于香港的货物全面实行零关税，以及完善了原产地规则；在服务贸易方面，逐步新增开放领域、放宽市场准入条件、取消股权限制、放宽经营范围、经营地域、降低注册资本、资质条件、简化审批程序等；在合作方面，主要是扩大合作领域，深化合作内容。修正和补充力度比较大的是补充协议四和补充协议八。

（一）补充协议

2004 年 10 月 27 日，双方就内地对第二批原产香港的货物实行零关税和在服务贸易领域扩大开放的主要内容达成一致，签署 CEPA 补充协议，包括三个附件。附件一：第二批内地对原产香港的进口货物实施零关税的产品清单（已生产产品），第二批内地对原产香港的进口货物实施零关税的产品清单（拟生产产品）；附件二：第二批享受货物贸易优惠措施的香港货物原产地标准表；附件三：内地向香港开放服务贸易的具体承诺的补充和修正。该协议于 2005 年 1 月 1 日起实施。

在货物贸易方面，对原产香港的 529 类进口货物实行零关税。

在服务贸易方面，内地同意在法律、会计、医疗、视听、建筑、分销、银行、证券、运输、货运代理等领域对香港服务及服务提供者进一步放宽市场准入的条件，扩大香港永久性居民中的中国公民在内地设立个体工商户的地域和营业范围。内地在专利代理、商标代理、机场服务、文化娱乐、信息技术、职业介绍、人才中介和专业资格考试等领域对香港服务及服务提供者开放和放宽市场准入的条件。香港银行内地分行从事代理保险业务的承诺自 2004 年 11 月 1 日起实施。

（二）补充协议二

2005 年 10 月 18 日，双方签署 CEPA 补充协议二，包括两个附件。附件一：2006 年享受货物贸易优惠措施的香港货物原产地标准表（一）；附件二：内地向香港开放服务贸易的具体承诺的补充和修正二。该协议于 2006 年 1 月 1 日起实施。

在货物贸易方面，对输往内地的原产于香港货物全面实行零关税。

在服务贸易方面，内地同意法律、会计、视听、建筑、分销、银行、证券、旅游、运输和个体工商户等 10 个领域在原有开放承诺的基础上，进一步放宽市场准入条件。

在合作方面，双方还同意继续推动贸易投资便利化工作，加强各领域的合作，进一步促进两地经济融合。

（三）补充协议三

2006 年 6 月 27 日，双方签署 CEPA 补充协议三及其《内地向香港开放服务贸易的具体承诺的补充和修正三》，于 2007 年 1 月 1 日起实施。补充协议三是在前两个补充协议的基础上，进一步在服务贸易领域对香港扩大开放，并加强与香港在贸易投资便利化领域的合作。

在服务贸易领域，内地在法律、会展、信息技术、视听、建筑、分销、旅游、运输和个体工商户等领域原有开放承诺基础上，进一步采取 15 项具体开放措施。其中，4 项属于放宽股权限制，2 项属于降低注册资本、资质条件等门槛，9 项属于放宽地域、经营范围和自然人流动的条件。

在贸易投资便利化领域，为借鉴香港保护知识产权的经验，推进内地知识产权保护工作，推动内地与香港在知识产权保护领域的合作，双方决定将知识产权保护工作列入贸易投资便利化领域，并将进一步探讨具体合作内容。

（四）补充协议四

2007 年 6 月 29 日，双方签署 CEPA 补充协议四及其《内地向香港开放服务贸易的具体承诺的补充和修正四》。该协议于 2008 年 1 月 1 日起实施。

在服务贸易方面，内地在原有开放承诺中的 28 个领域采取了 40 项开放措施，其中 11 个领域为本次新增领域，分别是计算机及其相关服务、市场调研、管理咨询相关服务、公用事业、建筑物清洁、摄影、印刷和出版、笔译和口译、环境、社会服务及体育。在法律、医疗、房地产、人才中介、会展、电信、视听、分销、保险、银行、证券、旅游、文娱、海运、航空运输、公路运输、个体工商户等 17 个领域，在原有开放承诺的基础上，分别采取了取消股权限制、降低注册资本和资质条件等门槛、放宽经营范围和经营地域限制等进一步开放措施。

在合作方面，增加了金融合作和促进贸易投资便利化的内容。

这是自 CEPA 签署以来，涉及领域最广、开放幅度最大的一个补充协议。

（五）补充协议五

2008 年 7 月 29 日，双方签署 CEPA 补充协议五及其《内地向香港开放服务贸易的具体承诺的补充和修正五》，该协议于 2009 年 1 月 1 日起正式实施。

在服务贸易方面，内地在原有开放承诺中的 17 个领域共采取 29 项具体措施，其中对会计、建筑、医疗、人员提供与安排、印刷、会展、分销、环境、银行、社会服务、旅游、海运、航空运输、公路运输和个体工商户等 15 个领域在原有开放承诺基础上，进一步采取简化审批程序、放宽市场准入条件、取消股权限制、放宽经营范围和经营地域等措施。同时，新增加与采矿相关服务、与科学技术相关的咨询服务 2 个领域对香港开放。在专业人员资格互认方面，提出了深化会计、建筑领域互认工作的措施。

在合作方面，双方增加了"品牌合作"作为贸易投资便利化方面新的合作领域，在原有的电子商务和知识产权保护领域增加合作内容。

本次补充协议不但包括在全国范围实施、开放力度较大的措施，也有为深化粤港合作而采取的在广东省先行先试的措施，这些措施为促进粤港两地的交流与合作发挥积极作用。

（六）补充协议六

2009 年 5 月 9 日，双方签署 CEPA 补充协议六及其《内地向香港开放服务贸易的具体承诺的补充和修正六》，该协议于 2009 年 10 月 1 日起正式实施。

在服务贸易方面，内地对香港在原有开放承诺中的 20 个领域，共采取 29 项具体措施，其中对法律、建筑、医疗、房地产、人员提供与安排、印刷、会展、公用事业、电信、视听、分销、银行、证券、旅游、文娱、海运、航空运输和个体工商户等 18 个领域在原有开放承诺基础上，进一步采取放宽市场准入条件、取消股比限制、放宽经营范围和经营地域、简化审批程序等措施，同时新增加研究和开发服务、铁路运输服务 2 个开放领域。并在税收、建筑、房地产和印刷领域提出了开展专业人员资格互认工作的相关措施。

在合作方面，双方将进一步加强在金融领域的合作。

（七）补充协议七

2010 年 5 月 27 日，双方签署 CEPA 补充协议七及其《内地向香港开放服务贸易的具体承诺的补充和修正七》，对 CEPA 第 17 条第 1 款和附件六第 2 条做了较大修正和补充。该协议于 2011 年 1 月 1 日起实施。

在服务贸易方面，内地对香港在原有开放承诺中的 14 个领域，采取 27 项具体措施，其中对建筑、医疗、视听、分销、银行、证券、社会服务、旅游、文娱、航空运输、专业技术人员资格考试和个体工商户等 12 个领域在原有开放承诺基础上，进一步放宽市场准入条件、取消股权限制、放宽经营范围和经营地域等。同时，新增加技术检验分析与货物检验、专业设计 2 个领域的开放承诺。

在贸易投资便利化方面，增加教育、文化、环保、创新科技等领域的合作，明确了合作机制与合作内容等。同时，在检测和认证、会展合作领域补充了新的合作措施。此外，双方还将进一步加强在金融领域的合作。

（八）补充协议八

2011 年 12 月 13 日，双方签署 CEPA 补充协议八及其《内地向香港开放服务贸易的具体承诺的补充和修正八》，该协议从 2012 年 4 月 1 日起实施。补充协议八完善了货物贸易原产地标准和放宽香港服务提供者的定义及相关规定。

在货物贸易方面，企业可以把原产自内地的原料及组合零件价值计算在"从价百分比"内。

在服务贸易方面，（1）放宽香港服务提供者定义中有关"实质性商业经营"的判断标准，除特例外，香港服务提供者可向内地申请使用 CEPA 优惠措施的范围，不受其在香港经营的范围限制。（2）对原有开放承诺中的法律、建筑、技术检验分析与货物检验、人员提供与安排、分销、保险、银行、证券、医院、旅游、公路运输、专业技术人员资格考试和个体工商户等 13 个领域进一步开放。（3）把跨学科研究与实验开发服务，制造业相关服务，图书馆、博物馆等文化服务新领域加入开放范围。

在合作方面：（1）金融合作，明确支持内地银行在审慎经营的前提下，利用香港的国际金融平台发展国际业务；支持香港保险公司设立营业机构或通过参股的方式进入市场。（2）旅游合作，双方同意联合提升内地与香港旅游服务质量，共同推动内地赴港旅游市场健康有序发展。（3）进一步加强商品检验检疫、食品安全、品质标准领域的合作。（4）加强两地在创新科技产业领域的合作，支持香港的科技创新。

第二节　货物贸易规定

一、关税优惠待遇

CEPA 中的内地，系指中华人民共和国的全部关税领土。

（一）内地与香港的零关税及其他关税规定

根据 CEPA，内地与香港特别行政区就货物贸易中零关税的实施制定了附件一。附件一规定：

1. 香港继续对原产内地的所有进口货物实行零关税。

2. 自 2004 年 1 月 1 日起，内地对原产于香港的 273 个税号的产品实行零关税。2006 年 1 月 1 日起，内地对 CEPA 附件表 1 以外的原产香港的进口货物全部实行零关税。

3. 内地与香港将不对原产于另一方的进口货物采取与世界贸易组织规则不符的非关税措施。

4. 内地将不对原产香港的进口货物实行关税配额。

（二）内地从香港进口货物减免税的管理

内地自 2004 年 1 月 1 日起不断地对香港新生产和拟生产的进口货物给予确认，实行零关税。

除首批列入 CEPA 附件一表 1《内地对原产香港的进出口货物实施零关税的产品清单》外，其他港产品可自 2004 年 1 月 1 日起，由香港的生产企业按香港特别行政区政府的有关规定，向香港工业贸易署提出要求享受零关税货物的申请，并提供货物名称和生产能力或预计生产情况的资料和数据。香港工业贸易署及香港海关应对申请企业提供的资料和数据进行核查和认定，按照现有生产货物和拟生产货物分别汇总，于每年 6 月 1 日前提交内地商务部。

商务部在收到香港工业贸易署提交的上述材料后，会同内地有关部门与香港工业贸易署在当年 8 月 1 日前共同核定和确认货物清单。货物清单确认后，内地海关总署与香港工业贸易署就有关货物的原产地标准进行磋商。双方应于当年 10 月 1 日前完成原产地标准的磋商。内地与香港应于每年 12 月 1 日前公布磋商确认的货物清单及原产地标准。

对香港现有生产的货物，根据双方达成的一致意见，内地将货物清单及相应的原产地标准分别补充列入实行零关税的原产香港的进口货物清单和原产地标准表中。有关港产品自完成磋商后第二年 1 月 1 日起，内地根据香港发证机构签发的原产地证书，准予有关货物按照 CEPA 规定零关税进口。

对香港拟生产的货物，根据双方达成的一致意见，内地应将有关货物的原产地标准补充列入原产地标准表中。待申请企业正式投产后，经香港工业贸易署和香港海关核查，由香港工业贸易署通知商务部，经双方共同确认，内地将有关货物清单补充列入实行零关税的原产香港的进口货物清单。自双方确认后第二年 1 月 1 日起，内地根据香港发证机构签发的原产地证书，准予有关货物按照 CEPA 零关税进口。

香港工业贸易署每年 6 月 1 日后向商务部提交资料要求享受 CEPA 零关税的货物，降税安排顺延一年。

如因生产技术改进或其他原因，内地或香港其中一方认为需要对有关货物的原产地标准做出修订，可向另一方提出磋商要求并提交书面说明及支持数据和资料，通过 CEPA 联合指导委员会磋商解决。

至 2007 年 6 月 30 日，香港累计有 1448 个税号货物享受零关税待遇。此后，内地每年 1~2 次新增香港货物享受零关税的产品。截至 2012 年 1 月，享受货物贸易优惠措施的香港货物贸易原产地标准表上的税号共有 1734 个。

内地对于香港享受零关税优惠待遇的产品每年需调整税号，香港的生产企业提出要求享受零关税货物的申请时，应按照当年的内地税则号提出。享受零关税优惠措施的产品税号可参阅国家税则委、海关总署和财政部每年联合主编的《中华人民共和国进出口税则》，其原产地标准可参阅已签署的 CE-PA 的原产地规则和海关总署相关公告。如，2011 年 12 月 28 日，海关总署根据 CEPA，按照 2012 年《中华人民共和国进出口税则》调整了《享受货物贸易优惠措施的香港货物原产地标准表》。

二、原产地规则

(一) 内地与香港原产地规则的主要内容

内地与香港的原产地规则与中国自贸区的其他原产地规则内容大体相同，但也有一些差异。

一方直接从另一方进口的在 CEPA 下实行零关税的货物，应根据下列原则确定其原产地：完全在一方获得的货物，其原产地为该方；非完全在一方获得的货物，只有在该方进行了实质性加工的，其原产地才可认定为该方。

1. 完全获得产品

完全获得产品是指"完全在一方获得的货物"，包括：

(1) 在该方开采或提取的矿产品；

(2) 在该方收获或采集的植物或植物产品；

(3) 在该方出生并饲养的动物；

(4) 在该方从第 (3) 款所指的动物中获得的产品；

(5) 在该方狩猎或捕捞所获得的产品；

(6) 持该方牌照并悬挂国旗（就内地船只而言）或香港特别行政区区旗（就香港特别行政区船只而言）的船只在公海捕捞获得的鱼类和其他海产品；

(7) 在持该方牌照并悬挂国旗（就内地船只而言）或香港特别行政区区旗（就香港特别行政区船只而言）的船只上加工上述第 (6) 款所列产品中获得的产品；

(8) 在该方收集的该方消费过程中产生的仅适于原材料回收的废旧物品；

(9) 在该方加工制造过程中产生的仅适于原材料回收的废碎料；

(10) 利用上述第 (1) 款至第 (9) 款所列产品在该方加工所得的产品。

2. 实质性加工的认定标准

实质性加工的认定标准采用：

(1) 实质性加工的认定标准可采用"制造或加工工序"、"税号改变"、"从价百分比"、"其他标准"或"混合标准"。

(2) 制造或加工工序是指在一方境内进行赋予加工后所得货物基本特征的主要制造或加工工序。

(3) 税号改变是指非一方原产材料经过在该方境内加工生产后，所得产品在《商品名称及编码协调制度》中四位数级的税目归类发生了变化，且不再在该方以外的国家或地区进行任何改变四位数级的税目归类的生产、加工或制造。

（4）从价百分比是指一方原产的原料、组合零件的价值，以及在该方产生的劳工价值和产品开发支出价值的合计与出口制成品离岸价格（FOB）的比值应大于或等于30%，并且最后的制造或加工工序应在该方境内完成。具体计算公式如下：

$$\frac{原料价值+组合零件价值+劳工价值+产品开发支出价值}{出口制成品的\ FOB\ 价格} \times 100\% \geqslant 30\%$$

①产品开发是指在一方境内为生产或加工有关出口制成品而实施的产品开发。开发费用的支付必须与该出口制成品有关，包括生产加工者自行开发、委托该方境内的自然人或法人开发以及购买该方境内的自然人或法人拥有的设计、专利权、专有技术、商标权或著作权而支付的费用。该费用支付金额必须能按照公认的会计准则和《关于实施1994年关税与贸易总协定第7条的协定》的有关规定明确确定。

②上述"从价百分比"的计算应符合公认的会计准则及《关于实施1994年关税与贸易总协定第7条的协定》。

③一方使用另一方原产的原料或组合零件在该方构成出口制成品的组成部分的，在计算该出口制成品的从价百分比时，该原料或组合零件应当视为原产于该方；该出口制成品的从价百分比应大于或等于30%，且在不记入该另一方原产的原料或组合零件价值时的从价百分比应大于或等于15%。"（补充协议八补充修正）

（5）其他标准，是除上述"制造或加工工序"、"税号改变"和"从价百分比"之外的、双方一致同意采用的确认"实质性加工"其他方法。

（6）"混合标准"，是指同时使用上述两个或两个以上的标准确定原产地。

其他附加条件。当上述"实质性加工"标准不足以确认原产地时，经双方一致同意，可采用附加条件（如品牌要求等）。（补充协议二补充修正）

3. 非实质性加工

（1）对于下列加工或处理，无论是单独完成还是相互结合完成，凡用于以下规定的目的，即视为微小加工处理，在确定货物是否完全获得时，应不予考虑：为运输或贮存货物而进行的加工或处理；为便于货物装运而进行的加工或处理；为货物销售而进行的包装、展示等加工或处理。

（2）简单的稀释、混合、包装、装瓶、干燥、装配、分类或装饰不应视为实质性加工；企业生产或定价措施的目的在于规避《关于货物贸易的原产地规则》条款的，也不应视为实质性加工。

4. 中性材料

在确定货物原产地时，不应考虑货物制造过程中使用的能源、工厂、设备、机器和工具的产地；也不应考虑虽在制造过程中使用但不构成货物成分或组成部件的材料的产地。

5. 包装、附件、备件、工具

在确定货物的原产地时，下列情况应忽略不计：

（1）随所装货物一起报关进口并在《中华人民共和国海关进出口税则》中与该货物一并归类的包装、包装材料和容器；

（2）与货物一起报关进口并在《中华人民共和国海关进出口税则》中与该货物一并归类的附件、备件、工具及介绍说明性材料。

双方以《中华人民共和国海关进出口税则》8位数级税目为基础，按照CEPA附件所规定的标准，制定《享受货物贸易优惠措施的香港货物原产地标准表》。在CEPA下，满足附件规定的原产地标准的货物方可视作已在香港进行了实质性加工。任何根据CEPA附件一第5条实施零关税的原产香港的货物和拟在香港生产的货物的原产地标准应补充列出。

根据CEPA实行零关税的原产货物，应从一方直接运输至另一方口岸。

规定实施后，如因生产技术改进或其他原因，一方认为需要对附件的内容或有关货物的原产地标准做出修订，可向另一方提出磋商要求并提交书面说明及支持数据和资料，通过CEPA第19条设立的联合指导委员会磋商解决。

（二）原产地证书的核查监管机制

为保证货物贸易优惠措施的实施，双方加强和扩大行政互助的内容和范围，包括制定和实施严格的原产地证签发程序，建立核查监管机制，实行双方发证和监管机关联网、电子数据交换等措施。

1. 香港原产地证书发证机构为香港特别行政区政府工业贸易署及《非政府签发产地来源证保障条例》（香港法例第324章）所指的"认可机构"。香港发证机构的任何变更应及时通知海关总署。

2. 香港原产地证书的内容和格式。

3. 香港工业贸易署应将原产地证书的印章式样提交海关总署备案。原产地证书印章式样的任何变更应及时通知海关总署。

4. CEPA下实行零关税的原产香港的货物向内地出口前，应由出口人或生产企业按规定向香港发证机构申领原产地证书。

5. 香港发证机构签发的原产地证书，应符合下列要求：

（1）原产地证书上具有唯一的编号。

（2）一份原产地证书只能对应一批同时进入内地的货物。一份原产地证书可包括不多于 5 项 8 位数级税目的货物，而这些税目的货物必须同属于 CEPA 相关文件所列明的货物。

（3）原产地证书上列明指定的单一到货口岸。

（4）原产地证书的产品协调编码（HS）编号，按适用的《中华人民共和国海关进出口税则》8 位数级税号填写。

（5）原产地证书的计量单位，按适用的实际成交的计量单位填写。

（6）原产地证书不许涂改及叠印，否则应重新签发。

（7）原产地证书的有效期为自签发日起 120 日。

（8）原产地证书依据表格 1 的格式用 A4 纸印制，所用文字为中文。

（9）如原产地证书被盗、遗失或毁坏，出口人或生产企业可在保证原证未被使用的基础上，向原香港发证机构书面申请签发一份原证的副本，且该副本上应注明"经证实的真实副本"。如原证已被使用，则后发副本无效。如后发副本已被使用，则原证无效。

6. 双方采取联网核查的方式对实行零关税的香港货物的原产地申报进行管理，并通过专线将相关情况以电子数据方式传送到海关总署。

7. 在进口报关时，进口人应主动向申报地海关申明有关货物享受零关税，并提交有效原产地证书。申报地海关经联网核对无误后，准予进口货物享受零关税待遇；因故不能联网核对的，应进口人要求，申报地海关可按规定办理进口手续并放行货物，但应对该货物按非 CEPA 下适用的进口关税税率征收相当于税款的保证金。申报地海关应自该货物放行之日起 90 日内核对其原产地证书情况，根据核对结果办理退还保证金手续或将保证金转为进口关税手续。

8. 申报地海关对原产地证书内容的真实性产生怀疑时，可通过海关总署或其授权的海关向香港海关提出协助核查的请求。接到此类请求后，香港海关应在 90 日内予以答复。如香港海关在 90 日内未能完成核查并确认有关货物原产地证书，海关总署可通知申报地海关按规定办理进口手续并放行货物，但应对有关货物按非 CEPA 下适用的进口关税税率收取相当于税款的保证金。待香港海关完成核查后，申报地海关应根据核查结果，立即办理退还保证金手续或将保证金转为进口关税手续。

9. 双方可将执行 CEPA 附件二的原产地规则及所需的行政互助纳入海关总署与香港海关签署的《合作互助安排》，交换相关信息，包括由香港进入内地货物的原产地的信息、原产地证书内容真伪、享受零关税优惠的香港货物是否符合原产地规则及其他有助监管正确实施的信息。如有需要，经双方同意后，可派员到对方进行实地访问，了解情况。

10. 经任何一方核查证实实行零关税的货物不符合 CEPA 相关文件的规定时，双方海关即互相通报，并按适用法律采取行动。

11. 双方应对有关进口货物原产地核查交流的资料予以保密，未经原产地证书申请人同意不得泄露或用作其他用途，但司法程序要求提供的除外。

第三节 服务贸易规定

一、中国内地对香港开放服务贸易的具体承诺

(一) 服务贸易市场准入的规定

CEPA 及附件四规定，一方将按照 CEPA 附件四列明的内容和时间对另一方的服务及服务提供者逐步减少或取消实行的限制性措施。对于规定所列明的具体承诺的实施，除执行 CEPA 规定外，还应适用内地有关法律法规和行政规章。当因执行 CEPA 规定对任何一方的贸易和相关产业造成重大影响时，应一方要求，双方应对有关条款进行磋商。应一方的要求，双方可通过协商，进一步推动双方服务贸易的自由化。对于 CEPA 未涉及的服务贸易部门、分部门或有关措施，内地按《中华人民共和国加入世界贸易组织议定书》附件九《服务贸易具体承诺减让表》第 2 条最惠国待遇豁免清单执行。

内地对香港服务贸易开放的承诺，除了 CEPA 附件四《关于开放服务贸易领域的具体承诺》及表 1 所列明的具体承诺外，8 个补充协议逐步增加了内地向香港进一步开放服务贸易的部门、深化开放的领域、降低市场准入的门槛、减少国民待遇的限制等内容。经过 8 次补充，内地对香港承诺开放的部门 134 个。

内地对香港开放的服务贸易承诺表没有规定水平承诺，应参照中国加入WTO 的规定。此外，具体承诺也只有商业存在模式，其他 3 个模式也没有明确规定。

（二）　内地对香港开放与 WTO 服务贸易承诺的比较

1.　内地对香港开放超过 WTO 承诺的相关部门

（1）超过 WTO 承诺的大类及部门

有关健康和社会服务（除专业服务中所列以外）：医院服务及其疗养院服务，社会服务及其通过住宅机构向老年人和残疾人提供的社会福利，残疾人日间看护服务，残疾人康复服务，非通过住宅机构提供的社会福利。

娱乐、文化和体育服务（视听服务除外）：图书馆、档案馆、博物馆和其他文化服务；文娱服务（包括剧场、现场乐队与马戏团表演等）；体育和其他娱乐服务：体育赛事推广服务、体育赛事组织工作服务、体育场馆运营服务（不包括高尔夫）。

其他未包括的服务部门，具体包括：物流服务、商标代理、专利代理、个体工商户等分部门。

（2）超过 WTO 承诺的部门与分部门

商务服务大类中的：①专业服务：城市规划和园林建筑服务中的工程造价咨询服务；助产士、护士、理疗医师和护理员提供的服务，及其药剂服务。②计算机及相关服务中的信息技术服务。③研究和开发服务中的自然科学的研究和开发服务，跨学科的研究和开发服务。④房地产服务中的基于收费或合同的居住或非居住房地产管理服务。④其他商务服务中的有关管理的咨询服务中的除建筑外的项目管理服务；与采矿业有关的服务（石油与天然气）；与制造业有关的服务；与能源分配有关的服务中的公用事业服务；安排和提供人员服务；建筑物清洁服务；印刷和出版服务中的包装装潢印刷；会议服务中的展览服务；其他服务中的专业设计服务。

电信服务大类中的电话卡销售，有线电视技术服务，华语影片和合拍影片、合拍电视剧。

金融服务大类中的"衍生产品，包括但不限于期货和期权。

旅游和与旅行相关的服务大类中的导游服务，其他。

运输服务大类中的：①海洋运输服务中的拖驳服务。②空运服务中的空运支持服务：机场管理服务、空运服务的销售与营销、其他空运支持服务。③铁路运输服务中的城市间定期旅客运输。③公路服务中的客运服务：城市间定期旅客运输、商用车辆和司机的租赁服务、公路运输设备的维修和保养服务、公路运输的支持服务：道路货物运输站、公路汽车站、驾驶员培训。④所有运输方式的辅助服务：货物检验服务。

（3）在服务提供方式上，超过了对 WTO 承诺。

2. 内地对香港开放相同于对 WTO 承诺的相关部门

（1）相同于对 WTO 承诺的大类：教育服务。

（2）相同于对 WTO 承诺的部门与分部门

商务服务大类中的：①专业服务：税收服务。②与计算机硬件安装相关的咨询服务。③无操作人员的租赁服务（干租服务）中的不配备技师的机械和设备的租赁或出租服务；个人和家用物品的租赁或出租服务。③其他商务服务：与农业、狩猎和林业有关的服务，与渔业有关的服务；相关科学和技术咨询服务的陆上石油服务；设备的维修和保养服务（不包括船舶、飞机或其他运输设备的维修保养）；包装服务。

电信服务大类中的速递服务。

分销服务大类中的无固定地点的批发或零售服务。

金融服务大类中的：咨询和其他辅助金融服务，包括信用调查和分析、投资和资产组合的研究和建议，为公司收购、重组和制定战略提供建议；提供和传输其他金融服务提供者提供的金融信息、金融数据处理和相关的软件；非银行金融机构从事汽车消费信贷。

运输服务大类中的铁路运输服务和内水运输服务中的货运服务；所有运输方式的辅助服务的海运装卸/理货服务、海运代理服务、海运报关服务。

（内地对香港服务贸易部门承诺详见附录 8.《中国入世、两岸四地服务贸易承诺对照表》）

二、香港服务提供者的相关规定

CEPA 及其附件五中的"服务提供者"指提供服务的任何人，除非 CEPA 及其附件另有规定，其中："人"指自然人或法人。"自然人"：对内地而言，指中华人民共和国公民；对香港而言，指中国香港特别行政区永久性居民。"法人"指根据内地或香港特别行政区适用法律适当组建或设立的任何法律实体，无论是否以盈利为目的，无论属私有还是政府所有，包括任何公司、基金、合伙企业、合资企业、独资企业或协会（商会）。

（一）以法人形式提供服务的香港服务提供者的具体标准

1. 除法律服务部门外的香港服务提供者

除法律服务部门外，香港服务提供者申请在内地提供 CEPA 附件四中的有关服务时应：根据香港特别行政区《公司条例》或其他有关条例注册或登记设立，并取得有效商业登记证。法例如有规定，应取得提供该服务的牌照或许可；在香港从事实质性商业经营。从事实质性商业经营的判断标准是：

（1）业务性质和范围

拟在内地提供服务的香港服务提供者在香港提供服务的性质和范围，应符合 CEPA 附件四和补充协议八附件的规定，内地法律、法规和行政规章对外商投资主体的业务性质和范围有限制性规定的从其规定。（补充协议八补充修正）

（2）年限

香港服务提供者应已在香港注册或登记设立并从事实质性商业经营 3 年以上（含 3 年），其中：

提供建筑及相关工程服务的香港服务提供者，应已在香港注册或登记设立并从事实质性商业经营 5 年以上（含 5 年）；提供房地产服务的香港服务提供者在香港从事实质性商业经营的年限不作限制。

提供银行及其他金融服务（不包括保险和证券）的香港服务提供者，即香港银行或财务公司，应在获得香港金融管理专员根据《银行业条例》批给有关牌照后，从事实质性商业经营 5 年以上（含 5 年）；或以分行形式经营 2 年并且以本地注册形式从事实质性商业经营 3 年以上（含 3 年）。（补充协议四补充修正）

提供保险及其相关服务的香港服务提供者，即香港保险公司，应在香港注册或登记设立并从事实质性商业经营 5 年以上（含 5 年）。

提供航空运输地面服务的香港服务提供者应已获得香港从事航空运输地面服务业务的专门牌照，从事实质性商业经营 5 年以上（含 5 年）。（补充协议一补充修正）

提供第三方国际船舶代理服务的香港服务提供者，应已在香港注册或登记设立并从事实质性商业经营 5 年以上（含 5 年）。（补充协议四补充修正）

（3）利得税

香港服务提供者在香港从事实质性商业经营期间依法缴纳利得税。

（4）业务场所

香港服务提供者应在香港拥有或租用业务场所从事实质性商业经营，其业务场所应与其业务范围和规模相符合。

提供海运服务的香港服务提供者，所拥有的船舶总吨位应有 50% 以上（含 50%）在香港注册。

（5）雇用员工

香港服务提供者在香港雇用的员工中在香港居留不受限制的居民和持单

程证来香港定居的内地人士应占其员工总数的 50% 以上。

2. 法律服务部门的香港律师事务所（行）

法律服务部门的香港律师事务所（行），申请在内地提供 CEPA 附件四中的有关服务时应：

（1）根据香港特别行政区有关法例登记设立为香港律师事务所（行）并取得有效商业登记证。

（2）有关律师事务所（行）的独资经营者及所有合伙人应为香港注册执业律师。

（3）有关律师事务所（行）的主要业务范围应为在香港提供本地法律服务。

（4）有关律师事务所（行）或其独资经营者或合伙人均依法缴纳利得税。

（5）有关律师事务所（行）应在香港从事实质性商业经营 3 年以上（含 3 年）。

（6）有关律师事务所（行）应在香港拥有或租用业务场所从事实质性商业经营。

（二）以自然人形式提供服务的香港服务提供者

以自然人形式提供服务的香港服务提供者，应为中国香港特别行政区永久性居民。

（三）应提供的文件证明

香港服务提供者为取得 CEPA 中的待遇，应提供：

1. 在香港服务提供者为法人的情况下，香港服务提供者应提交经香港有关机构（人士）核证的文件资料、法定声明，以及香港特别行政区政府发出的证明书：

（1）文件资料（如适用）：①香港特别行政区公司注册处签发的公司注册证明书副本。②香港特别行政区商业登记证及登记册内资料摘录的副本。③香港服务提供者过去 3 年（或 5 年）在香港的公司年报或经审计的财务报表。④香港服务提供者在香港拥有或租用业务场所的证明文件正本或副本。⑤香港服务提供者过去 3 年（或 5 年）利得税报税表和评税及缴纳税款通知书的副本；在亏损的情况下，香港服务提供者须提供香港特别行政区政府有关部门关于其亏损情况的证明文件。⑥香港服务提供者在香港的雇员薪酬及退休金报税表副本，以及有关文件或其副本以证明该服务提供者符合 CEPA 附件五第 3 条规定的百分比。⑦其他证明香港服务提供者在香港从事实质性商业经营的有关文件或其副本，如香港法例、CEPA 附件四或 CEPA 补充协议附件有关香港业务性质和范围规定所需的牌照、许可或香港有关部门、机构发出的确认信。（补充协议八补充修正）

（2）法定声明

对于任何申请取得 CEPA 中待遇的香港服务提供者，其负责人应根据香港特别行政区《宣誓及声明条例》的程序及要求做出法定声明。

（3）证明书

香港服务提供者将 CEPA 附件五第 6 条第 1 款第 1 项和第 2 项规定的文件资料、法定声明提交香港特别行政区工业贸易署（简称"工业贸易署"）审核。工业贸易署在认为必要的情况下，委托香港特别行政区有关政府部门、法定机构或独立专业机构（人士）做出核实证明。工业贸易署认为符合 CEPA 附件五规定的香港服务提供者标准的，向其出具证明书。

2. 在香港服务提供者为自然人的情况下，香港服务提供者应提供香港永久性居民的身份证明，其中属于中国公民的还应提供港澳居民来往内地通行证（回乡证）或香港特别行政区护照。

（四）申请程序

香港服务提供者向内地审核机关申请取得 CEPA 中的待遇，按以下程序进行：

1. 香港服务提供者申请在内地提供 CEPA 附件四中的服务时，向内地审核机关提交 CEPA 附件五第 6 条规定的文件资料、法定声明和证明书。

2. 根据法律、法规规定的审核权限，内地审核机关在审核香港服务提供申请时，一并对香港服务提供者的资格进行核证。

3. 内地审核机关对香港服务提供者的资格有异议时，应在规定时间内通知香港服务提供者，并向商务部通报，由商务部通知工业贸易署，并说明原因。香港服务提供者可通过工业贸易署向商务部提出书面理由，要求给予再次考虑。商务部应在规定时间内书面回复工业贸易署。

三、中国内地与香港专业人员资格的相互承认

内地与香港鼓励专业人员资格的相互承认，推动彼此之间的专业技术人才交流，具体承认的领域包括以下几个方面：

1. 勘察设计领域：双方主管部门或行业机构启动勘察设计注册电气工程师、勘察设计注册公用设备工程师资格互认的交流工作，开展勘察设计注册土木工程师（岩土）和测绘工作的技术交流。（补充协议四补充修正）

2. 建筑领域：双方成立工作专责小组，研究推进建筑领域专业人员资格互认后的注册和执业工作。（补充协议四补充修正）双方主管部门或行业机构将在已签署互认协议且条件成熟的领域，继续开展专业人员资格互认工作。（补充协议五补充修正）

3. 会计领域：双方主管部门或行业机构将继续推动两地开展会计专业技术资格考试部分考试科目相互豁免工作。（补充协议五补充修正）

4. 税收领域：允许 2009 年 3 月 31 日及之前成为香港会计师公会正式会员的香港居民，在参加内地注册税务师资格考试时，可免试"财务与会计"科目。（补充协议六）

5. 建筑领域：（1）双方同意开展内地监理工程师与香港建造工程师的专业人员资格（监理）相互承认工作；开展香港建筑师取得内地监理工程师资格的认可工作。（2）双方主管部门或行业机构将开展两地风景园林专业的技术交流工作。（补充协议六补充修正）

6. 房地产领域：（1）双方同意开展内地房地产经纪人与香港地产代理的专业人员资格相互承认工作。（2）双方主管部门或行业机构将开展内地物业管理师与香港房屋经理学会会员相互承认的技术交流工作。（补充协议六补充修正）

7. 印刷领域：双方主管部门或行业机构将开展两地印刷技能人员的技术交流工作。（补充协议六补充修正）

此外，为香港司机参加内地机动车驾驶证考试设立繁体字试卷，并为香港司机在深圳设立一个指定考试场地方便应试；允许符合相关规定的香港永久性居民参加内地测绘师资格考试，成绩合格者，发给资格证书。

四、中国内地与香港的金融合作

CEPA 规定，为了进一步加强在银行、证券和保险领域的合作，内地与香港采取以下措施：内地支持国有独资商业银行及部分股份制商业银行将其国际资金外汇交易中心移至香港；支持内地银行在香港以收购方式发展网络和业务活动；内地在金融改革、重组和发展中支持充分利用和发挥香港金融中介机构的作用；双方加强金融监管部门的合作和信息共享；内地本着尊重市场规律、提高监管效率的原则，支持符合条件的内地保险企业以及包括民营企业在内的其他企业到香港上市。

CEPA补充协议，逐步增加和完善了内地与香港的金融合作措施。

1. 内地允许符合条件的内地创新试点类证券公司根据相关要求在香港设立分支机构；允许符合条件的经中国证监会批准的内地证券公司根据相关要求在香港设立分支机构。

2. 内地允许符合条件的内地期货公司到香港经营期货业务，包括设立分支机构；支持符合条件的内地期货公司在香港设立的子公司在港依法开展业务。

3. 积极支持内地银行赴香港开设分支机构经营业务。

4. 为香港银行在内地中西部、东北地区和广东省开设分行设立绿色通道。

5. 鼓励香港银行到内地农村设立村镇银行。

6. 积极研究在内地引入港股组合ETF（交易型开放式指数基金）。

7. 支持内地银行在审慎经营的前提下，利用香港的国际金融平台发展国际业务。

8. 支持香港的保险公司设立营业机构或通过参股的方式进入市场，参与和分享内地保险市场的发展。加强双方在保险产品研发、业务经营和运作管理等方面的合作。

五、中国内地与香港的旅游合作

为进一步促进香港旅游业的发展，内地逐步允许内地的居民个人赴港旅游。此项措施首先在广东省试行。双方加强在旅游宣传和推广方面的合作，包括促进相互旅游以及开展以珠江三角洲为基础的对外推广活动。通过合作，提高双方旅游行业的服务水平，保障游客的合法权益。

CEPA补充协议八，进一步拓宽了旅游合作领域。

1. 联合提升内地与香港旅游服务质量，建立健全内地与香港旅游市场监管协调机制，规范旅游企业诚信经营，维护游客合法权益，共同推动内地赴港旅游市场健康有序发展。

2. 推进内地与香港旅游海外联合推广工作。联合开发内地与香港"一程多站"旅游精品线路，有效利用海外旅游展览会联合开展宣传推广，进一步密切两地海外旅游办事处的合作。

3. 支持内地与香港旅游企业拓宽合作范畴。鼓励和引导内地与香港旅游企业和社会资本互相进入对方市场，重点支持香港服务提供者在内地设立旅行社；加强在旅游科技研发、景区景点开发方面的深度协作；探讨旅游产业化合作的路径。

4. 采取联合开展人才培训、开发内地旅游新业态等相关措施，加大力度支持以香港为母港的邮轮旅游发展。

第四节 贸易投资便利化

为进一步增强在贸易投资便利化领域的合作，CEPA 制定了附件六《关于贸易投资便利化》，8 个 CEPA 补充协议，特别是 CEPA 补充协议三、补充协议五、补充协议七，对合作的内容不断增加。内地与香港同意在贸易投资促进，通关便利化，商品检验检疫、食品安全、质量标准，电子商务，法律、法规透明度，中小企业合作，产业合作，知识产权保护，品牌合作，教育合作 10 个领域开展贸易投资便利化合作。

一、贸易投资促进

内地与香港之间的贸易和投资对两地经济和社会发展的重要性，从贸易与投资发展的现实和增长需要出发，双方同意加强在贸易投资促进领域的合作。通过发挥联合指导委员会有关工作组的作用，指导和协调两地贸易投资促进合作的开展。注意到贸易投资促进领域半官方和非官方机构的参与具有积极的影响及意义，双方同意通过各种方式支持和协助这些机构开展贸易投资促进活动。

贸易投资促进合作的主要内容包括：

1. 通报和宣传各自对外贸易、吸收外资的政策法规，实现信息共享。
2. 对解决双方贸易投资领域中存在的普遍性问题交换意见，进行协商。
3. 在促进相互投资及密切合作向海外投资的促进方面加强沟通与协作。
4. 在举办展览会、组织出境或出国参加展览会方面加强合作。
5. 对双方共同关注的与贸易投资促进有关的其他问题进行交流。

二、通关便利化合作

内地与香港通过海关总署和香港海关高级领导业务联系年会指导和协调通关便利化合作，并通过海关和有关部门专家小组推动通关便利化合作的开展。

通关便利化合作的主要内容包括：

1. 建立相互通报制度，通报有关通关及便利通关管理的政策法规。

2. 对双方通关制度的差异及存在的问题进行研究和交流，寻求加强通关便利化合作的具体内容。

3. 探讨拓宽进一步合作的内容，在水运、陆运、多式联运、物流等方式通关中加强监管和提高通关效率方面的合作。

4. 加强在建立口岸突发事件应急机制方面的合作，采取有效措施，最大限度地保持双方的通关顺畅。

5. 建立定期的联系制度，发挥海关总署广东分署与香港海关"粤港海关口岸通关效率业务小组"的作用。

6. 加强双方海关"数据交换及陆路口岸通关专家小组"的工作，研究数据联网和发展口岸电子清关系统的可行性，通过技术手段加强双方对通关风险的管理，提高通关效率。

三、商品检验检疫、食品安全、质量标准合作

内地与香港利用有关部门现有的合作渠道，通过互访、磋商和各种形式的信息沟通，推动商品检验检疫、食品安全、卫生检疫、认证认可及标准化领域合作的开展。

上述合作的主要内容包括：

1. 机电产品检验监督。为确保双方消费者的安全，双方通过已建立的联系渠道，加强信息互通与交流，并特别注重有关机电产品的安全信息和情报的交换，共同防范机电产品出现的安全问题。共同促进检验监督人员的培训合作。双方将致力落实国家质量监督检验检疫总局与香港机电工程署于2003年2月12日签署的《机电产品安全合作安排》的有关工作。

2. 动植物检验检疫和食品安全。利用双方现有检验检疫协调机制，加强在动植物检验检疫和食品安全方面的合作，以便双方更有效地执行各自有关法规。双方同意积极推进《国家质检总局与香港商务及经济发展局关于进口葡萄酒经香港中转内地的检验安排谅解备忘录》的磋商进程，积极开展合作。

3. 卫生检疫监管。双方利用现有渠道，定期通报两地的疫情信息，加强卫生检疫的学术交流与合作研究；探讨往返广东、深圳各口岸小型船舶的卫生监督问题；加强在热带传染病、媒介生物调查和防范，特殊物品、核辐射物品的监测和监管，生物性致病因子的运输、检验、治疗和控制等方面的合作。

4. 认证认可及标准化管理。双方推动各自有关机构加强对合格评定（包括测试、认证及检验）、认可及标准化管理方面的合作。

5. 双方将进一步密切有关主管机构之间的合作，建立定期互访机制，开展消费品安全领域的合作。

6. 积极推动香港检测实验室与已加入设有国家成员机构的认证检测国际多边互认体系（如 IECEE/CB 体系）的内地认证机构开展合作，成为该互认体系所接受的检测实验室。

四、电子商务合作

内地与香港电子商务的应用和推广，将给双方的贸易与投资带来更多的机会。双方将在联合指导委员会的指导和协调下，建立有关工作组，形成电子商务合作的沟通渠道和协商协调机制，推动双方在电子商务领域的合作和共同发展。

电子商务合作的主要内容包括：

1. 在电子商务规则、标准、法规的研究和制定方面进行专项合作，创造良好的电子商务环境，推动并确保其健康发展。

2. 在企业应用、推广、培训等方面加强交流与合作。发挥两地政府部门的推动和协调功能，加强电子商务的宣传，推动两地企业间相互交流，并通过建立示范项目，促进企业间开展电子商务。

3. 加强在推行电子政务方面的合作，密切双方多层面电子政务发展计划的交流与合作。

4. 开展经贸信息交流合作，拓展合作的广度和深度。

五、法律、法规透明度

内地与香港提高法律、法规透明度是促进两地经贸交流的重要基础。本着为两地工商企业服务的精神，双方将通过联合指导委员会设立的有关工作组和互设的代表机构开展合作。

法律、法规透明度合作的主要内容包括：

1. 就投资、贸易及其他经贸领域法律法规规章的颁布、修改情况交换信息资料。

2. 通过报刊、网站等多种媒体及时发布政策、法规信息。

3. 举办和支持举办多种形式的经贸政策法规说明会、研讨会。

4. 通过内地 WTO 咨询点、中国投资指南网站和中国贸易指南网站等为工商企业提供咨询服务。

六、中小企业合作

内地与香港中小企业的发展对于增加就业机会、促进经济发展、保持社会稳定具有重要意义，双方将在政府部门间建立促进两地中小企业合作的工作机制，促进两地中小企业合作和共同发展。与此同时，双方支持和协助半官方机构、非官方机构在促进两地中小企业合作中发挥作用。

中小企业合作的主要内容包括：

1. 通过考察与交流，共同探讨支持中小企业发展的策略和扶持政策。

2. 考察、交流双方为中小企业服务的中介机构的组织形式和运作方式，并推动中介机构的合作。

3. 建立为两地中小企业提供信息服务的渠道，定期交换有关出版刊物，设立专门网站，逐步实现双方信息网站数据库的对接和信息互换。

4. 通过各种形式组织两地中小企业直接交流与沟通，促进企业间的合作。

七、产业合作

内地与香港根据优势互补的原则，加强产业合作与交流，有利于两地产业和整体社会经济的发展。具体合作主要内容包括：

（一）中医药产业合作

中医药作为中华民族优秀文化的组成部分，具有巨大的市场应用前景和经济效益。内地与香港在推动中医药产业化发展、促进中医药现代化和国际化等方面各具优势，开展这一领域的合作对双方经济和社会发展具有重要意义。双方将加强和完善两地政府部门间的联系合作机制，推动两地中医药产业合作的发展。双方支持和协助中医药产业合作领域半官方和非官方机构的参与，包括支持内地中国中医药科技开发交流中心与香港赛马会中药研究院有限公司业已建立的合作。

中医药合作的主要内容包括：

1. 相互通报各自在中药法规建设和中医药管理方面的情况，实现信息共享。

2. 加强在中医药科研方面的合作，交流和分享中药发展战略和行业发展导向等方面的信息资料。

3. 加强在中药注册管理方面的沟通与协调，实现中药规范管理，为两地的中药贸易提供便利。

4. 在临床试验的设施管理和临床试验的法规要求等方面开展合作，以期达到双方对临床试验数据的相互承认。

5. 开展中药质量标准方面的交流与合作，共同促进中药质量标准的提高。

6. 支持两地中医药企业的合作，共同开拓国际市场。

7. 加强中医药产业的贸易投资促进和产业合作。

8. 交流和协商解决中医药产业合作中出现的问题。

（二）会展产业合作

会展产业具有很强带动能力和发展潜力。加强内地与香港会展产业合作，对于推动两地经济发展和促进两地经贸交流具有重要意义。利用双方相关政府部门现有的合作渠道，通过交流、磋商，加强信息沟通，加强在会展产业领域的合作，支持两地会展产业共同发展。双方同意支持两地会展产业领域相关的半官方机构、非官方机构和业界在促进两地会展产业合作中发挥作用。

会展产业合作的主要内容包括：

1. 内地支持和配合香港举办大型国际会议和展览会。

2. 为推动香港会展产业的发展，应香港特区政府要求，经国家主管部门同意，内地有关部门将为内地参展人员办理赴香港出入境证件及签注提供便利，以方便内地企业和人员参加在香港举办的会展活动。

（三）文化产业合作

内地与香港文化产业具有很强带动能力和发展潜力，且有较强的互补性。加强两地文化产业合作，对于推动两地文化产业发展具有重要意义。双方同意通过促进文化产业合作，共同创造双赢的局面。利用双方相关政府部门现有的合作渠道，通过交流、磋商，加强信息沟通，支持两地文化产业共同发展。双方同意支持两地文化产业领域相关的半官方机构、非官方机构和业界在促进两地文化产业合作中发挥作用。

文化产业合作的主要内容包括：

1. 支持、加强两地在文化产业方面的交流与沟通。

2. 在文化产业的法律、法规制定和执行方面交换信息。

3. 及时研究解决文化产业交流中出现的问题。

4.　加强在考察、交流、展览等方面的合作。

5.　共同探讨开拓市场和开展其他方面的合作。

（四）环保产业合作

内地与香港环保产业合作对于推动两地经济发展和促进两地经贸交流具有重要意义。双方同意加强在环保产业领域的合作，支持两地环保产业共同发展。在联合指导委员会的指导和协调下，建立有关工作组，加强双方在环保产业领域的合作。双方同意支持和协助半官方机构、非官方机构和业界在促进两地环保产业合作中发挥作用。

环保产业合作的主要内容包括：

1.　加强两地在环保产业合作领域的交流与沟通。

2.　在环保产业的法律、法规制定和执行方面交换信息。

3.　加强在培训、考察等方面的合作。

4.　通过展会推介、举办研讨会等多种方式加强两地环保产业领域的合作。

5.　探讨进一步促进营商便利化的合作建议，以支持两地环保产业发展。

（五）创新科技产业合作

内地与香港创新科技合作对于推动两地经济社会发展具有重要意义。双方同意加强在创新科技领域的合作，支持两地创新科技产业共同发展。通过两地政府部门间的合作机制，加强双方在创新科技领域的合作。双方同意支持和协助半官方机构、非官方机构和业界在促进两地创新科技产业合作中发挥作用。

创新科技产业合作的主要内容包括：

1.　加强两地在创新科技领域的交流和信息资源共享。

2.　逐步把香港科研机构和企业纳入国家创新体系，鼓励香港科研人员和机构参与国家科技计划。

3.　加强两地在高新技术研发和应用、基础科学研究等领域的交流与合作，借此探讨市场开拓。

4.　结合制定实施国家"十二五"科技发展等规划，加强两地在科技产业领域的合作，使香港科技资源进一步融入国家创新体系。

5.　加大支持香港科技创新的力度，不断扩展两地科技合作的新形式，如支持在香港建立国家工程技术研究中心分中心，以适当形式在香港设立高新技术产业化基地等。

八、知识产权保护合作

内地与香港通过两地政府部门间的合作机制，加强双方在知识产权保护领域的合作，这对于推动两地经济发展和促进两地经贸交流与合作具有重要意义。

知识产权保护合作的主要内容包括：

1. 通过在香港设立保护知识产权协调中心，就两地知识产权保护的信息进行交流与沟通。

2. 在知识产权保护的法律、法规的制定和执行方面交换信息。

3. 通过考察、举办研讨会、出版有关刊物及其他方式，分享有关知识产权保护的资料和信息。

4. 就知识产权保护中出现的问题进行磋商。

九、品牌合作

内地与香港认识到，品牌合作对于推动两地经济发展和促进两地经贸交流具有重要意义。双方同意加强在品牌领域的合作。在联合指导委员会的指导和协调下，建立有关工作组，加强双方在品牌领域的合作。

品牌合作的主要内容包括：

1. 加强两地在品牌领域的交流与沟通。

2. 在品牌保护的法律、法规制定和执行方面交换信息。

3. 加强在培训、考察、出版刊物等方面的合作。

4. 通过网站宣传、展会推介、举办研讨会等多种方式加强两地品牌的推广促进活动。

十、教育合作

内地与香港教育合作的主要内容包括：

1. 加强两地在教育合作领域的交流与沟通。

2. 加强教育信息的交流。

3. 加强在培训、考察等方面的合作。

4. 通过专业交流协作、举办研讨会等多种方式加强教育领域的合作。

5. 支持内地教育机构与香港高等院校在内地合作办学，合作建设研究设施，培养本科或以上高层次人才。

总之，CEPA 的实施，减少了内地与香港在经贸交流中的体制性障碍，加速了相互间资本、货物、人员等要素的更便利流动，提高了内地与香港经济交流合作的水平，对香港经济发展起到了积极的促进作用，同时也推动了内地的经济建设和改革开放。

小资料：

香港单独关税区经济贸易概况

中华人民共和国香港特别行政区，简称香港（Hong Kong），位于中国广东省珠江口东侧，背靠大陆，面朝南海，面积为 1078 平方公里。1997 年 7 月 1 日，香港回归祖国，实行"一国两制"。截至 2011 年 7 月 1 日，香港人口总数约为 712 万人。

香港进口商品主要为：食品、消费品、原料及半制成品、燃料和资本货品。转口商品主要为：食品、消费品、原料及半制成品、燃料和资本货品。出口港产品主要为：杂项制品、电讯及声音收录及重播器具及设备、初级形状塑胶、电动机械器具和用具和含金属矿砂及金属碎料。香港主要贸易伙伴为中国内地、美国、日本、中国台湾、新加坡。香港是国际金融、国际航运、地区贸易的中心，服务业是香港经济的命脉，香港已成为全球第十一大贸易经济体系、第六大外汇市场和第十五大银行中心。

2010 年，香港国内生产总值（GDP）2244.58 亿美元，人均 GDP 31 799 美元，货物贸易进出口总额为 8 430.57 亿美元，其中出口额 4 010.22 亿美元，进口额 4 420.35 亿美元，占全球货物贸易出口总额比重 2.63%，进口总额比重 2.87%，关税总水平为 0%，是世界货物贸易出口第 11 位和进口第 9 位。2010 年服务贸易出口额 1 064.28 亿美元，服务贸易进口额 508.68 亿美元，占全球服务贸易进口总额比重 2.88%，出口总额比重 1.45%，是世界服务贸易出口第 11 位，进口第 19 位。2008—2010 年，人均贸易额 127 402 美元。2010 年中国内地与香港货物贸易总额 2 305.8 亿美元，内地出口额 2 183.2 亿美元，内地进口额 122.6 亿美元。

1995 年 1 月 1 日，香港以"中国香港"单独关税区身份加入世界贸易组织。目前，香港与新西兰签订了自由贸易协定。

第十五章　中国内地与澳门更紧密经贸关系安排

2003 年 10 月 17 日，中国内地与中国澳门特别行政区在澳门签署了《内地与澳门关于建立更紧密经贸关系的安排》，简称《安排》，英文全称：Mainland and Macau Closer Economic Partnership Arrangement，即 "CEPA"。CEPA 是一个开放性的协议，"将通过不断扩大相互间的开放，增加和充实 CEPA 的内容"。因此，自 2004 年以来，双方先后签署了 8 个补充协议。本章阐述的是经 8 个补充协议修正和补充后的内容。各个补充协议规定，经补充协议修正和补充后的内容与前者条款产生抵触时，以后者为准。

中国内地与澳门的 CEPA 是 "一国两制" 合作的新路径，是中国国家主体与澳门单独关税区之间签署的自由贸易协议，也是中国内地第二个全面实施的自由贸易协议，标志着内地与澳门的经贸交流与合作进入了一个新的历史阶段。

第一节　中国内地与澳门 CEPA 概述

中国内地与澳门 CEPA 及其补充协议的主要内容与内地与香港 CEPA 及其补充协议的内容大体相似，除了一些因香港与澳门本身的经济、产业等具体情况有差异，内地采取不同的措施。

一、中国内地与澳门 CEPA 的主要内容

《内地与澳门关于建立更紧密经贸关系的安排》，于 2004 年 1 月 1 日起实施。CEPA 有六个附件。附件一：关于货物贸易零关税的实施，表 1. 内地对原产澳门的进口货物实施零关税的产品清单；附件二：关于货物贸易的原产地规则，表 1. 享受货物贸易优惠措施的澳门货物原产地标准表；附件三：关于原产地证书的签发和核查程序，原产地证书格式；附件四：关于开放服务

贸易领域的具体承诺，表1．内地向澳门开放服务贸易的具体承诺，表2．澳门向内地开放服务贸易的具体承诺；附件五：关于"服务提供者"定义及相关规定；附件六：关于贸易投资便利化。

CEPA 的主要内容包括内地与澳门逐步实现货物贸易自由化、服务贸易自由化和贸易投资便利化的各项措施。

（一）货物贸易

在货物贸易自由化方面，内地于 2004 年 1 月 1 日起对 273 个税目原产澳门产品实行零关税；自 2006 年 1 月 1 日起，内地对原产澳门的产品全面实行零关税。同时，内地于 2004 年 1 月 1 日起取消对澳门产品的非关税措施（进口配额、许可证）和关税配额。内地与澳门之间不采用反倾销和反补贴措施。

（二）服务贸易

在服务贸易方面，内地自 2004 年 1 月 1 日起，在物流、分销、视听、旅游、电信、银行、保险、管理咨询、会议展览、运输等 18 个服务行业扩大对澳门的开放。主要包括：根据不同行业的特点，采取不同的开放措施。如提前 1～3 年实施中国对世贸组织的开放承诺；如对澳门投资企业取消股权限制，允许独资经营；如降低注册资本、资质条件等门槛；如放宽地域和经营范围的限制；以及允许澳门会计、律师、医生等专业人士参加内地专业考试取得执业资格等。

（三）贸易投资便利化

在贸易投资便利化方面，内地与澳门加强 7 个领域的合作，包括贸易投资促进，通关便利化，电子商务，法律、法规透明度，商品检验检疫、食品安全、质量标准，中小企业合作和产业合作。

二、CEPA 补充协议的主要内容

（一）补充协议

2004 年 10 月 29 日，双方就内地对第二批原产澳门的货物实行零关税和在服务贸易领域扩大开放的主要内容达成一致，内地进一步对澳门开放做出安排，签署 CEPA 补充协议及其附件。附件一：第二批内地对原产澳门的进口货物实施零关税的产品清单（已生产产品），第二批内地对原产澳门的进口货物实施零关税的产品清单（拟生产产品）；附件二：第二批享受货物贸易优惠措施的澳门货物原产地标准表；附件三：内地向澳门开放服务贸易的具体承诺的补充和修正。就内地进一步对澳门开放做出安排。该协议于 2005 年 1 月 1 日起正式实施。

在货物贸易方面，内地对第二批共 190 种原产澳门的进口货物实行零关税。

在服务贸易方面，内地同意法律、会计、医疗、视听、建筑、分销、银行、证券、运输、货运代理和个体工商户等 11 个领域在 CEPA 原有承诺的基础上，对澳门进一步放宽市场准入的条件。同时，专利代理、商标代理、机场服务、文化娱乐、信息技术、职业介绍、人才中介机构和专业资格考试等 8 个领域对澳门扩大开放。

（二）补充协议二

2005 年 10 月 21 日，双方就内地进一步对澳门开放做出安排，签署 CEPA 补充协议二及其两个附件。附件一：2006 年享受货物贸易优惠措施的澳门货物原产地标准表（一）；附件二：内地向澳门开放服务贸易的具体承诺的补充和修正二。该协议于 2006 年 1 月 1 日起实施。

在货物贸易方面，对输往内地的原产于澳门的货物，除内地明令禁止或特殊产品外，经确定原产地标准后，全部实行零关税。

在服务贸易方面，内地在原有开放承诺的基础上，进一步放宽法律、会计、视听、建筑、分销、银行、旅游、运输和个体工商户等 9 个领域的市场准入条件。

双方还同意继续推动贸易投资便利化工作，加强各领域的合作，进一步促进两地经济的融合。

（三）补充协议三

2006 年 6 月 26 日，双方签署 CEPA 补充协议三及其附件：内地向澳门开放服务贸易的具体承诺的补充和修正三。该协议于 2007 年 1 月 1 日起实施。这是在《内地与澳门关于建立更紧密经贸关系的安排》及其两个补充协议的基础上，内地进一步在服务贸易领域扩大对澳门开放，并加强与澳门在贸易投资便利化领域的合作。

在服务贸易领域，内地在法律、建筑、会展、视听、分销、旅游、运输和个体工商户等领域原有开放承诺的基础上，采取 13 项具体开放措施。其中，4 项属于放宽股权限制，1 项属于降低注册资本、资质条件等门槛，8 项属于放宽地域、经营范围和自然人流动的条件。

在贸易投资便利化领域，为支持和配合澳门产业结构向适度多元化的方向转变，双方在贸易投资便利化原有的产业合作领域中增加会展业合作；同时为推动内地与澳门在知识产权保护领域的合作，双方决定将知识产权保护工作列入 CEPA 贸易投资便利化领域。

（四）补充协议四

2007 年 7 月 2 日，双方签署 CEPA 补充协议四及其附件：内地向澳门开放服务贸易的具体承诺的补充和修正四。该协议于 2008 年 1 月 1 日起实施。

在服务贸易方面，内地在 28 个领域采取了 40 项开放措施，其中 11 个领域为本次新增领域，分别是计算机及其相关服务、市场调研、管理咨询相关服务、公用事业、建筑物清洁、摄影、印刷和出版、笔译和口译、环境、社会服务及体育。在法律、医疗、房地产、人才中介、会展、电信、视听、分销、保险、银行、证券、旅游、文娱、海运、航空运输、公路运输、个体工商户等 17 个领域，在原有开放承诺的基础上，分别采取了取消股权限制、降低注册资本和资质条件等门槛、放宽经营范围和经营地域限制等进一步开放措施。此外，还增加了金融合作和促进贸易投资便利化的内容。

（五）补充协议五

2008 年 7 月 30 日，双方签署 CEPA 补充协议五及其附件：内地向澳门开放服务贸易的具体承诺的补充和修正五。该协议于 2009 年 1 月 1 日起实施。

在服务贸易方面，内地在 18 个原有开放领域共采取 27 项具体措施作进一步深化开放，其中对会计、建筑、医疗、信息技术、人员提供与安排、印刷、会展、分销、环境、银行、社会服务、旅游、海运、航空运输、公路运输和个体工商户等 16 个领域在原有开放承诺基础上，进一步采取简化审批程序、放宽市场准入条件、取消股权限制、放宽经营范围和经营地域等措施，同时新增加与采矿相关服务、与科学技术相关的咨询服务 2 个领域。

在合作方面，双方增加"品牌合作"作为贸易投资便利化方面新的合作领域，在 4 个方面加强合作，包括：加强两地在品牌领域的交流与沟通；在品牌保护的法律、法规制定和执行方面交换信息；加强在培训、考察、出版刊物等方面的合作；通过网站宣传、展会推介、举办研讨会等多种方式加强两地品牌的推广促进活动。

本次补充协议不但包括在全国范围实施、开放力度较大的措施，也有为深化粤澳合作而采取的在广东省先行先试的措施，这些措施将为促进粤澳两地的交流与合作发挥积极作用。

（六）补充协议六

2009 年 5 月 11 日，双方签署 CEPA 补充协议六及其附件：内地向澳门开放服务贸易的具体承诺的补充和修正六。该协议于 2009 年 10 月 1 日起正式实施。

在服务贸易方面，内地对澳门在原有开放领域，共采取 28 项具体措施，其中对法律、建筑、医疗、房地产、人员提供与安排、印刷、会展、公用事业、电信、视听、分销、银行、证券、旅游、文娱、海运、航空运输和个体工商户等在原有开放承诺基础上，进一步采取放宽市场准入条件、取消股比限制、放宽经营范围和经营地域、简化审批程序等措施，同时新增加研究和开发服务领域。

在合作方面，双方增加贸易投资便利化方面的知识产权保护领域的合作内容，并在专业人员资格互认方面开展会计、印刷领域的研究与交流工作。

（七）补充协议七

2010 年 5 月 28 日，双方签署 CEPA 补充协议七及其附件：内地向澳门开放服务贸易的具体承诺的补充和修正七。该协议于 2011 年 1 月 1 日起实施。

在服务贸易方面，内地对澳门在原有开放领域采取 24 项具体措施，其中对建筑、医疗、视听、分销、银行、社会服务、旅游、文娱、航空运输、专业技术人员资格考试和个体工商户等 11 个领域在原有开放承诺的基础上，进一步放宽市场准入条件、取消股权限制、放宽经营范围和经营地域等。同时，新增加技术检验分析与货物检验、专业设计 2 个领域的开放。

在贸易投资便利化方面，增加教育、文化、环保、创新科技等领域的合作，明确合作机制与合作内容等。同时，在检测和认证、会展合作领域补充了新的合作措施。

（八）补充协议八

2011 年 12 月 14 日，双方签署 CEPA 补充协议八及其附件：内地向澳门开放服务贸易的具体承诺的补充和修正八。该补充协议于 2012 年 4 月 1 日起实施。补充协议八完善了货物贸易原产地标准和放宽香港服务提供者的定义及相关规定。

在货物贸易方面，澳门企业可以把原产自内地的原料及组合零件价值计算在"从价百分比"内。

在服务贸易方面，1. 放宽澳门服务提供者定义中有关"实质性商业经营"的判断标准，除特例外，澳门服务提供者可向内地申请使用 CEPA 优惠措施的范围，不受其在澳门经营的范围限制。2. 新增 3 个开放领域，分别是跨学科的研究与实验开发服务，与制造业有关的服务，图书馆、档案馆、博物馆和其他文化服务。3. 对法律、人员提供与安排、分销、保险、银行、证券、医院、旅游、公路运输、专业技术人员资格考试和个体工商户等 11 个领域在原有开放承诺基础上，进一步放宽市场准入条件、取消股权限制、放宽经营范围和经营地域的限制等。

在贸易投资便利化方面，内地和澳门将在原有 10 项合作基础上，深化商品检验、电子商务、知识产权保护和创新科技产业的便利化合作。

第二节　货物贸易规定

香港和澳门都是中华人民共和国的特别行政区，在经济制度上都是高度开放的经济体，两者有着许多共性。因此，内地与香港、澳门的 CEPA 在货物贸易的原则和内容上基本一致。但是，作为两个单独关税区，区域情况不同，货物贸易也有所不同。详见本书第十四章第二节。其不同之处，介绍如下：

一、关税优惠待遇

自 2004 年 1 月 1 日起，内地对原产于澳门的 273 个税号的产品实行零关税。2006 年 1 月 1 日起，对 273 种以外的澳门原产品全面实行零关税。

自 2007 年起，内地每年 1～2 次新增澳门货物享受零关税的待遇，截至 2012 年 1 月，澳门共有 1259 个税号的货物享受零关税。

二、原产地规则

根据 CEPA 实行零关税的原产货物，应符合直接运输规则。下列情况下应视为符合直接运输规则：

（一）货物直接从一方运输至另一方口岸。

（二）货物经过香港运输，但：

1. 仅是由于地理原因或运输需要；

2. 未进入香港进行贸易或消费；

3. 除装卸或保持货物处于良好状态所需的工作外，在香港未进行任何其他加工。

（三）经过香港运输的货物，应向申报地海关提供下列单证：

1. 在出口方签发的联运提单；

2. 出口方发证机构签发的原产地证书；

3. 货物的原厂商发票；

4. 符合上述（二）所列3个条件的证明文件。

澳门原产地证书发证机构为澳门特别行政区经济局。澳门发证机构的任何变更应及时通知内地海关总署。

第三节　服务贸易规定

"内地与澳门服务贸易"与"内地与香港服务贸易"的内容大部分相同，详见本书第十四章第三节。其不同之处，介绍如下：

一、中国内地对澳门开放服务贸易的具体承诺

内地对澳门服务贸易开放的承诺，除了CEPA附件四《关于开放服务贸易领域的具体承诺》及表1所列明的具体承诺外，8个补充协议逐步增加了内地向澳门进一步开放服务贸易的部门、深化开放的领域、降低市场准入的门槛、减少国民待遇的限制等内容。经过8次补充，内地对澳门承诺开放的部门达到132个。

内地对澳门服务贸易开放与对香港服务贸易开放基本相同，但在承诺方面，有两个子部门的区别：一是商务服务—专业服务—城市规划和园林建筑服务中的工程造价咨询服务；二是铁路运输服务中的城市间定期旅客运输，仅对香港，而对澳门没有此承诺。

（内地对澳门服务贸易部门承诺详见附录8.《中国入世、两岸四地服务贸易承诺对照表》）

二、澳门服务提供者的相关规定

CEPA 及其附件中的"服务提供者"指提供服务的任何人,"自然人"对内地而言,指中华人民共和国公民;对澳门而言,指中华人民共和国澳门特别行政区永久性居民。

(一) 以法人形式提供服务的澳门服务提供者的具体标准

1. 除法律服务部门外的澳门服务提供者的具体标准

除法律服务部门外,澳门服务提供者申请在内地提供有关服务时应:根据澳门特别行政区《商法典》、《商业登记法典》或其他有关法规登记。法规如有规定,应取得提供该服务的准照或许可。在澳门从事实质性商业经营。其判断标准为:

(1) 业务性质和范围

拟在内地提供服务的澳门服务提供者在澳门提供服务的性质和范围,应符合 CEPA 附件四和 CEPA 补充协议八附件的规定,内地法律、法规和行政规章对外商投资主体的业务性质和范围有限制性规定的从其规定。(补充协议八补充修正)

(2) 年限

澳门服务提供者应已在澳门登记并从事实质性商业经营 3 年以上(含 3 年),其中:

提供建筑及相关工程服务的澳门服务提供者,应已在澳门登记并从事实质性商业经营 5 年以上(含 5 年);提供房地产服务的澳门服务提供者在澳门从事实质性商业经营的年限不作限制。

提供银行及其他金融服务(不包括保险和证券)的澳门服务提供者,即澳门银行或财务公司,应根据澳门特别行政区《金融体系法律制度》获许可后,从事实质性商业经营 5 年以上(含 5 年);或以分行形式经营 2 年并且以本地注册形式从事实质性商业经营 3 年以上(含 3 年)。(补充协议四补充修正)

提供航空运输地面服务的澳门服务提供者应已获得澳门从事航空运输地面服务业务的专门牌照,从事实质性商业经营 5 年以上(含 5 年),提供机场管理服务的澳门服务提供者如果是航空公司的关联企业,还应适用内地有关法规、规章。(补充协议一补充修正)

提供第三方国际船舶代理服务的澳门服务提供者,应在澳门登记设立并

从事实质性商业经营 5 年以上（含 5 年）。（补充协议四补充修正）

（3）所得补充税

澳门服务提供者在澳门从事实质性商业经营期间应依法缴纳所得补充税。

（4）业务场所

澳门服务提供者应在澳门拥有或租用业务场所从事实质性商业经营，其业务场所应与其业务范围和规模相符合。

提供海运服务的澳门服务提供者，所拥有的船舶总吨位应有 50% 以上（含 50%）在澳门注册。

（5）雇用员工

澳门服务提供者在澳门雇用的员工中在澳门居留不受限制的居民和按澳门有关法规获准在澳门定居的人士应占其员工总数的 50% 以上。

2. 法律服务部门的澳门律师事务所

法律服务部门的澳门律师事务所，申请在内地提供 CEPA 附件四中的有关服务时应：

（1）根据澳门特别行政区有关法规登记设立为澳门律师事务所。

（2）有关律师事务所的独资经营者及所有合伙人应为澳门执业律师。

（3）有关律师事务所的主要业务范围应为在澳门提供本地法律服务。

（4）有关律师事务所、独资经营者或合伙人应依法缴纳所得补充税或职业税。

（5）有关律师事务所应在澳门从事实质性商业经营 3 年以上（含 3 年）。

（6）有关律师事务所应在澳门拥有或租用业务场所从事实质性商业经营。

（二）以自然人形式提供服务的澳门服务提供者

以自然人形式提供服务的澳门服务提供者，应为中国澳门特别行政区永久性居民。

（三）应提供的文件证明

澳门服务提供者为取得 CEPA 中的待遇，应提供：

1. 在澳门服务提供者为法人的情况下，澳门服务提供者应提交经澳门有关机构（人士）核证的文件资料、声明，以及澳门特别行政区政府发出的证明书：

（1）文件资料（如适用）：①澳门特别行政区商业及动产登记局发出的商业及动产登记证明副本。②澳门特别行政区财政局发出的营业税 M/1 格式申报书副本。③澳门服务提供者过去 3 年（或 5 年）在澳门的公司年报或经审计的财务报表。④澳门服务提供者在澳门拥有或租用业务场所的证明文件正本或副本。⑤澳门服务提供者过去 3 年（或 5 年）所得补充税申报表及缴税证明的副本，在亏损的情况下，澳门服务提供者仍应提供有关所得补充税申报表及缴税证明的副本。⑥澳门服务提供者在澳门的雇员在社会保障基金供款凭单副本，以及有关文件或其副本以证明该服务提供者符合 CEPA 附件五第 3 条规定的百分比。⑦其他证明澳门服务提供者在澳门从事实质性商业经营的有关文件或其副本，如澳门法例、CEPA 附件四或 CEPA 补充协议附件有关澳门业务性质和范围规定所需的牌照、许可或澳门有关部门、机构发出的确认信。（补充协议八补充修正）⑧从事物流、货代服务及仓储服务的澳门服务提供者应取得澳门特别行政区政府确认其具有提供综合运输服务资格的证明。

（2）声明：对于任何申请取得 CEPA 中待遇的澳门服务提供者，其负责人应向澳门特别行政区政府做出声明。

（3）证明书：澳门服务提供者将 CEPA 附件五第 6 条第 1 款第 1 项、第 2 项规定的文件资料及声明提交澳门特别行政区经济局审核。经济局在认为必要的情况下，委托澳门特别行政区有关政府部门、机构或独立专业机构（人士）做出核实证明。经济局认为符合 CEPA 附件五规定的澳门服务提供者标准的，向其出具证明书。证明书内容及格式由内地和澳门特别行政区双方磋商确定。

2. 在澳门服务提供者为自然人的情况下，澳门服务提供者应提供澳门永久性居民的身份证明，其中属于中国公民的还应提供港澳居民来往内地通行证（回乡证）或澳门特别行政区护照。

（四）申请程序

澳门服务提供者向内地审核机关申请取得 CEPA 中的待遇，按以下程序进行：

1. 澳门服务提供者申请在内地提供 CEPA 附件四中的服务时，向内地审核机关提交 CEPA 附件五第 6 条规定的文件资料、声明和证明书。

2. 根据法律法规规定的审核权限，内地审核机关在审核澳门服务者提供申请时，一并对澳门服务提供者的资格进行核证。

3. 内地审核机关对澳门服务提供者的资格有异议时，应在规定时间内通知澳门服务提供者，并向内地商务部通报，由商务部通知澳门特别行政区经济局，并说明原因。澳门服务提供者可通过经济局向商务部提出书面理由，要求给予再次考虑。商务部应在规定时间内书面回复经济局。

三、中国内地与澳门专业人员资格的相互承认

内地与澳门鼓励专业人员资格的相互承认，主要体现在以下两个领域（补充协议六）：

1. 会计领域。内地与澳门将启动两地开展中国注册会计师和澳门核数师考试部分考试科目相互豁免的研究工作。

2. 印刷领域。内地与澳门主管部门或行业机构将开展两地印刷技能人员的技术交流工作。

四、中国内地与澳门的金融合作

内地与澳门加强在银行、证券和保险领域的合作：支持内地金融机构到澳门开展业务；支持内地银行在澳门以收购方式发展网络和业务活动；鼓励、协助和支持澳门与内地银行、证券和保险机构之间的业务交流；加强金融监管部门之间的合作和信息共享。

内地与澳门进一步采取措施，加强在金融领域的合作，主要内容包括：

1. 积极支持内地银行赴澳门开设分支机构经营业务。

2. 为澳门银行在内地中西部、东北地区和广东省开设分行设立绿色通道。

3. 鼓励澳门银行到内地农村设立村镇银行。

五、中国内地与澳门的旅游合作

为进一步促进澳门旅游业的发展，内地允许内地的居民个人赴澳门旅游，逐步从北京市、上海市和广东省扩大到各个省市区。内地与澳门旅游合作的其他内容同内地与香港 CEPA 相同。

1. 联合提升内地与澳门旅游服务质量，建立健全内地与澳门旅游市场监管协调机制，规范旅游企业诚信经营，维护游客合法权益，共同推动内地赴澳旅游市场健康有序发展。

2. 推进内地与澳门旅游海外联合推广工作。联合开发内地与澳门"一程多站"旅游精品线路，有效利用海外旅游展览会联合开展宣传推广，进一步密切两地海外旅游办事处的合作。

3. 支持内地与澳门旅游企业拓宽合作范畴。鼓励和引导内地与澳门旅游

企业和社会资本互相进入对方市场，重点支持澳门服务提供者在内地设立旅行社；加强在旅游科技研发、景区景点开发方面的深度协作；探讨旅游产业化合作的路径。

此外，2011 年 8 月，中国国务院批准开发珠海横琴岛，允许内地横琴居住人员；允许横琴建设商业性生活消费设施和开展商业零售等业务，发展旅游休闲、商务服务、金融服务、文化创意、中医保健、科教研发和高技术等产业。在横琴与澳门之间人员通关按现有模式管理的同时，研究对澳门居民进出横琴实行更加便利通关措施。

六、中国内地实施 CEPA 向香港、澳门开放服务贸易的相关规定

内地为实施 CEPA 向香港、澳门开放服务贸易的承诺，修改和新制定了一系列的法规、规章。例如，《香港特别行政区和澳门特别行政区居民参加国家司法考试若干规定》、《取得内地法律职业资格的香港特别行政区和澳门特别行政区居民在内地从事律师职业管理办法》、《港、澳、台地区会计师事务所来内地临时执行审计业务的暂行规定》、《关于落实〈内地与香港关于建立更紧密经贸关系的安排〉和〈内地与澳门关于建立更紧密经贸关系的安排〉医疗及牙医服务有关问题的通知》、《关于香港、澳门永久性居民申请参加国家医师资格考试的规定》等。

第四节　贸易投资便利化

为进一步增强在贸易投资便利化领域的合作，内地与澳门在 10 个领域开展贸易投资便利化合作。"内地与澳门投资、合作"与"内地与香港投资、合作"的内容大部分相同，详见本书第十四章第四节。其不同之处，介绍如下：

一、贸易投资促进

内地与澳门贸易投资促进的合作机制与合作，同内地与香港 CEPA 基本相同，只有一项不同，即：共同开展经贸促进活动，推动双方与葡语国家的贸易和投资。

二、通关便利化合作

内地与澳门通过两地海关部门联合指导和协调通关便利化合作，并通过

海关和有关部门专家小组推动通关便利化合作的开展。根据双方不同的通关制度和监管模式的需要以及合作经验加强合作，其合作的机制与合作和内地与香港 CEPA 基本相同，只有内地与澳门 CEPA 附件六第 5 条第 2 款第 5 项不同，即：建立定期的联系制度，探讨设立海关总署广东分署与澳门海关"粤澳海关口岸通关效率业务小组"的可行性。

三、商品检验、动植物检验检疫、食品安全、卫生检疫、认证认可及标准化管理合作

内地与澳门在 10 个领域开展贸易投资便利化合作，其中有 9 个与内地与香港 CEPA 的基本相同，只有 1 个不同。即：内地与香港 CEPA 第三个领域的合作是"商品检验检疫、食品安全、质量标准"；而内地与澳门 CEPA 第三个领域的合作是"商品检验、动植物检验检疫、食品安全、卫生检疫、认证认可及标准化管理"。

内地与澳门认识到货物贸易及人员往来中保障内地和澳门人民的身体健康和安全的重要性，利用双方有关部门现有的合作渠道，通过互访、磋商和各种形式的信息沟通，推动该领域合作的开展。

合作的内容主要在以下几个方面：

1. 商品检验监督。为确保双方消费者的安全，双方通过已建立的联系渠道，加强信息互通与交流，并特别注重商品安全的情报交换，共同防范商品安全出现的问题，共同促进检验监督人员的培训合作。双方研究签署《产品安全合作安排》，建立有关法律、法规、安全标准，执行法规工作程序和不安全产品事件的沟通联系渠道，开展技术交流和加强培训。

2. 动植物检验检疫。双方建立检验检疫协调机制，加强在动植物检验检疫和食品安全方面的合作，以便双方更有效地执行各自有关法规。鼓励内地符合资格的专业检验检疫机构在澳门设立分支机构，加强与澳门政府现有化验所的技术合作。研究为内地自澳门进口货物设立预检制度。为支持澳门经济适度多元发展，国家质检总局对澳门输往内地的传统食品、葡萄酒等商品在准入条件、检验检测和通关方面给予便利措施，指定珠海出入境检验检疫局对进口澳门产品实施预检。

3. 卫生检疫监管。双方利用现有渠道，定期通报两地的疫情信息，加强卫生检疫的学术交流与合作研究；探讨往返广东各口岸小型船舶的卫生监督问题；加强在热带传染病、媒介生物调查和防范，特殊物品、核辐射物品的监测和监管，生物性致病因子的运输、检验、治疗和控制等方面的合作。

4．认证认可及标准化管理。双方推动各自有关机构加强对合格评定（包括测试、认证及检验）、认可及标准化管理方面的合作。

5．提高检验检疫效率。双方加强在检验检疫通关管理方面的合作，相互提前提供货物的报检资料。同时，探讨双方检验检疫电子联网，口岸检验检疫电子监管的可行性，建立货物及人员检验检疫电子信息交换机制，提高口岸检验检疫通关效率。

6．双方将进一步密切有关主管机构之间的合作，建立定期互访机制，开展消费品安全领域的合作。

四、电子商务合作

内地与澳门电子商务的合作机制与合作同内地与香港 CEPA 基本相同，只是内地与澳门 CEPA 附件六第 6 条第 2 款第 1、2 项中分别增加了"如考虑两地在电子认证方面的互相认可及互通的可行性"；"如资料互通的可行性"的内容。双方同意进一步加强电子商务领域的合作，推进粤澳两地开展电子签名证书互认试点应用。成立工作组，提出两地证书互认的框架性意见。

五、法律、法规透明度

内地与澳门法律、法规透明度同内地与香港 CEPA 基本相同，只是内地与澳门 CEPA 附件六第 7 条第 2 款第 4 项中最后一句规定不同，即：通过内地 WTO 咨询点、中国投资指南网站、中国贸易指南网站、澳门特别行政区经济局及贸易投资促进局网站等为工商企业提供咨询服务。

六、中小企业合作

内地与澳门中小企业合作同内地与香港的 CEPA 基本相同，只是内地与澳门的 CEPA 附件六第 8 条第 2 款增加了第 5 项中，即：以澳门作为经贸合作平台，促进两地中小企业与海外中小企业的交流和合作。

七、产业合作

内地与澳门根据优势互补的原则，加强产业合作与交流，将有利于两地产业和整体社会经济的发展。在创新科技产业合作方面，加大支持澳门科技创新的力度，不断扩展两地科技合作的新形式，如支持在澳门依托相关机构建立科技人才培训基地等。双方在中医药产业合作、文化产业合作、环保产业合作、创新科技产业合作、会展产业合作的内容同内地与香港 CEPA 相同。

2011 年 8 月，国务院正式批复同意珠海横琴实行比经济特区更加特殊的优惠政策，支持横琴中医药产业园内企业开展中医药创新研究，将药品监管机制改革的相关措施在广东省先行先试，授权广东省药品监管部门负责部分药品注册等事项的审批。对于粤澳产业园其他产业的检测、认证及相关审批，由有关部门结合相关产业实际情况及有关具体政策积极研究解决。

八、知识产权保护合作

内地与澳门知识产权保护与内地与香港的 CEPA 基本相同，只是进一步加强了商标领域的交流与合作。即：国家工商行政管理总局与澳门经济局建立联络机制，加强双方在商标领域的合作。

商标领域合作的主要内容包括：

1. 加强两地在商标领域的信息交流。

2. 通过举办研讨会、交流会及网站宣传等形式，增加两地企业对双方商标注册制度的认识。

3. 加强两地在人员培训方面的合作。

4. 为保障澳门地区商标注册申请人权益，继续受理其商标注册申请优先权的申请。

九、品牌合作

内地与澳门品牌合作与内地与香港的 CEPA 相同。

十、教育合作

内地与澳门教育合作与内地与香港的 CEPA 相同。

尽管内地与香港、澳门的两个 CEPA 规定得比较详尽，但香港、澳门对内地的服务贸易开放没有做出任何承诺。虽然，香港、澳门的服务贸易对外开放度比较高，但作为自由贸易协定，不应该长期留有缺口。

中国内地对香港、澳门采取相同的贸易政策，内地与香港、澳门的两个 CEPA 从内容到文字表述基本相同，只是由于香港与澳门本身产业发展有差别，所以在货物的原产地标准的数量上、两个服务贸易具体部门的开放上有所差别。

两个 CEPA 已分别实施 8 年，进展顺利，因此，在进一步修改和补充时，可在将两个 CEPA 合并的思路上迈进，并尽快建成内地—香港—澳门自贸区，最终建成内地—香港—澳门—台湾自贸区，即大中华自贸区。

小资料：

澳门单独关税区经济贸易概况

中华人民共和国澳门特别行政区，简称澳门（Macao），位于南中国海沿岸，地处珠江口以西，东面与香港相距63公里，面积29.7平方公里，1999年12月20日，澳门回归祖国，实行"一国两制"。截至2011年7月1日，澳门人口总数为555 731人。

澳门主要出口商品为：纺织品及成衣、珠宝首饰、香烟及酒等。主要出口贸易伙伴为：中国香港、中国内地、美国和欧盟。主要进口商品为：消费品、原料及半成品、资本货物、燃料及润滑油等。主要进口贸易伙伴为：中国内地、欧盟、中国香港、日本、瑞士和美国。澳门是微型海岛经济，经济规模不大，但具有开放和灵活的特点，在区域性经济中占有独特的地位，是亚太地区内极具经济活力的一员。传统上，澳门的经济以出口为主；在加工业进行转型以适应新时代的同时，服务出口在澳门整体经济上所占的比重加大。

2010年，澳门国内生产总值（GDP）217.36亿美元，人均GDP 49 745美元，货物贸易进出口总额为64.99亿美元，其中货物出口额8.70亿美元，进口额56.29亿美元，占全球货物贸易出口总额比重0.01%，进口总额比重0.04%，关税总水平为0，是世界货物贸易出口第148位和进口第106位。2010年服务贸易出口额279.23亿美元，服务贸易进口额71.11亿美元，占全球服务贸易出口总额比重0.76%，进口总额比重0.20%，是世界服务贸易出口第32位，进口第59位。2008—2010年，人均贸易额65 163美元。2010年中国内地与澳门货物贸易总额22.6亿美元，内地出口额21.4亿美元，内地进口额1.2亿美元。

1995年1月1日，澳门以"中国澳门"单独关税区身份加入世界贸易组织。

第十六章　海峡两岸经济合作框架协议

　　2010 年 6 月 29 日，大陆"海峡两岸关系协会"与台湾"财团法人海峡交流基金会"在重庆签署了《海峡两岸经济合作框架协议》，简称《框架协议》，英文全称：Economic Cooperation Framework Agreement，简称 ECFA。同年 12 月 27 日，两岸公布《货物贸易早期收获产品特定原产地规则》、《适用于货物贸易早期收获产品的临时原产地规则的操作程序》、《海峡两岸经济合作框架协议原产地证书》等，上述协议均于 2011 年 1 月 1 日正式生效。《框架协议》成为两岸关系发展史上一座新的里程碑，标志着两岸经济关系发展的新起点，由此跨入互利双赢、合作发展的"ECFA 新时代"。

第一节　海峡两岸经济合作框架协议的主要内容

一、海峡两岸 ECFA 的组成部分

　　ECFA 的组成，主要有三大部分，即：序言、正文、附件。

　　ECFA 的正文共 5 章 16 条。5 章分别为：总则、贸易与投资、经济合作、早期收获、其他。16 条依次为：目标、合作措施、货物贸易、服务贸易、投资、经济合作、货物贸易早期收获、服务贸易早期收获、例外、争端解决、机构安排、文书格式、附件及后续协议、修正、生效、终止。

　　ECFA 的附件有 5 个，依次为：货物贸易早期收获产品清单及降税安排、适用于货物贸易早期收获产品的临时原产地规则、适用于货物贸易早期收获产品的双方保障措施、服务贸易早期收获部门及开放措施、适用于服务贸易早期收获部门及开放措施的服务提供者定义。

　　ECFA 的内容基本涵盖了两岸间的主要经济活动，是一个综合性的、具有两岸特色的经济合作协议。ECFA 同《中国与东盟全面经济合作框架协议》、《中国—巴基斯坦自由贸易协定早期收获协议》有许多相似之处。即：先有框架协议和早期收获计划，然后逐步谈判签订货物、服务、投资等具体协议。

二、海峡两岸 ECFA 的目标与措施

ECFA 目标为：加强和增进双方之间的经济、贸易和投资合作；促进双方货物和服务贸易进一步自由化，逐步建立公平、透明、便利的投资及其保障机制；扩大经济合作领域，建立合作机制。

对于合作措施，双方同意，考虑双方的经济条件，采取包括但不限于以下措施，加强海峡两岸的经济交流与合作：逐步减少或消除双方之间实质多数货物贸易的关税和非关税壁垒；逐步减少或消除双方之间涵盖众多部门的服务贸易限制性措施；提供投资保护，促进双向投资；促进贸易投资便利化和产业交流与合作。

三、海峡两岸 ECFA 的主要内容

ECFA 签署后，两岸将陆续推进后续单项协议的协商。货物贸易、服务贸易、投资保障、争端解决、其他经济合作等单项协议的商谈将在框架协议生效后 6 个月内开始。框架协议为后续各合作领域的谈判规定了原则与范围。

（一）货物贸易

货物贸易协议磋商内容包括但不限于：1. 关税减让或消除模式；2. 原产地规则；3. 海关程序；4. 非关税措施，包括但不限于技术性贸易壁垒（TBT）、卫生与植物卫生措施（SPS）；5. 贸易救济措施，包括 WTO《关于实施 1994 年关税与贸易总协定第 6 条的协定》、《补贴与反补贴措施协定》、《保障措施协定》规定的措施及适用于双方之间货物贸易的双方保障措施。

纳入货物贸易协议的产品，应分为 3 类：立即实现零关税产品、分阶段降税产品、例外或其他产品。任何一方均可在货物贸易协议规定的关税减让承诺的基础上，自主加速实施降税。

（二）服务贸易

服务贸易协议的磋商应致力于：1. 逐步减少或消除双方之间涵盖众多部门的服务贸易限制性措施；2. 继续扩展服务贸易的广度与深度；3. 增进双方在服务贸易领域的合作。

任何一方均可在服务贸易协议规定的开放承诺的基础上，自主加速开放或消除限制性措施。

（三）投资措施

投资协议包括但不限于以下事项：1. 建立投资保障机制；2. 提高投资相关规定的透明度；3. 逐步减少双方相互投资的限制；4. 促进投资便利化。

（四）其他经济合作的内容

经济合作的内容包括但不限于以下合作：1. 知识产权保护与合作；2. 金融合作；3. 贸易促进及贸易便利化；4. 海关合作；5. 电子商务合作；6. 研究双方产业合作布局和重点领域，推动双方重大项目合作，协调解决双方产业合作中出现的问题；7. 推动双方中小企业合作，提升中小企业竞争力；8. 推动双方经贸社团互设办事机构。

四、海峡两岸 ECFA 的争端解决

ECFA 规定，双方将于框架协议生效后 6 个月内，开始就建立适当的争端解决程序进行磋商，并尽速达成协议，以解决任何关于本协议解释、实施和适用的争端。在上述争端解决协议生效前，任何关于框架协议解释、实施和适用的争端，由双方通过协商解决，或由"两岸经济合作委员会"以适当方式加以解决。

五、海峡两岸 ECFA 的机构安排

ECFA 规定，两岸将成立由指定代表组成的"两岸经济合作委员会"，负责处理与 ECFA 相关的事宜，主要包括：完成为落实 ECFA 目标所必需的磋商、监督并评估 ECFA 的执行、解释 ECFA 的规定、通报重要经贸信息、在正式的争端解决协议生效前，解决与 ECFA 解释、实施和适用的争端等等。委员会可根据需要成立工作小组，处理特定领域与 ECFA 相关的事宜。

2011 年 1 月 6 日，两岸经济合作委员会成立，负责处理与协议相关的事宜。2011 年 2 月 22 日，两岸经济合作委员会举行第一次例会，启动后续协议磋商、回顾和评估 ECFA 早期收获计划执行情况等议题。成立了货物贸易、服务贸易、投资、争端解决、产业合作、海关合作等 6 个工作小组。

目前，ECFA 得到有效落实，两岸经济合作委员会举行了两次例会，ECFA 后续协商全面展开，早期收获计划顺利实施，推动双方经贸往来不断扩大，经济联系日益密切，对海峡两岸经济特别是台湾经济起到了良好的促进作用。大陆"十二五"规划首次专章阐述两岸关系，指明了两岸经济关系的

发展方向，明确了深化两岸经济合作的重点领域和主要内容，为双方经济合作创造了更加广阔的空间，提供了更强劲的动力。

第二节　海峡两岸的货物贸易规定

一、货物贸易的早期收获

ECFA 第 3 条规定："双方同意，在本协议第 7 条规定的货物贸易早期收获基础上，不迟于本协议生效后 6 个月内就货物贸易协议展开磋商，并尽速完成。"

在货物贸易方面，双方按照在 ECFA 附件一《货物贸易早期收获产品清单及降税安排》列明的早期收获产品及降税安排实施降税，但双方各自对其他所有 WTO 成员普遍适用的非临时性进口关税税率较低时，则适用该税率。该附件分为：《大陆方面早期收获产品清单》、《台湾方面早期收获产品降税安排》。

2011 年 1 月 1 日，大陆对 539 项原产于台湾的产品实施降税，占台湾对大陆出口值的 16.14%，包括农产品、化工产品、机械产品、电子产品、汽车零部件、纺织产品、轻工产品、冶金产品、仪器仪表产品及医疗产品等 10 类。与此同时，台湾对 267 项原产于大陆的产品实施降税，占大陆对台湾出口值的 10.53%。台湾对大陆降税产品包括石化产品、机械产品、纺织产品及其他产品等 4 类。双方依据《临时原产地规则》被认定为原产于一方的上述产品，另一方在进口时给予优惠关税待遇。

2012 年 1 月 1 日，货物贸易早期收获的产品开始第二阶段降税。大陆对 608 项原产于台湾的产品实施降税，台湾对 268 项原产于大陆的产品实施降税。这是大陆自台湾进口产品降税幅度最大、涉及产品最广的一次降税，除 30 项现有税率在 15% 以上的产品降至 5% 之外，占早期收获产品总数 94% 以上的货物都将实现零关税。从具体的产品类别来看，大陆自台湾进口的冶金、医疗、仪器仪表和汽车配件的全部产品都将实现零关税，农产品、轻工、化工、纺织、电子和机械等其他类别的绝大部分产品，也将实现零关税。

表 16 - 1   大陆方面早期收获产品降税安排

单位：%

内容 序号	2009 年进口税率（X）	协议税率		
		2011 年	2012 年	2013 年
1	0 < X ≤ 5	0		
2	5 < X ≤ 15	5	0	
3	X > 15	10	5	0

表 16 - 2   台湾方面早期收获产品降税安排

单位：%

内容 序号	2009 年进口税率（X）	协议税率		
		2011 年	2012 年	2013 年
1	0 < X ≤ 2.5	0		
2	2.5 < X ≤ 7.5	2.5	0	
3	X > 7.5	5	2.5	0

注：2009 年进口税率指台湾 2009 年对其他 WTO 成员普遍适用的非临时性进口关税税率

　　ECFA 货物贸易早期收获，意味着两岸在实现自由贸易方面迈出了第一步。从降税产品的时间上看，早期收获计划产品的协议税率在该计划实施后不超过 2 年的时间内最多分 3 次降为零，第 1 年开始降税时间为早期收获计划实施时，第 2 年、第 3 年的降税时间为当年的 1 月 1 日。

二、货物贸易早期收获的临时原产地规则

（一）临时原产地规则的主要内容

　　ECFA 附件二《适用于货物贸易早期收获产品的临时原产地规则》主要内容包括：定义，原产货物，完全获得货物，产品特定原产地规则，税则归类改变，区域价值成分，加工工序，累积规则，微小加工，微小含量，可互换材料，中性成分，成套货品，包装材料及容器，配件、备用零件及工具，直接运输，原产地相关操作程序等条款。《适用于货物贸易早期收获产品的临时原产地规则》采取以税则归类改变标准作为原产地判定的基本标准，将区

域价值成分标准和加工工序标准作为辅助标准。具体条款与中国同新西兰、秘鲁签订的自由贸易协定原产地规则类似。

双方对早期收获产品的特定原产地规则做了具体描述，主要分为：

1. 要求 HS 编码的章改变："从其他章改变至此"。

2. 要求 HS 编码的品目改变："从其他品目改变至此"。

3. 从其他品目改变至此，但某些具体品目改变除外。

4. 要求符合双重标准：从其他子目改变至此，且区域价值成分不少于50%；从其他品目改变至此，且区域价值成分不少于40%、50%；其他章改变至此，且区域价值成分不少于40%。

5. 选择性标准：从其他品目改变至此，或区域价值成分不少于40%、45%。

6. 限从出口方种植的植物获得。

7. 价值成分不少于50%。

根据规定，ECFA 项下有关货物经第三方中转并申请享受 ECFA 优惠关税待遇时，进口货物收货人或需出具第三方海关签发的证明文件。为此，香港、澳门海关做了相关的安排。

（二）临时原产地规则的操作程序

1. 原产地证书

为使原产于一方的货物在输入进口方时获得优惠关税待遇，应由出口方签证机构签发原产地证书，其样式及填写须知见附件。

依据临时原产地规则的规定，出口货物可被认定为原产于出口方时，原产地证书应在货物出口报关前签发。

原产地证书应依据证书填写须知正确填制，编列单一证书编号，并以双方商定的文书格式正确署名和盖章。一份原产地证书涵括的货物应属同一批次交运，且其项数不超过 20 项。原产地证书仅能签发一份正本，进口商应持凭该正本申请适用优惠关税待遇。原产地证书自签发之日起 12 个月内有效。

符合下列情况之一的，出口商或生产商可在货物出口报关之日起 90 日内申请补发原产地证书：（1）因不可抗力或出口方经规定可接受的正当理由；（2）签证机构已签发原产地证书，但由于在填制或签发证书时产生的技术性错误，出口商申请注销及补发原产地证书；（3）原产地证书遗失或损毁。

补发的原产地证书自货物出口报关之日起 12 个月内有效，并注记"补发"字样。

2. 原产地文件的保存

双方应依据其规定，要求生产商或出口商自原产地证书签发之日起，将与原产地有关的证明文件至少保存 3 年。上述相关文件应包括但不限于：（1）出口商或生产商获得相关货物的直接证据，如其账册及与出口货物的采购、成本、价格与付款等有关凭证；（2）有助于证明生产货物所用材料是否为原产的文件，例如所有直接及间接原料的采购、成本、价格与付款等有关单据或凭证；（3）证明原材料生产和加工的文件。

双方签证机构自原产地证书签发之日起，应各自依其规定保存原产地证书的副本及原产地相关的证明文件。

3. 与进口有关的义务

除该操作程序另有规定外，申请适用优惠关税待遇的进口商应在报关时：（1）依进口方海关规定，以书面或电子方式向海关主动申报，申明其进口货物为原产货物；（2）提交出口方签证机构签发的有效原产地证书；（3）提交符合本操作程序规定，与进口货物原产地相关的其他证明文件。

一份原产地证书应对应一份进口报关单上申报的货物。

当多项货物按同一份原产地证书进行进口报关时，如果海关对部分货物的原产资格有疑问，应启动核查程序。

4. 保证金的收取与退还

除进口方规定不得担保的情形外，货物报关进口时，进口商如无法按本操作程序规定提交有效的原产地证书或与进口货物相关的其他文件，但已依据进口方海关规定以书面或电子方式向海关主动申报，申明该货物具备原产资格，该方海关可收取相应的保证金后放行货物。

对于经担保放行的货物，进口商应在海关规定的期限内，提交有效的原产地证书及其他原产地相关证明文件，凭以办理缴税及退还保证金的相关手续。

货物进口时，进口商未按规定向海关主动申报，且未申明该货物具备原产资格，事后提交任何原产地证书的，进口方海关不予受理。

5. 原产地核查

双方应建立原产地核查联络点。

进口方海关可以下列方式对货物原产地进行核查：（1）要求该方的进口商限期提供补充资料；（2）经由上述联络点，书面请求出口方的出口商、生产商或签证机构对货物原产地提供相关核查协助；（3）双方共同商定的其他方式。

进口方海关向出口方提出原产地核查请求时，除应说明货物是以担保或缴税方式放行外，另应具体说明核查的事项、理由及重点，并将现有的相关文件、资料、或其影印本提供给出口方。

出口方收到核查请求后，应尽速做出答复，至迟不得超过收到请求之日起 120 日。

6. 拒绝给予优惠关税待遇

如发生下列情形之一者，进口方海关可拒绝给予货物优惠关税待遇：（1）进口货物经认定不具备临时原产地规则规定的原产资格；（2）进口货物不符合临时原产地规则直接运输的规定；（3）进口商或被请求协助核查的出口方未能于限期内提供资料或书面核查结果；（4）原产地证书未按填写须知正确填制、签章或签发；（5）原产地证书所载内容与所提交的证明文件不相符；（6）原产地证书所列货品名称、税号前 8 位、数量、重量、包装唛头、编号、包装件数或种类等内容与所申报的货物不相符；（7）一方规定的其他情形。

7. 保密与联系沟通机制

双方均应依据其规定，对经由操作程序取得的机密性资料予以保密，并防止泄漏。双方经由操作程序所取得的机密性资料，仅可在该方规定允许情况下，向原产地规则执行与管理机构以及税务机构披露。

双方应建立联系沟通机制，以确保本操作程序顺利实施。

三、大陆单方面对台湾实施的农产品贸易关税优惠

大陆在 2005 年 8 月 1 日起单方面对台湾产 15 种水果，2007 年 3 月 27 日起对 19 种水产品给予零关税待遇。因此，大陆单方面对台湾共 34 种农产品给予零关税待遇。加上 ECFA 早期收获计划，到 2013 年，大陆将对台湾 573 种产品实行零关税待遇。

为缩短台湾农产品通关时间，大陆海关开辟专门窗口，提供优先接单、专人核单、专人计税、专人放行等服务措施，在 7 日工作制的基础上，实行"24 小时预约通关"，确保"时时可通"。海关还根据进口商的申请，提供"上门查验"服务。

由于大陆农产品市场需求旺盛，台湾农产加工品品质优良，双方合作前景非常广阔，足以让台湾整个农业产业链蓬勃发展，大幅增加中小企业的发展规模及创造更多的就业机会。ECFA 拉近了台湾农产品与大陆消费者的距离，为台湾农产品在大陆建立更多的销售渠道。

四、临时贸易救济措施

ECFA 规定，实施货物贸易早期收获期间适用临时贸易救济措施，包括

WTO《关于实施 1994 年关税与贸易总协定第 6 条的协定》、《补贴与反补贴措施协定》、《保障措施协定》及适用于货物贸易早期收获产品的双方保障措施。并制定了 ECFA 附件三《适用于货物贸易早期收获产品的双方保障措施》。

ECFA 规定，后续谈判签订的"货物贸易协议"生效之日起，临时贸易救济措施规则将终止适用，而适用"货物贸易协议"中相关规则。

货物贸易早期收获是在 ECFA 框架下最先实施的降税计划，是两岸在货物贸易领域的快速轨道和试验田。在两岸经贸合作尚未全面启动之前，先选择一些双方共同感兴趣、互补性强的产品，用较快速度和较大幅度提前降税，先行开放货物贸易市场。

五、海峡两岸质检合作领域的相关协议

为了 ECFA 的实施，近年来海峡两岸质检领域的合作发展迅速，截至 2011 年 4 月，两岸已经签署涉及质检领域的协议有 3 个，具体包括《海峡两岸食品安全协议》、《海峡两岸标准计量检验认证合作协议》、《海峡两岸农产品检疫检验合作协议》。

（一）海峡两岸食品安全协议

为增进海峡两岸食品安全沟通与互信，保障两岸人民安全与健康，2008 年 11 月 4 日，两岸发布《海峡两岸食品安全协议》。内容包括：信息（讯息）通报；协处机制；业务交流；文书格式；联系主体；协议履行及变更；争议解决；未尽事宜；签署生效。

双方同意相互通报涉及两岸贸易的食品安全信息（讯息），并就涉及影响两岸民众健康的重大食品安全信息（讯息）及突发事件，进行即时通报，提供完整信息（讯息）。针对上述查询请求，应迅速回应并提供必要协助。双方同意建立两岸重大食品安全事件协处机制，采取下列措施妥善处理：1. 紧急磋商、交换相关信息（讯息）；2. 暂停生产、输出相关产品；3. 即时下架、召回相关产品；4. 提供实地了解便利；5. 核实发布信息（讯息），并相互通报；6. 提供事件原因分析及改善计划；7. 督促责任人妥善处理纠纷，并就确保受害人权益给予积极协助；8. 双方即时相互通报有关责任查处情况。

（二）海峡两岸标准计量检验认证合作协议

为便利海峡两岸经贸往来，促进两岸产业合作，创造良好投资环境，提

升两岸贸易产品质量（品质）及安全，保护消费者权益，2009 年 12 月 22 日，两岸发布《海峡两岸标准计量检验认证合作协议》。内容包括：合作范围、合作形式、相互协助、文书格式、联系主体、协议履行及变更、争议解决、未尽事宜、签署生效。

根据《海峡两岸标准计量检验认证合作协议》，双方同意共同采取措施，开展下列领域的交流合作：

1. 标准领域

积极探索和推动重点领域共通标准的制定；开展标准信息（资讯）交换，并推动两岸标准信息（资讯）平台建设；加强标准培训资源共享。

2. 计量领域

促进两岸法制（法定）计量合作、计量技术和计量管理信息（资讯）交流；合作研究最高量值准确可靠的装置，并开展相关装置的比对；推动测量仪器溯源校准（校正）的技术合作。

3. 检验领域

沟通两岸检验标准和程序；建立两岸贸易中商品检验合作与磋商机制；开展商品安全检验检测技术合作。

4. 认证认可（验证认证）领域

沟通两岸认证认可（验证认证）标准和程序；共同推动两岸新领域认证认可（验证认证）制度的建立和实施；推动两岸认证认可（验证认证）结果的互信，就双方同意的项目做出具体安排。

5. 消费品安全领域

建立两岸消费品安全信息（讯息）通报联系机制；建立两岸贸易消费品安全协处机制；加强对不合格消费品处理的沟通与协调。

6. 加强上述合作领域内相关制度规范的信息（资讯）交换

双方同意就上述合作领域采取如下措施：分别成立两岸标准、计量、检验、认证认可（验证认证）及消费品安全合作工作组，共同商定具体实施计划，明确活动范围等，并可根据需要形成相关领域的合作文件。以技术合作、专家会议、信息（资讯）交流、人员互访及业务培训等方式开展标准、计量、检验、认证认可（验证认证）及消费品安全领域的交流与合作。双方业务主管部门负责指导、协调各工作组开展工作，并指定联络人负责各领域业务的日常联络及工作方案的实施。

（三）海峡两岸农产品检疫检验合作协议

为保障海峡两岸农业生产安全与人民健康，促进两岸农产品贸易发展，

2009 年 12 月 22 日，两岸签署了《海峡两岸农产品检疫检验合作协议》。该协议共 13 条，内容包括：合作原则与目标、业务交流、讯息查询、证明文件核查、通报事项、紧急事件处理、考察确认、文书格式、联系主体、协议履行及变更、争议解决、未尽事宜、签署生效。

根据《海峡两岸农产品检疫检验合作协议》，双方同意本着互信互惠原则，在科学务实的基础上，加强检疫检验合作与交流，协商解决农产品（含饲料）贸易中的检疫检验问题，防范动植物有害生物传播扩散，确保农产品质量安全。建立业务会商、研讨、互访、考察及技术合作机制。必要时，可成立工作小组开展检疫检验专项领域技术合作研究。建立重大检疫检验突发事件协处机制，及时通报，快速核查，紧急磋商，并相互提供协助。提供检疫检验规定、标准、程序等讯息查询，并给予必要协助。加强农药及动物用药残留等安全卫生标准交流，协调处理标准差异问题。建立检疫检验证明文件核查及确认机制，防范伪造、假冒证书行为。及时通报进出口农产品重大疫情及安全卫生事件讯息。定期通报进出口农产品中截获的有害生物、检出的有毒有害物质及其他不合格情况。建立农产品安全管理追溯体系，协助进口方到出口农产品生产加工场所考察访问，对确认符合检疫检验要求的农产品，实施便捷的进口检疫检验措施。

第三节　海峡两岸的服务贸易规定

海峡两岸 ECFA 规定，双方按服务贸易早期收获部门及开放措施，对另一方的服务及服务提供者减少或消除实行的限制性措施；若因实施服务贸易早期收获计划对一方的服务部门造成实质性负面影响，受影响的一方可要求与另一方磋商，寻求解决方案。在达成的服务贸易协议生效之日起，早期收获计划的服务提供者定义终止适用。

在服务贸易承诺方面，ECFA 与 CEPA 相同的是都没有水平承诺（应参照双方加入 WTO 的水平承诺），只有具体承诺，其不同的是，ECFA 的具体承诺分为 4 个模式，与 WTO《服务贸易总协定》相似。大陆在 5 大类中开放 14 个部门、分部门、子部门，台湾在 6 大类中开放 13 个分部门、子部门。

在服务提供模式上，双方均开放跨境交付、境外消费、商业存在，而对自然人流动服务没有承诺。

一、大陆对台湾地区开放服务贸易的具体承诺

(一) 商业服务

1. 专业服务：会计、审计和簿记服务，允许台湾会计师事务所在大陆临时开展审计业务时申请的《临时执行审计业务许可证》的有效期为 1 年。

2. 计算机及其相关服务：软件实施服务、数据处理服务（不包括其他数据处理服务）。在加入世界贸易组织时承诺的基础上，允许台湾服务提供者在大陆设立独资企业，提供软件实施服务、数据处理服务。

3. 研究和开发服务：自然科学和工程学的研究和实验开发服务。允许台湾服务提供者在大陆设立合资、合作或独资企业，提供自然科学和工程学的研究和实验开发服务。

4. 其他商业服务：会议服务，在加入 WTO 时承诺的基础上，允许台湾服务提供者在大陆设立独资企业，提供会议服务。专业设计服务，允许台湾服务提供者在大陆设立合资、合作或独资企业，提供专业设计服务。

(二) 通讯服务

视听服务：录像的分销服务，包括娱乐软件及录像带的租赁或出租服务、录音制品分销服务，参照中国加入 WTO 承诺。根据台湾有关规定设立或建立的制片单位所拍摄的、拥有 50% 以上的电影片著作权的华语电影片，经大陆主管部门审查通过后，不受进口配额限制在大陆发行放映。该电影片主要工作人员组别中，台湾居民应占该组别整体员工数目的 50% 以上。

(三) 金融服务

1. 保险及其相关服务：允许台湾保险公司经过整合或战略合并组成的集团，参照外资保险公司市场准入条件（集团总资产 50 亿美元以上，其中任何一家台湾保险公司的经营历史在 30 年以上，且其中任何一家台湾保险公司在大陆设立代表处 2 年以上）申请进入大陆市场。

2. 银行及其他金融服务（不包括证券期货和保险）：（1）台湾的银行比照大陆《外资银行管理条例》的有关规定，在大陆申请设立独资银行或分行（非独资银行下属分行），提出申请前应在大陆已经设立代表处 1 年以上。（2）台湾的银行在大陆的营业性机构申请经营人民币业务，应具备下列条件：提出申请前在大陆开业 2 年以上且提出申请前 1 年盈利。（3）台湾的银行在

大陆的营业性机构具备下列条件可申请经营在大陆的台资企业人民币业务：提出申请前在大陆开业1年以上且提出申请前1年盈利。（4）台湾的银行在大陆设立的营业性机构可建立小企业金融服务专营机构。具体要求参照大陆相关规定执行。（5）为台湾的银行申请在大陆中西部、东北部地区开设分行（非独资银行下属分行）设立绿色通道。（6）主管部门审查台湾的银行在大陆分行的有关盈利性资格时，采取多家分行整体考核的方式。

3．证券、期货及其相关服务：（1）对符合条件的台资金融机构在大陆申请合格境外机构投资者资格给予适当便利。（2）尽快将台湾证券交易所、期货交易所列入大陆允许合格境内机构投资者投资金融衍生产品的交易所名单。（3）简化台湾证券从业人员在大陆申请从业人员资格和取得执业资格的相关程序。

（四）与健康相关的服务和社会服务（除专业服务中所列以外）
医院服务：允许台湾服务提供者在大陆设立合资、合作医院；允许台湾服务提供者在上海市、江苏省、福建省、广东省、海南省设立独资医院。

（五）运输服务
航空运输服务：飞机的维修和保养服务。在加入WTO时承诺的基础上，允许台湾服务提供者以独资或合资形式投资大陆航空器维修领域，台湾服务提供者必须为法人或多个台湾服务提供者共同投资时其主要投资者必须为法人。

二、台湾地区对大陆开放服务贸易的具体承诺

（一）商务服务
1．研究与发展服务：允许大陆服务提供者在台湾以独资、合资、合伙及设立分公司等形式设立商业据点，提供研究与发展服务。
2．其他商务服务：（1）会议服务，指为会议或类似事件提供计划、组织、管理及行销等营业性活动（包括外烩及饮料服务）；允许大陆服务提供者在台湾以独资、合资、合伙及设立分公司等形式设立商业据点，提供会议服务。（2）展览服务（限合办之专业展览），允许大陆企业、事业单位、与会展相关之社团或基金会等来台从事与台湾会展产业的企业或公会、商会、协会等团体合办专业展览，唯须符合相关规定。（3）其他：特制品设计服务，

凡从事室内设计以外专门设计服务之行业均属之，如服装、珠宝、家具等商品及其他个人或家庭物品之设计、视觉传达（平面）设计及包装设计等服务，允许大陆服务提供者在台湾以独资、合资、合伙及设立分公司等形式设立商业据点，提供特制品设计服务。

（二）通讯服务

视听服务中的电影放映服务：华语电影片和合拍电影片，根据大陆有关规定设立的制片单位所拍摄、符合台湾相关规定所定义之大陆电影片，经台湾主管机关审查通过后，每年以 10 部为限，可在台湾商业发行映演，并应符合大陆电影片进入台湾发行映演相关规定。

（三）分销服务

经纪商服务（活动物除外），凡以按次计费或依合约计酬方式，从事有形商品买卖居间说合而收取佣金之行业均属之。经由网际网路从事商品经纪亦归入本类。允许大陆服务提供者在台湾以独资、合资、合伙及设立分公司等形式设立商业据点，提供经纪商服务。

（四）金融服务

银行及其他金融服务（不包括证券期货和保险）：大陆的银行经许可在台湾设立代表人办事处且满 1 年，可申请在台湾设立分行。

（五）娱乐、文化及体育服务

体育赛事推广服务、体育赛事组织工作服务、其他体育服务，允许大陆服务提供者在台湾以独资、合资、合伙及设立分公司等形式设立商业据点，提供运动休闲服务。

（六）运输服务

空运服务的电脑订位系统。允许大陆服务提供者在台湾以独资、合资、合伙及设立分公司等形式设立商业据点，提供电脑订位系统服务。

三、海峡两岸开放服务贸易承诺对比

（一） 两岸双向开放的部门与分部门

自然科学的研究和开发服务，会议服务，专业设计服务，银行和其他金融服务（不含保险）。共 4 个部门与分部门。

（二） 大陆单方面对台湾开放的部门与分部门

会计、审计和簿记服务，软件实施服务，数据处理服务；录像的发行服务包括娱乐软件，录像带的租赁或出租服务，录音制品分销服务；所有保险和保险相关服务，证券服务；医院服务；飞机的维修和保养服务。共 10 个部门与分部门。

（三） 台湾单方面对大陆开放的部门与分部门

社会科学与人文科学的研究和开发服务，跨学科的研究和开发服务，展览服务；电影院服务；佣金代理服务；体育赛事推广服务，体育赛事组织工作服务，其他体育服务；计算机订座服务。共 9 个部门与分部门。

（四） 大陆对台湾开放的部门超过对 WTO 承诺的部门与分部门

在大陆对台湾开放的部门中，自然科学的研究和开发服务，专业设计服务，医院服务等 3 项内容，是没有对 WTO 承诺的。

（海峡两岸服务贸易部门承诺详见附录 8.《中国入世、两岸四地服务贸易承诺对照表》）

四、服务提供者的定义

为防止海峡两岸以外的第三方自然人或法人变相享受 ECFA 的优惠待遇，ECFA 以充分照顾两岸服务提供者利益为原则，以符合 WTO 规则为基础，对服务提供者的定义做了明确规定。

（一） 海峡两岸的服务提供者

服务提供者专指海峡两岸适用于服务贸易早期收获部门及开放措施的人，具体是指为另一方提供服务的一方自然人或一方法人。一方自然人是指持有两岸任何一方身份证明文件的自然人；一方法人是指根据两岸任一方相关规定在该方设立的实体，包括任何公司、信托、合伙企业、合资企业、独资企业或协会（商会）。

（二）法人服务提供者应具备的条件

一方法人服务提供者应同时具备下列条件：

1. 在该方提供服务的性质和范围，应包含其拟在另一方提供服务的性质和范围。

2. 在该方从事实质性商业经营，应符合下列规定：

（1）在该方从事与拟在另一方提供服务的性质和范围相同的商业经营持续 3 年以上，其中：

从事银行及其他金融服务（不包括证券期货和保险）的一方银行机构，应在该方获得银行业监督管理机构营业许可并注册或登记设立且从事商业经营持续 5 年以上；

从事证券期货及其相关服务的一方证券期货公司，应在该方获得证券期货监督管理机构营业许可并注册或登记设立且从事商业经营持续 5 年以上；

从事保险及其相关服务的一方保险公司，应在该方获得保险业监督管理机构营业许可并注册或登记设立且从事商业经营持续 5 年以上。

（2）在该方缴纳所得税。

（3）在该方拥有或租用经营场所。

3. 服务提供者证明书

一方服务提供者为享有 ECFA 附件四所列并超出在 WTO 承诺的优惠待遇，应按下列规定向该方业务主管部门或其委托机构提供文件、资料，申请"服务提供者证明书"：

（1）一方自然人服务提供者应提供身份证明文件，及业务主管部门或其委托机构认为需要提供的其他文件、资料。

（2）一方法人服务提供者应提供：注册登记证明副本；最近 3 年或 5 年的完税证明副本；最近 3 年或 5 年经审计的财务报表；拥有或租用经营场所的证明文件或其副本；其他证明提供服务性质和范围的文件或其副本；业务主管部门或其委托机构认为需要提供的其他文件、资料。

（三）服务提供者证明书的核发与提交

1. 一方服务提供者提供了上述相关文件、资料，业务主管部门或其委托机构认为符合 ECFA 附件五的规定，向其核发服务提供者证明书。

2. 一方服务提供者申请在另一方提供 ECFA 附件四所列并超出在 WTO 承诺的服务时，应向另一方的相关业务主管部门提交有效的服务提供者证明书，及申请所涉服务部门规定的文件、资料。

（四）对 ECFA 签署前的服务提供者的待遇

已在另一方提供服务的一方服务提供者可按照 ECFA 附件五的相关规定申请取得服务提供者证明书，以享有 ECFA 附件四所列并超出在 WTO 承诺的优惠待遇。

五、中国大陆实施 ECFA 向台湾开放服务贸易的相关规定

为加强和增进两岸间的经济合作，落实《海峡两岸经济合作框架协议》，2010 年 10 月 22 日，卫生部和商务部共同制定了《台湾服务提供者在大陆设立独资医院管理暂行办法》，自 2011 年 1 月 1 日起施行。该管理办法共 6 章，39 条，内容包括：总则；设置条件；设置审批与登记；执业；监督管理；附则。

第四节　海峡两岸的投资与经济合作

一、海峡两岸的投资

ECFA 规定的投资，包括但不限于以下事项：

1. 建立投资保障机制；
2. 提高投资相关规定的透明度；
3. 逐步减少双方相互投资的限制；
4. 促进投资便利化。

ECFA 的签署，旨在逐步减少或消除彼此间的投资障碍，创造公平的投资环境，进一步增进双方的投资关系，建立有利于两岸经济共同繁荣与发展的合作机制。

改革开放以来，特别是加入 WTO 后，大陆欢迎并鼓励台湾企业到大陆投资经营发展，台资进入大陆在大陆方面早已解决，但台湾单独关税区对岛内资金流向大陆却有着严格的限制。为此，应在投资方面遵循市场规律，排除人为设置的障碍。台湾的经济比大陆发达得多，台湾的人均 GDP 比大陆高出

4 倍，无论是货物贸易还是服务贸易都比大陆具有更强的竞争力，应把优惠待遇从大陆单向性给予台湾改变为双向性给予，达到双赢互利。

　　近年来，台湾先后公布了第一、二阶段赴台投资业别项目。以《第二阶段大陆地区人民赴台投资业别项目》为例，2011 年 3 月 2 日，台湾"经济部"公布该项目的内容包括：制造业、服务业和公共建设。在制造业方面，开放 25 项，累计开放 89 项，占台湾行业标准分类——制造业细类 212 项的 42%。在服务业方面，开放 8 项，累计开放 138 项，占台湾行业标准分类——服务业细类 326 项的 42%。在公共建设方面，开放 9 项，累计开放 20 项，占促参法公共建设次类别分类 83 项的 24%。

二、海峡两岸的经济合作

　　当前，海峡两岸都处在宏观经济实现战略转型的关键时期，大陆以加快转变经济发展方式为主线，致力于推动产业结构转型升级；台湾企业求新求变，努力实现由代工模式向品牌战略的提升。为此，应加强海峡两岸沟通与交流，实现产业资源整合与优势互补，共同提升双方在全球产业链和全球市场的位阶与竞争力，使经济合作达到一个新的发展水平。

　　ECFA 规定的经济合作，包括但不限于以下合作：

1. 知识产权保护与合作；
2. 金融合作；
3. 贸易促进及贸易便利化；
4. 海关合作；
5. 电子商务合作；
6. 研究双方产业合作布局和重点领域，推动双方重大项目合作，协调解决双方产业合作中出现的问题；
7. 推动双方中小企业合作，提升中小企业竞争力；
8. 推动双方经贸社团互设办事机构。

三、海峡两岸医药卫生合作协议

　　2010 年 12 月 21 日，两岸签署《海峡两岸医药卫生合作协议》。该协议共 6 章，30 条，内容包括：总则；传染病防治；医药品安全管理及研发；中医药研究与交流及中药材安全管理；紧急救治；附则。

　　该协议涵盖了两岸卫生检疫和两岸医疗器械、化妆品、中药材的检验监管等质检内容。通过加强两岸在卫生检疫领域的合作，将及时有效应对口岸重大传染病疫情的突发公共卫生事件，防控传染病传播和蔓延，有效保护两岸人民的身体健康。

根据该协议，双方进行交流合作的领域包括：传染病防治；医药品安全管理及研发；中医药研究与交流及中药材安全管理；紧急救治；双方同意的其他领域。

为负责商定具体工作规划、方案，双方分别设置下列工作组：传染病防治工作组；医药品安全管理及研发工作组；中医药研究与交流及中药材安全管理工作组；紧急救治工作组；检验检疫工作组；双方商定设置的其他工作组。

双方同意就可能影响两岸人民健康之传染病的检疫与防疫、资讯交换与通报、重大传染病疫情处置、疫苗研发及其他事项，进行交流与合作。依循公认检疫防疫准则所规范的核心能力，加强合作，采取必要检疫及防疫措施，避免或减少传染病传播至对方。

第五节　海峡两岸知识产权保护合作协议

2010 年 6 月 29 日，大陆海协会与台湾海基会在签署 ECFA 的同时，还签署了《海峡两岸知识产权保护合作协议》，于 2010 年 9 月 12 日生效。

《海峡两岸知识产权保护合作协议》是在 ECFA 框架下的一份单项协议。这项协议，为保障海峡两岸人民权益，促进两岸经济、科技与文化发展，发挥着不可替代的积极作用。

一、海峡两岸知识产权合作的目标

双方同意本着平等互惠原则，加强专利、商标、著作权及植物新品种权（植物品种权）（以下简称"品种权"）等两岸知识产权（智慧财产权）保护方面的交流与合作，协商解决相关问题，提升两岸知识产权（智慧财产权）的创新、应用、管理及保护。

二、优先权利与保护品种

双方同意依各自规定，确认对方专利、商标及品种权第一次申请日的效力，并积极推动做出相应安排，保障两岸人民的优先权权益。在各自公告的植物品种保护名录（植物种类）范围内受理对方品种权的申请，并就扩大植物品种保护名录（可申请品种权之植物种类）进行协商。

协议签署后，两岸将建四个官方对接平台，分别处理专利权、商标权、著作权和品种权等问题。前三个领域分别由台湾"经济部智慧财产局"的专利组、商标组和著作权组，对接大陆的知识产权局、工商总局商标局以及新闻出版总署。"品种权"部分，则由台湾"农委会"对口大陆的农业部和国家林业局。

如，按照协议中关于"品种权"的规定，为保障植物育种家的种苗技术和研发智慧，包括园艺作物、花卉、水果及农产品等均可申请植物品种权。比如，台湾的蝴蝶兰，未来大陆业者栽种，需要经过台湾方面授权。

三、审查与业界合作

双方同意推动相互利用专利检索与审查结果、品种权审查和测试等合作及协商。促进两岸专利、商标等业界合作，提供有效、便捷服务。

该协议的合作具有三个特点：

1. 全面性，双方同意全方位建立两岸知识产权的保护机制，加强专利、商标、著作权及植物新品种保护方面的交流与合作，同时对其他问题也做了开放性的制度安排。

2. 权威性，规定了执法协作、工作会晤等事项，关注了各个环节。

3. 前瞻性，协议不仅立足解决当前的合作问题，而且着眼长远，如将共同提升两岸知识产权的创新、应用、管理及保护，建立长效合作机制等。

四、认证服务

双方同意为促进两岸著作权贸易，建立著作权认证合作机制，当一方音像（影音）制品于他方出版时，需由一方指定之相关协会或团体办理著作权认证，并就建立图书、软件（电脑程式）等其他作品、制品认证制度交换意见。

如，当一方音像（影音）制品于他方出版时，需由一方指定相关协会或团体办理著作权认证，并就建立图书、软件等其他作品、制品认证制度交换意见。在业务交流方面，双方将推动业务主管部门人员进行工作会晤、考察参访、经验和技术交流、举办研讨会等，促进著作权集体管理组织交流与合作等。

五、协处机制

双方同意建立执法协处机制，依各自规定妥善处理下列知识产权（智慧财产权）保护事宜：

1. 打击盗版及仿冒，特别是查处经由网络（网路）提供或帮助提供盗版图书、音像（影音）及软件（电脑程式）等侵权网站，以及在市场流通的盗版及仿冒品。

2. 保护驰名（著名）商标、地理标志或著名产地名称，共同防止恶意抢注行为，并保障权利人行使申请撤销被抢注驰名（著名）商标、地理标志或著名产地名称的权利。

3. 强化水果及其他农产品虚伪产地标识（示）之市场监管及查处措施。

4. 其他知识产权（智慧财产权）保护事宜。

在处理上述权益保护事宜时，双方可相互提供必要的资讯，并通报处理结果。

六、业务交流

双方同意开展知识产权（智慧财产权）业务交流与合作事项如下：

1. 推动业务主管部门人员进行工作会晤、考察参访、经验和技术交流、举办研讨会等，开展相关业务培训。

2. 交换制度规范、数据文献资料（资料库）及其他相关资讯。

3. 推动相关文件电子交换合作。

4. 促进著作权集体管理组织交流与合作。

5. 加强对相关企业、代理人及公众的宣导。

6. 双方同意之其他合作事项。

七、工作规划、保密义务、限制用途与文书格式

双方同意分别设置专利、商标、著作权及品种权等工作组，负责商定具体工作规划及方案。对于在执行本协议相关活动中所获资讯予以保密。但依请求目的使用者，不在此限。

双方同意仅依请求目的使用对方提供之资料。但双方另有约定者，不在此限。双方交换、通报、查询资讯及日常业务联系等，使用商定的文书格式。

　　海峡两岸加入 WTO 已经 10 年，在加入时双方均没有援引《建立世界贸易组织协定》第 13 条"多边贸易协定成员间的不适用"，宣布互不适用 WTO 多边贸易协定。大陆方面，自加入 WTO 之后，即在货物贸易方面给予台湾方面最惠国待遇，在服务贸易方面则在部分行业有所限制。但台湾方面，在加入 WTO 之后，仍对大陆采取歧视性政策，严重地违反了世贸规则。

　　在货物贸易方面，台湾对大陆实行"管进不管出"的政策，严格限制大陆产品进口，对进口大陆商品单方设限，对大陆绝大部分的商品品种采取限制进口措施。如，不允许大陆生产的台湾进口额较大的农工原料性商品、机电船舶和家电用品等一些大宗商品和高附加值的产品进入岛内，直接影响了大陆对台出口。即使可以进口的有些产品，也不是适用最惠国待遇关税税率，而是按"临时性进口关税税率"征进口关税，这是大陆货物贸易长期处于巨额逆差的主要原因。

　　在服务贸易和投资方面，台湾对大陆基本上是不开放的，实际上是大陆单方面向台湾方面开放货物、服务贸易和投资市场。

　　ECFA 前言中已明确规定："双方同意，本着世界贸易组织（WTO）基本原则，考虑双方的经济条件，逐步减少或消除彼此间的贸易和投资障碍，创造公平的贸易与投资环境。"因此，两岸开展经济合作，首先应各自履行入世承诺，给予对方 WTO 成员的待遇。其次，两岸根据各自的实际情况，彼此照顾对方企业的关切、利益，以积极务实的态度，谈判进一步的开放。大陆除了促使台湾调整其限制性的大陆经贸政策外，应在适当时机选择利用 WTO 的有关机制，对台湾违背 WTO 规则的做法采取制约措施，以迫使其逐步取消对大陆的歧视性贸易政策。

　　ECFA 签署为两岸经济合作搭建了一个制度化的平台，但这只是两岸合作的开始。今后，两岸将不断丰富和完善框架协议的内容，务实推动两岸在各领域建立相应的合作机制，让两岸人民全面感受到贸易投资更加自由、便利的好处。

　　多年来，台湾地区一直在寻求与其他国家谈判签署自由贸易协定，但遇到阻力。实际上，台湾应首先与香港、澳门谈判签署经贸合作协议。目前，中国两岸四地区域内已签署三个双边经济合作协议：内地与港澳更紧密经贸关系安排（两个 CEPA），海峡两岸经济合作框架协议（ECFA）。三个协议均与中国内地连接，如果台湾再与港澳签署经贸合作协议，四个协议打通就具备了很高的区域整合可能性，为大陆、台湾、香港、澳门最终形成区域经济一体化创造了条件。

小资料:

台湾单独关税区经济贸易概况

中国台湾省,简称台湾(Taiwan),位于中国大陆东南沿海的大陆架上,东临太平洋,东北邻琉球群岛,南界巴士海峡,西隔台湾海峡与福建相望,面积36 191.4667平方公里。截至2011年4月,台湾人口总数为55万人。

台湾主要出口商品为:农产品、农产品加工品、工业产品、重化工业品、非重化工业品;主要进口商品为:资本设备、农工原料、消费品等。台湾主要贸易伙伴为:中国大陆、中国香港、美国、日本、新加坡、韩国、越南、德国、菲律宾、马来西亚、泰国、荷兰、印度尼西亚、英国、印度。

2010年,台湾国内生产总值(GDP)4299.18亿美元,人均GDP18 303美元,货物贸易进出口总额为5 258.37亿美元,其中出口额2 746.01亿美元,进口额2 512.36亿美元,占全球货物贸易出口总额比重1.80%,进口总额比重1.63%,关税总水平6.10%,是世界货物贸易出口第16位和进口第17位。2010年服务贸易出口额401.82亿美元,服务贸易进口额370.97亿美元,占全球服务贸易出口总额比重1.09%,进口总额比重1.06%,是世界服务贸易出口第24位,进口第28位。2008—2010年,人均贸易额23 050美元。2010年中国大陆与台湾货物贸易总额1 453.7亿美元,大陆出口额296.8亿美元,大陆进口额1156.9亿美元。

2002年1月1日,台湾以"中国台北"单独关税区身份加入世界贸易组织。目前,台湾参加的区域贸易协定5个,协定伙伴5个:与危地马拉、洪都拉斯、萨尔瓦多、尼加拉瓜、巴拿马签订了自由贸易协定。

第十七章　亚太贸易协定

第一节　亚太贸易协定概述

一、亚太贸易协定的由来

《亚太贸易协定》，全称为《亚洲及太平洋经济和社会委员会发展中成员国关于贸易谈判的第一协定》，英文全称：First Agreement on Trade Negotiations among Developing Member Countries of the Economic and Social Commission for Asia and the Pacific。其前身为《曼谷协定》（Bangkok Agreement），是亚洲发展中国家根据《关税与贸易总协定》（GATT）"授权条款"签订的，属于局部自由贸易协定。

1975 年 7 月 31 日，在联合国亚太经社会主持下，孟加拉国、印度、韩国、斯里兰卡、老挝、菲律宾和泰国 7 国，在泰国首都曼谷共同签订了《曼谷协定》，在发展中成员国之间达成的贸易优惠安排。1976 年 6 月 17 日生效。

《亚太贸易协定》现有成员国为 6 个，即：印度、韩国、孟加拉国、斯里兰卡、老挝和中国。中国于 2000 年 4 月加入该协定，这是中国加入的第一个具有实质性优惠安排的区域贸易协定。而菲律宾和泰国政府至今没有完成加入的核准程序，巴布亚新几内亚在 1993 年 12 月曾完成加入《曼谷协定》的有关程序，但巴新政府至今尚未核准其加入议定书。

2005 年 11 月 2 日，《曼谷协定》第一次部长级理事会在北京举行，《曼谷协定》正式更名为《亚太贸易协定》，决定 2006 年 7 月 1 日开始实施第三轮（含《曼谷协定》前两轮）关税减让。

2007 年 10 月，《亚太贸易协定》第二次部长级理事会通过了《部长宣言》及《原产地证书签发与核查操作程序》，并宣布启动第四轮关税减让谈判。《部长宣言》指出，各方将在互惠互利的基础上，继续探讨未来进一步扩大优惠关税范围，提高优惠幅度，拓宽合作领域，同时也欢迎更多的亚太国家加入本协定，加强《亚太贸易协定》在亚太区域经济一体化进程中的作用。

2009 年 10 月 30 日～11 月 1 日，中国、孟加拉国、印度、韩国、老挝、斯里兰卡 6 国就《亚太贸易协定》第四轮关税减让谈判举行了第六次双边磋商，并就服务贸易、投资和贸易便利化三个框架协定达成一致。2009 年 12 月 15 日，6 国部长共同签署了贸易便利化和投资框架协议，发表了《部长宣言》，一致同意于近期完成第四轮关税减让谈判，在今后两年内完成服务贸易和投资具体承诺的谈判工作，同时扩大贸易便利化和成员国间的合作范围。服务贸易框架协议将待各成员国完成国内批准程序后另行签署。

2010 年 6 月 21—23 日，《亚太贸易协定》第 36 次常委会在蒙古首都乌兰巴托举行。中国、孟加拉、印度、韩国、老挝、斯里兰卡 6 个成员国就《亚太贸易协定》第四轮关税减让谈判、投资和贸易便利化框架协定、非关税措施、原产地规则及蒙古加入《协定》等议题进行了深入磋商，取得了广泛共识。目前，各成员正加紧进行《协定》第四轮谈判，以期达到深化关税优惠和扩展谈判领域的双重目标。届时《亚太贸易协定》将向区域经济一体化迈出一大步。

目前，《亚太贸易协定》成员国的总人口 24 亿，约占世界人口的 40%，具有潜在的和巨大的商品销售市场。

二、亚太贸易协定的主要内容

《亚太贸易协定》共 8 章 40 条及两个附件。主要内容包括：序言；总则；贸易自由化规划；贸易扩大；紧急措施和磋商；常务委员会和本协定的管理；审议和修改；加入和退出；其他条款和最后条款。附件一、国别减让表；附件二、亚太贸易协定原产地规则。

（一）《亚太贸易协定》的适用范围

《亚太贸易协定》适用范围涵盖所有以原材料、半加工和加工形式出现的制成品和初级产品。就边境和非边境措施，参加国探索更多的合作领域以支持贸易自由化。这些措施可包括标准的协调、相互承认产品的检测和认证、宏观经济咨询、贸易便利化措施和服务贸易。

（二）《亚太贸易协定》的目标和原则

《亚太贸易协定》的目标是，通过持续扩大亚太经社会发展中成员国之间的贸易来促进经济发展，采取互利的与各国现在及将来发展和贸易需求相一致的贸易自由化措施，进一步加强国际经济合作。

《亚太贸易协定》遵循以下总原则：

1. 为使所有参加国能公平地享受利益，《亚太贸易协定》以总体互惠和互利的原则为基础；

2. 参加国之间的贸易关系遵循透明度、国民待遇和最惠国待遇原则；

3. 认识到最不发达参加国的特殊需求，并就对其有利的具体优惠措施达成一致。

（三）《亚太贸易协定》的相关定义

1. 产品是指包括以原材料、半加工和加工形式出现的所有制成品和初级产品。

2. 同类产品是指与考虑中的产品完全相同的产品或者如无此种产品，则为尽管并非在各方面都相同，但具有与考虑中的产品极为相似特点的另一种产品。

3. 关税是指参加国国别税则中的关税。

4. 边境税费是指除关税外，在外贸交易中只对进口产品征收的类似关税作用的费用，而非以同样方式对同类国内产品征收的间接税费。对特定服务征收的进口费用不属于边境税费。

5. 非关税措施是指除关税和边境税费之外，对进口起限制作用或严重扭曲贸易的任何措施、法规或做法。

6. 优惠幅度（MOP%）是指最惠国税率和同类产品优惠税率之间的百分比差，而非这两者之间的绝对差。计算公式为：

$$优惠幅度 = \frac{最惠国税率—协定优惠关税}{最惠国税率} \times 100\%$$

7. 减让价值是指其他参加国按照各参加国在本协定项下同意的国别减让表的关税或非关税优惠所获得的好处的总和。在实行关税优惠的情况下，如保持了优惠幅度，减让价值应视为得到了保持。

8. 严重损害是指优惠进口产品剧增，对国内同类产品的生产者造成严重损害，出现收入剧减，短期生产和就业不可持续的情况。对国内相关产业的影响评估也应包括对影响该产品国内产业的其他相关经济因素和指标的评估。

9. 严重损害威胁是指优惠产品进口剧增的状况会对国内生产者造成严重损害，这种损害尽管还不存在，但却即将发生。确定严重损害威胁应基于事实而不仅仅是指控、推测、间接或假设的可能性。

第二节　货物贸易规定

一、货物贸易的相关规定

（一）贸易的扩大与多元化

1. 贸易扩大与多元化的目标和措施

为保证贸易的稳定和不断扩大并且更加多元化，各参加国同意遵循以下各项规定的目标和条款，并按照各自国家的政策和程序，争取迅速实施。

（1）各参加国须尽最大可能相互给予原产于任何一参加国的进口产品以不低于该协定生效前实施的优惠待遇。

（2）在一参加国领土内，原产于另一参加国的产品在税收、税率和其他国内税费方面享有的优惠待遇应不低于该参加国对其国内同类产品的待遇。

（3）各参加国应共同努力，不对其他参加国当前或潜在出口利益的产品设置或增加关税、边境税费及非关税措施。为确定属于本项范围内的产品，各参加国应随时提交产品清单，由常委会决定此类产品的清单。

（4）各参加国应在必要时采取适当措施以加强合作，特别是在海关管理方面，以便利该协定的实施，并简化和统一互惠贸易的程序和手续。为此目的，常委会应实施必要的管理行为。

（5）各参加国应在可行的情况下，遵守相关 WTO 协定，包括《关于实施1994 年关税与贸易总协定第 6 条的协定》以及《补贴与反补贴措施协定》，以确保适用该协定条款时不违反 WTO 有关规定。

（6）各参加国应采用最新版的世界海关组织《商品名称及编码协调制度》作为共同的税则，在可行的情况下，以协调制度 6 位税目为基础进行进一步谈判。

（7）各参加国应通过进一步谈判，采取步骤扩大对彼此有出口利益的产品的优惠范围和减让价值。为此，常委会应随时采取行动计划以加速谈判进程，包括增加谈判技术和考虑确立谈判具体目标的可能性。

2. 便利条件、利益、特许、豁免或特权的扩大

在贸易方面，一参加国给予原产于或准备售予任何其他参加国或任何其他国家的产品的便利条件、利益、特许、豁免或特权，应立即无条件地扩大到原产于或准备售予其他参加国的同类产品。

（二）紧急措施和磋商减让的中止

1. 减让的中止

（1）如因实施《亚太贸易协定》，列入一参加国国别减让表的原产于另一参加国或其他参加国的某项产品的进口增加，并对进口参加国生产同类产品或直接竞争产品的国内产业造成严重损害或构成严重损害威胁，则该进口参加国可以临时地、无歧视地中止其国别减让表中该项产品的减让，同时通知常委会，并开始与有关参加国磋商，以达成协议，改善此状况，并随时告知常委会磋商的进展情况。

（2）如有关参加国在 90 日内未达成协议，则常委会应通过下列措施寻求双方可接受的解决办法：确认中止减让；或修改减让；或以等值的减让替代。若常委会自该日起 90 日内未能达成一项满意的解决办法，则受减让中止影响的参加国有权对采取中止减让行动的参加国的贸易暂时中止基本等值的减让，但须通知常委会并为寻求双方接受的解决办法而开展进一步谈判。常委会应在接到通知之日起 90 日内，以至少 2/3 多数票通过其最后决定。

（3）合法申请保障措施的前提条件和情形，应尽可能地符合 WTO《保障措施协定》。

2. 为保障国际收支而实施的限制

（1）尽管有协定第 9 条（保持优惠减让的价值）的规定，但在不妨碍执行现有的国际义务的情况下，任何参加国可在努力保持其国别减让表的减让价值的情况下，为维护其国际收支平衡，实施其认为必要的进口限制措施。但一参加国对包括在其减让表中的产品实施这类限制时，应是暂时地、无歧视地实施，并须立即通知常委会，以便按照该协定第 19 条（贸易劣势补偿）和第 20 条（不遵守协定规定）规定的程序，谈判制定一项双方满意的解决方法。虽有这些磋商程序，但因国际收支平衡原因对其减让表中的产品实行限制的参加国应在其国际收支情况好转时逐步放松这类限制，并当国际收支情况证明无需继续保持这类限制时，取消这类限制。

（2）合法申请为国际收支平衡而实行的限制措施，其前提条件和情况必须尽可能地符合 WTO《关于 1994 年关税与贸易总协定国际收支条款的谅解》规定。

3. 贸易劣势的补偿

因实施《亚太贸易协定》，对一参加国同其他参加国之间的贸易造成了显著而持续的劣势，则在受影响的参加国的请求下，其余参加国应对其交涉或要求予以同情的考虑，同时，常委会应提供足够的机会进行磋商，以便采取必要步骤，通过实施适当措施来补偿这种劣势，包括补充减让以进一步扩大多边贸易。

4. 不遵守协定规定

若一参加国认为另一参加国为遵守该协定的任何规定，而有损于这个参加国同该参加国的贸易关系，则前者可以向后者提出正式交涉，后者应对此给予合理的考虑。若在提出交涉之日后 120 日内，有关参加国未能进行令人满意的调整，则可将此事提交常委会。常委会可对任何参加国提出其认为合适的建议。如果有关参加国不执行常委会的建议，则常委会可授权任何参加国对不遵守协定的参加国中止履行常委会认为适当的协定规定的义务。

协定规定了争端解决条款，各参加国对协定的规定及在其框架内通过的任何文件的解释与实施所产生的争议，应由有关各方达成协议友好解决。如参加国之间无法解决争端，该争端将被提交常委会解决。常委会将对事件进行审核，在争端提交之日起 120 日内提出建议。为此，常委会应通过引用适当的法规解决争端。

二、关税减让规定

（一）关税优惠

1. 减让谈判

《亚太贸易协定》主要包括以下有关安排：（1）关税；（2）边境税费；（3）非关税措施。

参加国可按照以下任何一种或多种方法和步骤进行关税减让的谈判：（1）产品对产品；（2）全面关税减让；（3）部门减让。关税减让谈判应以各参加国适用的现行最惠国关税为基础。降税模式采取一次性按承诺的优惠幅度（Margin of Preference，MOP）或直接标明降税后的税率形式实施。为进一步扩大本协定及实现本协定的目标，参加国应定期进行谈判。

$$MOP = [（最惠国税率 - 协定优惠关税）÷ 最惠国税率] × 100\%$$

2. 各成员减税数目

根据《亚太贸易协定》实施的第三轮关税减让谈判的结果，各国减税情况如下：

中国有 1717 个 HS 8 位税目产品对所有成员降税，平均减让幅度为 27%，减让表采用直接标明税率。另外，对亚太贸易协定最不发达成员同时给予更优惠待遇：已从 2006 年 1 月 1 日起对孟加拉国 84 种产品实施零关税，78 种产品实施特惠税率，最低为 1.4%，最高为 12.5%；对老挝 162 种产品实施特惠税率，最低为 0，最高为 15%，平均优惠幅度为 77%。

表 17 - 1　中国向其他成员提供的优惠关税待遇（2006 年海关税则）

受惠对象	税目数	税目位数	平均关税减让幅度	主要产品
印度、韩国斯里兰卡孟加拉国、老挝	1717	8 位	27%	农产品、药品、化学品、塑料、金属、机电产品等
孟加拉国、老挝	162	8 位	77%	农产品、皮革制品、纺织品和服装、小机械产品

资料来源：中国自贸区网

韩国有 1367 个 HS 10 位数税目产品对所有成员降税，优惠幅度最高为 50%，最低为 10%；并提交了对最不发达成员优惠减让表。

印度有 570 个 HS8 位数和 6 位数产品对所有成员降税，优惠幅度最高为 100%，最低为 5%；并提交了对最不发达成员优惠减让表。

斯里兰卡有 427 个 HS8 位数和 6 位数产品对所有成员降税，优惠幅度最高为 60%，最低为 5%；并提交了对最不发达成员优惠减让表。

孟加拉国有 209 个 HS8 位数产品对所有成员降税，优惠幅度最高为 60%，最低为 10%。

老挝没有对其他成员采取降税优惠措施。

加上原有《曼谷协定》第一、二轮关税优惠减让清单，至 2009 年年底，各成员减免税的清单合计涉及 4 000 多个税目产品的关税削减，主要产品包括农产品、纺织品和化工产品等。

3. 减让的实施

各参加国应对列入本国减让表的原产于所有其他参加国的产品给予关税、边境费和非关税的优惠待遇。

4. 保持优惠减让的价值

除另有规定，为保持减让表中优惠减让的价值，除该协定生效前已有的费用和措施，各参加国不得通过实施新的税费或措施限制商业往来，抵消或降低这些优惠减让的价值，除非所征税费符合下列条件：

（1）对类似的国内产品征收的国内税；

（2）反倾销税或反补贴税；

（3）与提供的服务成本相当的费用。

5. 重新确定优惠幅度

如因修改税则，一参加国降低或抵消了给予其他参加国的优惠减让价值，该国应在合理时间内采取双方接受的补偿措施重新确立等值的优惠幅度，或按该协定第四章的规定迅速与其他参加国协商，谈判达成双方满意的减让表修改。合理时间是指从发布税则修改通知之日起的 6 个月内。超过这一期限的参加国应为此提供正当理由。

6. 减让的实施期限

除协定第四章所列特殊情况外，各参加国减让表中所列减让的实施期限最短为生效之日起 3 年。如果在该期限结束时修改或撤销减让，有关参加国应进行磋商，以重新使减让所涉及的贸易金额总水平至少与修改或撤销前的水平持平。

7. 减让的替换

如按照协定第四章规定撤销或修改减让，有关参加国应设法以其他至少等值的减让来替换该减让。

8. 国别减让表的修改

依据协定第 29 条的规定，对国别减让表的修改应该包括：（1）削减各参加国减让表中产品的关税、边境税费和非关税措施；（2）削减尚未列入各参加国减让表中产品的关税、边境税费和非关税措施；（3）削减加入国的减让表中产品的关税、边境税费和非关税壁垒。

在《亚太贸易协定》常委会收到有关参加国意愿的明确通知后，任何对协定附件一的修改应在常委会依据 2/3 多数票宣布其提出的修改符合该协定的目标之日起 30 日后方能生效。各参加国承诺执行符合本规定要求的任何国内行政措施。各加入国的减让表在其加入书交给亚太经社会执行秘书寄存之日起 30 日后即生效。

（二）特别关税及非关税优惠范围的扩大

各参加国同意考虑扩大特别关税和非关税优惠产品的范围，包括部分参加国或所有参加国之间、和（或）与亚太经社会其他发展中成员国达成的产业合作协议及其他生产部门合资企业的产品。这种优惠专门对参加上述协议或合资企业的国家实施。关于此类协议和合资企业的规定应包括在议定书中，且应在常委会宣布与该协定相协调后对有关参加国生效。

（三）《亚太贸易协定》的非关税措施

各参加国应采取与其发展需要和目标相一致的适当措施逐步放宽可能影响减让表中的产品进口的非关税措施。参加国之间关于技术性贸易壁垒及卫生和植物卫生措施的问题，在可行的情况下，应根据世界贸易组织关于这些问题的规定来处理。参加国亦应在透明度的基础之上，相互提供减让产品的非关税措施表。

三、对最不发达国家的优惠减让

（一）对最不发达国家的特殊减让

孟加拉国、老挝是《亚太贸易协定》成员中的最不发达国家，为此给予两国特殊减让。老挝由于从未发布过关于关税减让的海关通知，因此并不是完全意义上的成员国，但它仍享受其他国家提供的各项减让。

根据协定第 7 条的规定，给最不发达参加国的特殊减让，尽管有该协定第 5 条的规定，任何参加国均可给予最不发达参加国以特殊优惠，此种特殊优惠应适用于所有最不发达参加国，但不适用于其他参加国。这些特殊优惠应包括在给予优惠的参加国的减让表中。

此外，在计算原产货物的区域成分的百分比（或比例）时，最不发达国家可享受 10 个百分点的优惠。但是，区外成分百分比（非完全生产或获得的货物）不能超过 65%，累计区内成分（原产地累积标准）百分比不能低于 50%。

中国、印度、韩国、斯里兰卡分别对最不发达国家的优惠予以承诺，并列出减让表。如，自 2006 年 9 月 1 日起，中国向最不发达成员国孟加拉国和老挝的 162 项 8 位税目产品提供特别优惠，平均减让幅度 77%。根据中国《2008 年关税实施方案》的规定在亚太贸易协定框架下，继续执行对原产于老挝和孟加拉国的部分产品实施特惠税率。

（二）对最不发达参加国的特殊考虑

对最不发达参加国的特殊考虑，是指各参加国应给予最不发达参加国提出的技术援助及合作安排的请求以特殊考虑，以帮助他们扩大与其他参加国间的贸易并享受此协定的潜在利益。

四、中国享受《亚太贸易协定》的优惠关税情况

自 2006 年 9 月 1 日起，中国实施《亚太贸易协定》第三轮关税减让；其他成员国也给予中国关税优惠，其中：

韩国给予中国 1367 种产品优惠关税待遇，平均减让幅度为 35.7%，主要产品为矿产品、木制品、纸制品、皮革制品、纺织品和服装、机械电气产品、塑料制品、机械设备、精密仪器等。如部分矿产品的关税税率从 3% 减至1.5%，焦炭、石油的关税税率从 5% 减至 2.5%，部分有机化工品的关税税率从 8% 减至 4%，粘合剂的关税税率从 8% 减至 7.2%，部分动物皮革的关税税率从 5% 减至 2.5%，皮包、皮箱的关税税率从 8% 减至 5.6%，木制品的关税税率从 5% 减至 2.5%，女大衣等部分服装的关税税率从 13% 减至 6.5%，首饰的关税税率从 8% 减至 5.6%，录音机等设备的关税税率从 8% 减至5.6%，灯船、消防船的关税税率从 5% 减至 2.5% 等。

印度给予中国 570 种产品优惠关税待遇，平均减让幅度为 33%，主要产品为化工产品、木制品、金属制品、机械电气产品等。如胶合板的关税税率从 35% 减至 31.5%，部分动物皮革的关税税率从 35% 减至 28%，钢管的关税税率从 35% 减至 25%，部分有色金属的关税税率从 35% 减至 31.5%，电焊设备的关税税率从 35% 减至 28%，干燥机、熨烫机等机器设备的关税税率从35% 减至 30% 等。

斯里兰卡给予中国 427 种产品优惠关税待遇，平均减让幅度为 20%，主要产品为塑料、皮革、纸类、钢铁和机械电气产品等。

表 17 - 2　中国可享受的优惠关税待遇（2005 年海关税则）

成员国	税目数	税目位数	平均关税减让幅度	主要产品
印度	570	6 位	33%	化工产品、木制品、金属制品、机械电气产品
韩国	1 367	10 位	35.7%	机械电气产品、塑料制品、精密仪器
斯里兰卡	427	6 位	20%	塑料、皮革、纸类、钢铁、机械电气产品等
孟加拉	209	8 位	14%	化工产品、机械电气产品等

资料来源：中国自贸区服务网

孟加拉国给予中国 209 种产品的优惠关税待遇，平均减让幅度为 14%，主要产品为化工产品和机械电气产品等。

上述表中的优惠关税待遇，有利于中国进一步开拓东亚和南亚的市场，扩大与《亚太贸易协定》各成员国之间的经贸往来，促进亚洲区域合作。

各成员国通过多年努力，不断加强协定框架下的合作，经贸关系日趋紧密。自 2006 年 9 月第三轮关税减让结果实施以来，受惠商品范围大幅度扩展，对扩大各成员间的贸易往来产生积极影响。

第三节　原产地规则

一、原产地规则的主要内容

（一）亚太贸易协定原产地规则的特点

亚太贸易协定成员制定了《亚太贸易协定原产地规则》及《原产地证书签发与核查程序》，在条款、内容上与中国签署的其他几个自由贸易协定的原产地规则基本内容大体一致。如"完全获得产品"、"微小加工及处理"，"非完全获得或生产的产品"等，其中对中国、印度、韩国和斯里兰卡的区域成分要求达到 45%，对最不发达国家孟加拉国、老挝，区域成分可降到 35%。

非原产材料含量的计算公式：

$$\frac{\text{进口的非原产材料、}}{\text{零件或制品的价值}} + \frac{\text{原产地不明的非原产材料、}}{\text{零件或制品的价值}} \times 100\% \leqslant 55\%$$

与其他几个自由贸易协定的原产地规则不同之处主要有：

1. 对非完全原产品的判定

根据《亚太贸易协定原产地规则》第 1 条规定，对非完全原产品的判定使用规则第 3 条、第 4 条。第 3 条第 1 款仅适用于含单一成员国成分的非完全原产品的判定，如非完全原产品中包含了两个或两个以上成员国成分，则应按照第 4 条"原产地累积标准"进行判定。

对在中国国境内最终生产或制得的非完全原产品而言，无论其是否部分使用了中国原材料，都已包含有中国的增值成分，可使用第 3 条第 1 款进行判定。如其含有中国以外其他任一成员国的原材料，例如，某一在我国境内加工的产品，其所用原材料分别来自日本、印度，在对该产品进行原产地判定时，不能使用第 3 条第 1 款，必须使用第 4 条累积原产地标准进行判定。如该产品原材料全部系从韩国进口，也应适用第 4 条进行原产地判定。

2. 累积规则

与中国—东盟自贸区相同，《亚太贸易协定》原产地规则累积的区域成分是 6 国，累积区域成分合计为 60%，但对最不发达国家孟加拉国、老挝，累积区域成分不能超过 70%。

与其他自贸区累积原产地标准条款不同，《亚太贸易协定》原产地规则的累积原产地标准比该规则中使用的本国增值百分比标准提高了 15 个百分点，而且规则未对成员国累积成分的范围进行明确界定。中国检疫部门经与韩国协商，对该条中的成员国累积成分的范围做如下界定：成分包含生产、加工货物过程中使用的成员国原材料价值、劳动力费用、利润，但不包括水、电、燃料等在货物生产、加工过程中使用的、既不构成该货物物质成分也不成为该货物组成部件的中性成分。中性成分的范围可参照中国—智利自贸区原产地规则第 26 条的规定执行。在使用亚太贸易协定原产地规则第 4 条时，原产地证书第八栏填制不能出现 "C100%" 的情形。

3. 中性成分、可互换材料、产品特定原产地规则

《亚太贸易协定原产地规则》没有规定 "中性成分"、"可互换材料" 和 "产品特定原产地规则" 的内容。

4. 直接运输

《亚太贸易协定原产地规则》对 "直运规则" 规定，产品运输经过任何其他《亚太贸易协定》成员国境内视为直接运输，即不是两国直运，而是可以在其他 5 个成员之间运输。

（二）展览货物享受协定税率或特惠税率

原产于《亚太贸易协定》成员国的货物，由一成员国运至另一成员国展览并在展览期间或者展览后销售的进口货物，同时满足下列条件的，可以享受《亚太贸易协定》协定税率或者特惠税率：

1. 该货物已经从成员国境内实际运送至展览所在成员国展出；

2. 该货物已经以送展时的状态在展览期间或者展览后立即出售给进口货物收货人；

3. 该货物在展览期间处于展览所在成员国海关监管之下。

上述展览货物进口时，进口货物收货人应当向海关提交原产地证书。

上述规定的展览包括展览会、交易会或者类似展览、展示。

二、原产地规则的操作程序

（一）原产地证书的填制

按照《亚太贸易协定原产地规则》，原产地证书第八栏的具体填制要求如下：

1. 对完全原产的产品：填写字母"A"。

2. 对含有进口成分的产品，填写方法如下：

（1）符合规则第 3 条的产品，填写字母"B"并注明原产于非成员国或原产地不明的原材料、零部件或制品的总价值占出口产品 FOB 价的百分比（例如 B50%）。

（2）符合规则第 4 条的产品，填写字母"C"并注明原产于成员国领土内的累计含量的总价值占出口产品 FOB 价的百分比（例如 C60%）。

（3）根据规则第 10 条，符合"特殊比例标准"（指对最不发达国家的特别优惠）的产品，填写字母"D"。

（二）货物申报

货物申报进口时，进口货物收货人应当按照海关的申报规定填制《中华人民共和国海关进口货物报关单》，申明适用《亚太贸易协定》协定税率或者特惠税率，并同时提交下列单证：

1. 由《亚太贸易协定》成员国政府指定的机构在货物出口时签发或者货物装运后 3 个工作日内签发的原产地证书正本。因不可抗力不能在原产地证书签发之日起 1 年内提交原产地证书的，进口货物收货人还应当一并提交证明材料。

2. 货物商业发票正本、装箱单及其相关运输单证。货物经过其他国家或者地区运输至中国境内的，进口货物收货人应当提交在该成员国境内签发的联运提单、货物商业发票正本，以及证明符合规定的相关文件。

货物申报进口时，进口货物收货人未申明适用《亚太贸易协定》协定税率或者特惠税率，也未同时提交《亚太贸易协定》成员国政府指定机构签发的原产地证书正本的，其申报进口的货物不适用《亚太贸易协定》协定税率或者特惠税率，海关依法选择按照该货物适用的最惠国税率、普通税率或者其他税率计征关税及进口环节海关代征税。

进口货物收货人向海关提交的《亚太贸易协定》成员国原产地证书应当同时符合下列条件：由该成员国政府指定机构以手工或者电子形式签发；符合规定的格式，用国际标准 A4 纸印制，所用文字为英文；证书印章与该成员国通知中国海关的印章印模相符。

原产地证书不得涂改和叠印。所有未填空白之处应当予以划去，以防事后填写。

（三）原产地证书被盗、遗失、损坏的处理

原产地证书自签发之日起 1 年内有效。

原产地证书被盗、遗失或者毁坏的，进口货物收货人可以要求出口货物发货人向原签证机构书面申请在原证书正本有效期内签发经证实的原产地证书真实复制本。该复制本应当注明"经证实的真实复制本"，并注明原证书正本的签发日期。

（四）核查

海关对《亚太贸易协定》原产地证书的真实性或者相关货物是否原产于《亚太贸易协定》成员国产生怀疑时，可以向《亚太贸易协定》成员国有关机构提出原产地核查请求。

在等待核查结果期间，海关可以依法选择按照该货物适用的最惠国税率、普通税率或者其他税率收取相当于应缴税款的等值保证金后放行货物，并且按照规定办理进口手续。核查完毕后，海关应当根据核查结果，立即办理保证金退还手续或者保证金转为进口税款手续。

在提出核查请求之日起 4 个月内，海关没有收到《亚太贸易协定》成员国有关机构核查结果，或者答复结果未包含足以确定原产地证书真实性或者货物真实原产地信息的，有关货物不享受协定税率或者特惠税率，海关应当立即办理保证金转为进口税款手续。

出口货物申报时，出口货物发货人应当向海关提交《亚太贸易协定》原产地证书电子格式，不能提交电子格式的，出口货物发货人应当向海关提交原产地证书正本的复印件。

小资料:

一、孟加拉国经济贸易概况

孟加拉人民共和国,简称孟加拉国(Bangladesh),位于亚洲,国土面积14.4万平方公里,截至2011年7月1日,孟加拉国人口总数约为15 049万人。

孟加拉国是世界上最不发达国家之一,经济发展水平较低,国民经济主要依靠农业。近年来孟经济保持平稳增长,人民生活水平有所提高。孟加拉国与130多个国家和地区有贸易关系,主要出口市场有美国、德国、英国、法国、荷兰、意大利、比利时、西班牙、加拿大和中国香港。主要出口产品包括:黄麻及其制品、皮革、茶叶、水产、服装等。主要进口市场有印度、中国、新加坡、日本、中国香港、韩国、美国、英国、澳大利亚和泰国。主要进口商品为生产资料、纺织品、石油及石油相关产品、钢铁等基础金属、食用油、棉花等。目前,中国已成为孟加拉第一大商品进口国。

2010年,孟加拉国国内生产总值(GDP)1 000.76亿美元,人均GDP 640美元。货物贸易进出口总额为470.10亿美元,其中出口额191.91亿美元,进口额278.19亿美元,占全球货物贸易出口总额比重0.13%,进口总额比重0.18%,是世界货物贸易出口第70位和进口第62位。2010年服务贸易出口额12.13亿美元,服务贸易进口额40.99亿美元,占全球服务贸易出口总额比重0.03%,进口总额比重0.12%,是世界服务贸易出口第107位,进口第71位。2008—2010年,人均贸易额294美元。2008年关税总水平14.7%。2010年中国与孟加拉国货物贸易总额70.59亿美元,中国出口额67.91亿美元,中国进口额2.68亿美元。

1995年1月1日,孟加拉国加入世界贸易组织。目前,孟加拉国参加的区域贸易协定5个,协定伙伴达73个(含不同协定相同国家),包括:发展中国家间贸易谈判议定书、全球发展中国家间贸易优惠制、南盟优惠贸易安排、南亚自由贸易协定、亚太贸易协定;正在谈判的有孟印缅斯泰经济合作组织。

二、印度经济贸易概况

印度共和国,简称印度(India),位于亚洲,国土面积328.8万平方公里,截至2011年7月1日,印度人口总数约为124 149万人,是世界人口第二大国。印度拥有世界上最多的可灌溉耕地,达1.43亿公顷,人均占有耕地0.14公顷。印度是农业生产大国,农村人口约占全国总人口的72%,从事农业生产的劳动力占全国劳动力资源的64%。印度工业形成较为完整的体系,自给能力较强;20世纪90年代以来,服务业发展迅速,占GDP比重逐年上升。印度是全球软件、金融等服务业重要出口国。

印度主要出口商品为:石油、珠宝、交通工具、机械设备、医药制品及精细化学品、金属制品、成衣、电子产品、铁矿砂等。主要进口商品为:原油和成品油、珍珠和半宝石、黄金、非电子类机械、电子产品、有机化学品、钢铁、煤炭及焦煤、金属矿石和废旧金属等。主要贸易伙伴为：阿联酋、中国、美国、沙特阿拉伯、德国、新加坡、伊朗、澳大利亚、中国香港、韩国。

2010 年，印度国内生产总值（GDP）17 290.10 亿美元，人均 GDP1 176 美元，货物贸易进出口总额为 5 471.89 亿美元，其中出口额 2 199.59 亿美元，进口额 3 272.30 亿美元，占全球货物贸易出口总额比重 1.44%，进口总额比重 2.12%，是世界货物贸易出口第 20位和进口第 13 位。2010 年服务贸易出口额 1 232.77 亿美元，服务贸易进口额 1 161.40 亿美元，占全球服务贸易出口总额比重 3.34%，进口总额比重 3.31%，是世界服务贸易出口第 7 位，进口第 7 位。2008—2010 年，人均贸易额 595 美元。2009 年关税总水平 13.0%。2010 年中国与印度货物贸易总额 617.6 亿美元，中国出口额 409.2 亿美元，中国进口额208.4 亿美元。

1995 年 1 月 1 日，印度加入世界贸易组织。目前，印度参加的区域贸易协定 15 个（不含服务贸易协议），协定伙伴达 82 个（含不同协定相同国家），包括：亚太贸易协定、全球发展中国家间贸易优惠制、南盟优惠贸易安排、南亚自由贸易协定，并且与南方共同市场、东盟、新加坡、斯里兰卡、不丹、阿富汗、智利、日本、马来西亚、韩国、尼泊尔签订双边自由贸易协定。

印度正在与欧盟、欧洲自由贸易联盟、南部非洲关税同盟、孟印缅斯泰经济合作组织谈判自由贸易协定。

三、韩国经济贸易概况

大韩民国，简称韩国（Korea），位于亚洲，国土面积 9.93 万平方公里。截至 2011 年7 月 1 日，韩国人口总数约为 4 839 万人。

韩国主要出口商品为：船舶、无线电话、电子集成电路、液晶显示器、汽车、石油制品、汽车配件、广播器材配件、特殊船舶、办公用品。主要进口产品为：原油、电子集成电路、天然气、石油制品、煤炭、钢铁及非钢铁制品、无线电话、半导体器材、铁矿、半导体设备。韩国主要贸易伙伴为：中国、美国、日本、欧盟、东盟、中东、拉美、大洋洲、非洲。韩国经济以制造业和服务业为主，造船、汽车、电子、钢铁、纺织等产业产量均进入世界前 10 名。但随着工业化和城市化的推进，农业地位不断降低，农产品进口逐年增加。韩国对农业提供的国内支持措施，其中有 90% 涉及市场价格支持。

2010 年，韩国国内生产总值（GDP）10 144.83 亿美元，人均 GDP 20 165 美元。货物贸易进出口总额为 8 915.96 亿美元，其中出口额 4 663.84 亿美元，进口额 4 252.12 亿美元，占全球货物贸易出口总额比重 3.06%，进口总额比重 2.76%，关税总水平 12.1%，是世界货物贸易出口第 7 位和进口第 10 位。2010 年服务贸易出口额 815.70 亿美元，服务贸易进口额 929.78 亿美元，占全球服务贸易出口总额比重 2.21%，进口总额比重 2.65%，是世界服务贸易出口第 15 位，进口第 12 位。2008—2010 年，人均贸易额 20 110 美元。2010 年中国与韩国货物贸易总额 2 072 亿美元，中国出口额 688 亿美元，中国进口额 1 384

亿美元。

1995 年 1 月 1 日，韩国加入世界贸易组织。目前，韩国参加的区域贸易协定 11 个（不含服务贸易协议），协定伙伴达 108 个（含不同协定相同国家），包括：亚太贸易协定、全球发展中国家间贸易优惠制、发展中国家间贸易谈判议定书，并与欧盟、欧洲自由贸易联盟、东盟、智利、新加坡、美国、印度、秘鲁签署了双边自由贸易协定。正在与之谈判的有日本、加拿大、墨西哥等国。

四、斯里兰卡经济贸易概况

斯里兰卡民主社会主义共和国，简称斯里兰卡（Sri Lanka），位于亚洲，国土面积 6.6 万平方公里，截至 2011 年 7 月 1 日，斯里兰卡人口总数约为 2 105 万人。斯里兰卡是一个以种植园经济为主的国家，主要作物有茶叶、橡胶、椰子和稻米。工业基础薄弱，以农产品和服装加工业为主。在南亚国家中率先实行自由外贸政策，除政府控制石油外，其他商品均可自由进口。近年来，出口贸易结构发生根本变化，由过去的农产品为主转变为以工业产品为主。

斯里兰卡主要出口商品为：纺织服装、茶叶、橡胶及橡胶制品、食品饮料及烟草、机械设备、珠宝和宝石、椰子及椰类产品等。主要进口商品为：原油及石油产品、纺织品、食品饮料、机器设备、建筑材料、交通工具等。主要出口贸易伙伴为：美国、英国、印度、意大利、德国、比利时、阿联酋、俄罗斯；主要进口贸易伙伴为：印度、新加坡、中国、伊朗、日本、中国香港、阿联酋、马来西亚。从 2005 年起，欧盟首次超过美国成为斯里兰卡最大出口市场。就单个国家而言，2010 年美国仍为斯里兰卡最大出口国。

2010 年，斯里兰卡国内生产总值（GDP）495.52 亿美元，人均 GDP2 364 美元。货物贸易进出口总额为 220.12 亿美元，其中出口额 85.00 亿美元，进口额 135.12 亿美元，占全球货物贸易出口总额比重 0.06%，进口总额比重 0.09%，关税总水平 10.6%，是世界货物贸易出口第 90 位和进口第 80 位。2010 年服务贸易出口额 24.48 亿美元，服务贸易进口额 30.84 亿美元，占全球服务贸易出口总额比重 0.07%，进口总额比重 0.09%，是世界服务贸易出口第 86 位，进口第 79 位。2008—2010 年，人均贸易额 1 167 美元。2010 年中国与斯里兰卡货物贸易总额 20.975 亿美元，中国出口额 19.950 亿美元，中国进口额 1.025 亿美元。

1995 年 1 月 1 日，斯里兰卡加入世界贸易组织。目前，斯里兰卡参加的区域贸易协定 6 个，协定伙伴达 33 个（含不同协定相同国家），包括：南盟优惠贸易安排、南亚自由贸易协定、亚太贸易协定、全球发展中国家间贸易优惠制，并且与印度、巴基斯坦等国签署了双边自由贸易协定，正在谈判的有孟印缅斯泰经济合作组织。

附录

1. 中国入世、中国—东盟服务贸易承诺对照表

部门和分部门	CPC 编码	中国入世承诺	中国第一批承诺	中国第二批承诺	东盟各国第一批承诺	东盟各国第二批承诺
1. 商务服务						
A. 专业服务						
a. 法律服务	861	是		是	柬越	柬越
法律咨询和相关刑法服务	86111					泰
法律咨询和其他法律领域的其他司法程序法律服务	86119					马泰
法律咨询和准司法法庭、组成等的法定程序服务	86120					泰
法律文件和认证服务	86130					泰
其他法律咨询和信息服务	8619					泰
b. 会计、审计和簿记服务	862	是		是	柬泰越	文柬马缅新泰越
财务审计服务	86211					柬
会计审核服务	86212					柬
记账服务，除了纳税申报表	86220					柬
c. 税收服务	863					新
税收服务	8630	是		是	柬新越	柬马越
其他税收服务	86309					新
d. 建筑设计服务	8671	是		是	柬马泰越	文柬老马新泰越
e. 工程服务	8672	是		是	柬马新泰越	柬老马缅新泰越
土木工程服务/生产工程服务/机械工程服务/电气工程服务/电子工程服务						新

部门和分部门	CPC 编码	中国入世承诺	中国第一批承诺	中国第二批承诺	东盟各国第一批承诺	东盟各国第二批承诺
航空工程服务/海洋工程服务/海军建筑工程服务/工业工程服务/化学工程服务						
f. 集中工程服务	8673	是		是	柬越	柬马越
交通基础设施的综合工程服务包括：交钥匙工程	86731					老
综合工程和项目管理服务，为供水和卫生工程总承包项目	86732					老
综合性工程技术服务项目的建设总承包制造	86733					老
g. 城市规划和园林建筑服务	8674	是		是	柬越	柬越
城市规划服务	86741					老马泰
园林建筑服务	86742				泰新	老马新泰
h. 医疗和牙医服务	9312	是		是	越	文越
专业全科医疗服务	93121					新
专业医疗服务	93122				柬马	柬马新
牙医服务	93123				柬越	柬缅新越
i. 兽医服务	932				越	新越
B. 计算机及相关服务						
a. 与计算机硬件安装相关的咨询服务	841	是	是	是	柬马越	文柬老马泰越
b. 软件实施服务	842	是	是	是	柬马越	文柬老马越
软件开发服务						新
系统和软件咨询服务	8421	是				泰
系统集成服务						新
系统分析服务	8422	是				泰
系统设计服务	8423	是				泰

部门和分部门	CPC 编码	中国入世承诺	中国第一批承诺	中国第二批承诺	东盟各国第一批承诺	东盟各国第二批承诺
编程服务	8424	是				
系统维护服务	8425	是				
c. 数据处理服务	843	是	是	是	柬马越	文柬老马新越
输入准备服务	8431	是	是	是		泰
数据处理和制表服务	8432	是	是	是		泰
分时服务	8433	是	是	是		泰
其他数据处理服务	8439					泰
d. 数据库服务	8440				柬马越	文柬老马新泰越
e. 其他	845+849				柬越	
办公计算机及其设备维护和修理服务	845	是		是		
办公计算机及其设备维护和修理服务	84500					文柬老越
其他计算机服务	849					文柬越
C. 研究和开发服务						
a. 自然科学的研究和开发服务	851				越	老越
生物科技服务	851					新
工业研究	851					新
b. 社会科学和人文学科的研究和试验发展服务	8520					老马
经济与运行研究	852					新
c. 跨学科的研究和开发服务	853					
由教育机构从事的边缘学科的研究和开发服务	853				新	新
D. 房地产服务						
a. 涉及自有或租赁房地产的服务	821	是	是	是		

部门和分部门	CPC编码	中国入世承诺	中国第一批承诺	中国第二批承诺	东盟各国第一批承诺	东盟各国第二批承诺
b. 基于收费或合同的房地产服务	822	是	是	是		
基于收费或合同的居住或非居住房地产管理服务	82201, 82202				新	新
E. 无操作员的租赁服务						
a. 船舶租赁	83103				新	印马菲新
b. 航空器租赁	83104				新越	文马菲新越
c. 其他机械设备租赁	83106				越	泰越
相关的工程机械和设备租赁	83107					马泰
包括计算机的办公机械和设备租赁服务论	83108					泰
录像设备的租赁服务	83109				柬缅	柬缅泰越
不配备技师的机械和设备的租赁或出租服务	831	是				
机动车租赁	831			是	新	新
e. 其他	832					
个人和家用物品的租赁或出租服务	832	是		是		
F. 其他商务服务						
a. 广告服务	871	是		是	柬缅新越	柬缅新越
广告空间或时间的出售或租赁服务	8711					马新泰
广告规划、创造和安置服务	8712					马新泰
其他广告服务	8719					马新泰
b. 市场调研和民意调查服务	864					马
市场调研服务	86401		是	是	柬越	柬新泰越
民意调查服务	86402					泰
c. 管理咨询服务	865	是	是	是	柬越	柬新越

部门和分部门	CPC 编码	中国入世承诺	中国第一批承诺	中国第二批承诺	东盟各国第一批承诺	东盟各国第二批承诺
公共关系咨询服务	86506					新
一般管理咨询服务，包括办公室管理、行政服务	86501					新泰
广告咨询服务	865					新
信息技术咨询服务	865					新
建筑物和设施管理服务						新
其他的管理咨询服务	86509					马
非常规能源传输的指导和协助运营的管理咨询服务						马
指导和协助操作环境管理咨询服务，包括风险评估服务						马
制药领域的管理咨询服务						马
国际增值网络服务、农村电信发展和电信人力资源发展的管理咨询服务						马
d. 有关管理的咨询服务	866				柬新越	柬新越
除建筑外的项目管理服务	86601		是	是		
企业间的商业纠纷的仲裁和调解服务	86602				越	越
e. 技术测试和分析服务	8676	是		是	柬新越	柬马新越
技术测试和分析服务，不包括机动车技术测试和分析服务	8676				新	新
成分和纯度检测和分析服务	86761					泰
其他技术测试和分析服务	86769					泰
油田服务	5115					新
f. 与农业、狩猎和林业有关的服务	881	是		是	越	马新泰越
林业顾问服务						新泰
g. 与渔业有关的服务	882	是		是		马新泰

续　表

部门和分部门	CPC 编码	中国入 世承诺	中国 第一批 承诺	中国 第二批 承诺	东盟各国 第一批 承诺	东盟各国 第二批 承诺
h.　与采矿有关的服务	883				柬菲越	柬菲新 泰越
地热的勘探与开发					菲	菲
煤炭的勘探与开发					菲	菲
i.　与制造业有关的服务	884885					马越
j.　与能源分配有关的服务	887				菲	柬菲
电厂的建设和运营（BOT）					菲	菲
电厂的建设					菲	菲
能源工厂的运营					菲	菲
石油精炼厂					菲	菲
石油码头、储油库					菲	菲
煤炭的液化和气化					印	印
k.　安排和提供人员服务	872		是	是	柬新	柬新
l.　调查与保安服务	873					
保安咨询服务	87302				新	新
监视报警服务	87303				新	新
非武装保安服务	87305				新	新
m.　相关科学和技术咨询服务	8675	是		是	柬	柬
近海石油服务：地质、地球物理和其他科学勘探服务	86751	是		是	越	越
地下勘测服务	86752	是		是	越	越
陆上石油服务	86753	是		是	越	越
石油与天然气的勘探与开发					菲	菲
岩心分析和其他实验室测试，仅限于同位素分析					印	印

部门和分部门	CPC 编码	中国入世承诺	中国第一批承诺	中国第二批承诺	东盟各国第一批承诺	东盟各国第二批承诺
为获取地震数据而提供的地质和地球物理服务					印	印
n. 设备的维修和保养服务（不包括船舶、飞机或其他运输设备的维修保养）	633＋8861－8866				新越	新泰越
个人和家用物品修理服务	63	是		是		
从属金属制品、机械和设备的修理服务	886	是		是		
o. 建筑物清洁服务	874		是	是		新
p. 摄影服务	875	是	是	是	新	新
q. 包装服务	876	是		是	柬新	柬新泰
r. 印刷和出版服务	88442				缅	缅泰
包装装潢印刷			是	是		
s. 会议服务	87909	是		是		马新
促进学生海外就业与研究服务	87909					马
服务运营总部（OHQ）：包括综合管理和行政、商业计划、采购原材料、技术支持、营销控制和促销计划，训练和人员管理、提供财政和基金管理服务和研究与开发						马
专业会议组织					菲	菲
t. 其他	8790					
笔译和口译服务	87905	是	是	是		马缅新泰
室内设计服务	87907					新
2. 通讯服务						
A. 邮政服务	7511				菲	菲
a. 国内邮政服务					菲	菲
b. 国际邮政服务					菲	菲

部门和分部门	CPC 编码	中国入世承诺	中国第一批承诺	中国第二批承诺	东盟各国第一批承诺	东盟各国第二批承诺
c. 邮政汇票服务					菲	菲
邮政包裹服务	75112					菲
B. 速递服务	7512					
速递服务	75121	是		是	柬菲越	柬菲新越
C. 电信服务						
基础电信服务						
增值电信服务						
a. 语音电话服务	7521	是		是	菲马新越	文柬马菲新泰越
b. 分组切换数据传输服务	7523	是		是	柬马菲新越	柬马菲新越
c. 线路切换数据传输服务	7523	是		是	柬马菲新越	文柬马菲新越
d. 电传服务	7523				柬马菲越	文柬马缅菲泰越
e. 电报服务	7522				柬马菲越	文柬马缅菲泰越
f. 传真服务	7521 + 7529	是		是	柬马菲新越	文柬马菲新泰越
g. 私人租赁线路服务	7522 + 7523	是		是	柬马菲新越	柬马菲新越
h. 电子邮件服务	7523	是		是	柬马新越	文柬马缅新越
i. 语音邮件服务	7523	是		是	柬马新越	柬马缅新越
j. 在线信息和数据库检索服务	7523	是		是	柬马新越	文柬马缅新泰越
k. 电子数据交换服务	7523	是		是	柬马新越	文柬马缅新越
l. 增值传真服务，包括储存和发送、储存和检索	7523	是		是	柬马新越	文柬马新越

部门和分部门	CPC 编码	中国入世承诺	中国第一批承诺	中国第二批承诺	东盟各国第一批承诺	东盟各国第二批承诺
m. 编码和协议转换服务	7523	是		是	柬马新越	柬马缅新越
n. 在线信息和/或数据处理（包括传输处理）	843	是		是	柬马新越	柬马缅新泰越
o. 其他						
寻呼服务		是		是	马新	马新
移动话音和数据服务		是		是	柬马新	柬马新
模拟/数据/蜂窝服务		是		是	马新	马菲新
个人通讯服务		是		是	马新	马新
国际闭合用户群话和数据服务		是		是	马新	马新
蜂窝移动电话服务	75213			是	菲	菲
卫星服务					菲	菲
数据网络服务	75231				菲	菲
电子信息服务	75232				菲	菲
网络接入服务					越	越
电话会议	75292					泰越
国内视频线路租赁	75299					泰
电信设备销售服务	75420					泰
电信咨询服务	75440					泰
D. 视听服务						
a. 电影和录像的制作和发行服务	9611					新
电影和录像的制作和发行服务	96112					新泰
电影和录像的制作服务	96121				缅越	缅越
录像的发行服务包括娱乐软件		是		是		
录像带的租赁或出租服务	83202	是		是		
录音制品分销服务		是		是		新
电影或录像配送服务	96113					马越

续 表

部门和分部门	CPC 编码	中国入世承诺	中国第一批承诺	中国第二批承诺	东盟各国第一批承诺	东盟各国第二批承诺
b. 电影院服务	9612	是		是	柬缅越	柬缅新越
电影放映服务	96121					缅越
c. 广播或电视服务仅供生产广播或电视节目	96131 + 96132					泰
d. 录音服务					越	新越
3. 建筑和相关工程服务						
A. 建筑物的总体建筑工作	512	是	是	是	柬印马越	柬印马新泰越
B. 民用工程的总体建筑工作	513	是		是	柬印马越	柬印马缅新泰越
高速公路（除了高架公路）/ 街道/公路/铁路/机场跑道等方面	5131		是			
长距离管道/通讯/输电线路（电缆）	51340					菲
采矿和制造业建筑服务	5136				菲	菲
包括融资和技术援助协议的大型矿业开发项目建设						菲
C. 安装和组装工作	514 + 516					新
预制构件的组装和装配服务	514	是	是	是	柬印马越	柬印马泰越
安装工程	516	是	是	是	柬马越	柬马泰越
燃气供应系统建设	51630				印	印菲
消防系统建设	51642				印	印
防盗系统建设	51643				印	印
电梯和自扶梯建设	51691				印	印
D. 建筑物竣工和修整工作	517	是	是	是	柬马	柬马新泰越
E. 其他	511 + 515 + 518					

部门和分部门	CPC编码	中国入世承诺	中国第一批承诺	中国第二批承诺	东盟各国第一批承诺	东盟各国第二批承诺
建筑工地的准备工作	511	是	是	是	柬印马越	柬印马新泰越
拆迁工作	51120					菲
特殊行业建筑工程	515	是	是	是	柬马越	柬马新泰越
钢结构支撑和安装包括焊接	51550				印	印
建筑基础工作包括打桩	51510				印	印
其他特种行业建设工作	51590					菲
配有技师的建筑物或土木工程建造或拆除设备租赁服务	518	是	是	是	柬印越	柬印新泰越
4. 分销服务						
A. 佣金代理服务	621	是		是	柬新越	柬菲新越
佣金代理服务包括机动车/机动车部件和配件/摩托车和雪地车及相关零部件和配件	61111/6113/6121					越
佣金代理服务	62111–62118					泰
在新加坡市场上的药品和医疗商品的有偿或合同销售服务					新	新
B. 批发服务	622	是		是	柬新越	柬新越
机动车批发服务/机动车部件和配件批发/摩托车和雪地用汽车及相关零部件和配件批发	61111/6113/6121					柬越
收音机和电视设备/乐器和记录/乐谱和磁带	62244					柬
药品/医疗商品/手术和整形外科设备的批发服务	62251/62252				新	新

部门和分部门	CPC 编码	中国入世承诺	中国第一批承诺	中国第二批承诺	东盟各国第一批承诺	东盟各国第二批承诺
C. 零售服务	631 + 632 + 6111 + 6113 + 6121	是		是		
食品和非食品零售服务	631 + 632				新	柬新
机动车辆销售/机动车零部件和配件销售/摩托车和雪地用汽车及相关零部件和配件销售	6111 + 6113 + 6121				柬越	柬越
药品、医疗和整形外科商品的零售服务	63211				新	新
广播和电视设备/乐器和记录/乐谱和磁带	63234					柬
D. 特许经营服务	8929	是		是	柬新越	柬新越
E. 其他						
机动车燃料零售服务	613				柬	柬
无固定地点的批发或零售服务		是		是		
5. 教育服务						
A. 初级教育服务	921	是		是		
其他初级教育服务	9219					泰
B. 中等教育服务	922	是		是	越	越
中等教育服务	9221/ 9222				泰	泰
技术和职业教育服务	9223/ 9224				泰	泰
C. 高等教育服务	923	是		是	柬泰越	柬泰越
由私人资金筹建的高等教育机构提供的其他高等教育服务，不包括含有政府股份或接受政府资助的私人高等教育机构	92390				马	马

部门和分部门	CPC编码	中国入世承诺	中国第一批承诺	中国第二批承诺	东盟各国第一批承诺	东盟各国第二批承诺
D. 成人教育服务	924	是		是	柬新越	柬新泰越
E. 其他教育服务	929	是		是	柬越	柬越
短期培训服务，包括语言培训	92900				新	马新泰
英语培训	92900			是		
中文讲授服务	92900				泰	泰
烹饪培训	92900			是		
手工艺培训				是		
技术培训	92900					马
6. 环境服务						
A. 污水处理服务	9401	是	是	是	柬菲越	柬菲泰越
B. 废物处理服务	9402	是	是	是	柬越	柬泰越
C. 环境卫生及类似服务	9403	是	是	是	柬新	柬新泰
D. 其他						
废气清理服务	9404	是	是	是	柬新越	柬新泰越
降低噪音服务	9405	是	是	是	柬新越	柬新泰越
自然和风景保护服务	9406	是	是	是	柬	柬泰
其他环境保护服务	9409	是	是	是	柬	柬泰
环境评价服务	94090				越	泰越
7. 金融服务						
A. 所有保险和保险相关服务	812					
a. 人寿险/意外险和健康保险服务	8121	是		是	柬老	文老菲新
人寿险服务包括年金险/伤残收入险/意外险和健康险服务	81211				马新越	文柬马新泰越
b. 非人寿保险服务	8129	是		是	柬老马新越	文柬老马菲新泰越
c. 再保险和转分保服务	81299	是		是	柬老新越	文柬老马菲新越

部门和分部门	CPC 编码	中国入世承诺	中国第一批承诺	中国第二批承诺	东盟各国第一批承诺	东盟各国第二批承诺
d. 保险辅助服务包括保险经纪/保险代理服务	8140	是		是	柬新越	文柬马菲新越
保险经纪/代理服务	81401					泰
保险咨询服务，包括养老金咨询服务	81402					泰
保险咨询服务/精算风险评估/风险管理/海损理算服务						文马
海损理算服务	81403					缅泰
保险精算服务	81404				缅	缅泰
保险中介：保险承销和保险管理						马
e. 保险附属服务					新	新
B. 银行和其他金融服务（不含保险）					马	马
a. 接受公众存款和其他需偿还的资金	81115 - 81119	是		是	柬新越	柬马菲新泰越
b. 所有类型的贷款，包括消费信贷/抵押信贷/保理和商业交易的融资	8113	是		是	柬新越	柬印马菲新泰越
c. 金融租赁	8112	是		是	柬老新越	柬老马菲新泰越
d. 所有支付和货币汇送服务	81339	是		是	柬老新越	柬老马菲新泰越
e. 担保与承兑	81199	是		是	柬新越	柬马菲新泰越
f. 在交易市场/公开市场或其他场所自行或代客交易，包括货币市场票据（支票/票据/存款证书，等）/外汇/衍生产品（包括但不限于期货和期权）/						

部门和分部门	CPC 编码	中国入世承诺	中国第一批承诺	中国第二批承诺	东盟各国第一批承诺	东盟各国第二批承诺
汇率和利率工具（包括掉期和远期利率合约等）/可转让证券/其他可转让的票据和金融资产（包括金银条块）	81339 81333 81339 81339 81339	是		是	柬老新越	柬老马菲新泰越
g. 参与各类证券的发行，包括作为证券包销或处置代理人并提供相关服务		是		是	新越	柬马菲新泰越
h. 货币经纪					新越	柬马菲新泰越
i. 资产管理，例如现金或有价证券管理/各种形式的共同投资管理/养老基金管理/有价证券的保管/受托和信托服务	81323				新越	柬马菲新泰越
j. 金融资产的结算和清算，包括证券产品和其他可转让票据					新越	柬新泰越
k. 咨询和其他辅助金融服务，包括信用调查和分析、投资和资产组合的研究和建议，为公司收购、重组和制定战略提供建议	8131 或 8133	是		是	马新越	柬马菲新泰越
保理	8113					印
l. 提供和传输其他金融服务提供者提供的金融信息、金融数据处理和相关的软件	8131	是		是	新越	柬新泰越
C. 其他金融服务						
非银行金融机构从事汽车消费信贷		是		是		
记账卡						马
信用卡服务	81133					菲泰

续　表

部门和分部门	CPC 编码	中国入世承诺	中国第一批承诺	中国第二批承诺	东盟各国第一批承诺	东盟各国第二批承诺
外国银行代表处服务						缅
推广外资银行的服务或产品和提供信息						菲
非银行金融机构服务						印
投资公司						菲
支付或履行预期收益的销售合同服务，如生活、教育、养老和收容的计划						菲
财务运营总部：为商业和投资银行业、金融机构相互之间的相关活动的综合管理和管理、企业策划、技术支持、营销控制和促销计划，训练和人员管理、提供财政和基金管理服务、研究和发展服务						马
商品期货经纪服务						马
8. 有关健康和社会服务（除专业服务中所列以外）						
A. 医院服务	9311				越	越
私人医院服务	93110				柬马	柬马
B. 其他人类健康服务	9319（除了93191）					
住宅卫生设施的医院服务之外的服务	93191					缅
实行商业运行的诊疗医院、护理中心和恢复医院	93193				新	新
C. 社会服务	933					
由本地机构提供的针对老年人和残疾人的社会服务	93311				新	新
通过住宅机构提供的针对儿童和其他客户的社会服务	93312					新

部门和分部门	CPC 编码	中国入世承诺	中国第一批承诺	中国第二批承诺	东盟各国第一批承诺	东盟各国第二批承诺
日间儿童看护服务，包括残疾人的日间看护服务	93321				新	新
未列明的儿童指导和咨询服务	93322				新	新
非本地机构提供的福利服务	93323				新	新
职业康复服务	93324					新
其他不包括食宿的社会服务	93329				新	新
9. 旅游和与旅行相关的服务						
A. 饭店和餐饮服务（包括餐饮）	641 –643	是		是	柬	柬马缅
餐馆	6421 – 64310				菲	柬菲
旅馆住宿服务	64110				文印菲泰越	文柬印菲新泰越
餐饮服务	64210				柬印泰	柬印新泰越
外卖服务	64230				泰越	新泰越
B. 旅行社和旅游经营者服务	7471	是		是	柬印菲新泰越	柬印马缅菲新泰越
C. 导游服务	7472				柬新	柬马新
D. 其他						
专业大会组织						菲
会展中心服务					马	马
旅馆管理服务					泰	泰
国际酒店经营	91135				印	印
旅游度假地					印	印
主题公园					马	马
旅游咨询服务	91136				印	印
10. 娱乐、文化和体育服务（视听服务除外）						
A. 文娱服务（包括剧场、现场乐队与马戏团表演等）	9619				新越	新越

部门和分部门	CPC编码	中国入世承诺	中国第一批承诺	中国第二批承诺	东盟各国第一批承诺	东盟各国第二批承诺
剧场制作人/歌手集团/乐队以及乐团娱乐服务	96191					马
作者提供的服务/作曲家/雕塑家/艺人/其他个人艺术家	96192					马
马戏团过山车乐园和服务	96194					马
其他娱乐服务	96199				柬	柬
C. 图书馆/档案馆/博物馆和其他文化服务	963					新
图书馆服务	96311					新
档案服务,不包括《国家文物局法案》中所规定的服务	96312				新	新
公园服务,不包括国家公园、自然保护区和《国家公园法》中所规定的公园用地	9633				新	新
D. 体育和其他娱乐服务	964				新越	新越
体育赛事推广服务	96411		是	是		马泰
体育赛事组织工作服务	96412		是	是		马泰
体育场馆运营服务(不包括高尔夫)	96413		是	是		泰
电子游戏业务	964				越	越
娱乐和沙滩公园服务	96494					泰
主题公园	96499					越
11. 运输服务						
A. 海洋运输服务						
a. 客运服务	7211	是		是	文柬缅新越	文柬印马缅菲新泰越
b. 货运服务	7212	是		是	文柬缅新越	文柬印马缅菲新泰越

部门和分部门	CPC 编码	中国入世承诺	中国第一批承诺	中国第二批承诺	东盟各国第一批承诺	东盟各国第二批承诺
c. 配船员的船舶租赁服务	7213					马
d. 船舶维修保养服务	8868					菲
e. 国际拖驳服务	7214				新	新泰
f. 海运支持服务	745					泰
船舶打捞救助服务	74540					马
海运代理服务						泰
外轮船长港口特定服务						泰
提供准确文件和认证船舶的海洋调查和船级社						泰
B. 内水运输服务						
a. 客运服务	7221				越	越
b. 货运服务	7222	是		是	越	越
C. 航空运输服务						
c. 有乘务员的飞机租赁	734					文
d. 飞机的维修和保养服务	8868	是	是	是	文柬缅越	文柬印缅菲泰越
c. 空运支持服务	746					
航空运输服务的销售和营销					柬马缅新越	柬印马缅菲新泰越
计算机订座服务		是	是	是	柬马缅越	柬印马缅泰越
E. 铁路运输服务						
a. 客运服务	7111				越	菲越
b. 货运服务	7112	是	是	是	越	菲越
d. 铁路运输设备保养和维修	71120 8868					菲泰
e. 铁路运输支持服务	743					泰
客运和货运的汽车清洁服务 火车站保安服务						泰

续 表

部门和分部门	CPC 编码	中国入世承诺	中国第一批承诺	中国第二批承诺	东盟各国第一批承诺	东盟各国第二批承诺
F. 公路运输服务						
a. 客运服务	7121				柬越	柬菲越
城市和城郊定期运输	71211			是		
城市和城郊特定运输	71212			是		
城市间定期旅客运输	71213		是	是		
城市间特定运输	71214			是		
不定期包车服务	7122					柬菲越
b. 货运服务	7123				柬越	柬菲越
公路卡车和汽车货运	7213	是	是	是		
冷冻或冷藏货物运输 散装液体或气体运输 集装箱货物运输	72131、 72132、 71233				新	新泰
家具运输	71234					新
c. 商用车辆和司机的租赁	7124					
有操作人员的汽车租赁服务	71222				新	新泰
有司机的公共汽车和四轮马车租赁服务	71223				新	新泰
有司机的商用货运机动车租赁服务	71240				柬新	柬新
d. 公路运输设备的维修和保养服务	6112 + 8867				柬	柬
机动车的维修和保养服务	6112	是	是	是	新	菲新
摩托车和雪地用汽车的保养和修理服务	6122	是		是		
机动车零部件的维护和修理服务	88				新	新
公路运输的支持服务	744				柬	柬
停车服务	74430				新	新
G. 管道运输服务						

部门和分部门	CPC 编码	中国入世承诺	中国第一批承诺	中国第二批承诺	东盟各国第一批承诺	东盟各国第二批承诺
a. 燃料传输	7131				柬	柬
b. 其他货物的运输	7139				柬	柬
H. 所有运输方式的辅助服务						
a. 装卸服务	741					菲
海运货物装卸服务		是		是	缅泰	印缅泰
b. 仓储服务	742	是	是	是	越	缅菲泰越
c. 运输代理服务	748	是	是	是	越	马越
货运代理服务	7480	是		是		马菲新
船舶代理服务						新
船舶经纪服务						新
海上货物装卸服务						泰
海运报关服务		是		是	越	越
d. 其他	749					
其他辅助运输服务（不含货物检验）	749	是	是	是	越	越
集装箱装卸服务	7411	是		是	越	越
集装箱堆场（站）和仓库服务				是	越	菲越
船级社，但不包括对悬挂新加坡国旗船舶的法定义务					新	新
12. 其他未包括的服务	95＋97＋98＋99					
B. 其他的服务						
洗涤、清洁和染色服务	9701				新	新
美发和其他美容服务	9702				新	新
葬礼、火化及相关服务，不包括公墓、坟墓和墓地的维护服务	97030				新	新

续　表

部门和分部门	CPC 编码	中国入世承诺	中国第一批承诺	中国第二批承诺	东盟各国第一批承诺	东盟各国第二批承诺
自动化生产技术、先进的材料技术/生物/电子、信息技术及航天/航空技术服务	97090					马

说明： 1. 中国入世承诺118项；统计时把部门承诺和分部门也承诺的均计算，故有重复计算的可能；表中"是"为已承诺。（全书同）

2. 第一批服务贸易承诺：中国对东盟各国承诺43项；东盟各国承诺栏下的：文为文莱对中国承诺（4项），柬为柬埔寨对中国承诺（91项），印为印度尼西亚对中国承诺（20项），老为老挝对中国承诺（6项），马为马来西亚对中国承诺（43项），缅为缅甸对中国承诺（12项），菲为菲律宾对中国承诺（32项），新为新加坡对中国的承诺（92项），泰为泰国对中国承诺（14项），越为越南对中国承诺（109项）。

3. 第二批服务贸易承诺：中国对东盟各国承诺（130项）；东盟各国承诺栏下的：文为文莱对中国承诺（30项），柬为柬埔寨对中国承诺（110项），印为印度尼西亚对中国承诺（30项），老为老挝对中国承诺（20项），马为马来西亚对中国承诺（104项），缅为缅甸对中国承诺（32项），菲为菲律宾对中国承诺（77）项，新为新加坡对中国的承诺（151项），泰为泰国对中国承诺（122项），越为越南对中国承诺（121项）。

4. 老挝的第二批承诺表没有把第一批的承诺再列入，马来西亚等国有个别部门没有列入，做此表时均加入了；而其他国家已把第一批的承诺加入到第二批承诺表中。

5. 归类方法：有暂定CPC编码的按其归类，无CPC编码的就近归类。（全书同）

6. 此对照表中顺序号如有短缺的，是指协议各方没有承诺，故省略。（全书同）

7. 此对照表是编者根据中国服务贸易协议承诺表统计，仅供参考，请以协议文本为准。（全书同）

2. 中国入世、中国—巴基斯坦服务贸易承诺对照表

部门和分部门	CPC 编码	中国入世承诺	中国承诺	巴方承诺
1. 商务服务				
A. 专业服务				
a. 法律服务	861	是	是	是
b. 会计、审计和簿记服务	862	是	是	是
c. 税收服务	863			

部门和分部门	CPC 编码	中国入世承诺	中国承诺	巴方承诺
税收服务	8630	是	是	
d. 建筑设计服务	8671	是	是	是
e. 工程服务	8672	是	是	是
f. 集中工程服务	8673	是	是	是
g. 城市规划和园林建筑服务	8674	是	是	
h. 医疗和牙医服务	9312	是	是	是
i. 兽医服务	9320			是
j. 助产士/护士/理疗医师和护理员提供的服务	93191			是
B. 计算机及相关服务	84			
a. 与计算机硬件安装相关的咨询服务	841	是	是	是
b. 软件实施服务	842	是	是	是
系统和软件咨询服务	8421	是		
系统分析服务	8422	是		
系统设计服务	8423	是		
编程服务	8424	是		
系统维护服务	8425	是		
c. 数据处理服务	843	是	是	是
输入准备服务	8431	是	是	
数据处理和制表服务	8432	是	是	
分时服务	8433	是	是	
d. 数据库服务	844			是
e. 其他	845 + 849			是
办公用计算机及其机械和设备的保养和修理服务	845	是	是	是
C. 研究和开发服务	85			
a. 自然科学的研究和开发服务	851			是

部门和分部门	CPC 编码	中国入世承诺	中国承诺	巴方承诺
自然科学的研究和开发服务	8510		是	
b. 社会科学与人文科学的研究和开发服务	852			是
c. 跨学科的研究和开发服务	853			是
D. 房地产服务				
a. 涉及自有或租赁房地产的服务	821	是	是	
b. 基于收费或合同的房地产服务	822	是	是	
E. 无操作人员的租赁服务（干租服务）				
c. 其他运输设备租赁	83101 + 83102 + 83105			是
d. 其他机械设备租赁	83106 – 83109			
不配备技师的机械和设备的租赁或出租服务	831	是	是	
e. 其他	832			
个人和家用物品的租赁或出租服务	832	是	是	
F. 其他商务服务				
a. 广告服务	871	是	是	
b. 市场调研和民意测验服务	864			
市场调研	86401		是	
c. 管理咨询服务	865	是	是	
d. 与管理咨询相关的服务				
除建筑外的项目管理服务	86601		是	
e. 技术测试和分析服务	8676	是	是	是
f. 与农业、狩猎和林业有关的服务	881	是	是	是
g. 与渔业有关的服务	882	是	是	
h. 与采矿业有关的服务	883 + 5115			是
与采矿业有关的服务（石油与天然气）	883		是	
k. 安排和提供人员服务	872		是	
m. 相关科学和技术咨询服务	8675	是	是	
近海石油服务：地质、地球物理和其他科学勘探服务	86751	是	是	
地下勘测服务	86752	是	是	

部门和分部门	CPC 编码	中国入世承诺	中国承诺	巴方承诺
陆上石油服务		是	是	
n. 设备的维修和保养服务（不包括船舶、飞机或其他运输设备的维修保养）	633 + 8861 - 8866			
个人和家用物品修理服务	63	是	是	
从属金属制品、机械和设备的修理服务	886	是	是	
o. 建筑物清洁服务	874		是	
p. 摄影服务	875	是	是	
q. 包装服务	876	是	是	
r. 印刷和出版服务	88442			是
包装装潢印刷			是	
s. 会议服务	87909	是	是	
t. 其他	8790			
笔译和口译服务	87905	是	是	
农业贮存设备服务				是
草场服务				是
2. 通讯服务				
B. 速递服务	7512			是
速递服务	75121	是	是	是
C. 电信服务				是
a. 语音电话服务	7521	是	是	是
b. 分组切换数据传输服务	7523	是	是	是
c. 线路切换数据传输服务	7523	是	是	是
d. 电传服务	7523			是
e. 电报服务	7522			是
f. 传真服务	7521 + 7529	是	是	是
g. 私人租赁线路服务	7522 + 7523	是	是	是
h. 电子邮件服务	7523	是	是	

部门和分部门	CPC 编码	中国入世承诺	中国承诺	巴方承诺
i. 语音邮件服务	7523	是	是	
j. 在线信息和数据库检索服务	7523	是	是	是
k. 电子数据交换服务	7523	是	是	是
l. 增值传真服务，包括储存和发送、储存和检索	7523	是	是	
m. 编码和协议转换服务	无	是	是	
n. 在线信息和/或数据处理（包括传输处理）	843	是	是	是
o. 其他				
寻呼服务		是	是	
移动话音和数据服务		是	是	
模拟/数据/蜂窝服务		是	是	
个人通讯服务		是	是	
国际闭合用户群话和数据服务		是	是	
国内数据服务的卫星小数据站	7523			是
中继无线电服务				是
电视会议、远程医疗、远程教育终端服务				是
移动通讯服务				是
卫星电话服务包括卫星营运增值服务				是
D. 视听服务				
a. 电影和录像的制作和发行服务	9611			
录像的发行服务包括娱乐软件		是	是	
录像带的租赁或出租服务	83202	是	是	
录音制品分销服务		是	是	
b. 电影院服务	9612	是	是	
3. 建筑和相关工程服务				
A. 建筑物的总体建筑工作	512	是	是	是

部门和分部门	CPC 编码	中国入世承诺	中国承诺	巴方承诺
B.　民用工程的总体建筑工作	513	是	是	是
桥梁/高速公路/隧道和地铁土建工程的建筑工作	5132			是
水路/港口/大坝和其他供水系统土建工程的建筑工作	5133			是
C.　安装和组装工作	514 + 516			是
预制构件的组装和装配服务	514	是	是	
安装工程	516	是	是	
D.　建筑物竣工和修整工作	517	是	是	是
E.　其他	511 + 515 + 518			
建筑工地的准备工作	511	是	是	是
特殊行业建筑工程	515	是	是	是
配有技师的建筑物或土木工程建造或拆除设备租赁服务	518	是	是	
4.　分销服务				
A.　佣金代理服务	621	是	是	
B.　批发服务	622	是	是	是
C.　零售服务	631 + 632 + 6111 + 6113 + 6121	是	是	是
D.　特许经营服务	8929	是	是	是
E.　其他				
无固定地点的批发或零售服务		是	是	
5.　教育服务				
A.　初级教育服务	921	是	是	
B.　中等教育服务	922	是	是	
C.　高等教育服务	923	是	是	是
D.　成人教育服务	924	是	是	是
E.　其他教育服务	929	是	是	是

部门和分部门	CPC 编码	中国入世承诺	中国承诺	巴方承诺
6. 环境服务				
A. 污水处理服务	9401	是	是	是
B. 废物处理服务	9402	是	是	是
C. 环境卫生及类似服务	9403	是	是	是
D. 其他				
废气清理服务	9404	是	是	是
降低噪音服务	9405	是	是	是
自然和风景保护服务	9406	是	是	
其他环境保护服务	9409	是	是	
7. 金融服务				
A. 所有保险和保险相关服务	812			
a. 人寿险、意外险和健康保险服务	8121	是	是	是
b. 非人寿保险服务	8129	是	是	是
c. 再保险和转分保服务	81299	是	是	是
d. 保险辅助服务（包括保险经纪、保险代理服务）	8140	是	是	
B. 银行和其他金融服务（不含保险）				
a. 接受公众存款和其他需偿还的资金	81115 – 81119	是	是	是
b. 所有类型的贷款，包括消费信贷、抵押信贷、保理和商业交易的融资	8113	是	是	是
c. 金融租赁	8112	是	是	是
d. 所有支付和货币汇送服务	81339	是	是	是
e. 担保与承兑	81199	是	是	是
f. 在交易市场、公开市场或其他场所自行或代客交易		是	是	
f1. 货币市场票据（支票、票据、存款证书，等）	81339			是

部门和分部门	CPC 编码	中国入世承诺	中国承诺	巴方承诺
f2. 外汇	81333			是
f5. 可转让证券	81321			是
f6. 其他可转让的票据和金融资产,包括金银条块	81339			是
g. 参与各类证券的发行,包括承销和募集代理(不论公募或私募),并提供与发行有关的服务	8132	是	是	是
i. 资产管理,如现金或资产组合管理、各种形式的集体投资管理、养老基金管理、保管和信托服务)	8119 + 81323			是
j. 可转让票据(仅包括支票,汇票和本票)的结算和清算	81339			是
k. 咨询和其他辅助金融服务,包括信用调查和分析、投资和资产组合的研究和建议,为公司收购、重组和制定战略提供建议	8131 或 8133	是	是	是
l. 提供和传输其他金融服务提供者提供的金融信息、金融数据处理和相关的软件	8131	是	是	
C. 其他金融服务				
非银行金融机构从事汽车消费信贷		是	是	
8. 有关健康和社会服务(除专业服务中所列以外)				
A. 医院服务	9311		是	是
9. 旅游和与旅行相关的服务				
A. 饭店和餐饮服务(包括餐饮)	641 – 643	是	是	是
B. 旅行社和旅游经营者服务	7471	是	是	是
10. 娱乐、文化和体育服务(视听服务除外)				
A. 文娱服务(包括剧场、现场乐队与马戏团表演等)	9619			是
C. 图书馆、档案馆、博物馆和其他文化服务	963			是

部门和分部门	CPC 编码	中国入世承诺	中国承诺	巴方承诺
主题公园娱乐服务				是
会议中心	87909			是
D. 体育和其他娱乐服务	964			
体育赛事推广服务	96411		是	是
体育赛事组织工作服务	96412		是	是
体育场馆运营服务（不包括高尔夫）	96413		是	是
其他体育服务	96419			是
11. 运输服务				
A. 海洋运输服务				
a. 客运服务	7211	是	是	
b. 货运服务	7212	是	是	
B. 内水运输服务				
b. 货运服务	7222	是	是	
C. 航空运输服务				
b. 货运服务	732			
d. 飞机的维修和保养服务	8868	是	是	
e. 空运支持服务	746			
计算机订座服务		是	是	
E. 铁路运输服务				
a. 客运服务	7111			是
b. 货运服务	7112	是	是	是
d. 铁路运输设备的维修和保养服务	8868			是
e. 铁路运输的支持服务	743			是
F. 公路运输服务				
a. 客运服务	7121 + 7122			是
城市间定期旅客运输	71213		是	

部门和分部门	CPC 编码	中国入世承诺	中国承诺	巴方承诺
b. 货运服务	7123			是
公路卡车和汽车货运	7213	是	是	
c. 商用车辆和司机的租赁	7124			是
d. 公路运输设备的维修和保养服务	6112 + 8867			是
汽车的保养和修理服务	6112	是	是	
摩托车和雪地用汽车的保养和修理服务	6122	是	是	
机动车的维修和保养服务	61120		是	
e. 公路交通工具的支持服务				是
H. 所有运输方式的辅助服务				
a. 装卸服务	741			
海运装卸/理货服务	741	是	是	是
b. 仓储服务	742	是	是	是
c. 货运代理服务	748	是	是	
海运代理服务		是	是	
d. 其他	749			
其他辅助运输服务（不含货物检验）	749	是	是	
海运报关服务		是	是	
集装箱堆场服务		是	是	
12. 其他未包括的服务	95 + 97 + 98 + 99			

说明：中国入世承诺 118 项，中国对巴基斯坦承诺 126 项，巴基斯坦对中国承诺 100 项。

3. 中国入世、中国—智利服务贸易承诺对照表

部门和分部门	CPC 编码	中国入世承诺	中方承诺	智方承诺
1. 商务服务				
A. 专业服务				

部门和分部门	CPC 编码	中国入世承诺	中方承诺	智方承诺
a. 法律服务	861	是	是	
国际法和外国法咨询服务	86190			是
仲裁和调解服务	86602			是
b. 会计、审计和簿记服务	862	是		
金融审计服务	86211			是·
会计审查服务	86212			是
c. 税收服务	863			
税收服务	8630	是		
d. 建筑设计服务	8671	是	是	
咨询和设计前期建筑服务	86711			是
建筑设计服务	86712			是
e. 工程服务	8672	是	是	
工程顾问和咨询服务	86721			是
工业加工和生产的工程服务	86725			是
与卫生相关的工程设计服务	86726			是
f. 集中工程服务	8673	是	是	
能源服务的集中工程服务	86733			是
g. 城市规划和园林建筑服务	8674	是	是	
h. 医疗和牙医服务	9312	是		
B. 计算机及相关服务				
a. 与计算机硬件安装相关的咨询服务	841	是	是	是
b. 软件实施服务	842	是	是	是
系统和软件咨询服务	8421	是		
系统分析服务	8422	是		
系统设计服务	8423	是		
编程服务	8424	是		

部门和分部门	CPC 编码	中国入世承诺	中方承诺	智方承诺
系统维护服务	8425	是		
c. 数据处理服务	843	是	是	是
输入准备服务	8431	是	是	
数据处理和制表服务	8432	是	是	
分时服务	8433	是	是	
e. 其他	845 + 849			
办公用计算机及其机械和设备的保养和修理服务	845	是	是	是
C. 研究和开发服务				
a. 自然科学的研发服务	851			是
c. 跨学科的研究和开发服务	853			是
D. 房地产服务				是
a. 涉及自有或租赁房地产的服务	821	是	是	是
b. 基于收费或合同的房地产服务	822	是	是	是
E. 无操作人员的租赁服务（干租服务）				
b. 航空器租赁服务	83104			是
d. 其他机械设备租赁	83106 – 83109			
农业机械和设备租赁	83106			是
建筑机械和设备租赁	83107			是
不配备技师的机械和设备的租赁或出租服务	831	是		
e. 其他	832			
个人和家用物品的租赁或出租服务	832	是		
F. 其他商务服务				
a. 广告服务	871	是	是	是
b. 市场调研和民意测验服务	864			是
市场调研	86401		是	
c. 管理咨询服务	865	是	是	
综合管理咨询服务	86501			是

部门和分部门	CPC 编码	中国人世承诺	中方承诺	智方承诺
金融管理咨询服务	86502			是
市场营销管理咨询服务	86503			是
人力资源管理咨询服务	86504			是
生产管理咨询服务	86505			是
公共关系服务	86506			是
d. 有关管理的咨询服务	866			
除建筑外的项目管理服务	86601		是	
e. 技术测试和分析服务	8676	是		
f. 与农业、狩猎和林业有关的服务	881	是	是	
g. 与渔业有关的服务	882	是	是	
h. 与采矿业有关的服务	883 + 5115			是
与采矿业有关的服务（石油与天然气）	883		是	
i 与制造业相关的服务	885			是
与金属产品，机器和设备制造有关的服务	885			是
电器机械及器材制造	8855			是
制造医学设备和光学仪器，手表和钟表	8857			是
纺织品、服装和皮革产品的制造	8842			是
制造其他非金属矿产品	8848			是
m. 相关科学和技术咨询服务	8675	是		
近海石油服务：地质、地球物理和其他科学勘探服务	86751	是	是	是
地下勘测服务	86752	是	是	
陆上石油服务		是		
n. 设备的维修和保养服务（不包括船舶、飞机或其他运输设备的维修保养）	633 + 8861 - 8866			
个人和家用物品修理服务	63	是		
从属金属制品、机械和设备的修理服务	886	是		
p. 摄影服务	875	是		

部门和分部门	CPC 编码	中国入世承诺	中方承诺	智方承诺
q. 包装服务	876	是		是
s. 会议服务	87909	是		
t. 其他	8790			
笔译和口译服务	87905	是	是	
2. 通讯服务				
B. 速递服务	7512			
速递服务	75121	是		
C. 电信服务				
a. 语音电话服务	7521	是		是
b. 分组切换数据传输服务	7523	是		是
c. 线路切换数据传输服务	7523	是		是
d. 电传服务	7523			是
e. 电报服务	7522			是
f. 传真服务	7521 + 7529	是		是
g. 私人租赁线路服务	7522 + 7523	是		是
h. 电子邮件服务	7523	是		是
i. 语音邮件服务	7523	是		是
j. 在线信息和数据库检索服务	7523	是		是
k. 电子数据交换服务	7523	是		是
l. 增值传真服务，包括储存和发送、储存和检索	7523	是		是
m. 编码和协议转换服务		是		是
n. 在线信息和/或数据处理（包括传输处理）	843	是		是
o. 其他				
寻呼服务		是		是
移动话音和数据服务		是		是
模拟/数据/蜂窝服务		是		是
个人通讯服务		是		是

续 表

部门和分部门	CPC 编码	中国入世承诺	中方承诺	智方承诺
国际闭合用户群话和数据服务		是		
D. 视听服务				
录像的发行服务包括娱乐软件		是		
录像带的租赁或出租服务		是		
录音制品分销服务	83202	是		
b. 电影院服务	9612	是		
3. 建筑和相关工程服务				
A. 建筑物的总体建筑工作	512	是	是	
B. 民用工程的总体建筑工作	513	是	是	
C. 安装和组装工作	514 + 516			
预制构件的组装和装配服务	514	是	是	
安装工程	516	是	是	
D. 建筑物竣工和修整工作	517	是	是	
E. 其他	511 + 515 + 518			
建筑工地的准备工作	511	是	是	
特殊行业建筑工程	515	是	是	
配有技师的建筑物或土木工程建造或拆除设备租赁服务	518	是	是	
4. 分销服务				
A. 佣金代理服务	621	是	是	
B. 批发服务	622	是		是
C. 零售服务	631 + 632 + 6111 + 6113 + 6121	是	是	是
D. 特许经营服务	8929	是		
E. 其他				
无固定地点的批发或零售服务		是		
5. 教育服务				
A. 初级教育服务	921	是	是	

部门和分部门	CPC 编码	中国入世承诺	中方承诺	智方承诺
B. 中等教育服务	922	是	是	
C. 高等教育服务	923	是	是	
中等岗位技术和职业教育服务	9231			是
D. 成人教育服务	924	是	是	是
E. 其他教育服务	929	是	是	
6. 环境服务				
A. 污水处理服务	9401	是	是	是
B. 废物处理服务	9402	是	是	是
C. 环境卫生及类似服务	9403	是	是	是
D. 其他				是
废气清理服务	9404	是	是	
降低噪音服务	9405	是	是	
自然和风景保护服务	9406	是	是	
其他环境保护服务	9409	是	是	
7. 金融服务				
A. 所有保险和保险相关服务	812			
a. 人寿险、意外险和健康保险服务	8121	是		
b. 非人寿保险服务	8129	是		
c. 再保险和转分保服务	81299	是		
d. 保险辅助服务（包括保险经纪、保险代理服务）	8140	是		
B. 银行和其他金融服务（不含保险）				
a. 接受公众存款和其他需偿还的资金	81115 – 81119	是		
b. 所有类型的贷款，包括消费信贷、抵押信贷、保理和商业交易的融资	8113	是		
c. 金融租赁	8112	是		
d. 所有支付和货币汇送服务	81339	是		
e. 担保与承兑	81199	是		
f. 在交易市场、公开市场或其他场所自行或代客交易		是		

部门和分部门	CPC 编码	中国入世承诺	中方承诺	智方承诺
g. 参与各类证券的发行，包括承销和募集代理（不论公募或私募），并提供与发行有关的服务		是		
k. 咨询和其他辅助金融服务，包括信用调查和分析、投资和资产组合的研究和建议，为公司收购、重组和制定战略提供建议	8131 或 8133	是		
l. 提供和传输其他金融服务提供者提供的金融信息、金融数据处理和相关的软件	8131	是		
C. 其他金融服务				
非银行金融机构从事汽车消费信贷		是		
8. 有关健康和社会服务（除专业服务中所列以外）				
9. 旅游和与旅行相关的服务				
A. 饭店和餐饮服务（包括餐饮）	641 – 643	是		是
B. 旅行社和旅游经营者服务	7471	是	是	是
C. 导游服务	7472			是
10. 娱乐、文化和体育服务（视听服务除外）				
D. 体育和其他娱乐服务	9641			是
体育赛事推广服务	96411		是	
体育赛事组织工作服务	96412		是	
体育场馆运营服务（不包括高尔夫）	96413		是	
11. 运输服务				
A. 海洋运输服务				
a. 客运服务	7211	是		
b. 货运服务	7212	是		
B. 内水运输服务				
b. 货运服务	7222	是		
C. 航空运输服务				

部门和分部门	CPC 编码	中国入世承诺	中方承诺	智方承诺
d. 飞机的维修和保养服务	8868	是	是	是
e. 空运支持服务	746			
计算机订座服务		是	是	是
机场管理服务	74610		是	是
空运服务的销售与营销			是	是
机场地面服务			是	是
通用航空服务			是	是
E. 铁路运输服务				
b. 货运服务	7112	是		
F. 公路运输服务				
b. 货运服务	7123			
公路卡车和汽车货运	7123	是		
汽车的保养和修理服务	6112	是		
摩托车和雪地用汽车的保养和修理服务	6122	是		
H. 所有运输方式的辅助服务				
a. 装卸服务	741			
海运装卸/理货服务	741	是		
b. 仓储服务	742	是		
c. 货运代理服务	748	是		
海运代理服务		是		
d. 其他	749			
其他辅助运输服务（不含货物检验）	749	是		
海运报关服务		是		
集装箱堆场服务		是		
12. 其他未包括的服务	95＋97＋98＋99			

说明：中国入世承诺118项，中国对智利承诺56项，智利对中国承诺75项。

4. 中国入世、中国—新西兰服务贸易承诺对照表

部门和分部门	CPC 编码	中国入世承诺	中方承诺	新西兰承诺
1. 商务服务				
A. 专业服务				
a. 法律服务	861	是	是	是
从事新西兰法律业务	861			
提供国际法咨询	861			
b. 会计、审计和簿记服务	862	是	是	是
c. 税收服务	863			
税收服务	8630	是	是	
税务编制服务	86302 – 3			是
d. 建筑设计服务	8671	是	是	是
e. 工程服务	8672	是	是	是
f. 集中工程服务	8673	是	是	
g. 城市规划和园林建筑服务	8674	是	是	
h. 医疗和牙医服务	9312	是	是	
i. 兽医服务	9320			是
B. 计算机及相关服务				
a. 与计算机硬件安装相关的咨询服务	841	是	是	是
b. 软件实施服务	842	是	是	是
系统和软件咨询服务	8421	是		
系统分析服务	8422	是		
系统设计服务	8423	是		
编程服务	8424	是		
系统维护服务	8425	是		
c. 数据处理服务	843	是	是	是
输入准备服务	8431	是	是	
数据处理和制表服务	8432	是	是	
分时服务	8433	是	是	

部门和分部门	CPC 编码	中国入世承诺	中方承诺	新西兰承诺
d. 数据库服务	844			是
e. 其他计算机服务	849			是
办公用计算机及其机械和设备的保养和修理服务	845	是	是	是
D. 房地产服务				
a. 涉及自有或租赁房地产的服务	821	是	是	是
b. 基于收费或合同的房地产服务	822	是	是	是
E. 无操作员的租赁服务（干租服务）				
d. 其他机械设备租赁	83106 – 83109			
不配备技师的机械和设备的租赁或出租服务	831	是	是	
运输和非运输设备租赁服务	8310			是
e. 其他	832			
个人和家用物品的租赁或出租服务	832	是	是	
F. 其他商务服务				
a. 广告服务	871	是	是	是
b. 市场调研和民意测验服务	864			
市场调研	86401			
c. 管理咨询服务	865	是	是	
d. 有关管理的咨询服务	866			
除建筑外的项目管理服务	86601		是	
e. 技术测试和分析服务	8676	是	是	
f. 与农业、狩猎和林业有关的服务	881	是		
与农业有关的服务	8811			是
与畜牧有关的服务	8812			是
与狩猎有关的服务	8813			是
与林业和采伐有关的服务	8814			是
g. 与渔业有关的服务	882	是	是	
h. 与采矿业有关的服务	883 + 5115			

部门和分部门	CPC 编码	中国入世承诺	中方承诺	新西兰承诺
m. 相关科学和技术咨询服务	8675	是	是	
近海石油服务：地质、地球物理和其他科学勘探服务	86751	是	是	
地下勘测服务	86752	是	是	
陆上石油服务		是	是	
n. 设备的维修和保养服务（不包括船舶、飞机或其他运输设备的维修保养）	633 + 8861 – 8866			
个人和家用物品修理服务	63	是	是	
从属金属制品、机械和设备的修理服务	886	是	是	
o. 建筑物清洁服务	874			是
p. 摄影服务	875	是	是	是
q. 包装服务	876	是	是	
s. 会议服务	87909	是	是	
t. 其他	8790			
笔译和口译服务	87905	是	是	是
复制服务	87904			是
2. 通讯服务				
B. 速递服务	7512			
速递服务	75121	是	是	
C. 电信服务				
a. 语音电话服务	7521	是	是	是
b. 分组切换数据传输服务	7523	是	是	是
c. 线路切换数据传输服务	7523	是	是	是
d. 电传服务	7523			是
e. 电报服务	7524			是
f. 传真服务	7521 + 7529	是	是	是
g. 私人租赁线路服务	7522 + 7523	是	是	是
h. 电子邮件服务	7523	是	是	是

部门和分部门	CPC 编码	中国入世承诺	中方承诺	新西兰承诺
i. 语音邮件服务	7523	是	是	是
j. 在线信息和数据库检索服务	7523	是	是	是
k. 电子数据交换服务	7523	是	是	是
l. 增值传真服务包括储存和发送、储存和检索	7523	是	是	是
m. 编码和协议转换服务	无	是	是	
n. 在线信息和/或数据处理（包括传输处理）	843	是	是	
o. 其他				
寻呼服务	75291	是	是	是
模拟/数据/蜂窝服务	75213	是	是	是
个人通讯服务	75213	是	是	是
移动话音和数据服务	7523	是	是	是
国际闭合用户群话和数据服务		是	是	
集群无线电系统服务	7523 75213			是
电话会议	75292			是
D. 视听服务				是
a. 电影和录像的制作和发行服务	9611			是
广播和电视服务	9613			是
录像的发行服务包括娱乐软件	83202	是	是	
录像带的租赁或出租服务	83202	是	是	
录音制品分销服务	83202	是	是	
b. 电影院服务	9612	是	是	是
c. 广播和有线电视服务	753			是
节目传播服务	7524			是
f. 其他				
作家/作曲家/雕刻家/艺人和其他个人艺术家提供的服务	96192			是

部门和分部门	CPC 编码	中国入世承诺	中方承诺	新西兰承诺
3. 建筑和相关工程服务				
A. 建筑物的总体建筑工作	512	是	是	是
B. 民用工程的总体建筑工作	513	是	是	是
C. 安装和组装工作	514＋516			
预制构件的组装和装配服务	514	是	是	是
安装工程	516	是	是	是
D. 建筑物竣工和修整工作	517	是	是	是
E. 其他	511＋515＋518			
建筑工地的准备工作	511	是	是	是
特殊行业建筑工程	515	是	是	是
配有技师的建筑物或土木工程建造或拆除设备租赁服务	518	是	是	
固定结构的护理和维修				是
4. 分销服务				
A. 佣金代理服务	621	是	是	是
B. 批发服务	622	是	是	是
C. 零售服务	631＋632＋6111＋6113＋6121	是	是	是
D. 特许经营服务	8929	是	是	
E. 其他				
无固定地点的批发或零售服务		是	是	
5. 教育服务				
A. 初级教育服务	921	是	是	是
B. 中等教育服务	922	是	是	是
C. 高等教育服务	923	是	是	是
D. 成人教育服务	924	是	是	
E. 其他教育服务	929	是	是	是

部门和分部门	CPC 编码	中国入世承诺	中方承诺	新西兰承诺
6. 环境服务	940			
A. 污水处理服务	9401	是	是	是
与排污相关的咨询服务	9401			是
与该服务相关的所有其他方面	9401			是
B. 废物处理服务	9402	是	是	是
与废物处理相关的咨询服务	9402			是
与该服务相关的所有其他方面	9402			是
C. 环境卫生及类似服务	9403	是	是	是
与卫生及类似服务相关的咨询服务	9403			是
与该服务相关的所有其他方面	9403			是
D. 其他				
废气清理服务	9404	是	是	是
环境大气与气候保护	9404			是
与环境大气与气候保护相关的咨询	9404			是
与该服务相关的所有其他方面	9404			是
降低噪音服务	9405	是	是	是
与噪音与震动消除相关的咨询	9405			是
与该服务相关的所有其他方面	9405			是
自然和风景保护服务	9406	是	是	是
水和土壤修复与清洁	9406			是
与水和土壤修复与清洁相关的咨询	9406			是
与该服务相关的所有其他方面	9406			是
生物多样性和景观保护	9406			是
与生物多样性和景观保护相关的咨询	9406			是
与该服务相关的所有其他方面	9406			是
其他环境保护服务	9409	是	是	是
与其他环境及附属服务相关的咨询	9409			是
与该服务相关的所有其他方面	9409			是

续 表

部门和分部门	CPC 编码	中国入世承诺	中方承诺	新西兰承诺
7. 金融服务				
A. 所有保险和保险相关服务	812			
a. 人寿险、意外险和健康保险服务	8121	是	是	是
b. 非人寿保险服务	8129	是	是	是
c. 再保险和转分保服务	81299	是	是	是
d. 保险辅助服务包括保险经纪/保险代理服务	8140	是	是	是
e. 保险辅助服务，如咨询、精算、风险评估及理赔服务等	8140			是
B. 银行和其他金融服务（不含保险）				
a. 接受公众存款和其他需偿还的资金	81115–81119	是	是	是
b. 所有类型的贷款，包括消费信贷、抵押信贷、保理和商业交易的融资	8113	是	是	是
c. 金融租赁	8112	是	是	是
d. 所有支付和货币汇送服务	81339	是	是	是
e. 担保与承兑	81199	是	是	是
f. 在交易市场、公开市场或其他场所自行或代客交易		是	是	是
g. 参与各类证券的发行，包括承销和募集代理（不论公募或私募），并提供与发行有关的服务		是	是	是
h. 货币经纪	81339			是
i. 资产管理（如现金或资产组合管理/各种形式的集体投资管理/养老基金管理、保管和信托服务）	8119、81323			是
j. 金融资产的结算和清算，包括证券、衍生产品和其他可转让票据	81339 或 81319			是
k. 咨询和其他辅助金融服务，包括信用调查和分析、投资和资产组合的研究和建议，为公司收购、重组和制定战略提供建议	8131 或 8133	是	是	是

部门和分部门	CPC 编码	中国入世承诺	中方承诺	新西兰承诺
l. 提供和传输其他金融服务提供者提供的金融信息、金融数据处理和相关的软件	8131，8133	是	是	是
C. 其他金融服务				
非银行金融机构从事汽车消费信贷		是	是	
8. 有关健康和社会服务（除专业服务中所列以外）				
9. 旅游和与旅行相关的服务				
A. 饭店和餐饮服务（包括餐饮）	641－643	是	是	是
B. 旅行社和旅游经营者服务	7471	是	是	是
C. 导游	7472			是
10. 娱乐、文化和体育服务（视听服务除外）				
D. 体育和其他娱乐服务				
体育赛事推广服务	96411		是	
体育赛事组织工作服务	96412		是	
体育场馆运营服务（不包括高尔夫）	96413		是	
11. 运输服务				
A. 海洋运输服务				
a. 客运服务	7211	是	是	是
b. 货运服务	7212	是	是	是
B. 内水运输服务				
b. 货运服务	7222	是	是	
C. 空运服务				
d. 飞机的维修和保养服务	8868	是	是	
e. 空运支持服务	746			
航空运输服务的销售与营销				是
计算机订座服务	7523	是	是	是
E. 铁路运输服务				是

部门和分部门	CPC 编码	中国入世承诺	中方承诺	新西兰承诺
b.　货运服务	7112	是	是	
F.　公路运输服务	712			是
a.　客运服务	7121、7122			
b.　货运服务	7123			
公路卡车和汽车货运	7123	是	是	
汽车的保养和修理服务	6112	是	是	
摩托车和雪地用汽车的保养和修理服务	6122	是	是	
机动车的维修和保养服务	61120		是	
G.　管道运输	713			是
H.　所有运输方式的辅助服务				
a.　装卸服务	741			
海运装卸/理货服务	741	是	是	
b.　仓储服务	742	是	是	是
c.　货运代理服务	748	是	是	
海运代理服务		是	是	是
d.　其他	749			
其他辅助运输服务（不含货物检验）	749	是	是	
海运报关服务		是	是	
集装箱堆场服务		是	是	
12.　其他未包括的服务	95 + 97 + 98 + 99			

　　说明： 中国对 WTO 承诺 118 项，对新西兰承诺 118 项，新西兰对中国承诺 101 项。

5. 中国入世、中国—新加坡服务贸易承诺对照表

部门和分部门	CPC 编码	中方入世承诺	中方承诺			新方承诺		
			中国东盟 1	中国东盟 2	中新	中国东盟 1	中国东盟 2	中新
1.　商务服务								
A.　专业服务								
a.　法律服务	861	是		是	是			

部门和分部门	CPC 编码	中方入世承诺	中方承诺			新方承诺		
			中国东盟1	中国东盟2	中新	中国东盟1	中国东盟2	中新
b. 会计、审计和簿记服务	862	是		是	是		是	
会计和审计服务	8621							是
记账服务，除了税收	8622							是
c. 税收服务	863							
税收服务	8630	是		是	是	是		是
其他税收服务	86309						是	是
d. 建筑设计服务	8671	是		是	是		是	是
e. 工程服务	8672	是		是	是	是	是	是
f. 集中工程服务	8673	是		是	是		是	
g. 城市规划和园林建筑服务	8674	是		是	是			
园林建筑服务	86742					是	是	是
h. 医疗和牙医服务	9312	是		是	是			
一般医疗服务	93121						是	是
专门医疗服务	93122						是	是
牙医服务	93123						是	是
i. 兽医服务	932						是	是
B. 计算机及相关服务								
a. 与计算机硬件安装相关的咨询服务	841	是	是	是	是			
b. 软件实施服务	842	是	是	是	是			
系统和软件咨询服务	8421	是			是			
系统分析服务	8422	是			是			
系统设计服务	8423	是			是			
编程服务	8424	是			是			
系统维护服务	8425	是			是			

续 表

部门和分部门	CPC 编码	中方入世承诺	中方承诺			新方承诺		
			中国东盟1	中国东盟2	中新	中国东盟1	中国东盟2	中新
软件开发							是	是
系统整合服务							是	是
c. 数据处理服务	843	是	是	是	是		是	是
输入准备服务	8431	是	是	是	是			
数据处理和制表服务	8432	是	是	是	是			
分时服务	8433	是	是	是	是			
d. 数据库服务	844						是	是
e. 其他	845＋849							
办公用计算机及其机械和设备的保养和修理服务	845	是		是	是			
C. 研究和开发服务								
a. 自然科学的研究和开发服务	851							
生物技术服务和工业研究	851						是	是
b. 社会科学与人文科学的研究和开发服务	852							
经济和行为学研究	852						是	是
c. 跨学科的研究和开发服务	853							
由教育机构承办的跨学科研发服务项目						是	是	是
D. 房地产服务								
a. 涉及自有或租赁房地产的服务	821	是	是	是	是			

部门和分部门	CPC 编码	中方入世承诺	中方承诺			新方承诺		
			中国东盟1	中国东盟2	中新	中国东盟1	中国东盟2	中新
b. 基于收费或合同的房地产服务	822	是	是	是	是			
基于收费或合同的居住或居住房地产管理服务	82201、82202					是	是	是
E. 无操作员的租赁服务								
a. 船舶租赁	83103					是	是	是
b. 航空器租赁	83104					是	是	是
d. 其他机械设备租赁	83106－83109							
不配备技师的机械和设备的租赁或出租服务	831	是			是			
机动车租赁	831			是		是	是	是
e. 其他	832							
个人和家用物品的租赁或出租服务	832	是			是	是		
F. 其他商务服务								
a. 广告服务	871	是		是	是	是	是	是
广告空间或时间的出售或租赁服务							是	
广告规划、创造和安置服务							是	
其他广告服务							是	
b. 市场调研和民意测验服务	864							
市场调研	86401		是	是	是		是	是

续 表

部门和分部门	CPC 编码	中方人世承诺	中方承诺 中国东盟1	中方承诺 中国东盟2	中方承诺 中新	新方承诺 中国东盟1	新方承诺 中国东盟2	新方承诺 中新
c. 管理咨询服务	865	是	是	是	是		是	是
公共关系咨询服务							是	
一般管理咨询服务，包括办公室管理、行政服务							是	
广告咨询服务							是	
信息技术咨询服务							是	
建筑物和设施管理服务							是	
d. 有关管理的咨询服务	866					是	是	是
除建筑外的项目管理服务	86601		是	是	是			
e. 技术测试和分析服务	8676	是		是	是		是	
机动车技术测试和分析服务	8676					是		是
技术测试和分析服务，不包括机动车及船级社的技术测试和分析服务	8676						是	是
f. 与农业、狩猎和林业有关的服务	881	是		是	是		是	是
g. 与渔业有关的服务	882	是		是	是		是	是
h. 与采矿业有关的服务包括油田服务	883 + 5115						是	是
i. 与制造业有关的服务	884 + 885 （除了88442）							是

部门和分部门	CPC 编码	中方入世承诺	中方承诺			新方承诺		
			中国东盟1	中国东盟2	中新	中国东盟1	中国东盟2	中新
k. 安排和提供人员服务	872		是	是	是	是	是	是
l. 调查与保安服务	873							
保安咨询服务	87302					是	是	是
警报监控服务	87303					是	是	是
非武装保安服务	87305					是	是	是
m. 相关科学和技术咨询服务	8675	是		是	是			
近海石油服务：地质、地球物理和其他科学勘探服务	86751	是		是	是			
地下勘测服务	86752	是		是	是			
陆上石油服务		是		是	是			
n. 设备的维修和保养服务（不包括船舶、飞机或其他运输设备的维修保养）	633＋8861－8866					是	是	是
个人和家用物品修理服务	63	是		是	是			
从属金属制品、机械和设备的修理服务	886	是		是	是			
o. 建筑物清洁服务	874		是	是	是		是	是
p. 摄影服务	875	是	是	是	是	是	是	是
q. 包装服务	876	是		是	是	是	是	是
r. 印刷与出版	88442							
包装装潢印刷			是	是	是			

部门和分部门	CPC 编码	中方入世承诺	中方承诺			新方承诺		
			中国东盟 1	中国东盟 2	中新	中国东盟 1	中国东盟 2	中新
s. 会议服务	87909	是		是	是		是	是
t. 其他	8790							
笔译和口译服务	87905	是	是	是	是		是	是
室内设计服务（不包括建筑设计）	87907						是	是
2. 通讯服务								
B. 速递服务	7512							
速递服务	75121	是		是	是		是	是
C. 电信服务								
a. 语音电话服务	7521	是		是	是	是	是	是
b. 分组切换数据传输服务	7523	是		是	是	是	是	是
c. 线路切换数据传输服务	7523	是		是	是	是	是	是
f. 传真服务	7521 + 7529	是		是	是	是	是	是
g. 私人租赁线路服务	7522 + 7523	是		是	是	是	是	是
h. 电子邮件服务	7523	是		是	是	是	是	是
i. 语音邮件服务	7523	是		是	是	是	是	是
j. 在线信息和数据库检索服务	7523	是		是	是	是	是	是
k. 电子数据交换服务	7523	是		是	是	是	是	是
l. 增值传真服务，包括储存和发送、储存和检索	7523	是		是	是	是	是	是
m. 编码和协议转换服务	无	是		是	是	是	是	是

部门和分部门	CPC 编码	中方入世承诺	中方承诺			新方承诺		
			中国东盟1	中国东盟2	中新	中国东盟1	中国东盟2	中新
n. 在线信息和/或数据处理（包括传输处理）	843	是		是	是	是	是	是
o. 其他								
寻呼服务		是		是	是	是	是	是
移动话音和数据服务		是		是	是	是	是	是
模拟/数据/蜂窝服务		是		是	是	是	是	是
个人通讯服务		是		是	是	是	是	是
国际闭合用户群话和数据服务		是		是	是	是	是	是
D. 视听服务								
a. 电影和录像的制作和发行服务	9611						是	是
电影和录像的制作和发行服务	96112						是	是
录像的发行服务包括娱乐软件		是		是	是			
录像带的租赁或出租服务	83202	是		是	是			
录音制品分销服务		是		是	是		是	是
b. 电影院服务	9612	是		是	是		是	是
c. 录音服务							是	
3. 建筑和相关工程服务								
A. 建筑物的总体建筑工作	512	是	是	是	是		是	是

部门和分部门	CPC 编码	中方入世承诺	中方承诺			新方承诺		
			中国东盟1	中国东盟2	中新	中国东盟1	中国东盟2	中新
B. 民用工程的总体建筑工作	513	是		是	是		是	是
高速公路（除了高架公路）、街道、公路、铁路、机场跑道等方面	5131		是					
C. 安装和组装工作	514＋516						是	
预制构件的组装和装配服务	514	是	是	是	是			是
安装工程	516	是	是	是	是			是
D. 建筑物竣工和修整工作	517	是	是	是	是		是	是
E. 其他	511＋515＋518							
建筑工地的准备工作	511	是	是	是	是		是	是
特殊行业建筑工程	515	是	是	是	是		是	是
配有技师的建筑物或土木工程建造或拆除设备租赁服务	518	是	是	是	是		是	是
4.　分销服务								
A. 佣金代理服务	621	是		是	是	是	是	是
专为新加坡市场而设的药品和医疗商品的收费或合同销售服务	62117					是	是	是
B. 批发服务	622	是		是	是	是	是	是
药品、医疗商品、外科和骨科设备的批发服务	62251、62252					是	是	是

部门和分部门	CPC 编码	中方入世承诺	中方承诺			新方承诺		
			中国东盟1	中国东盟2	中新	中国东盟1	中国东盟2	中新
C. 零售服务（新方承诺不包括：食品、饮料及烟草，药品及医疗商品，机动车的出售）	631+632+6111+6113+6121	是		是	是			是
食品，饮料及烟草的零售服务	6310							是
药品、医疗商品和骨科商品的零售服务	63211					是	是	是
机动车批发服务/机动车零售服务/机动车的零件与附件销售服务/摩托车和雪地车及其相关配件与零件的销售服务	61111、61112、61130、61210							是
机动车燃料的零售服务	613							是
D. 特许经营服务	8929	是		是	是	是	是	是
E. 其他								
无固定地点的批发或零售服务		是		是	是			
5. 教育服务								
A. 初级教育服务		是		是	是			
B. 中等教育服务	922	是		是	是			
C. 高等教育服务	923	是		是	是			是
D. 成人教育服务	924	是		是	是	是	是	是

部门和分部门	CPC 编码	中方入世承诺	中方承诺			新方承诺		
			中国东盟 1	中国东盟 2	中新	中国东盟 1	中国东盟 2	中新
E. 其他教育服务	929	是		是	是			是
短期培训服务，包括语言培训	92900					是	是	
英语培训				是				
烹饪培训				是				
手工艺培训				是				
6. 环境服务								
A. 污水处理服务	9401	是	是	是	是			
B. 废物处理服务	9402	是	是	是	是			
C. 环境卫生及类似服务	9403	是	是	是	是	是	是	是
D. 其他								
废气清理服务	9404	是	是	是	是	是	是	是
降低噪音服务	9405	是	是	是	是	是	是	是
自然和风景保护服务	9406	是	是	是	是			
其他环境保护服务	9409	是	是	是	是			
7. 金融服务								
A. 所有保险和保险相关服务	812							
a. 人寿险、意外险和健康保险服务	8121	是		是	是	是	是	是
b. 非人寿保险服务	8129	是		是	是	是	是	是
c. 再保险和转分保服务	81299	是		是	是	是	是	是
d. 保险辅助服务（包括保险经纪、保险代理服务）	8140	是		是	是	是	是	是

部门和分部门	CPC 编码	中方入世承诺	中方承诺			新方承诺		
			中国东盟1	中国东盟2	中新	中国东盟1	中国东盟2	中新
e. 保险附属服务，包括精算/损失理算/海损理算及咨询服务						是	是	是
B. 银行和其他金融服务（不含保险）								
a. 接受公众存款和其他需偿还的资金	81115 – 81119	是		是	是	是	是	是
b. 所有类型的贷款，包括消费信贷、抵押信贷、保理和商业交易的融资	8113	是		是	是	是	是	是
c. 金融租赁	8112	是		是	是	是	是	是
d. 所有支付和货币汇送服务	81339	是		是	是	是	是	是
e. 担保与承兑	81199	是		是	是	是	是	是
f. 在交易市场、公开市场或其他场所自行或代客交易		是		是	是	是	是	是
g. 参与各类证券的发行，包括承销和募集代理（不论公募或私募），并提供与发行有关的服务	8132	是		是	是	是	是	是
h. 货币经纪	81339					是	是	是
i. 资产管理，如现金或资产组合管理、各种形式的集体投资管理、养老基金管理、保管和信托服务）	8119 + 81323					是	是	是

部门和分部门	CPC 编码	中方入世承诺	中方承诺			新方承诺		
			中国东盟1	中国东盟2	中新	中国东盟1	中国东盟2	中新
j. 金融资产的结算和清算，包括证券、衍生产品和其他可转让票据	81339 或 81319					是	是	是
k. 咨询和其他辅助金融服务，包括信用调查和分析、投资和资产组合的研究和建议，为公司收购、重组和制定战略提供建议	8131 或 8133	是		是	是	是	是	是
l. 提供和传输其他金融服务提供者提供的金融信息、金融数据处理和相关的软件	8131	是		是	是	是	是	是
C. 其他金融服务								
非银行金融机构从事汽车消费信贷		是		是	是			
8. 有关健康和社会服务（除专业服务中所列以外）								
A. 医院服务	9311				是			
医院服务	93110							是
B. 其他人类健康服务	9319（除了93191）							
由《私人医院和医疗诊所法案》定义的、实行商业运行的急诊医院、护理中心和康复医院	93193					是	是	是

部门和分部门	CPC 编码	中方入世承诺	中方承诺			新方承诺		
			中国东盟1	中国东盟2	中新	中国东盟1	中国东盟2	中新
C. 社会服务								
由住宿机构提供的针对老年人和残疾人的社会服务	93311					是	是	是
由住宿机构提供的针对儿童和其他客户的社会服务	93312						是	是
日间儿童看护服务,包括残疾人的日间看护服务	93321					是	是	是
别处未列明的儿童指导和咨询服务	93322					是	是	是
非通过住宿机构提供的福利服务	93323					是	是	是
职业康复服务	93324						是	是
其他不包住宿的社会服务	93329					是	是	是
9. 旅游和与旅行相关的服务								
A. 饭店和餐饮服务(包括餐饮)	641－643	是		是	是			是
旅馆住宿服务	64110						是	
餐饮服务	64210						是	
餐馆饮食供应服务	64210、64230							是
B. 旅行社和旅游经营者服务	7471	是		是	是	是	是	是
C. 导游服务	7472					是		是
10. 娱乐、文化和体育服务(视听服务除外)								

部门和分部门	CPC 编码	中方入世承诺	中方承诺			新方承诺		
			中国东盟 1	中国东盟 2	中新	中国东盟 1	中国东盟 2	中新
A. 文娱服务（包括剧场、现场乐队与马戏团表演等）	9619					是	是	是
C. 图书馆、档案馆、博物馆和其他文化服务	963					是	是	是
图书馆服务	96311						是	
档案服务，不包括《国家文物局法案》中所规定的服务						是	是	
公园服务						是	是	是
D. 体育和其他娱乐服务	964					是		是
体育赛事推广服务	96411		是	是	是			
体育赛事组织工作服务	96412		是	是	是			
体育场馆运营服务（不包括高尔夫）	96413		是	是	是			
11. 运输服务								
A. 海洋运输服务								
a. 客运服务	7211	是		是	是	是	是	是
b. 货运服务	7212	是		是	是	是	是	是
e. 国际拖驳服务	7214					是	是	是
B. 内水运输服务								
b. 货运服务	7222	是		是	是			
C. 航空运输服务								
d. 飞机的维修和保养服务	8868	是	是	是	是			

部门和分部门	CPC 编码	中方入世承诺	中方承诺			新方承诺		
			中国东盟1	中国东盟2	中新	中国东盟1	中国东盟2	中新
e. 空运支持服务	746							
计算机订座服务		是	是	是	是			
航空运输服务的销售和营销						是	是	是
E. 铁路运输服务								
b. 货运服务	7112	是	是	是	是			
F. 公路运输服务								
a. 客运服务	7121+7122							
城市与郊区间定期运输	71211			是	是			
城市与郊区间专线运输	71212			是	是			
城市间定期旅客运输	71213		是	是	是			
城市间专线运输	71214			是	是			
b. 货运服务	7123							
公路卡车和汽车货运	7123	是	是	是	是			
冷冻货物、液体或气体、集装箱装运的货物、家具运输服务	72131、71232、71233、71234					是	是	是
c. 商用车辆和司机的租赁	7124							
有操作员的汽车租赁服务	71222					是	是	是
有操作员的公共汽车和四轮马车租赁服务	71223					是	是	是

部门和分部门	CPC 编码	中方入世承诺	中方承诺			新方承诺		
			中国东盟1	中国东盟2	中新	中国东盟1	中国东盟2	中新
有操作员的商用货运机动车租赁服务	71240					是	是	是
d. 机动车的维修和保养服务	61120	是	是	是	是	是	是	是
摩托车和雪地用汽车的保养和修理服务	6122	是		是	是			
机动车零件的维护和修理服务	88＊＊					是	是	是
停车服务	74430					是	是	是
G. 管道运输								
a. 燃料运输	71310							是
H. 所有运输方式的辅助服务								
a. 装卸服务	741							
海运装卸/理货服务	741	是		是	是			
b. 仓储服务	742	是	是	是	是			
c. 货运代理服务	748	是	是	是	是			
海运代理服务		是		是	是	是		
d. 其他	749							
其他辅助运输服务（含货物检验）	749	是	是	是	是			
海运报关服务		是		是	是			
集装箱堆场服务		是		是	是			
集装箱装卸服务				是				
船务代理服务							是	是
船务经纪服务							是	是

续 表

部门和分部门	CPC 编码	中方入世承诺	中方承诺			新方承诺		
			中国东盟1	中国东盟2	中新	中国东盟1	中国东盟2	中新
船级社，但不包括对悬挂新加坡国旗船舶的法定服务						是	是	是
12. 其他未包括的服务	95 + 97 + 98 + 99							
洗涤、清洗和染色服务	9701					是	是	是
美发和其他美容服务	9702					是	是	是
丧葬、火葬和殡仪服务服务，不包括墓地维护、照看墓穴和墓地服务	97030＊＊					是	是	是

说明：中国入世承诺118项。此表中的中新承诺为2011年7月修订后的承诺。中国在中国—东盟服务贸易第一批承诺表中对东盟（新加坡）承诺43项，在双边协定中对新加坡承诺132项，在中国—东盟服务贸易第二批承诺表中对东盟（新加坡）承诺130项。新加坡在中国—东盟服务贸易第一批承诺表中对中国承诺90项，在双边协定中对中国承诺141项，在中国—东盟服务贸易第二批承诺表中对中国承诺151项。

6. 中国入世、中国—秘鲁服务贸易承诺对照表

部门和分部门	CPC 编码	中国入世承诺	中方承诺	秘鲁承诺
1. 商务服务				
A. 专业服务				
a. 法律服务	861	是	是	是
b. 会计、审计和簿记服务	862	是	是	是
c. 税收服务	863			是
税收服务	8630	是	是	
d. 建筑设计服务	8671	是	是	是

部门和分部门	CPC 编码	中国入世承诺	中方承诺	秘鲁承诺
e. 工程服务	8672	是	是	是
f. 集中工程服务	8673	是	是	是
g. 城市规划和园林建筑服务	8674	是	是	是
h. 医疗和牙医服务	9312	是	是	
i. 兽医服务	932			是
j. 助产士/护士/理疗医师/护理员提供的服务	93191			是
B. 计算机及相关服务	84			是
a. 与计算机硬件安装相关的咨询服务	841	是	是	
b. 软件实施服务	842	是	是	
系统和软件咨询服务	8421	是		
系统分析服务	8422	是		
系统设计服务	8423	是		
编程服务	8424	是		
系统维护服务	8425	是		
c. 数据处理服务	843	是	是	
输入准备服务	8431	是	是	
数据处理和制表服务	8432	是	是	
分时服务	8433	是	是	
e. 其他	845 + 849			
办公用计算机及其机械和设备的保养和修理服务	845	是	是	
C. 研究和开发服务	85			是
a. 自然科学的研究和开发服务	851			
自然科学的研究和开发服务	8510		是	
D. 房地产服务				
a. 涉及自有或租赁房地产的服务	821	是	是	是
b. 基于收费或合同的房地产服务	822	是	是	是
E. 无操作员的租赁服务（干租服务）				

部门和分部门	CPC 编码	中国入世承诺	中方承诺	秘鲁承诺
a. 船舶租赁	83103			是
b. 航空器租赁	83104			是
c. 其他运输设备租赁	83101 + 83102 + 83105			是
d. 其他机械设备租赁	83106 - 83109			是
不配备技师的机械和设备的租赁或出租服务	831	是	是	
e. 其他	832			是
个人和家用物品的租赁或出租服务	832	是	是	
F. 其他商务服务				
a. 广告服务	871	是	是	是
b. 市场调研和民意测验服务	864			是
市场调研	86401		是	
c. 管理咨询服务	865	是	是	是
其他管理咨询服务	86509			是
d. 有关管理的咨询服务	866			是
除建筑外的项目管理服务	86601		是	
e. 技术测试和分析服务	8676	是	是	是
f. 与农业、狩猎和林业有关的服务	881	是	是	是
g. 与渔业有关的服务	882	是	是	是
h. 与采矿业有关的服务	883 + 5115			是
与采矿业有关的服务（石油与天然气）	883		是	
k. 安排和提供人员服务	872		是	是
l. 调查与保安服务	873			是
m. 相关科学和技术咨询服务	8675	是	是	
近海石油服务：地质/地球物理和其他科学勘探服务	86751	是	是	
地下勘测服务	86752	是	是	
陆上石油服务		是	是	

部门和分部门	CPC 编码	中国入世承诺	中方承诺	秘鲁承诺
n. 设备的维修和保养服务（不包括船舶、飞机或其他运输设备的维修保养）	633 + 8861 − 8866			是
个人和家用物品修理服务	63	是	是	
汽车的保养和修理服务	6112	是	是	
摩托车和雪地用汽车的保养和修理服务	6122	是	是	
从属金属制品、机械和设备的修理服务	886	是	是	
o. 建筑物清洁服务	874		是	是
p. 摄影服务	875	是	是	是
q. 包装服务	876	是	是	是
r. 印刷和出版服务	88442			是
包装印刷			是	
s. 会议服务	87909	是	是	是
t. 其他	8790			
笔译和口译服务	87905	是	是	
2. 通讯服务				
A. 邮政服务	7511			是
B. 速递服务	7512			是
速递服务	75121	是	是	
C. 电信服务				
a. 语音电话服务	7521	是	是	是
b. 分组切换数据传输服务	7523	是	是	是
c. 线路切换数据传输服务	7523	是	是	是
d. 电传服务	7523			是
e. 电报服务	7522			
f. 传真服务	7521 + 7529	是	是	是
g. 私人租赁线路服务	7522 + 7523	是	是	是

部门和分部门	CPC 编码	中国入世承诺	中方承诺	秘鲁承诺
h. 电子邮件服务	7523	是	是	是
i. 语音邮件服务	7523	是	是	是
j. 在线信息和数据库检索服务	7523	是	是	是
k. 电子数据交换服务	7523	是	是	是
l. 增值传真服务包括储存和发送/储存和检索	7523	是	是	是
m. 编码和协议转换服务	无	是	是	是
n. 在线信息和/或数据处理（包括传输处理）	843	是	是	是
o. 其他				
寻呼服务		是	是	是
移动话音和数据服务		是	是	是
模拟/数据/蜂窝服务		是	是	是
个人通讯服务		是	是	是
国际闭合用户群话和数据服务		是	是	
中继服务				是
D. 视听服务				
a. 电影和录像的制作和发行服务	9611			
录像的发行服务包括娱乐软件		是	是	
录像带的租赁或出租服务	83202	是	是	
录音制品分销服务		是		
b. 电影院服务	9612	是	是	
3. 建筑和相关工程服务				
A. 建筑物的总体建筑工作	512	是	是	是
B. 民用工程的总体建筑工作	513	是	是	是
C. 安装和组装工作	514＋516			
预制构件的组装和装配服务	514	是	是	是
安装工程	516	是	是	

续　表

部门和分部门	CPC 编码	中国入世承诺	中方承诺	秘鲁承诺
D.　建筑物竣工和修整工作	517	是	是	是
E.　其他	511＋515＋518			是
建筑工地的准备工作	511	是	是	
特殊行业建筑工程	515	是	是	
配有技师的建筑物或土木工程建造或拆除设备租赁服务	518	是	是	
4.　分销服务				
A.　佣金代理服务	621	是	是	是
B.　批发服务	622	是	是	是
C.　零售服务	631＋632＋6111＋6113＋6121	是	是	
食品的零售服务，不包括酒类和烟草	631			是
不可食用产品的零售服务，不包括定义为秘鲁手工艺品的产品	632			是
机动车零售服务	6111			是
机动车组件和配件零售服务	6113			是
摩托车和雪地汽车及其组件和配件零售服务	6121			是
D.　特许经营服务	8929	是	是	是
E.　其他				
无固定地点的批发或零售服务		是	是	
5.　教育服务				
A.　初级教育服务	921	是	是	是
B.　中等教育服务	922	是	是	是
C.　高等教育服务	923	是	是	是
D.　成人教育服务	924	是	是	是
E.　其他教育服务	929	是	是	是
6.　环境服务				
A.　污水处理服务	9401	是	是	是
B.　废物处理服务	9402	是	是	是

部门和分部门	CPC 编码	中国入世承诺	中方承诺	秘鲁承诺
C. 环境卫生及类似服务	9403	是	是	
D. 其他				
废气清理服务	9404	是	是	
降低噪音服务	9405	是	是	
自然和风景保护服务	9406	是	是	
其他环境保护服务	9409	是	是	
7. 金融服务				
A. 所有保险和保险相关服务	812			
a. 人寿险、意外险和健康保险服务	8121	是	是	是
b. 非人寿保险服务	8129	是	是	是
海运、空运和其他交通运输保险服务，以及国际间的货物运输				是
c. 再保险和转分保服务	81299	是	是	是
d. 保险辅助服务包括保险经纪/保险代理服务	8140	是	是	
咨询、精算、风险评估、理赔服务，保险中介，如保险代理和保险经纪				是
e. 其他辅助性保险服务				是
B. 银行和其他金融服务（不含保险）				
a. 接受公众存款和其他需偿还的资金	81115 – 81119	是	是	是
b. 所有类型的贷款，包括消费信贷、抵押信贷、保理和商业交易的融资	8113	是	是	是
c. 金融租赁	8112	是	是	是
d. 所有支付和货币汇送服务	81339	是	是	是
e. 担保与承兑	81199	是	是	是
f. 在交易市场、公开市场或其他场所自行或代客交易		是	是	是
g. 参与各类证券的发行，包括承销和募集代理（不论公募或私募），并提供与发行有关的服务	8132	是	是	是

部门和分部门	CPC 编码	中国入世承诺	中方承诺	秘鲁承诺
h. 货币经纪				是
i. 资产管理，例如现金或证券管理/各种形式的集体投资管理/养老基金管理/托管、托存和信托服务				是
j. 对金融资产的交收和结算，包括有价证券、衍生产品和其他票据				是
k. 咨询和其他辅助金融服务，包括信用调查和分析、投资和资产组合的研究和建议，为公司收购、重组和制定战略提供建议	8131 或 8133	是	是	是
l. 提供和传输其他金融服务提供者提供的金融信息、金融数据处理和相关的软件	8131	是	是	是
C. 其他金融服务				
非银行金融机构从事汽车消费信贷		是	是	
8. 有关健康和社会服务（除专业服务中所列以外）				
9. 旅游和与旅行相关的服务				
A. 饭店和餐饮服务（包括餐饮）	641－643	是	是	是
B. 旅行社和旅游经营者服务	7471	是	是	是
C. 导游服务	7472			是
10. 娱乐、文化和体育服务（视听服务除外）				
A. 文娱服务（包括剧场、现场乐队与马戏团表演等）	9619			是
B. 新闻机构服务	962			是
C. 图书馆、档案馆、博物馆和其他文化服务	963			是
D. 体育和其他娱乐服务	964			
体育和其他娱乐服务	9641			是
体育赛事推广服务	96411		是	
体育赛事组织工作服务	96412		是	
体育场馆运营服务（不包括高尔夫）	96413		是	

部门和分部门	CPC 编码	中国入世承诺	中方承诺	秘鲁承诺
游乐园服务	96491			是
11. 运输服务				
A. 海洋运输服务				
a. 客运服务	7211	是	是	是
b. 货运服务	7212	是	是	是
c. 配船员的船舶租赁	7213			是
d. 船舶维修和保养	8868			是
e. 拖驳服务	7214			是
f. 海运支持服务	745			是
B. 内水运输服务				
a. 客运服务	7221			是
b. 货运服务	7222	是	是	是
c. 配船员的船舶租赁	7223			是
d. 船舶维修和保养	8868			是
e. 拖驳服务	7224			是
f. 内水运输的支持服务	745			是
C. 航空运输服务				
d. 飞机的维修和保养服务	8868	是	是	
e. 空运支持服务	746			
计算机订座服务		是	是	是
空运服务的销售和营销				是
D. 空间服务	733			是
E. 铁路运输服务				
a. 客运服务	7111			是
b. 货运服务	7112	是	是	是
c. 推车和拖车服务	7113			是

部门和分部门	CPC 编码	中国入世承诺	中方承诺	秘鲁承诺
d.　铁路运输设备的维修和保养服务	8868			是
e.　铁路运输的支持服务	743			是
F.　公路运输服务				
a.　客运服务	7121 + 7122			
城市间定期旅客运输	71213		是	
b.　货运服务	7123			
公路卡车和汽车货运	7213	是	是	
H.　所有运输方式的辅助服务				
a.　装卸服务	741			是
海运装卸/理货服务	741	是	是	
b.　仓储服务	742	是	是	是
c.　货运代理服务	748	是	是	是
海运代理服务		是	是	
d.　其他	749			
其他辅助运输服务（不含货物检验）	749	是	是	
海运报关服务		是	是	
集装箱堆场服务		是	是	
12.　其他未包括的服务	95 + 97 + 98 + 99			

说明：中国入世承诺118项，中国对秘鲁承诺123项，秘鲁对中国承诺125项。

7. 中国入世、中国—哥斯达黎加服务贸易承诺对照表

部门和分部门	CPC 编码	中国入世承诺	中方承诺	哥方承诺
1.　商务服务				
A.　专业服务				
a.　法律服务	861	是	是	是
b.　会计、审计和簿记服务	862	是	是	是
c.　税收服务	863			

部门和分部门	CPC 编码	中国入世承诺	中方承诺	哥方承诺
税收服务	8630	是	是	是
d. 建筑设计服务	8671	是	是	是
e. 工程服务	8672	是	是	是
f. 集中工程服务	8673	是	是	是
g. 城市规划和园林建筑服务	8674	是	是	是
h. 医疗和牙医服务	9312	是	是	是
B. 计算机及相关服务	84			是
a. 与计算机硬件安装相关的咨询服务	841	是	是	
b. 软件实施服务	842	是	是	
系统和软件咨询服务	8421	是		
系统分析服务	8422	是		
系统设计服务	8423	是		
编程服务	8424	是		
系统维护服务	8425	是		
c. 数据处理服务	843	是	是	
输入准备服务	8431	是	是	
数据处理和制表服务	8432	是	是	
分时服务	8433	是	是	
e. 其他	845 + 849			
办公用计算机及其机械和设备的保养和修理服务	845	是	是	
D. 房地产服务				
a. 涉及自有或租赁房地产的服务	821	是	是	是
b. 基于收费或合同的房地产服务	822	是	是	是
E. 无操作人员的租赁服务（干租服务）				
a. 船舶租赁	83103			是
b. 飞机租赁	83104			是

部门和分部门	CPC 编码	中国入世承诺	中方承诺	哥方承诺
c. 其他运输设备租赁	83101 + 83102 + 83105			是
d. 其他机械设备租赁	83106 – 83109			是
不配备技师的机械和设备的租赁或出租服务	831	是	是	
e. 其他	832			
个人和家用物品的租赁或出租服务	832	是	是	是
F. 其他商务服务				
a. 广告服务	871	是	是	是
b. 市场调研和民意测验服务	864			
市场调研	86401		是	是
c. 管理咨询服务	865	是	是	是
d. 有关管理的咨询服务	866			是
e. 技术测试和分析服务	8676	是	是	是
f. 与农业、狩猎和林业有关的服务	881	是	是	是
g. 与渔业有关的服务	882	是	是	是
h. 与采矿业有关的服务	883 + 5115			
与采矿业有关的服务（石油与天然气）	883		是	是
m. 相关科学和技术咨询服务	8675	是	是	是
近海石油服务：地质、地球物理和其他科学勘探服务	86751	是	是	
地下勘测服务	86752	是	是	
陆上石油服务		是	是	

部门和分部门	CPC 编码	中国入世承诺	中方承诺	哥方承诺
n. 设备的维修和保养服务（不包括船舶、飞机或其他运输设备的维修保养）	633 + 8861 – 8866			
个人和家用物品修理服务	63	是	是	是
从属金属制品、机械和设备的修理服务	886	是	是	是
o. 建筑物清洁服务	874			
p. 摄影服务	875	是	是	是
q. 包装服务	876	是	是	是
r. 印刷和出版服务	88442			
包装装潢印刷				
s. 会议服务	87909	是	是	是
t. 其他	8790		.	
笔译和口译服务	87905	是	是	是
2. 通讯服务				
B. 速递服务	7512			
速递服务	75121	是	是	是
C. 电信服务				是
a. 语音电话服务	7521	是	是	
b. 分组切换数据传输服务	7523	是	是	
c. 线路切换数据传输服务	7523	是	是	
f. 传真服务	7521 + 7529	是	是	
g. 私人租赁线路服务	7522 + 7523	是	是	
h. 电子邮件服务	7523	是	是	
i. 语音邮件服务	7523	是	是	
j. 在线信息和数据库检索服务	7523	是	是	
k. 电子数据交换服务	7523	是	是	
l. 增值传真服务，包括储存和发送、储存和检索	7523	是	是	

部门和分部门	CPC 编码	中国入世承诺	中方承诺	哥方承诺
m. 编码和协议转换服务	无	是	是	
n. 在线信息和/或数据处理（包括传输处理）	843	是	是	
o. 其他				
寻呼服务		是	是	
移动话音和数据服务		是	是	
模拟/数据/蜂窝服务		是	是	
个人通讯服务		是	是	
国际闭合用户群话和数据服务		是	是	
D. 视听服务				
a. 电影和录像的制作和发行服务	9611			
录像的发行服务包括娱乐软件		是	是	
录像带的租赁或出租服务	83202	是		
录音制品分销服务		是	是	
b. 电影院服务	9612	是	是	
3. 建筑和相关工程服务				
A. 建筑物的总体建筑工作	512	是	是	是
B. 民用工程的总体建筑工作	513	是	是	是
C. 安装和组装工作	514 + 516			
预制构件的组装和装配服务	514	是	是	是
安装工程	516	是	是	是
D. 建筑物竣工和修整工作	517	是	是	是
E. 其他	511 + 515 + 518			
建筑工地的准备工作	511	是	是	是
特殊行业建筑工程	515	是	是	是
配有技师的建筑物或土木工程建造或拆除设备租赁服务	518	是	是	是
4. 分销服务				

部门和分部门	CPC 编码	中国入世承诺	中方承诺	哥方承诺
A. 佣金代理服务	621	是	是	是
B. 批发服务	622	是	是	是
C. 零售服务	631 + 632 + 6111 + 6113 + 6121	是	是	
食品零售服务	631			是
非食品零售服务	632			是
D. 特许经营服务	8929	是	是	是
E. 其他				
无固定地点的批发或零售服务		是	是	
5. 教育服务				
A. 初级教育服务	921	是	是	是
B. 中等教育服务	922	是	是	是
C. 高等教育服务	923	是	是	是
D. 成人教育服务	924	是	是	是
E. 其他教育服务	929	是	是	是
6. 环境服务				
A. 污水处理服务	9401	是	是	是
B. 废物处理服务	9402	是	是	是
C. 环境卫生及类似服务	9403	是	是	是
D. 其他				
废气清理服务	9404	是	是	是
降低噪音服务	9405	是	是	是
自然和风景保护服务	9406	是	是	是
其他环境保护服务	9409	是	是	是
7. 金融服务				
A. 所有保险和保险相关服务	812			
a. 人寿险、意外险和健康保险服务	8121	是		

部门和分部门	CPC 编码	中国入世承诺	中方承诺	哥方承诺
b. 非人寿保险服务	8129	是		
c. 再保险和转分保服务	81299	是		
d. 保险辅助服务（包括保险经纪、保险代理服务）	8140	是		
B. 银行和其他金融服务（不含保险）				
a. 接受公众存款和其他需偿还的资金	81115 – 81119	是		
b. 所有类型的贷款，包括消费信贷、抵押信贷、保理和商业交易的融资	8113	是		
c. 金融租赁	8112	是		
d. 所有支付和货币汇送服务	81339	是		
e. 担保与承兑	81199	是		
f. 在交易市场、公开市场或其他场所自行或代客交易		是		
g. 参与各类证券的发行，包括承销和募集代理（不论公募或私募），并提供与发行有关的服务	8132	是		
k. 咨询和其他辅助金融服务，包括信用调查和分析、投资和资产组合的研究和建议，为公司收购、重组和制定战略提供建议	8131 或 8133	是		
l. 提供和传输其他金融服务提供者提供的金融信息、金融数据处理和相关的软件	8131	是		
C. 其他金融服务				
非银行金融机构从事汽车消费信贷		是		

部门和分部门	CPC 编码	中国入世承诺	中方承诺	哥方承诺
8. 有关健康和社会服务（除专业服务中所列以外）				
9. 旅游和与旅行相关的服务				
A. 饭店和餐饮服务（包括餐饮）	641 – 643	是	是	是
B. 旅行社和旅游经营者服务	7471	是	是	是
C. 导游服务	7472			是
10. 娱乐、文化和体育服务（视听服务除外）				
D. 体育和其他娱乐服务	964			
体育和其他娱乐服务	9641			是
体育赛事推广服务	96411		是	
体育赛事组织工作服务	96412		是	
体育场馆运营服务（不包括高尔夫）	96413		是	
其他体育服务	96419		是	
11. 运输服务				
A. 海洋运输服务				
a. 客运服务	7211	是	是	是
b. 货运服务	7212	是	是	是
B. 内水运输服务				
b. 货运服务	7222	是	是	是
C. 航空运输服务				
d. 飞机的维修和保养服务	8868	是	是	是
e. 空运支持服务	746			
计算机订座服务		是	是	是
E. 铁路运输服务				
b. 货运服务	7112	是	是	是
F. 公路运输服务				
b. 货运服务	7123			

部门和分部门	CPC 编码	中国入世承诺	中方承诺	哥方承诺
公路卡车和汽车货运	7123	是	是	是
汽车的保养和修理服务	6112	是	是	是
摩托车和雪地用汽车的保养和修理服务	6122	是	是	是
H. 所有运输方式的辅助服务				
a. 装卸服务	741			
海运装卸服务	741	是	是	是
b. 仓储服务	742	是	是	是
c. 货运代理服务	748	是		是
海运代理服务		是	是	是
d. 其他	749			
其他辅助运输服务（不含货物检验）	749	是	是	是
海运报关服务		是	是	是
集装箱堆场服务		是	是	是
12. 其他未包括的服务	95 + 97 + 98 + 99			

　　说明： 中国入世承诺 118 项，中国对哥斯达黎加承诺 104 项，哥斯达黎加对中国承诺 83 项。

8. 中国入世、两岸四地服务贸易承诺对照表

部门和分部门	CPC 编码	中国入世承诺	内地对港澳台承诺	台湾对大陆承诺
1. 商务服务				
A. 专业服务				
a. 法律服务	861	是	港，澳	
b. 会计、审计和簿记服务	862	是	港，澳，台	
c. 税收服务	863			
税收服务	8630	是		

部门和分部门	CPC 编码	中国入世承诺	内地对港澳台承诺	台湾对大陆承诺
d. 建筑设计服务	8671	是	港，澳	
e. 工程服务	8672	是	港，澳	
f. 集中工程服务	8673	是	港，澳	
g. 城市规划和园林建筑服务	8674	是	港，澳	
工程造价咨询服务			港	
h. 医疗和牙医服务	9312	是	港，澳	
j. 助产士、护士、理疗医师和护理员提供的服务	93191		港，澳	
药剂服务			港，澳	
B. 计算机及相关服务				
a. 与计算机硬件安装相关的咨询服务	841	是		
b. 软件实施服务	842	是	港，澳，台	
系统和软件咨询服务	8421	是		
系统分析服务	8422	是		
系统设计服务	8423	是		
编程服务	8424	是		
系统维护服务	8425	是		
c. 数据处理服务	843	是	港，澳，台	
输入准备服务	8431	是		
数据处理和制表服务	8432	是		
分时服务	8433	是		
办公用计算机及其机械和设备的保养和修理服务	845	是		
信息技术服务			港，澳	
C. 研究和开发服务				
a. 自然科学的研究和开发服务	851			是
自然科学的研究和开发服务	8510		港，澳，台	

部门和分部门	CPC 编码	中国入世承诺	内地对港澳台承诺	台湾对大陆承诺
b. 社会科学与人文科学的研究和开发服务	852			是
c. 跨学科的研究和开发服务	853		港，澳	是
D. 房地产服务				
a. 涉及自有或租赁房地产的服务	821	是	港，澳	
b. 基于收费或合同的房地产服务	822	是	港，澳	
基于收费或合同的居住或非居住房地产管理服务	82201 + 82202		港，澳	
E. 无操作人员的租赁服务				
d. 其他机械设备租赁	83106 – 83109			
不配备技师的机械和设备的租赁或出租服务	831	是		
e. 其他	832			
个人和家用物品的租赁或出租服务	832	是		
F. 其他商务服务				
a. 广告服务	871	是	港，澳	
b. 市场调研和民意测验服务	864			
市场调研	86401		港，澳	
c. 管理咨询服务	865	是		
一般管理咨询服务	86501		港，澳	
财务管理咨询服务（营业税除外）	86502		港，澳	
市场管理咨询服务	86503		港，澳	
人力资源管理咨询服务	86504		港，澳	
生产管理咨询服务	86505		港，澳	
公共关系服务	86506		港，澳	

部门和分部门	CPC 编码	中国入世承诺	内地对港澳台承诺	台湾对大陆承诺
其他管理咨询服务	86509		港，澳	
d. 有关管理的咨询服务	866			
有关管理的咨询服务	8660		港，澳	
除建筑外的项目管理服务	86601		港，澳	
e. 技术测试和分析服务	8676	是	港，澳	
f. 与农业/狩猎和林业有关的服务	881	是		
g. 与渔业有关的服务	882	是		
h. 与采矿业有关的服务	883＋5115			
与采矿业有关的服务（石油与天然气）	883		港，澳	
i. 与制造业有关的服务	884＋885（除了88442）		港，澳	
j. 与能源分配有关的服务	887			
公用事业服务			港，澳	
k. 安排和提供人员服务	872		港，澳	
m. 相关科学和技术咨询服务	8675	是		
近海石油服务：地质、地球物理和其他科学勘探服务	86751	是	港，澳	
地下勘测服务	86752	是	港，澳	
陆上石油服务		是		
n. 设备的维修和保养服务（不包括船舶、飞机或其他运输设备的维修保养）	633＋8861－8866			
个人和家用物品修理服务	63	是		
从属金属制品、机械和设备的修理服务	886	是		
o. 建筑物清洁服务	874		港，澳	
p. 摄影服务	875	是	港，澳	

续 表

部门和分部门	CPC 编码	中国入世承诺	内地对港澳台承诺	台湾对大陆承诺
q. 包装服务	876	是		
r. 印刷和出版服务	88442		港，澳	
包装装潢印刷			港，澳	
s. 会议服务	87909	是	港，澳，台	是
展览服务	87909		港，澳	是
t. 其他	8790			
笔译和口译服务	87905	是	港，澳	
专业设计服务	87907		港，澳，台	是
2. 通讯服务				
A. 邮政服务	7511			
B. 速递服务	7512			
速递服务	75121	是		
C. 电信服务			港，澳	
a. 语音电话服务	7521	是		
b. 分组切换数据传输服务	7523	是		
c. 线路切换数据传输服务	7523	是		
f. 传真服务	7521 + 7529	是		
g. 私人租赁线路服务	7522 + 7523	是		
h. 电子邮件服务	7523	是		
i. 语音邮件服务	7523	是		
j. 在线信息和数据库检索服务	7523	是		
k. 电子数据交换服务	7523	是		
l. 增值传真服务，包括储存和发送、储存和检索	7523	是		
m. 编码和协议转换服务	无	是		

部门和分部门	CPC 编码	中国入世承诺	内地对港澳台承诺	台湾对大陆承诺
n. 在线信息和/或数据处理（包括传输处理）	843	是		
o. 其他				
寻呼服务		是		
移动话音和数据服务		是		
模拟/数据/蜂窝服务		是		
个人通讯服务		是		
国际闭合用户群话和数据服务		是		
电话卡销售			港，澳	
D. 视听服务				
a. 电影和录像的制作和发行服务	9611		港，澳	
录像的发行服务包括娱乐软件		是	港，澳，台	
录像带的租赁或出租服务	83202	是	台	
录音制品分销服务		是	港，澳，台	
b. 电影院服务	9612	是	港，澳	是
d. 广播和电视传输服务	7524			
有线电视技术服务			港，澳	
f. 其他				
华语影片和合拍影片			港，澳	
合拍电视剧			港，澳	
E. 其他				
3. 建筑和相关工程服务				
A. 建筑物的总体建筑工作	512	是	港，澳	
B. 民用工程的总体建筑工作	513	是	港，澳	
C. 安装和组装工作	514 + 516			
预制构件的组装和装配服务	514	是	港，澳	
安装工程	516	是	港，澳	
D. 建筑物竣工和修整工作	517	是	港，澳	

部门和分部门	CPC 编码	中国入世承诺	内地对港澳台承诺	台湾对大陆承诺
E. 其他	511 + 515 + 518			
建筑工地的准备工作	511	是	港，澳	
特殊行业建筑工程	515	是	港，澳	
配有技师的建筑物或土木工程建造或拆除设备租赁服务	518	是	港，澳	
4. 分销服务				
A. 佣金代理服务	621	是	港，澳	是
B. 批发服务	622	是	港，澳	
C. 零售服务	631 + 632 + 6111 + 6113 + 6121	是	港，澳	
D. 特许经营服务	8929	是	港，澳	
E. 其他				
无固定地点的批发或零售服务		是		
5. 教育服务				
A. 初级教育服务	921	是		
B. 中等教育服务	922	是		
C. 高等教育服务	923	是		
D. 成人教育服务	924	是		
E. 其他教育服务	929	是		
6. 环境服务				
A. 污水处理服务	9401	是	港，澳	
B. 废物处理服务	9402	是	港，澳	
C. 环境卫生及类似服务	9403	是	港，澳	
D. 其他				
废气清理服务	9404	是	港，澳	

部门和分部门	CPC 编码	中国入世承诺	内地对港澳台承诺	台湾对大陆承诺
降低噪音服务	9405	是	港，澳	
自然和风景保护服务	9406	是	港，澳	
其他环境保护服务	9409	是	港，澳	
7. 金融服务				
A. 所有保险和保险相关服务	812		港，澳，台	
a. 人寿险、意外险和健康保险服务	8121	是	港，澳	
b. 非人寿保险服务	8129	是	港，澳	
c. 再保险和转分保服务	81299	是	港，澳	
d. 保险辅助服务（包括保险经纪、保险代理服务）	8140	是	港，澳	
B. 银行和其他金融服务（不含保险）			港，澳，台	是
a. 接受公众存款和其他需偿还的资金	81115 – 81119	是	港，澳	
b. 所有类型的贷款，包括消费信贷、抵押信贷、保理和商业交易的融资	8113	是	港，澳	
c. 金融租赁	8112	是	港，澳	
d. 所有支付和货币汇送服务	81339	是	港，澳	
e. 担保与承兑	81199	是	港，澳	
f. 在交易市场、公开市场或其他场所自行或代客交易		是	港，澳	
f3. 衍生产品，包括但不限于期货和期权	81339		港，澳	
f5. 可转让证券	81321		港，澳	

续　表

部门和分部门	CPC 编码	中国入世承诺	内地对港澳台承诺	台湾对大陆承诺
g. 参与各类证券的发行，包括承销和募集代理（不论公募或私募），并提供与发行有关的服务	8132	是	港，澳，台	
k. 咨询和其他辅助金融服务，包括信用调查和分析/投资和资产组合的研究和建议，为公司收购/重组和制定战略提供建议	8131 或 8133	是		
l. 提供和传输其他金融服务提供者提供的金融信息/金融数据处理和相关的软件	8131	是		
C. 其他金融服务				
非银行金融机构从事汽车消费信贷		是		
8. 有关健康和社会服务（除专业服务中所列以外）				
A. 医院服务	9311		港，澳，台	
疗养院服务			港，澳	
C. 社会服务	933		港，澳	
通过住宅机构向老年人和残疾人提供的社会福利	93311		港，澳	
残疾人日间看护服务	93321		港，澳	
残疾人康复服务			港，澳	
非通过住宅机构提供的社会福利	93323		港，澳	
9. 旅游和与旅行相关的服务				
A. 饭店和餐饮服务（包括餐饮）	641–643	是	港，澳	
B. 旅行社和旅游经营者服务	7471	是	港，澳	
C. 导游服务	7472		港，澳	

部门和分部门	CPC 编码	中国入世承诺	内地对港澳台承诺	台湾对大陆承诺
D. 其他			港，澳	
10. 娱乐、文化和体育服务（视听服务除外）				
A. 文娱服务（包括剧场、现场乐队与马戏团表演等）	9619		港，澳	
C. 图书馆/档案馆/博物馆和其他文化服务	963		港，澳	
D. 体育和其他娱乐服务	964		港，澳	
体育赛事推广服务	96411		港，澳	是
体育赛事组织工作服务	96412		港，澳	是
体育场馆运营服务（不包括高尔夫）	96413		港，澳	
其他体育服务	96419			是
11. 运输服务				
A. 海洋运输服务				
a. 客运服务	7211	是	港，澳	
b. 货运服务	7212	是	港，澳	
e. 拖驳服务	7214		港，澳	
B. 内水运输服务				
b. 货运服务	7222	是		
C. 航空运输服务				
d. 飞机的维修和保养服务	8868	是	港，澳，台	
e. 空运支持服务	746			
计算机订座服务		是	港，澳	是
机场管理服务	74610		港，澳	
空运服务的销售与营销			港，澳	
其他空运支持服务	74690		港，澳	
E. 铁路运输服务				

部门和分部门	CPC 编码	中国入世承诺	内地对港澳台承诺	台湾对大陆承诺
a. 客运服务	7111			
城市间定期旅客运输	71112		港	
b. 货运服务	7112	是		
F. 公路运输服务				
a. 客运服务	7121 + 7122		港，澳	
城市间定期旅客运输	71213		港，澳	
b. 货运服务	7123			
公路卡车和汽车货运	7213	是	港，澳	
c. 商用车辆和司机的租赁	7124		港，澳	
d. 公路运输设备的维修和保养服务	6112 + 8867		港，澳	
汽车的保养和修理服务	6112	是		
摩托车和雪地用汽车的保养和修理服务	6122	是		
机动车的维修和保养服务	61120		港，澳	
e. 公路运输的支持服务	744		港，澳	
道路货物运输站			港，澳	
公共汽车站服务	7441		港，澳	
驾驶员培训			港，澳	
H. 所有运输方式的辅助服务				
a. 装卸服务	741			
海运装卸/理货服务	741	是		
b. 仓储服务	742	是	港，澳	
c. 货运代理服务	748	是	港，澳	
海运代理服务		是		
d. 其他	749			
其他辅助运输服务：货物检验（不含法定检验）	749	是	港，澳	

部门和分部门	CPC 编码	中国入世承诺	内地对港澳台承诺	台湾对大陆承诺
货物检验服务	7490		港，澳	
海运报关服务		是		
集装箱堆场服务		是	港，澳	
12. 其他未包括的服务	95＋97＋98＋99			
物流服务			港，澳	
专业技术人员资格考试			港，澳	
商标代理			港，澳	
专利代理			港，澳	
个体工商户			港，澳	

说明：1. 中国入世承诺 118 个；内地对香港承诺开放的部门 134 个；内地对澳门承诺开放的部门 132 个；大陆对台湾早期收获计划开放的部门 14 个，台湾对大陆早期收获计划承诺开放的部门 13 个。台湾入世承诺 113 个。

2. 海峡两岸在银行和其他金融服务（不含保险）部门是未分子部门有条件对对方开放，统计时只各计为 1 个，大陆对台湾在所有保险和保险相关服务是未分子部门有条件对台湾开放，统计时只计为 1 个。

3. 内地对香港、澳门在电信部门开放的是增值电信服务，统计时只计为 1 个。

9. 中国自由贸易协定及其附件目录

中国—东盟自由贸易协定

1. 中国与东盟全面经济合作框架协议

1.1　附件一：各缔约方在第六条（3）（a）（i）"早期收获"计划中的例外产品清单

1.2　附件二：第六条（3）（a）（iii）"早期收获"计划中的特定产品

1.3　附件三：A. 依照第六条第 3 款（b）（i）进行关税削减和取消的产品类别

　　　　B. 第 6 条第 3 款（b）（i）的实施时间框架

1.4　附件四：第 6 条第 5 款所列的活动

2. 中国—东盟全面经济合作框架协议争端解决机制协议

中国—巴基斯坦自由贸易协定

中国—智利自由贸易协定

中国—新西兰自由贸易协定

中国—新加坡自由贸易协定

中国—秘鲁自由贸易协定

中国—哥斯达黎加自由贸易协定

中国内地与香港 CEPA

1. 内地与香港关于建立更紧密经贸关系的安排

1.1　附件一：关于货物贸易零关税的实施

1.1.1　表1 内地对原产香港的进口货物实施零关税的产品清单

1.2　附件二：关于货物贸易的原产地规则

1.2.1　表1 享受货物贸易优惠措施的香港货物原产地标准表

1.3　附件三：关于原产地证书的签发和核查程序

1.3.1　原产地证书（样本）

1.4　附件四：关于开放服务贸易领域的具体承诺

1.4.1　表1 内地向香港开放服务贸易的具体承诺

1.5　附件五：关于"服务提供者"定义及相关规定

1.6　附件六：关于贸易投资便利化

2. 《内地与香港关于建立更紧密经贸关系的安排》补充协议

2.1　附件一：第二批内地对原产于香港的进口货物实行零关税的产品清单（现有生产产品、拟生产产品）

2.2　附件二：第二批享受货物贸易优惠措施的香港货物原产地标准表

2.3　附件三：内地向香港开放服务贸易的具体承诺的补充和修正

3. 《内地与香港关于建立更紧密经贸关系的安排》补充协议二

3.1　附件一：2006 年享受货物贸易优惠措施的香港货物原产地标准表（一）

3.2　附件二：内地向香港开放服务贸易的具体承诺的补充和修正二

4. 《内地与香港关于建立更紧密经贸关系的安排》补充协议三

4.1　附件：内地向香港开放服务贸易的具体承诺的补充和修正三

5. 《内地与香港关于建立更紧密经贸关系的安排》补充协议四

5.1　附件：内地向香港开放服务贸易的具体承诺的补充和修正四

6. 《内地与香港关于建立更紧密经贸关系的安排》补充协议五

6.1　附件：内地向香港开放服务贸易的具体承诺的补充和修正五

7. 《内地与香港关于建立更紧密经贸关系的安排》补充协议六

7.1　附件：内地向香港开放服务贸易的具体承诺的补充和修正六

8. 《内地与香港关于建立更紧密经贸关系的安排》补充协议七

8.1　附件：内地向香港开放服务贸易的具体承诺的补充和修正七

9. 《内地与香港关于建立更紧密经贸关系的安排》补充协议八

9.1　附件：内地向香港开放服务贸易的具体承诺的补充和修正八

中国内地与澳门 CEPA

1. 内地与澳门关于建立更紧密经贸关系的安排

海峡两岸 ECFA

10. 中国自由贸易协定定义

一、货物贸易

海关指根据一缔约方的法律负责海关法律、法规管理的主管机关。

关税指针对货物的进口征收的或者与货物的进口有关的任何税和费用，但不包括：1. 与符合 GATT1994 第 3 条第 2 款及本协定第三章（货物贸易的国民待遇和市场准入）第八条（国民待遇）征收的国内税相当的费用；2. 任何依据 GATT1994 第 6 条的规定、WTO《关于实施 1994 年关税与贸易总协定第六条的协定》、WTO《补贴与反补贴措施协定》或本协定第八章（贸易救济）实施的反倾销或反补贴税；或者 3. 依据本协定第三章

（货物贸易的国民待遇和市场准入）第13条（行政费用和手续）征收的任何手续费或者其他费用。

其他关税和费用是指 GATT 1994 第二条第一款第（二）项规定的关税和费用。

海关估价协定指 WTO《关于实施〈1994 年关税与贸易总协定〉第七条的协定》。

日指日历日。

一缔约方的货物指依据 GATT1994 理解的国内产品或者缔约双方同意的货物，包括原产于该缔约方的货物。

农产品指作为 WTO 协定一部分的《农业协定》第 2 条下所指的货物。

协调制度（HS）指世界海关组织所采用的《商品名称及编码协调制度》，包括其一般解释规则和章节注释。

品目指协调制度中税则分类代号的前四位码。

子目指协调制度中税则分类代号的前六位码。

措施包括任何法律、法规、程序、要求或做法。

优惠关税指在本协定下对原产货物适用的关税税率。

相同货物是指《海关估价协定》规定的"相同货物"。

海关法是指任一缔约方的海关当局实施、适用或执行的任何立法。

海关程序是指海关当局对受海关监管的货物和运输工具采取的措施。

运输工具是指用以载运人员、货物、物品进出境的各种船舶、车辆、航空器和驮畜。

领事交易指规定一缔约方意欲出口到另一缔约方境内的货物，必须先提交给进口缔约方在出口缔约方境内的领事馆，以获得领事发票或领事签证，从而开具商业发票、原产地证明、货运单、托运人出口报关单或其他任何与进口有关或要求的海关文件。

免税指免除海关关税。

进口许可指要求向相关管理机构提交申请或其他文件（除通常清关所要求的文件外），以作为进口货物进入进口方境内的前提条件的一种行政管理程序。

国内产业是指相对于某一进口产品而言，其同类产品或直接竞争产品的全体生产者，或者占国内同类产品或直接竞争产品大部分产量的生产者。

保障措施协定指 WTO《保障措施协定》。

保障措施是指如果由于按照本协定规定降低或消除关税，导致一受益于本协定项下优惠关税待遇的产品被进口至一缔约方领土内的数量绝对增加或与国内生产相比相对增加，且构成对生产同类产品或直接竞争产品的国内产业造成严重损害或严重损害威胁的重要原因，进口缔约方可采取本协定规定的相关措施。

直接竞争产品指与进口产品相比具有不同的物理特性和构成，但具有相同的功能、满足同样需求并且具有商业可替代性的产品。

同类产品指相同的产品，即与进口产品在各方面都相同的产品，或如果无此种产品，则为尽管并非在各方面都相同，但具有与该进口产品极为相似特点的另一种产品。

严重损害指对一国内产业状况的重大全面减损。

严重损害威胁指建立在事实基础上的，而非仅凭指控、推测或极小的可能性断定的，明显面临的严重损害。

实质原因指重要并且至少与任何其他原因同等重要的原因。

反倾销（AD）协定指世界贸易组织关于实施1994关税与贸易总协定第6条的协定。

补贴与反补贴措施（SCM）协定指世界贸易组织补贴与反补贴措施协定。

进口许可协定指世界贸易组织进口许可程序协定。

消费指：1. 实际消费，或者2. 为了使货物的价值、结构或用途发生实质性改变或生产其他货物而进行的深加工或制造。

实绩要求指：1. 要求出口一定水平或比例的货物或服务；2. 要求用授予关税免除或进口许可的缔约方的国内货物或服务替代进口货物；3. 要求从关税豁免或者进口许可中获利的个人，在给予关税豁免或者进口许可的缔约方境内购买其他货物或服务，或者对其国内生产的货物给予优惠；4. 要求从关税宽免或者进口许可中获利的个人，在给予关税宽免或者进口许可的缔约方境内生产的货物或提供的服务，需达到规定水平或比例的国内含量；或5. 要求把进口的数量或价值与出口的数量或价值或者外汇流入总量以任何形式相联系；但并不包括以下要求，进口商品：6. 随后出口；7. 用作生产其他出口货物的原料；8. 被相同或类似的用作生产出口货物原料的货物替代；或者9. 被相同的或类似的用以出口的货物替代；出口补贴的界定应当与WTO《农业协定》第1条第5项关于出口补贴的涵义及对该条的任何修改相同。

过渡期指自自由贸易协定生效之日起的一段期间；但是对于贸易自由化进程为若干年或若干年以上的产品，其过渡期应等同于该产品根据关税减让规定的关税减让期间。

二、原产地规则

材料指在生产另一货物过程中所使用的货物，包括任何组分、成分、组件、原材料、零件或部件。

原产材料或原产货物指根据原产地规则规定具备原产地资格的材料或货物。

非原产材料是指用于货物生产中的非任何缔约一方原产的材料，以及不明原产地的材料。

间接材料是指用于某一货物的生产、测试和检查，但没有实际性地组成到这一货物中的物品，又或者是一种用于与某一货物的生产有关的厂房维护或设备操作的物品，包括：1. 燃料与能源；2. 工具、模具及铸模；3. 用于设备及厂房维护的零件和材料；4. 用于生产或设备操作和厂房的润滑剂、润滑油、混合材料及其他材料；5. 手套、眼镜、鞋、衣服、安全装置及用品；6. 用于货物的测试或检查的设备、装置和用品；7. 催化剂和溶剂；及其他任何可被证明用于货物的生产但未构成货物组成部分的货物。

可互换材料是指为商业目的可互换的货物或材料，其性质实质相同，仅靠视觉检查无法加以区分。

中性成分指在另一货物的生产、测试或检验过程中使用，但本身不构成该货物组成部分的货物。

　　货物指任何商品、产品、物品或材料。

　　原产货物是指根据（原产地规则相关条款）的规定确定为符合原产条件的产品。

　　运输用包装材料及容器指货物运输或储藏期间用于保护货物的货品，但零售用容器或包装材料除外。

　　生产指获得货物的方法，包括但不仅限于货物的种植、饲养、开采、收获、捕捞、耕种、诱捕、狩猎、捕获、采集、收集、养殖、提取、制造、加工或装配。

　　生产商是指从事货物的种植、饲养、提取、采摘、采集、开采、收获、捕捞、诱捕、狩猎、制造、加工或装配的人。

　　水产养殖指对从卵、鱼苗、鱼虫和鱼卵等胚胎开始，对包括鱼、软体动物、甲壳动物、其他水生无脊椎动物及水生植物在内的水生生物的养殖。通过有序畜养、喂养或防止食肉动物掠食等方式，对饲养或生长过程加以干预，以提高产量。

　　使用的是指在产品的生产过程中花费的或消耗的。

　　产品特定原产地规则指生产过程中所使用的非原产材料，在缔约一方或双方经过制造加工后，所得货品必须满足的税则归类改变、从价百分比或特定加工工序，或者上述标准的组合规则。

　　船上交货价格（FOB）指包括无论以何种运输方式将货物运至最终输出口岸或地点的运输费用在内的货物船上交货价格。（有的协定用"离岸价格"）

　　成本、保险费加运费价格（CIF）指包括运抵进口国输入口岸或地点的保险费及运费在内的进口货物价格。（有的协定用"到岸价格"）

　　公认的会计原则指在缔约一方境内有关记录收入、支出、成本、资产及负债、信息披露以及编制财务报表方面的公认的一致意见或实质性权威支持。公认会计原则既包括普遍适用的概括性指导原则，也包括详细的标准、惯例及程序。

　　原产地声明是指货物的制造商、生产商、供应商、出口商或其他具有资格的人就货物原产地做出的声明。

　　原产地文件是指原产地证书、原产地声明或其他原产地证明文件。

　　原产地证书是指出口方授权机构签发的一种表格，用以确认双方之间运送的货物，并证明按照本章第一节规定，证书所述货物原产于一方。

　　其他原产地证明文件是指能充分证明货物原产地的任何其他文件。

　　授权机构指经缔约一方的国内法或其政府机构指定签发原产地证书的任何机构。

三、投资

　　投资是指一方投资者在另一方境内直接或间接投入的各种资产，包括但不限于：1. 动产、不动产及抵押、质押等其他财产权利；2. 股份、债券、股票及其他类型的公司参股；3. 与投资有关的金钱请求权或其他任何具有经济价值合同行为的给付请求权；4. 知识产权，特别是版权、专利权和工业设计、商标、商名、工艺流程、贸易和商业秘密、专有技术及商誉；5. 法律或法律允许依合同授予的特许经营权，包括自然资源的勘探、种植、开采或开发的特许权；6. 包括政府发行的债券在内的债券、信用债券、贷款及其他形式的债以及由此衍生出的权利；7. 法律或合同授予的权利，以及依据法律特许及许可授予的权利；投入资产发生任何形式上的变化，不影响其作为投资的性质；投资包括由一方投资者拥有或控制的第三国法人，在另一方境内已设立的投资。

投资者系指，1. 根据缔约任何一方法律具有该缔约方国籍的自然人；2. 法律实体，包括根据缔约任何一方法律设立或组建且住所地在该缔约方境内的公司、社团、合伙及其他组织。

措施是指一缔约方所采取的，影响投资者和/或投资的，任何普遍适用的法律、法规、规则、程序、行政决定或行政行为，包括：1. 中央、地区或地方政府和主管机关所采取的措施；2. 由中央、地区或地方政府和主管机关授权行使权力的非政府机构所采取的措施。

政策指经一缔约方政府批准和宣布并以书面形式向公众公布的影响投资的政策。

可自由兑换货币是指国际货币基金组织在其协议相关条款及任何修正案中指定为可自由兑换货币的任何货币。

收益系指由投资所产生的款项，包括利润、股息、利息、资本利得、提成费、费用和其他合法收入。

企业是指根据适用法律设立或组建的实体，无论其是否以营利为目的，是否为私有、国有或国有控股，包括公司、信托、合伙企业、个人独资企业、合资企业、协会或其他类似组织。

一方的企业是指根据一方法律设立或组建，并在其境内从事实质性商业经营的企业和子公司。

一缔约方的法人是指根据一缔约方适用法律适当组建或组织的任何法人实体，无论是否以营利为目的，无论属私营还是政府所有，并在该缔约方境内具有实质经营，包括任何公司、信托、合伙企业、合资企业、个人独资企业或协会。

一缔约方的自然人是指根据一缔约方法律法规拥有该缔约方国籍、公民身份或永久居民权的任何自然人。

一方的投资者是指一方在另一方境内寻求投资、进行投资或已设立投资的自然人或企业。

四、服务贸易

服务包括除在政府机关为行使职权提供的服务以外的任何服务。

行使政府职权时提供的服务指既不依据商业组织提供，也不与一个或多个服务提供者竞争的任何服务。

服务部门是指：1. 对于一具体承诺，指一缔约方减让表中列明的该项服务的一个、多个或所有分部门；2. 在其他情况下，则指该服务部门的全部，包括其所有的分部门。

服务提供者指提供服务的任何人。

一缔约方的服务提供者是指该方提供服务的任何人。

服务的垄断提供者指一缔约方领土内有关市场中被该方在形式上或事实上授权或确定为该服务的独家提供者的任何公私性质的人。

服务消费者是指接受或使用服务的任何人。

服务的提供包括服务的生产、分销、营销、销售和交付。

服务贸易指：1. 自一缔约方境内向另一缔约方境内提供服务；2. 在一缔约方境内向另一缔约方的服务消费者提供服务；3. 一缔约方服务提供者通过在另一缔约方境内的商业存在提供服务；或者 4. 一缔约方服务提供者通过在另一缔约方境内的自然人存在提供服务。

服务贸易总协定是指世界贸易组织《服务贸易总协定》，是世界贸易组织协定的一部分。

措施指缔约一方所采取的任何措施，无论是以法律、法规、规则、程序、决定、行政行为的形式还是以任何其他形式。

各缔约方的措施指：1. 中央、地区或地方政府和主管机关所采取的措施；及 2. 由中央、地区或地方政府或主管机关授权行使权力的非政府机构所采取的措施。

各缔约方影响服务贸易的措施包括关于下列内容的措施：1. 服务的购买、支付或使用；2. 与服务的提供有关的、各缔约方要求向公众普遍提供的服务的获得和使用；3. 一缔约方的个人为在另一缔约方领土内提供服务的存在，包括商业存在。

人指自然人或法人。

一方的自然人是指一方法律规定的该方的公民或永久居民。在中方关于外国永久居民待遇的国内法颁布以前，双方对于对方永久居民的义务将仅限于 GATS 项下的义务范畴。

缔约一方的自然人指居住在缔约一方领土内的自然人，且根据该缔约方的法律属该缔约方的国民。

另一缔约方的自然人指居住在该另一缔约方或任何其他方领土内的自然人，且根据该另一缔约方的法律：1. 属该另一缔约方的国民；或 2. 在该另一缔约方中有永久居留权，如该另一缔约方：按本协议生效后所做通知，在影响服务贸易的措施方面，给予其永久居民的待遇与给予其国民的待遇实质相同，只要各缔约方无义务使其给予此类永久居民的待遇优于该另一缔约方给予此类永久居民的待遇。

法人：1. 由缔约一方的人所"拥有"，如该缔约方的人实际拥有的股本超过 50%；2. 由缔约一方的人所"控制"，如此类人拥有任命大多数董事或以其他方式合法指导其活动的权力；3. 与另一成员具有"附属"关系，如该法人控制该另一人，或为该另一人所控制；或该法人和该另一人为同一人所控制。

法人指根据适用法律适当组建或组织的任何法人实体，无论是否以盈利为目的，无论属私营还是政府所有，包括任何公司、基金、合伙企业、合资企业、独资企业或协会。

一方的法人是指根据适用法律适当组建或组织的任何法人实体，无论是否以营利为目的，无论属私营还是政府所有，包括任何公司、信托、合伙企业、合资企业、个人独资企业或协会，其为：1. 根据该方法律组建或组织的、并在该方境内从事实质性商业经营的法人；或者 2. 对于通过商业存在提供服务的情况，则为：（1）由该方自然人拥有或控制的法人；或者（2）由第1项确认的一方法人拥有或控制的法人。

另一缔约方的法人指：1．根据该另一缔约方的法律组建或组织的、并在该另一缔约方或任何其他缔约方领土内从事实质性业务活动的法人；或2．对于通过商业存在提供服务的情况：（1）由该方的自然人拥有或控制的法人；或（2）由（1）项确认的该另一缔约方的法人拥有或控制的法人。

拥有是指在法人实体中持有超过50%的股权。

控制是指拥有任命大多数董事或其他以合法方式指导该法律实体行为的权力。

另一缔约方的服务：1．指自或在该另一缔约方领土内提供的服务，对于海运服务，则指由一艘根据该另一缔约方的法律进行注册的船只提供的服务，或由经营和/或使用全部或部分船只提供服务的该另一缔约方的人提供的服务；或2．对于通过商业存在或自然人存在所提供的服务，指由该另一缔约方服务提供者所提供的服务。

商业存在是指以提供服务为目的，在一方境内建立的任何类型的商业或专业机构，包括：1．设立、收购或经营法人，或者2．设立或经营分支机构或代表处。

资格要求是指服务提供者为获得证书或许可需要达到的实质要求。

资格程序是指与管理资格要求相关的行政程序。

临时入境是指商务访问者、公司内部流动人员或合同服务提供者的入境，旨在从事与他们各自业务明确相关的活动，而非永久居留。此外，对于商务访问者，其薪金和任何相关报酬应当全部由在其母国雇佣该商务访问者的服务提供者或法人支付。

临时雇佣入境是指包括技术工人在内的一方自然人进入另一方境内，以期按照根据接收方的法律订立的雇佣合同从事临时性工作，且不以永久居留为目的。

移民措施是指影响外国公民入境和居留的任何法律、法规、政策或程序。

移民手续是指赋予另一方自然人入境、居留或在境内工作权利的签证、许可、通行证、其他文件或者电子授权。

合同服务提供者是指一方自然人，其：1．为一方服务提供者或企业（无论是公司还是合伙）的雇佣人员，为履行其雇主与另一方境内服务消费者的服务合同，临时进入另一方境内提供服务；2．受雇于一方的公司或合伙，该公司或合伙在其提供服务的另一方境内无商业存在；3．报酬由雇主支付；并且4．满足另一方国内法律法规规定的在该方境内提供此类服务的任何其他条件。

商务人员是指从事货物贸易、服务贸易或投资活动的一缔约方的公民。

商务访问者是指任何一方的自然人，其为：1．作为自然人服务销售人员，作为一方服务提供者的销售代表，寻求临时进入另一方境内，代表该服务提供者进行服务销售谈判，而不是向公众直接销售或直接提供服务；或2．（1）自然人作为一方投资者，在另一方境内进行投资或已设立投资；或（2）一方投资者（包括在另一方境内进行投资或已设立投资的一方法人）适当授权的代表，寻求临时进入另一方境内，设立、扩大、监督和处置该投资者的投资；或3．自然人作为商品销售人员，寻求临时进入另一方境内进行商品销售谈判，而不是向公众直接销售。

高级管理人员是指一组织内部的自然人，主要负责该组织的管理，广泛行使决策权，仅接受更高管理层、董事会和/或企业股东的总体监督和指导。高级管理人员不直接从事实际服务提供，也不直接参与投资的运营。

经理是指一组织内部的自然人，主要负责该组织、部门或分部门的管理，监督和控制其他负责监管、业务或管理雇员的工作，有权雇佣、解雇或行使其他人事职能（例如提升或休假批准），并在日常经营中行使决策权。

专家是指一组织内部的雇员，掌握有关高级别技术专长的知识，拥有与该组织的服务、研究设备、技术或管理有关的专门知识。

公司内部流动人员指经理、高级管理人员或专家，是服务贸易定义的在另一缔约方境内有商业存在的一缔约方服务提供者或投资者的高级雇员。

机器设备配套维修和安装人员是指提供机器和/或设备配套安装或维护服务的自然人，且供货公司的安装和/或服务是机器设备购买的条件。机器设备配套维修和安装人员不得从事与合同服务行为无关的服务。

技术工人指一方自然人进入另一方，旨在按照与该方自然人或法人缔结的合同从事临时性工作，并具备从事该工作的适当资格和/或经验。

直接税指对总收入、总资本或对收入或资本的构成项目征收的所有税款，包括对财产转让收益、不动产、遗产和赠与、企业支付的工资或薪金总额以及资本增值所征收的税款。

通用航空服务指公共航空运输以外的航空服务，如消防、观光、播洒、勘测、绘图、摄影、跳伞、滑翔机牵引、伐木和建筑的直升机搬运等，以及其他为农业、工业和巡查服务的航空作业。

航空器的维修服务是指在航空器退出服务的情况下对航空器或其一部分进行的此类活动，不包括所谓的日常维修。

空运服务的销售和营销服务：与服务贸易总协定关于空运服务的附件6（b）中的定义一样，包括营销的所有方面，如市场调查、广告和分销。

机场地面服务指集装箱管理服务，旅客与行李服务、货物与邮件服务、机坪服务、飞机服务（《标准地勤作业协定》附件A的一部分，国际航空运输协会1998版本），但不包括双边航空运输协定涉及的指定航空公司自营地面服务。

机场运营服务指基于收费或合同基础上，在CPC7461范围内的旅客候机楼服务和机场空侧地面运营包括跑道运营服务，不包括机场保安服务和已包含在机场地面服务的项目。

计算机订座系统服务指由包含航空承运人的时刻表、可获性、票价和定价规则等信息的计算机系统所提供的服务，可通过该系统进行预订或出票。

金融服务是指一缔约方的金融服务提供者提供的任何金融性质的服务。金融服务包括所有保险与保险有关的服务，以及所有银行和其他金融服务（保险除外）。

五、知识产权及其他

知识产权是指《TRIPs协定》定义的版权及相关权利，以及对商标、地理标识、工业设计、专利、集成电路布图设计及植物品种的权利。

假冒商标的货物指包括包装在内的，在没有授权的情况下使用某一与该类货物已有效注册的商标相同的商标，或者在其基本特征方面不能与上述商标区别，并且因此根据进口缔约方的法律侵犯了所涉商标权人的权利的任何货物。

盗版的货物指在没有经过知识产权持有者或者在产品生产缔约方内该权利持有者充分授权的人士同意而制造的复制品，以及直接或者间接由一个物品制造出的货物，如此种复制在进口缔约方和法律项下构成对版权或相关权利的侵犯。

普遍适用的行政裁决是指与本协定执行有关，适用于所有人和事实情况的行政裁决或解释，但不包括：（一）在行政或准司法程序中做出的，适用于具体案件中另一方特定人、货物或服务的决定或裁决；或者（二）针对特定行为或惯例的裁决。

备注：1. 各个中国自由贸易协定都有或多或少名词定义；同一名词定义，有的有，有的没有；阐述大同小异。这里收集的是本书作者认为比较准确或合适的。

2. 本汇编来自各个中国自由贸易协定的正文及附件。

11. 中国自由贸易协定缩写语

AD（Anti—dumping measures）是指反倾销措施

AEM（ASEAN Economic Ministers）是指东盟经济部长

APEC（Asia – Pacific Economic Cooperation）是指亚太经济合作组织

ASEAN（Association of Southeast Asian Nations）是指东南亚国家联盟（东盟）

BOO（Build – Operate – Own）是指建设—运营—拥有

BOT（Build – Operate – and – Transfer）是指建设—运营—移交

BVs（Business visitors and salespersons）是指商务访问者和销售人员

CEPA（Mainland and Hong Kong Closer Economic Partnership Arrangement）是指《内地与香港关于建立更紧密经贸关系的安排》

CEPA（Mainland and Macau Closer Economic Partnership Arrangement）是指《内地与澳门关于建立更紧密经贸关系的安排》

CAC（Codex Alimentarius Commission）是指食品法典委员会

CPC（United Nations Central Product Classification）是指联合国《产品总分类》

CSSs（Contractual services suppliers）是指合同性的服务提供者

CTC（Change in tariff classification）是指税目（号）改变标准

ECFA（Economic Cooperation Framework Agreement）是指《海峡两岸经济合作框架协议》

EPA（Economic Partnership Agreement）是指经济伙伴关系协定

FTA（Free Trade Agreement）是指自由贸易协定

FTA（Free Trade Area）是指自贸区

GATS（General Agreement on Trade in Services）是指 WTO《服务贸易总协定》

GATT1994（General Agreement on Tariff and Trade 1994）是指 1994 年关税和贸易总协定

HS（International Convention for Harmonized Commodity Description and Coding System，Harmonized System）是指《商品名称及编码协调制度的国际公约》（简称协调制度、HS 编码）

ICTs（Intra‐corporate transferees）是指公司内部的调任人员

IPPC（International Plant Protection Convention）是指《国际植物保护公约》

IPs（Independent professionals）是指独立的职业人士

MOFCOM（Ministry of Commerce of China）是指中国商务部

MoP（Margin of Preference）优惠幅度

OIE（the International Office of Epizootics）是指国际兽医局

PSR（Product‐Specific Rules）是指产品特定原产地标准

RTA（Regional Trade Agreements）是指区域贸易协定

RVC（regional value content）是指以百分比表示的区域价值成分

SEOM（ASEAN Senior Economic Officials Meeting）是指东盟经济高管会

SPS（Sanitary and phytosanitary measures）是指卫生与植物卫生措施

SPS 协定（Agreement on the Application of Sanitary and Phytosanitary Measures）是指 WTO《实施卫生与植物卫生措施协定》

TBT（Technical barriers to trade）是指技术性贸易壁垒

TBT 协定（Agreement on Technical Barriers to Trade）是指 WTO《技术性贸易壁垒协定》

TPP（Trans‐Pacific Strategic Economic Partnership Agreement）是指跨太平洋战略经济伙伴协定

TRIPs 协定（Agreement on Trade Related Intellectual Property Rights）是指 WTO《与贸易有关的知识产权协定》

V（value）是指按照 WTO《海关估价协定》规定，在离岸价格（FOB）基础上调整的货物价格

VNM（value of the non‐originating materials）是指为非原产材料的价值

WCO（World Customs Organization）是指世界海关组织

WTO（World Trade Organization）是指世界贸易组织

WTO 协定（Agreement Establishing the World Trade Organization）是指《马拉喀什建立世界贸易组织协定》

12. 主要参考文献

1. 刘德标，祖月. 彻底搞懂中国自贸区优惠. 北京：中国海关出版社，2010.

2. 刘德标，张秀娥．区域贸易协定概述．北京：中国商务出版社，2009.

3. 世界银行．贸易前沿问题：加入 WTO 后中国面临的选择．北京：中国商务出版社，2009.

4. 刘德标，祖月．新编国际贸易．北京：中国商务出版社，2005.

5. 薛荣久．世界贸易组织（WTO）教程．北京：对外经济贸易大学出版社，2003.

6. 刘德标．世界贸易组织及其多边贸易规则．北京：中国商务出版社，2003.

7. 郜锦丽．进出口商品检验检疫．北京：商务培训网

8. 冯宗宪．国际服务贸易教程．北京：中国商务出版社，2007.

9. 刘东升．国际服务贸易．北京：中国金融出版社，2005.

10. 张汉林．国际服务贸易．北京：中国商务出版社，2002.

11. 黄庆波，陈双喜．国际投资学．北京：中国商务出版社，2004.

12. 商务部研究院．中国自贸区战略．北京：中国商务出版社，2011.

13. 周斌．国际直接投资教程．北京：中国对外经济贸易出版社，2003.

14. 21 世纪经济报道．谁启动了中国经济．北京：文汇出版社，2005.

15. 刘德标．努力提高区域贸易协定优惠待遇的利用率．北京：对外贸易实务，2009 年第 10 期

16. 祖月．中国—东盟自贸区的法律保障（CAFTA 服务贸易法律文本解读）．北京：国际商报，2009 年 12 月—2010 年 2 月 每周二第 7 版

17. 黄建忠，蒙英华．中国服务贸易自由化评估——基于中国加入 WTO 与东盟自贸区《服务贸易协议》的承诺比较》

18. 郑东阳．CEPA 原产地规则与海关管理

19. 中华自贸区：从假设到实践

20. 中国加强区域合作与 FTA 建设的战略思考

21. 中国加入 WTO 服务贸易自由化的评估

22. 中华人民共和国政府网 http://www.gov.cn/

23. 中华人民共和国商务部网 http://www.mofcom.gov.cn/

24. 中国自贸区服务网 http://fta.mofcom.gov.cn/

25. 在线国际商报 http://ibdaily.mofcom.gov.cn/

26. 中国海关网 http://www.customs.gov.cn/

27. 中国检验检疫局网 http://www.aqsiq.gov.cn/

28. 中国国家质检总局网 http://www.aqsiq.gov.cn/

29. 杭州出入境检验检疫局网站 http://www.ha.ziq.gov.cn

30. 象山出入境检验检疫局网站 http://www.xsciq.gov.cn

31. 对外投资合作国别（地区）指南 http://fec.mofcom.gov.cn